中国指数研究院简介

中国指数研究院是整合中国房地产指数系统、中国别墅指数系统、中国房地产TOP10研究组等研究资源，由国内外几十位专家和数家学术机构共建的全方位服务于中国商业经济的研究机构。下设指数研究中心、TOP10研究组、数据信息中心三大体系和华北、华东、华南、华中和西南五个分院，是中国目前最大的房地产专业研究院。中国房地产动态政策设计研究组办公室设于中国指数研究院。

中国房地产指数系统

中国房地产指数系统（China Real Estate Index System，简称CREIS）是一套以价格指数形式反映全国各主要城市房地产市场运行状况和发展趋势的指标体系和分析方法。它最早由国务院发展研究中心、中国房地产业协会、中国房地产开发集团于1994年发起，分别于1995年和2005年两次通过由国务院发展研究中心、建设部、国土资源部、中国银监会、中国房地产业协会、清华大学和北京大学等单位的著名专家学者组成的鉴定委员会的学术鉴定。中国房地产指数系统（CREIS）目前覆盖全国17个主要城市，定期发布中国主要城市的房地产价格指数，是国际国内房地产投资与开发的主要依据，被称为中国房地产市场的"晴雨表"和引导投资置业的"风向标"。

中国房地产TOP10研究组

中国房地产TOP10研究组由国务院发展研究中心企业研究所、清华大学房地产研究所、中国指数研究院三家研究机构于2002年发起，2003年1月10日正式成立，致力于对中国规模大、效益佳、品牌优的房地产企业群体进行研究；本着客观、公正、准确、全面的基本原则，排除主观因素的影响，以客观数据为唯一依据，充分借鉴国外TOP10研究的理论框架和操作实务，结合中国房地产发展特点，开展TOP10系列研究工作。中国房地产TOP10研究组办公室设于中国指数研究院，由国务院发展研究中心企业研究所所长赵昌文、清华大学房地产研究所所长刘洪玉、中国指数研究院院长莫天全任联席组长，中国指数研究院常务副院长黄瑜任办公室主任，共同指导管理研究组的工作。经过几年的努力，TOP10研究组发展成为一支数十人的研究团队、长期专职进行中国房地产TOP10研究具体工作，形成的中国房地产百强企业研究、中国房地产上市10强研究、中国房地产品牌价值研究等系列成果，已成为评判房地产企业经营实力和行业地位的重要标准。基于以上研究，中国指数研究院提供以下专项研究服务：企业认证研究、企业品牌价值评估、顾客满意度调研、企业对标研究、企业战略顾问等。

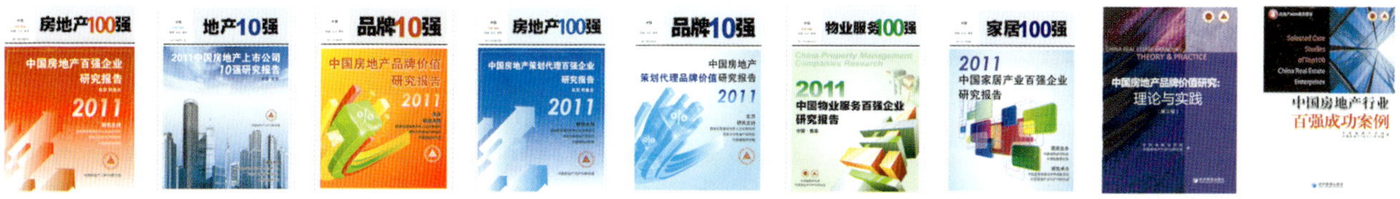

中国指数研究院总院

地址：北京市西城区西外大街1号院1号楼西环广场T3座8层

邮编：100044

电话：010-59306933

传真：010-59306960

2011中国房地产

优秀企业展示

Longfor 龙湖地产　合生创展 HOPSON　金地集团 Gemdale 科学筑家　首开集团 BCDH　中信地产 CITIC REAL ESTATE　远洋地产 SINO-OCEAN

金融街控股 Financial Street Holdings　家在·情在 Home is where the heart is 招商地産　KWG PROPERTY 合景泰富地产　恒盛地産　卓越集团 Excellence Group　滨江集团 BINJIANG REAL ESTATE 创造生活 建筑家

建業地產股份有限公司 Central China Real Estate Limited　蓝光地产 用心建筑生活　SUNAC 融创 至臻，致远　Haier 海尔地产 用心营造幸福生活　天房集团 TIANFANG GROUP　宁波银亿房产 —关注客户·关爱人生—

泛海建设 OCEANWIDE ESTATE　北辰实业 BEIJING NORTH STAR　上海爱家 SHANGHAI AIJIA　禹洲地产 YUZHOU PROPERTIES　SINCERE 协信 让建筑具有生命　景瑞地产

正商地产 ZENSUN 品质生活到永远　東原 生活梦想家　KUNLUN PROPERTIES 昆仑置业　Jiayuan 佳源总部 浙江佳源房地产集团　众安房产 ZHONG'AN REAL ESTATE　联发集团 创造品质生活

CSSC 三江航天地产　LOGAN 龙光地产　SIG 上投房产 SITICO Real Estate　名流置业 建筑品位生活　圆融集团 HARMONY GROUP 中国商业地产主力运营商　俊发地产 JUNFA REAL ESTATE 品质筑就生活 CREATE QUALITY LIVING

福晟集团 FUSHENG GROUP　金龙集团 KING DRAGON　津滨发展 JINBIN　利海中国 LISEA CHINA　中大地产　中骏置业 构筑传世家园

XING MAO 兴茂集团　AUX 奥克斯地产　祥生房产 XIANGSHENG REAL ESTATE　AUTREN 奥宸地产　ZEKE 泽科　合正集团 HAZENS REAL ESTATE

上海城建 Shanghai Urban Construction　英利国际置业 YING LI INTERNATIONAL REAL ESTATE　凯迪集团 KAIDI GROUP　SPGLAND 盛高置地　中国宝安集团 CHINA BAOAN GROUP 高新技术 / 地产 / 医药　仁恒置地 YANLORD LAND

时代地产 TIMES PROPERTY 生活艺术家　CRCC 中国铁建　广物地产 GUANGWU REAL ESTATE 广厦千万 厚德载物　TDG 同德实业集团 同心同德 以德发展　景山集团　正信集团 ZHENG XIN GROUP

WORLDUNION 世联地产　SYS-WIN Brokerage 思源经纪　TOSPUR 同策咨询　策源 RESOURCE® 策行天下·致胜有源　KINVO 金网络·地产顾问　新景祥 NEW VISUAL ANGLE

汉宇地产 HANYUPROPERTY　百脑会房地产策划 BNH REAL ESTATE STRATEGY CO., LTD　正合地產顧問 正行致远 合智为道 – SINCE 1998 –　尚峰地產 SFRE SUMMIT FORWARD REAL ESTATE CO.LTD　中润解放地产营销 MEDIASKY REAL ESTATE MARKETING　亙祥

中奥物業 ZHONGAO PROPERTY SERVICE　天鸿宝地 TIANHONG BAODI　WANGXIN PROPERTY 网信物业　金茂　北京新世界物业管理有限公司 Beijing New World Property Management Co.,Ltd.　正荣物业 ZHENRO PROPERTY 正品立世 厚德长荣

Haier 一个世界一个家　GROHE　JOYOU 中宇卫浴　BNBM 北新建材 Best solution Best Material　GEBERIT

（京）新登字041号

图书在版编目（CIP）数据

中国房地产统计年鉴. 2011 / 国家统计局，中国指数研究院编. -- 北京 ：中国统计出版社，2011.12
ISBN 978-7-5037-6430-1

Ⅰ.①中… Ⅱ. ①国… ②中… Ⅲ. ①房地产业一统计资料一中国一2011一年鉴 Ⅳ. ①F299.233-54

中国版本图书馆CIP数据核字（2011）第228828号

中国房地产统计年鉴—2011

作　　者/国家统计局　中国指数研究院
责任编辑/佘竞雄
封面设计/李雪燕
出版发行/中国统计出版社
通信地址/北京市西城区月坛南街57号
邮政编码/100826
办公地址/北京市丰台区西三环南路甲6号
网　　址/www.stats.gov.cn/tjshujia
电　　话/邮购（010）63376907　书店（010）68783172
印　　刷/河北天普润印刷厂
经　　销/新华书店
开　　本/880×1230毫米　1/16
字　　数/940千字
印　　张/29.25　4彩页
版　　别/2011年12月第1版
版　　次/2011年12月第1次印刷
书　　号/ISBN 978-7-5037-6430-1/F・3078
定　　价/500.00元

编委会名单

前 言

2010年以来，中央先后出台“国十条”、“国八条”等多项调控政策，力度不断升级。受此影响，全国及主要城市房地产市场出现显著变化。近日，温家宝总理多次表示，目前房地产市场调控决心不能动摇、政策方向不能改变、力度不能放松。预计未来一段时间，房地产市场仍面临严峻的政策影响。为了及时准确地反映中国房地产市场的发展状况，给行业内提供一个全面客观研究房地产市场的辅助工具，帮助大家有效透析房地产投资、开发、交易等运作过程，也为了便于房地产行业相关人士对房地产市场进行深入的量化分析，从1999年到2011年，国家统计局与中国指数研究院共同编辑出版了《中国房地产统计年鉴》系列。

《中国房地产统计年鉴》以客观数字真实地反映与记载中国房地产市场发展状况，是房地产业权威的综合性资料年刊。她创刊于1999年，至今已经连续出版10年。由中国指数研究院和国家统计局合作出版的《中国房地产统计年鉴（1999）》，是当时国内第一部全方位汇集我国房地产业发展状况的统计资料工具书，出版后得到了行业内的普遍好评。此后又陆续出版了《中国房地产统计年鉴（2000）》、《中国房地产统计年鉴（2001）》、《中国房地产统计年鉴（2002 - 2003）》、《中国房地产统计年鉴（2004）》、《中国房地产统计年鉴（2005-2006）》、《中国房地产统计年鉴（2007）》、《中国房地产统计年鉴（2008）》、《中国房地产统计年鉴（2009）》和《中国房地产统计年鉴（2010）》。

《中国房地产统计年鉴（2011）》是中国指数研究院在长期对房地产市场跟踪调查的基础上，与国家统计局固定资产投资司共同合作，通过扎实而细致的准备工作，反复核对计算、认真编排后推出的。《中国房地产统计年鉴(2011)》收录了2010年全国各地区及35个大中城市的房地产经济统计数据。全书内容共分四个部分：第一部分全国及地区篇，收录了2010年全国及各地区房地产行业各项指标综合统计数据，以便读者按地区分类来了解中国及各地房地产行业的发展及状况。第二部分大中城市篇，收录2010年35个大中城市房地产综合统计数据，对2010年各城市的房地产发展进行了深度整理，方便了查阅及各城市的对比。第三部分省与城市篇，囊括了2010年各省及35个大中城市的房地产数据，在数据上实现了年度同比，有利于观察全国各省及城市的房地产发展变化。为了使读者全面了解2011年房地产行业及上下游企业最新的研究状况，我们在第四部分附录收录:《2011中国房地产百强企业研究报告》、《2011中国房地产策划代理百强企业研究报告》、《2011中国房地产上市公司TOP10研究报告》、《2011中国房地产品牌价值研究报告》、《2011中国房地产策划代理品牌价值研究报告》、《2011中国物业服务百强企业研究报告》、《2011中国家居产业百强企业研究报告》，同时为了便于读者了解项目的最新情况还收录了《2011中国重要城市部分典型地产指数系统样本楼盘》等内容。

中国指数研究院是目前中国最大的房地产专业研究机构，它整合了中国房地产指数系统、中国房地产

TOP10研究组等众多资源，由国内外几十位专家和数家学术机构共建，全方位服务于中国商业经济。中国指数研究院运营的中国房地产指数系统，被誉为中国房地产市场的“晴雨表”和引导投资置业的“风向标”；中国指数研究院与国务院发展研究中心企业研究所、清华大学房地产研究所共同发起成立的“中国房地产TOP10研究组”连续发布中国房地产百强企业研究、中国房地产品牌价值研究等系列研究成果，已成为评判房地产企业经营实力及行业地位的重要标准。

《中国房地产统计年鉴（2011）》的成功出版，首先要感谢我们的合作单位——国家统计局固定资产投资司的领导：魏贵祥、赵培亚、李皎、陈淑清、李洪侠、杲海青等。在《中国房地产统计年鉴2011》出版过程中，他们不仅是基础资料的提供者，同时作为我们的顾问和学术指导，提出了许多非常有帮助的意见和建议，使我们的工作得以不断完善。

同时也要感谢中国指数研究院年鉴编辑部的全体成员，他们对庞大的房地产统计数据进行收集、整理、计算、分类，没有他们的辛苦细致的工作就不可能有如今比较完备的房地产数据库和中国房地产指数系统资料库，也就不可能编辑完成本书的很多章节。他们查阅、汇总了大量的专业资料和行业数据，并进行了细致的整理、编辑。正是他们严谨、周密的工作态度促使本书得以更新和完善，以满足不断发展的行业研究需求。

还要感谢兄弟单位搜房网全国314个城市的分支机构，在我们进行数据采集、整理和分析当中给予大力的支持。正是因为有了搜房网全国机构作为后盾，本年鉴的数据完整性才得到保障。

最后，感谢一直支持中国指数研究院和搜房网体系的房地产及上下游企业（附鸣谢企业列表），他们为本书资料收集工作提供了许多方便，让我们更好地完善了各类信息和数据。

我们力求本年鉴中所有的数据翔实、客观，但鉴于所载内容涉及面广，数据量浩大，且各省、市、自治区采集的样本资料及其内容特点各异，结构体系也不尽相同，因此，书中难免出现遗漏及不足，敬请读者及业内人士谅解，并提出宝贵意见，以便在今后编写下一年度《中国房地产统计年鉴》时予以修正。

中国指数研究院　院长

莫天全

2011年11月

特别鸣谢以下企业:

万科企业股份有限公司	中国海外发展有限公司	保利房地产（集团）股份有限公司
绿地集团	绿城房地产集团有限公司	恒大地产集团有限公司
龙湖地产有限公司	合生创展集团有限公司	金地（集团）股份有限公司
北京首都开发控股（集团）有限公司	中信房地产股份有限公司	远洋地产控股有限公司
北京城建投资发展股份有限公司	首创置业股份有限公司	广东珠江投资股份有限公司
金科股份	新城控股集团有限公司	江苏苏宁环球集团有限公司
金融街控股股份有限公司	招商局地产控股有限公司	合景泰富地产控股有限公司
恒盛地产控股有限公司	卓越置业集团有限公司	杭州滨江房产集团股份有限公司
农工商房地产（集团）股份有限公司	北京金隅嘉业房地产开发有限公司	融侨集团股份有限公司
佳兆业集团控股有限公司	阳光 100 置业集团有限公司	深业集团有限公司
建业地产股份有限公司	四川蓝光和骏实业股份有限公司	融创中国控股有限公司
青岛海尔地产集团有限公司	天津市房地产开发经营集团有限公司	宁波银亿集团有限公司
宝龙地产控股有限公司	鑫苑（中国）置业有限公司	沿海绿色家园集团
福星惠誉房地产有限公司	旭辉集团股份有限公司	方圆地产(控股)有限公司
泛海建设集团股份有限公司	北京北辰实业股份有限公司	上海爱家集团
厦门禹洲集团股份有限公司	重庆协信控股(集团)有限公司	上海景瑞地产（集团）股份有限公司
建发房地产集团有限公司	上海三盛宏业投资（集团）有限责任公司	福建正荣集团有限公司
上海实业城市开发集团有限公司	武汉地产开发投资集团有限公司	花样年集团股份有限公司
河南正商置业有限公司	重庆东原房地产开发有限公司	浙江昆仑置业集团有限公司
浙江佳源房地产集团有限公司	众安房产有限公司	联发集团有限公司
上海中房置业股份有限公司	百步亭集团有限公司	深圳香江控股股份有限公司
深圳市富通房地产集团有限公司	广州颐和集团有限公司	海亮地产控股集团有限公司
武汉三江航天房地产开发有限公司	龙光地产股份有限公司	上海市上投房地产有限公司
名流置业集团股份有限公司	苏州圆融发展集团有限公司	云南俊发房地产有限责任公司
杭州开元房地产集团有限公司	上海证大置业有限公司	广西东方航洋实业集团有限公司
融信（福建）投资集团有限公司	上海三湘股份有限公司	杭州宋都房地产集团有限公司
福晟集团有限公司	浙江金龙房地产投资集团有限公司	天津津滨发展股份有限公司
广东利海集团有限公司	中大房地产集团有限公司	中骏置业控股有限公司
重庆光华控股（集团）有限公司	浙江广厦股份有限公司	莱蒙国际集团有限公司
上海保集(集团)有限公司	天津泰达建设集团有限公司	光耀集团
青岛伟东置业集团有限公司	重庆市兴茂产业发展（集团）有限公司	宁波奥克斯置业有限公司

鸣谢企业（续前表）

浙江祥生房地产开发有限公司	奥宸地产集团有限公司	泽科集团
深圳市合正房地产集团有限公司	力高（中国）地产有限公司	重庆长安房地产开发有限公司
莱茵达置业股份有限公司	广州百嘉信集团有限公司	保亿置业集团有限公司
重庆新鸥鹏地产（集团）有限公司	华夏幸福基业股份有限公司	重庆英利房地产开发有限公司
上海凯迪企业（集团）有限公司	中航地产股份有限公司	盛高置地（控股）有限公司
中国宝安集团股份有限公司	上海城建置业发展有限公司	仁恒置地集团有限公司
京汉置业集团股份有限公司	重庆隆鑫地产（集团）有限公司	永泰房地产（集团）有限公司
亿城集团股份有限公司	中国奥园地产集团股份有限公司	湖北奥山集团有限公司
云南同德实业集团有限公司	大连圣岛房地产开发有限公司	广州市时代地产集团有限公司
广东广物房地产开发有限公司	长江三峡实业有限公司	上海中凯房地产开发管理有限公司
深圳世联地产顾问股份有限公司	北京思源兴业房地产经纪有限公司	同策咨询
策源地产	北京金网络房地产经纪有限公司	新景祥投资控股有限公司
上海华燕置业发展有限公司	广州保利地产代理有限公司	博思堂地产综合服务股份有限公司
厦门同舟济置业顾问有限公司	瑞尔特地产控股集团	宁波银策房地产销售代理服务有限公司
上海汉宇房地产策划营销有限公司	珠海百脑会房地产策划有限公司	成都正合地产顾问有限公司
重庆尚峰企业营销策划有限公司	上海中润解放房地产营销策划有限公司	昆明至祥房地产经纪有限公司
北京伟业联合房地产顾问有限公司	上海金丰易居房地产顾问有限公司	深圳市万科物业发展有限公司
长城物业集团股份有限公司	中航物业管理有限公司	深圳市金地物业管理有限公司
保利物业管理有限公司	中海物业管理有限公司	招商局物业管理有限公司
北京市均豪物业管理股份有限公司	深圳市卓越物业管理有限公司	广州广电物业管理有限公司
北京首欣物业管理有限责任公司	广东中奥物业管理有限公司	北京天鸿宝地物业管理经营有限公司
佳兆业物业管理（深圳）有限公司	北京网信物业管理有限公司	江苏新城物业服务有限公司
深圳市花样年彩生活科技集团	深圳市赛格物业管理有限公司	鑫苑物业服务有限公司
中化金茂物业管理（北京）有限公司	厦门联发（集团）物业服务有限公司	北京新世界物业管理有限公司
港联物业（中国）有限公司	正荣物业管理有限公司	天津天孚物业管理有限公司
天津津滨联合物业服务有限公司	上海证大物业管理有限公司	廊坊市幸福基业物业服务有限公司
河南建业物业管理有限公司	东易日盛家居装饰集团股份有限公司	武汉嘉禾装饰集团有限公司
北京特普丽装饰装帧材料有限公司	尚美世家（北京）贸易有限公司	瑞宝（北京）装饰设计有限公司
北京东方格莱美墙纸有限公司	青岛海尔空调电子有限公司	高仪（上海）卫生洁具有限公司
中宇建材集团有限公司	上海菲林格尔木业股份有限公司	北新集团建材股份有限公司
吉博力（上海）贸易有限公司	深圳文科园林股份有限公司	

目 录

第一部分 全国及地区篇

第三部分　省与城市篇

第八章　各省、自治区、直辖市房地产开发投资综合统计(2010)

第九章　35个大中城市分城市房地产开发投资综合统计(2010)

第四部分　附　录

第一部分

全国及地区篇

第一章　房地产开发综合（2010）

1-1 房地产开发企业主要指标完成情况

指 标	2008	2009	2010
一、企业个数(个)	**87562**	**80407**	**85218**
内资	81282	74674	79489
#国有	3941	3835	3685
集体	1520	1361	1220
港、澳、台投资	3916	3633	3677
外商投资	2364	2100	2052
二、本年完成投资额(亿元)	**31203.19**	**36241.81**	**48259.40**
1、按构成分			
建筑安装工程	21637.70	25839.33	33065.51
设备工器具购置	454.08	454.12	558.05
其他费用	9111.41	9948.35	14635.84
#土地购置费	5995.62	6023.71	9999.92
2、按工程用途分			
住宅	22440.87	25613.69	34026.23
#经济适用房	970.91	1134.08	1069.17
办公楼	1167.17	1377.21	1807.38
商业营业用房	3354.48	4180.66	5648.40
其他	4240.67	5070.25	6777.39
三、本年新增固定资产(亿元)	**15482.21**	**18630.72**	**22378.48**
四、本年土地购置面积(万平方米)	**39353.4**	**31909.5**	**39953.1**
五、房屋建筑面积(万平方米)			
施工面积	283266.2	320368.2	405356.4
#住宅	222891.8	251328.8	314760.1
竣工面积	66544.8	72677.4	78743.9
#住宅	54334.1	59628.7	63443.1
六、商品房销售			
商品房销售面积(万平方米)	65969.8	94755.0	104764.6
#住宅	59280.4	86184.9	93376.6
#别墅、高档公寓	2865.2	4626.0	4219.1
经济适用房	3627.3	3058.8	2748.9
商品房平均销售价格(元/平方米)	3800	4681	5032
#住宅	3576	4459	4725
#别墅、高档公寓	7801	9662	10934
经济适用房	1929	2134	2495
七、利润总额(亿元)	**3619.59**	**4944.89**	**6235.77**

1-2 各地区按登记注册类型分的房地产开发企业个数

单位：个

地区	总计	内资	国有	集体	股份合作	国有联营	集体联营
全国总计	**85218**	**79489**	**3685**	**1220**	**433**	**42**	**39**
北京	3173	2888	83	23	2		
天津	1279	1169	270	19	4	2	1
河北	2997	2933	50	6	17		
山西	1990	1968	117	21	6		1
内蒙古	2119	2109	27	4	3		
辽宁	4181	3725	108	28	29	2	
吉林	1352	1319	25	6	2		
黑龙江	1890	1848	97	9	6		1
上海	3247	2773	316	91	7	14	10
江苏	6070	5450	227	103	19	2	2
浙江	5577	5279	162	52	10	3	1
安徽	3281	3149	130	23	16	2	
福建	3634	2926	216	52	12	5	3
江西	2141	1989	132	20	21		4
山东	5798	5536	240	161	45	4	4
河南	4176	4039	120	35	25	1	
湖北	3558	3397	166	45	21		
湖南	3437	3286	165	28	53	1	1
广东	6527	5567	261	327	30	2	3
广西	3212	3035	159	42	29		
海南	545	504	23	2	8		
重庆	2391	2275	101	10	5		
四川	3915	3762	131	34	17	2	2
贵州	1876	1832	78	16	5		2
云南	2344	2303	83	11	12	1	1
西藏	61	61	9	1	1		
陕西	1274	1243	90	23	9		1
甘肃	1185	1158	60	24	14		1
青海	395	382	14	1	4	1	
宁夏	360	357	1	2			1
新疆	1233	1227	24	1	1		

1-2 续表 1　　　　单位：个

地　区	国有与集体联营	其他联营	国有独资公司	其他有限责任公司	股份有限公司	私营独资	私营合伙
全国总计	**29**	**46**	**680**	**31397**	**4082**	**1770**	**479**
北　京			70	1877	99	1	1
天　津			12	387	39	23	5
河　北	1	1	9	1241	189	74	20
山　西			6	590	69	25	8
内蒙古	1		6	1084	113	92	11
辽　宁		1	16	1123	136	145	11
吉　林			12	581	101	33	4
黑龙江			9	877	164	25	11
上　海	11	3	66	958	50	39	9
江　苏	2	2	23	1574	227	171	33
浙　江	4	3	62	1977	107	52	21
安　徽	2	2	34	1446	186	64	18
福　建	1	4	48	961	85	40	28
江　西			9	891	240	52	31
山　东		3	27	2168	384	109	37
河　南		1	14	2146	370	100	40
湖　北	2	1	21	1238	273	114	26
湖　南	1	3	42	1215	241	88	38
广　东		12	40	2371	155	149	32
广　西	1	4	17	738	171	103	24
海　南	1	1	4	258	49	13	5
重　庆		1	40	681	44	17	8
四　川		1	29	1548	265	54	8
贵　州		1	14	879	64	27	7
云　南			10	815	90	70	21
西　藏				17	5	5	2
陕　西	1	2	10	595	71	33	6
甘　肃			1	525	67	26	4
青　海	1		6	131	19	12	5
宁　夏			11	71		3	2
新　疆			12	434	9	11	3

1-2 续表 2

单位：个

地 区	内资			港澳台商投资		
	私营有限责任公司	私营股份有限公司	其他内资企业		合资经营	合作经营
全国总计	**31963**	**2750**	**874**	**3677**	**1407**	**442**
北 京	705	27		174	67	79
天 津	371	17	19	58	27	2
河 北	1165	121	39	34	22	
山 西	1030	73	22	16	10	1
内蒙古	698	55	15	6	6	
辽 宁	1960	123	43	245	110	12
吉 林	511	39	5	23	14	1
黑龙江	570	74	5	23	11	1
上 海	1119	60	20	305	128	19
江 苏	2779	206	80	352	153	15
浙 江	2723	78	24	163	81	3
安 徽	1062	118	46	78	38	2
福 建	1347	116	8	529	115	25
江 西	462	98	29	109	50	2
山 东	2013	183	158	157	85	14
河 南	989	123	75	70	34	4
湖 北	1336	123	31	106	53	2
湖 南	1127	244	39	98	55	4
广 东	2009	125	51	737	147	242
广 西	1556	167	24	99	50	6
海 南	114	11	15	27	10	
重 庆	1242	107	19	77	34	2
四 川	1506	130	35	79	32	3
贵 州	635	98	6	29	14	
云 南	1070	86	33	36	25	1
西 藏	15	2	4			
陕 西	346	41	15	17	9	2
甘 肃	396	31	9	16	14	
青 海	151	34	3	10	9	
宁 夏	252	14				
新 疆	704	26	2	4	4	

1-2 续表 3　　单位：个

地　区	港澳台商投资		外商投资				
	独　资	股份有限		合资经营	合作经营	独　资	股份有限
全国总计	**1746**	**82**	**2052**	**872**	**192**	**934**	**54**
北　京	28		111	41	46	20	4
天　津	29		52	26	5	18	3
河　北	12		30	14	2	13	1
山　西	5		6	3		3	
内蒙古			4	2		2	
辽　宁	115	8	211	100	16	94	1
吉　林	7	1	10	7	1	2	
黑龙江	9	2	19	10	2	7	
上　海	156	2	169	58	11	96	4
江　苏	175	9	268	115	12	138	3
浙　江	71	8	135	68	1	58	8
安　徽	36	2	54	22		29	3
福　建	373	16	179	49	9	116	5
江　西	54	3	43	24		15	4
山　东	54	4	105	59	10	35	1
河　南	31	1	67	35		30	2
湖　北	46	5	55	23	1	29	2
湖　南	37	2	53	31	2	18	2
广　东	338	10	223	57	54	105	7
广　西	39	4	78	43	7	28	
海　南	15	2	14	3		8	3
重　庆	40	1	39	18	2	19	
四　川	43	1	74	33	5	35	1
贵　州	14	1	15	4	3	8	
云　南	10		5	5			
西　藏							
陕　西	6		14	6	3	5	
甘　肃	2		11	9		2	
青　海	1		3	3			
宁　夏			3	2		1	
新　疆			2	2			

1-3 各地区按资质等级分的房地产开发企业个数

单位：个

地区	总计	一级	二级	三级	四级	暂定	其他
全国总计	**85218**	**1068**	**7985**	**22989**	**16572**	**29741**	**6863**
北京	3173	120	247	319	1139	692	656
天津	1279	20	105	143	522	480	9
河北	2997	25	190	557	1181	936	108
山西	1990	9	113	359	902	591	16
内蒙古	2119	17	151	396	942	533	80
辽宁	4181	55	246	1245	122	1906	607
吉林	1352	7	111	374	436	406	18
黑龙江	1890	14	269	1055	149	364	39
上海	3247	44	275	416	8	1796	708
江苏	6070	95	1596	1966	158	1897	358
浙江	5577	128	570	1648	762	1786	683
安徽	3281	29	265	935	396	1589	67
福建	3634	40	157	882	797	1476	282
江西	2141	6	245	815	405	569	101
山东	5798	68	281	1095	1403	2253	698
河南	4176	36	362	869	473	2307	129
湖北	3558	44	421	996	775	1146	176
湖南	3437	15	150	1672	418	1037	145
广东	6527	94	306	1348	1636	1969	1174
广西	3212	9	87	665	507	1727	217
海南	545	2	20	63	64	346	50
重庆	2391	41	477	892	129	831	21
四川	3915	46	619	2284	310	489	167
贵州	1876	3	83	372	671	641	106
云南	2344	16	155	319	884	845	125
西藏	61	2	11	24	14	7	3
陕西	1274	48	156	370	510	163	27
甘肃	1185	2	83	382	323	361	34
青海	395	5	79	123	84	95	9
宁夏	360	9	67	85	79	101	19
新疆	1233	19	88	320	373	402	31

1-4 各地区按隶属关系分的房地产开发企业个数

单位：个

地区	合计	中央属	地方属				
				省属	地市属	县属	其他
全国总计	**85218**	**730**	**84488**	**2051**	**8459**	**6971**	**67007**
北京	3173	111	3062	274	297		2491
天津	1279	164	1115	142	137	34	802
河北	2997	13	2984	26	276	300	2382
山西	1990	3	1987	47	223	145	1572
内蒙古	2119	7	2112	15	186	249	1662
辽宁	4181	29	4152	37	329	193	3593
吉林	1352	8	1344	2	140	123	1079
黑龙江	1890	13	1877	87	329	267	1194
上海	3247	49	3198	286	448	7	2457
江苏	6070	15	6055	50	226	321	5458
浙江	5577	11	5566	75	257	294	4940
安徽	3281	9	3272	69	396	258	2549
福建	3634	15	3619	51	359	331	2878
江西	2141	7	2134	45	192	268	1629
山东	5798	20	5778	97	547	818	4316
河南	4176	15	4161	44	540	454	3123
湖北	3558	30	3528	51	573	258	2646
湖南	3437	17	3420	107	459	341	2513
广东	6527	36	6491	57	761	546	5127
广西	3212	4	3208	44	371	220	2573
海南	545	6	539	55	60	37	387
重庆	2391	22	2369	58	280	134	1897
四川	3915	42	3873	63	352	463	2995
贵州	1876	20	1856	44	94	142	1576
云南	2344	6	2338	81	133	260	1864
西藏	61		61	8	13	3	37
陕西	1274	9	1265	41	215	145	864
甘肃	1185	3	1182	44	133	142	863
青海	395	1	394	24	59	25	286
宁夏	360		360	15	11	11	323
新疆	1233	45	1188	12	63	182	931

1-5 各地区按登记注册类型分的房地产开发企业从业人数

单位：人

地 区	总 计	内 资					
			国 有	集 体	股份合作	国有联营	集体联营
全国总计	**2091147**	**1908969**	**155156**	**25428**	**9609**	**955**	**769**
北 京	89173	74046	3849	510	73		
天 津	36717	33319	8993	486	160	41	30
河 北	75245	72592	1753	203	225		
山 西	42886	41877	3645	522	104		9
内蒙古	55216	54829	598	38	64		
辽 宁	73660	63581	1737	323	642	28	
吉 林	33810	32729	522	92	23		
黑龙江	41518	40732	3399	439	71		124
上 海	91372	65790	7454	1421	86	408	119
江 苏	131713	116100	5282	1505	334	15	20
浙 江	96647	89712	3382	728	164	141	
安 徽	71523	67563	4309	414	193	10	
福 建	63306	50105	5545	689	174	82	58
江 西	52489	46648	3837	603	559		65
山 东	172981	164584	11318	4600	1146	44	44
河 南	93813	89654	2927	753	853	5	
湖 北	89983	86096	9604	2026	466		
湖 南	82356	78237	4317	701	1121	74	24
广 东	189590	156060	8792	6657	1569	47	212
广 西	56785	53471	2949	427	307		
海 南	17745	15228	1407	70	197		
重 庆	91757	87142	14404	153	45		
四 川	143711	137736	31952	402	400	39	2
贵 州	36721	35770	1858	110	99		20
云 南	46013	43744	1811	230	120	18	
西 藏	4908	4908	498	63	48		
陕 西	45448	43859	6451	706	185		29
甘 肃	24242	23408	1540	528	108		
青 海	4422	4258	249	2	47	3	
宁 夏	10883	10769	23	23			13
新 疆	24514	24422	751	4	26		

1-5 续表 1　　单位：人

地　区	国有与集体联　营	其他联营	国有独资公　司	其他有限责任公司	股份有限公　司	私营独资	私营合伙
全国总计	**444**	**936**	**22885**	**776041**	**119964**	**36422**	**8560**
北　京			2838	51049	3478	10	42
天　津			823	10444	1516	717	147
河　北		24	259	30340	5085	1681	221
山　西			65	13347	2537	583	151
内蒙古			107	26241	4841	2042	241
辽　宁		32	1632	22639	2866	1747	158
吉　林			227	16337	1989	511	173
黑龙江			287	19120	3881	674	195
上　海	162	31	2064	25049	3833	800	126
江　苏	34	6	580	35788	5861	3399	673
浙　江	90	21	1389	36333	3083	686	156
安　徽	57	27	948	31118	3719	1628	317
福　建	10	128	1416	16530	1359	623	278
江　西			249	18513	5638	1380	698
山　东		60	954	71044	12058	2593	801
河　南		41	430	46506	7649	3601	643
湖　北	21		612	31497	13142	2043	500
湖　南	38	156	994	30421	5522	2137	842
广　东		293	1318	68502	9967	2760	636
广　西		50	516	13307	2423	1466	227
海　南	13	12	259	7850	1637	360	105
重　庆			1338	26556	1756	341	261
四　川			829	45650	8095	1199	146
贵　州		27	236	17718	1796	413	60
云　南			747	16780	1879	1186	233
西　藏				2635	193	348	44
陕　西	16	28	348	21274	1918	749	65
甘　肃			52	10514	1792	460	47
青　海	3		111	1834	211	93	113
宁　夏			650	1896		79	29
新　疆			607	9209	240	113	232

1-5 续表 2

单位：人

地　区	内资：私营有限责任公司	内资：私营股份有限公司	内资：其他内资企业	港澳台商投资	合资经营	合作经营
全国总计	**671258**	**61348**	**19194**	**105846**	**43426**	**11188**
北　京	11651	546		8808	3044	3566
天　津	9273	384	305	1748	707	89
河　北	27492	4199	1110	968	647	
山　西	18579	1627	708	885	752	54
内蒙古	18840	1422	395	245	245	
辽　宁	29487	1537	753	5049	2156	97
吉　林	12132	602	121	841	324	10
黑龙江	10947	1460	135	351	132	10
上　海	22427	1447	363	11287	4853	779
江　苏	55425	5748	1430	8710	3506	216
浙　江	41947	1238	354	3801	1967	29
安　徽	22017	2072	734	2213	999	25
福　建	21489	1589	135	9749	2223	429
江　西	12295	2080	731	4734	3101	45
山　东	50000	5814	4108	4827	2863	300
河　南	22471	2325	1450	1914	821	163
湖　北	23333	2224	628	2560	1484	29
湖　南	24827	6189	874	2587	1588	150
广　东	50351	4187	769	19808	4399	4849
广　西	28139	2952	708	1788	858	92
海　南	2626	224	468	2002	453	
重　庆	38744	3128	416	3265	1747	132
四　川	45984	2341	697	3441	1831	40
贵　州	11789	1576	68	656	315	
云　南	18691	1488	561	2138	1428	21
西　藏	513	10	556			
陕　西	10138	1472	480	753	316	63
甘　肃	7740	516	111	537	489	
青　海	1360	224	8	93	90	
宁　夏	7774	282				
新　疆	12777	445	18	88	88	

1-5 续表 3

单位：人

地区	港澳台商投资		外商投资				
	独资	股份有限		合资经营	合作经营	独资	股份有限
全国总计	**48169**	**3063**	**76332**	**25295**	**7821**	**41328**	**1888**
北京	2198		6319	1833	3055	987	444
天津	952		1650	614	134	848	54
河北	321		1685	197	26	1457	5
山西	79		124	80		44	
内蒙古			142	53		89	
辽宁	2773	23	5030	2109	392	2479	50
吉林	247	260	240	117	86	37	
黑龙江	163	46	435	193	64	178	
上海	5616	39	14295	3681	786	9515	313
江苏	4738	250	6903	2777	324	3746	56
浙江	1704	101	3134	1260	16	1680	178
安徽	1180	9	1747	497		1218	32
福建	6665	432	3452	983	91	2244	134
江西	1570	18	1107	719		359	29
山东	1573	91	3570	2261	342	952	15
河南	904	26	2245	996		1063	186
湖北	926	121	1327	498	125	653	51
湖南	806	43	1532	711	28	763	30
广东	10101	459	13722	2192	1730	9647	153
广西	763	75	1526	769	110	647	
海南	555	994	515	165		192	158
重庆	1376	10	1350	604	61	685	
四川	1508	62	2534	1034	88	1412	
贵州	337	4	295	139	55	101	
云南	689		131	131			
西藏							
陕西	374		836	258	308	270	
甘肃	48		297	270		27	
青海	3		71	71			
宁夏			114	79		35	
新疆			4	4			

1-6 各地区按资质等级分的房地产开发企业从业人数

单位：人

地 区	总 计	一 级	二 级	三 级	四 级	暂 定	其 他
全国总计	**2091147**	**114322**	**350736**	**605014**	**329744**	**586264**	**105067**
北 京	89173	12912	16281	9864	28380	13467	8269
天 津	36717	2242	6354	4394	11661	11835	231
河 北	75245	6055	11728	17011	22988	16494	969
山 西	42886	1012	4881	9712	18255	8803	223
内蒙古	55216	1954	6272	14431	19111	10250	3198
辽 宁	73660	4817	7070	25134	1473	30290	4876
吉 林	33810	440	4609	10833	9215	8344	369
黑龙江	41518	1164	8665	20255	3431	7296	707
上 海	91372	3201	17361	13329	178	39732	17571
江 苏	131713	6968	44021	34050	1998	38496	6180
浙 江	96647	6542	17137	30063	8611	26059	8235
安 徽	71523	1819	9079	21353	6787	31381	1104
福 建	63306	2442	6098	20769	12076	20185	1736
江 西	52489	708	9187	21636	6881	12553	1524
山 东	172981	7473	16056	38622	37582	62195	11053
河 南	93813	1918	14035	19644	8046	48073	2097
湖 北	89983	3060	17677	29384	18105	20260	1497
湖 南	82356	1642	7269	38837	7154	23900	3554
广 东	189590	22919	21863	45938	36241	40301	22328
广 西	56785	491	3487	14073	7489	29392	1853
海 南	17745	80	882	2754	2709	10170	1150
重 庆	91757	5675	40936	23218	2121	19590	217
四 川	143711	7851	29326	86338	5440	13062	1694
贵 州	36721	516	3698	9352	11983	10261	911
云 南	46013	1613	6997	7434	15433	13061	1475
西 藏	4908	44	1015	3135	522	119	73
陕 西	45448	6217	7959	12941	13072	4534	725
甘 肃	24242	188	3549	9540	5071	5465	429
青 海	4422	132	1343	1268	560	1071	48
宁 夏	10883	924	2790	2392	1674	2911	192
新 疆	24514	1303	3111	7310	5497	6714	579

1-7 各地区按隶属关系分的房地产开发企业从业人数

单位：人

地 区	合 计	中央属	地方属	省 属	地市属	县 属	其 他
全国总计	**2091147**	**25720**	**2065427**	**77785**	**230338**	**185766**	**1571538**
北 京	89173	3435	85738	12463	11264		62011
天 津	36717	4635	32082	4830	4518	783	21951
河 北	75245	484	74761	937	7278	8004	58542
山 西	42886	25	42861	1401	5204	4932	31324
内蒙古	55216	420	54796	398	4115	4865	45418
辽 宁	73660	545	73115	402	8682	3765	60266
吉 林	33810	234	33576	42	1831	5550	26153
黑龙江	41518	884	40634	1728	8615	6151	24140
上 海	91372	1307	90065	9378	13399	112	67176
江 苏	131713	337	131376	1009	5329	7591	117447
浙 江	96647	285	96362	1685	6577	5740	82360
安 徽	71523	290	71233	3167	9333	5207	53526
福 建	63306	339	62967	983	7332	5977	48675
江 西	52489	517	51972	970	5040	6686	39276
山 东	172981	609	172372	5372	18288	25274	123438
河 南	93813	529	93284	1347	11076	11497	69364
湖 北	89983	1918	88065	1281	16428	8549	61807
湖 南	82356	702	81654	2654	11894	8018	59088
广 东	189590	1122	188468	2941	23124	17125	145278
广 西	56785	57	56728	1084	6092	3762	45790
海 南	17745	513	17232	2090	2966	1662	10514
重 庆	91757	1521	90236	12300	9725	3867	64344
四 川	143711	2538	141173	1478	10059	17158	112478
贵 州	36721	458	36263	929	1934	3190	30210
云 南	46013	192	45821	1947	3122	5532	35220
西 藏	4908		4908	799	2382	137	1590
陕 西	45448	281	45167	1782	8970	7641	26774
甘 肃	24242	94	24148	1180	2573	3125	17270
青 海	4422	14	4408	198	1026	351	2833
宁 夏	10883		10883	734	250	267	9632
新 疆	24514	1435	23079	276	1912	3248	17643

第二章

房地产开发投资与资金状况（2010）

2-1 各地区房地产开发企业投资规模与完成情况

单位：万元

地 区	计划总投资	自开始建设至本年底累计完成投资	本年完成投资额	#配套工程投资
全国总计	**2238233535**	**1332494125**	**482594030**	**11392914**
北 京	171406426	111362501	29010686	1351372
天 津	56873474	32873753	8666424	843433
河 北	76176946	42900359	22649354	216818
山 西	24597010	14347133	5922376	154721
内 蒙 古	34095015	20929627	11199875	51360
辽 宁	144692113	83464409	34657562	738642
吉 林	28016403	17672674	9210117	72118
黑 龙 江	23411233	14348207	8431198	179691
上 海	128184819	85303344	19806787	949505
江 苏	219248480	128087551	42993786	909241
浙 江	132963888	84202780	30254250	783261
安 徽	89562940	59085984	22518045	233370
福 建	86494620	53199225	18188570	243573
江 西	32979224	22048296	7068222	113811
山 东	137561950	79475953	32493686	385502
河 南	80131332	43717369	21140831	92995
湖 北	71851585	34300691	16182357	1526941
湖 南	68298763	36864213	14690734	133846
广 东	217570646	129250786	36596946	873614
广 西	52532784	30161597	12062211	143667
海 南	19681481	11323779	4678659	112097
重 庆	91844521	50808813	16202571	294820
四 川	97396571	60458483	21946294	433542
贵 州	29157401	14823787	5566872	80300
云 南	37955795	22628346	9004408	128317
西 藏	493027	265580	89634	1800
陕 西	47054035	28889069	11594683	245424
甘 肃	14835572	6539553	2664105	28050
青 海	4347459	2179199	1081887	372
宁 夏	8677076	4478801	2543715	23540
新 疆	10140946	6502263	3477185	47171

2-2 各地区按登记注册类型分的房地产开发企业计划总投资

单位：万元

地区	总计	内资					
			国有	集体	股份合作	国有联营	集体联营
全国总计	**2238233535**	**1915928996**	**127560807**	**17522299**	**7131192**	**3958391**	**474962**
北京	171406426	154823111	8305439	449628			
天津	56873474	50341856	13537207	1045244	499519	99300	
河北	76176946	73903395	1446020	243216	117596		
山西	24597010	24026691	1583735	74214	5327		54000
内蒙古	34095015	33864598	271379	57860	27838		
辽宁	144692113	99827509	4634885	483043	403760	280000	
吉林	28016403	25769537	201499	18600			
黑龙江	23411233	21558539	2268446	135882	40295		50836
上海	128184819	100132484	12305428	1477601	178718	2167264	210601
江苏	219248480	183360390	15915561	1714225	686484	166570	15800
浙江	132963888	120867733	2919036	566241	167525	275257	
安徽	89562940	82173251	5257512	63939	143410		
福建	86494620	69927146	8605638	1170745	150588	110000	30680
江西	32979224	28585596	1717626	89861	163980		26800
山东	137561950	124649008	8298596	2635578	861596		3000
河南	80131332	75347157	1923430	456810	412456		
湖北	71851585	62248748	8740888	439828	387366		
湖南	68298763	64837874	2626061	209155	723632	640000	6000
广东	217570646	160106417	5308434	4203311	202882	60000	26500
广西	52532784	48476014	2712429	174212	137352		
海南	19681481	16314451	1240975	6000	490407		
重庆	91844521	74833046	6340024	37848	20410		
四川	97396571	75640476	2492478	323343	443305	160000	
贵州	29157401	28094160	919655	57455	69090		21490
云南	37955795	35776442	1996785	331837	81230		
西藏	493027	493027	15565		67600		
陕西	47054035	43181293	3819750	1031084	271256		19255
甘肃	14835572	13932478	1246010	12495	28610		
青海	4347459	4229459	347431		348800		
宁夏	8677076	8489164	94572	12504			10000
新疆	10140946	10117946	468313	540	160		

2-2 续表 1　　　　单位：万元

地　区	内资						
	国有与集体联营	其他联营	国有独资公司	其他有限责任公司	股份有限公司	私营独资	私营合伙
全国总计	**772373**	**724463**	**45704797**	**938256138**	**97784692**	**32744825**	**6905444**
北　京			8151640	118512476	6314333		
天　津			938741	17749515	2963691	1163733	94563
河　北			456150	34507333	4085821	1907894	148308
山　西			236996	8131438	1298142	436245	24500
内蒙古			189821	18926512	1424463	1349882	74284
辽　宁		3500	2963621	42448915	3620592	2540665	201055
吉　林			635419	15866492	923890	328120	17282
黑龙江			580431	9962975	1732904	311950	63334
上　海	575571	118317	2483114	48821102	2004726	1770514	1424
江　苏	21763	8500	2312573	73670291	7668498	4771770	1213250
浙　江	5500		2619969	65942497	4655854	1018041	126857
安　徽	68806	80000	2869543	44349972	3955947	2238833	368550
福　建		13600	3974832	28975162	2399864	310036	370845
江　西			79742	14230702	3426939	440618	329590
山　东		63829	2284605	58969105	9065344	1286384	831865
河　南		27800	216113	43189882	6270467	1740066	368920
湖　北	60033	1750	531261	25176039	6821123	1989542	75956
湖　南		35000	1135652	34641373	2732123	795395	1165335
广　东		256567	4049658	74830718	8912403	2565896	141462
广　西		14700	2112406	15557974	2709889	1373438	161142
海　南	5700	7000	232000	7906255	2544934	966263	42500
重　庆			1779680	28293012	1176930	265472	237942
四　川			1098159	37271693	5630713	1110236	78129
贵　州		4900	428818	17696369	1404698	182740	45254
云　南			806578	16749182	1326346	391337	181845
西　藏				138041	16352	169000	13975
陕　西	35000	89000	695400	23550483	2007804	988768	137400
甘　肃			105856	5446718	496842	201915	47819
青　海			259500	1139049	86560	51995	7000
宁　夏			1173787	1483830		39279	18700
新　疆			302732	4121033	106500	38798	316358

2-2 续表 2

单位：万元

地区	内资			港澳台商投资		
	私营有限责任公司	私营股份有限公司	其他内资企业		合资经营	合作经营
全国总计	**566224893**	**47667241**	**22496479**	**196386833**	**72007193**	**20632676**
北京	12883242	206353		10539066	3045063	3989833
天津	11676709	362255	211379	2113328	923040	73554
河北	25836527	3823628	1330902	856130	493333	
山西	11361403	627651	193040	367040	169140	25000
内蒙古	11010810	325691	206058	47700	47700	
辽宁	38509283	2795393	942797	24934064	11761507	536121
吉林	7012158	727677	38400	1739195	976054	
黑龙江	5838233	461786	111467	355194	77000	
上海	26176392	1106138	735574	16214064	8050691	576025
江苏	68705412	4300553	2189140	20576708	7892249	1201750
浙江	40569787	1388866	612303	6893005	2535326	124804
安徽	19181051	1863078	1732610	4192821	1642322	70000
福建	22208317	1269139	337700	12777940	4234073	325300
江西	6668348	1199379	212011	2937544	1273601	
山东	32641419	4285594	3422093	8428166	5283552	542249
河南	17267961	1872442	1600810	2004550	676664	194056
湖北	14110826	1902394	2011742	4605392	1481022	
湖南	16707778	2606200	814170	2228990	1588848	23486
广东	51207427	7047614	1293545	42101893	10650265	12316492
广西	20299322	1976960	1246190	2476109	945998	1000
海南	2450908	107263	314246	2722495	770488	
重庆	33118389	2912737	650602	11711009	3390547	466311
四川	24388803	1273931	1369686	10591489	2247347	47389
贵州	6352021	868170	43500	759470	385100	
云南	12949967	658421	302914	2057443	787041	
西藏	72494					
陕西	9416859	578407	540827	1814606	401800	119306
甘肃	6155743	177250	13220	281422	231422	
青海	1593624	382500	13000	37000	23000	
宁夏	5360419	296073				
新疆	4493261	263698	6553	23000	23000	

2-2 续表 3　　　　单位：万元

地　　区	港澳台商投资		外商投资				
	独　　资	股份有限		合资经营	合作经营	独　　资	股份有限
全国总计	**97446293**	**6300671**	**125917706**	**41774666**	**15753215**	**65232168**	**3157657**
北　　京	3504170		6044249	1846676	2513617	1140809	543147
天　　津	1116734		4418290	2175138	346984	1697866	198302
河　　北	362797		1417421	303122		1114299	
山　　西	172900		203279	139879		63400	
内 蒙 古			182717	72187		110530	
辽　　宁	12526436	110000	19930540	6891521	1668512	11355507	15000
吉　　林	613141	150000	507671	334175	156496	17000	
黑 龙 江	214194	64000	1497500	325500	30000	1142000	
上　　海	7388948	198400	11838271	3636365	1481391	6207391	513124
江　　苏	10465009	1017700	15311382	5316451	1586745	8370186	38000
浙　　江	4058445	174430	5203150	2061341		2906643	235166
安　　徽	2350499	130000	3196868	1203684		1639684	353500
福　　建	6851569	1366998	3789534	899079		2867865	22590
江　　西	1638943	25000	1456084	1235774		151630	68680
山　　东	2558215	44150	4484776	3085870	139200	1236706	23000
河　　南	1015301	118529	2779625	844657		1679828	255140
湖　　北	2759370	365000	4997445	1125286	1370000	2502159	
湖　　南	608656	8000	1231899	688989		542910	
广　　东	18374839	760297	15362336	2268064	3542488	9211611	340173
广　　西	1411111	118000	1580661	638270	116946	825445	
海　　南	545978	1406029	644535	98500		194200	351835
重　　庆	7610013	244138	5300466	1833395	1265154	2201917	
四　　川	8296753		11164606	2843441	645682	7475483	200000
贵　　州	374370		303771	127571	140000	36200	
云　　南	1270402		121910	121910			
西　　藏							
陕　　西	1293500		2058136	922985	750000	385151	
甘　　肃	50000		621672	617655		4017	
青　　海	14000		81000	81000			
宁　　夏			187912	36181		151731	
新　　疆							

2-3 各地区按资质等级分的房地产开发企业计划总投资

单位：万元

地 区	总 计	一 级	二 级	三 级	四 级	暂 定	其 他
全国总计	**2238233535**	**158803301**	**429837556**	**492277106**	**223502399**	**827010630**	**106802543**
北 京	171406426	29037135	33641020	18811492	46478631	35148150	8289998
天 津	56873474	3447013	9851447	7265552	12754476	23316920	238066
河 北	76176946	4680228	11891235	17265563	17461261	22725051	2153608
山 西	24597010	2119686	3212473	5090241	9036576	4542539	595495
内蒙古	34095015	2650168	6311167	6660705	9836605	7956457	679913
辽 宁	144692113	5814915	11669090	31018725	787522	82285716	13116145
吉 林	28016403	308481	5119883	7049506	4193169	10993434	351930
黑龙江	23411233	1582255	6225180	9915219	774507	4036533	877539
上 海	128184819	2478052	15125241	11459093	179497	93244909	5698027
江 苏	219248480	12643176	86071805	33429201	703606	75430152	10970540
浙 江	132963888	10195648	22491705	33357307	6024044	45410276	15484908
安 徽	89562940	2234670	14987192	20012750	3178991	45493024	3656313
福 建	86494620	8424719	15163841	24869474	10355733	27298053	382800
江 西	32979224	1016269	7495630	10437557	2613350	10144220	1272198
山 东	137561950	6321717	13309025	27610727	15837366	66334516	8148599
河 南	80131332	2672564	14647010	11426388	3603833	45903368	1878169
湖 北	71851585	11569781	22118998	14379241	4510903	18441119	831543
湖 南	68298763	516937	5548267	27571830	2845543	30028538	1787648
广 东	217570646	20786170	24040113	69373802	32256287	54053829	17060445
广 西	52532784	856800	5055568	11169569	5691982	26993379	2765486
海 南	19681481	70900	1038572	3476370	2631692	11293934	1170013
重 庆	91844521	9905110	34949844	12134722	1157676	33611529	85640
四 川	97396571	5538112	28301190	41316514	1418233	14076726	6745796
贵 州	29157401	377940	6559507	5569013	6290097	9845151	515693
云 南	37955795	3128208	9225571	6207394	7539865	11202758	651999
西 藏	493027		95952	274059	35500	10016	77500
陕 西	47054035	6410816	7929879	13160263	11480335	7275736	797006
甘 肃	14835572	590934	1656779	6773693	1432402	4210415	171349
青 海	4347459	521250	1971192	627786	299365	910866	17000
宁 夏	8677076	2025068	2297701	1732392	810394	1617227	194294
新 疆	10140946	878579	1835479	2830958	1282958	3176089	136883

2-4　各地区按登记注册类型分的房地产开发企业完成投资

单位：万元

地　区	总　计	内　资					
			国　有	集　体	股份合作	国有联营	集体联营
全国总计	**482594030**	**432014139**	**26792778**	**4270996**	**1853590**	**569297**	**109280**
北　京	29010686	27415046	1595995	156164			
天　津	8666424	7863312	2254229	43592	1500	27820	
河　北	22649354	22216505	467432	58303	45013		
山　西	5922376	5811884	513503	23443	850		
内蒙古	11199875	11125305	129796	56360	22588		
辽　宁	34657562	26727912	1098686	173228	152302	53000	
吉　林	9210117	8506151	133622	12600			
黑龙江	8431198	8159773	764486	79645	38195		12336
上　海	19806787	16485884	1992238	327295	12803	296125	56674
江　苏	42993786	37598055	3284364	590646	110635	13920	4959
浙　江	30254250	27805563	570414	135423	48680	49040	
安　徽	22518045	20946603	1287101	24846	42227		
福　建	18188570	15209513	1282208	276575	28630	5051	5
江　西	7068222	6355494	378676	20283	31746		10683
山　东	32493686	30223025	2047515	701457	308531		3000
河　南	21140831	20018705	604795	236298	196447		
湖　北	16182357	14702538	1739705	131002	78080		
湖　南	14690734	14103293	748875	87692	186115	56710	3363
广　东	36596946	28188307	1211134	543973	33028	4654	9452
广　西	12062211	11318331	575715	62829	32015		
海　南	4678659	3916078	262016		163386		
重　庆	16202571	13551569	1026276	10864	10122		
四　川	21946294	19021495	627421	121801	77232	62977	
贵　州	5566872	5415579	167157	5849	16815		3890
云　南	9004408	8661913	497939	51667	42827		
西　藏	89634	89634	4014		23300		
陕　西	11594683	10978850	1022442	330520	106282		3398
甘　肃	2664105	2558409	264543	3560	5854		
青　海	1081887	1058593	76051		38357		
宁　夏	2543715	2511061	48315	5001			1520
新　疆	3477185	3469759	116115	80	30		

2-4 续表 1

单位：万元

地区	内资						
	国有与集体联营	其他联营	国有独资公司	其他有限责任公司	股份有限公司	私营独资	私营合伙
全国总计	**60782**	**188454**	**10166092**	**203735814**	**23194650**	**8693761**	**1653925**
北京			1963559	20427505	1181004		
天津			235142	2890947	660862	91520	41379
河北			107178	9917087	1406903	864985	47690
山西			60798	2039638	321339	106739	6370
内蒙古			82223	5313695	501628	441680	33784
辽宁		3174	1000627	10790039	1006217	883485	57211
吉林			160809	4894137	253817	118272	12138
黑龙江			121758	3821192	619848	67819	40250
上海	31622	13243	292458	8055246	316873	453415	
江苏	5500		525078	14263097	1731840	1098679	197534
浙江	3045		477464	14539330	835702	313215	37608
安徽	10083	36125	888159	10822210	935925	483450	126209
福建		492	475214	6581448	580501	81429	51191
江西			8443	3029038	779993	115610	91142
山东		6160	563682	13721736	2199788	400468	116842
河南		19589	92685	11008019	1712999	557421	109219
湖北		796	198281	6200677	1322874	260845	38671
湖南		6010	196539	6898713	736294	246275	208394
广东		51440	618786	13378746	1980090	694008	46056
广西		8395	429150	3306672	634233	351718	37664
海南	1380	2700	9015	1957044	499696	172860	9276
重庆			466492	5087999	263559	48949	46267
四川			307259	9115203	1413587	266540	16557
贵州		1909	61479	3175520	312467	42106	661
云南			163413	3542434	314179	185961	73140
西藏				27184	11019	4657	570
陕西	9152	38421	204575	5701723	503769	233665	52581
甘肃			26625	1213390	86608	64919	9203
青海			103878	376828	20408	16023	19
宁夏			233748	407721		10618	5429
新疆			91575	1231596	50628	16430	140870

2-4 续表 2　　　　单位：万元

地　区	内资			港澳台商投资		
	私营有限责任公司	私营股份有限公司	其他内资企业		合资经营	合作经营
全国总计	**133702205**	**11591400**	**5431115**	**30730326**	**12535060**	**2266812**
北　京	2015400	75419		1189049	545539	271294
天　津	1508171	59418	48732	233788	135080	11110
河　北	7765080	1095030	441804	128076	106224	
山　西	2492146	154748	92310	51112	8182	3500
内蒙古	4232240	206471	104840	4220	4220	
辽　宁	10646337	662561	201045	4625161	2196166	78378
吉　林	2677238	241018	2500	525966	281385	
黑龙江	2388607	148855	56782	106645	39000	
上　海	4319521	185384	132987	1813659	959180	62015
江　苏	14332460	977989	461354	3455100	1644587	130497
浙　江	10334237	286997	174408	1178549	479443	24238
安　徽	5303059	503847	483362	856866	365662	38698
福　建	5373145	358157	115467	2277563	872977	39337
江　西	1550754	275720	63406	552561	284251	
山　东	8293658	1038349	821839	1528655	864991	50599
河　南	4369982	566484	544767	517369	166387	53974
湖　北	3733796	734588	263223	826979	356759	
湖　南	3769235	756814	202264	371266	232059	16018
广　东	8348170	1011958	256812	5744653	1544437	1405425
广　西	5323372	454386	102182	405933	170408	10
海　南	711946	49117	77642	587938	253411	
重　庆	6088673	407185	95183	1825179	470698	44685
四　川	6307554	372199	333165	1242586	343742	
贵　州	1385413	231133	11180	95408	45547	
云　南	3529971	158774	101608	323638	110055	
西　藏	18890					
陕　西	2288700	256625	226997	231408	34951	37034
甘　肃	810789	62448	10470	14949	12293	
青　海	344582	80997	1450	8624		
宁　夏	1735536	63173				
新　疆	1703543	115556	3336	7426	7426	

2-4 续表 3 单位：万元

地　区	港澳台商投资		外商投资				
	独　资	股份有限		合资经营	合作经营	独　资	股份有限
全国总计	**14950939**	**977515**	**19849565**	**6778153**	**2020910**	**10378652**	**671850**
北　京	372216		406591	133700	139672	102213	31006
天　津	87598		569324	167119	39203	329359	33643
河　北	21852		304773	37361		267412	
山　西	39430		59380	30000		29380	
内蒙古			70350	18000		52350	
辽　宁	2297617	53000	3304489	1297544	304776	1688781	13388
吉　林	228381	16200	178000	109000	52000	17000	
黑龙江	30464	37181	164780	48466	18203	98111	
上　海	771239	21225	1507244	331769	156468	840624	178383
江　苏	1512731	167285	1940631	665967	231380	1033853	9431
浙　江	642073	32795	1270138	450191		772309	47638
安　徽	443716	8790	714576	213004		428945	72627
福　建	1219645	145604	701494	320661		367754	13079
江　西	261524	6786	160167	124290		30245	5632
山　东	598793	14272	742006	445976	6714	287761	1555
河　南	279739	17269	604757	239252		332439	33066
湖　北	418290	51930	652840	151671	99680	401489	
湖　南	121645	1544	216175	115687		100488	
广　东	2680973	113818	2663986	408092	515126	1651542	89226
广　西	196767	38748	337947	214326	7063	116558	
海　南	83659	250868	174643	47714		29322	97607
重　庆	1309596	200	825823	249735	169802	406286	
四　川	898844		1682213	662277	75263	899104	45569
贵　州	49861		55885	33613	15962	6310	
云　南	213583		18857	18857			
西　藏							
陕　西	159423		384425	132089	189598	62738	
甘　肃	2656		90747	90747			
青　海	8624		14670	14670			
宁　夏			32654	6375		26279	
新　疆							

2-5　各地区按资质等级分的房地产开发企业完成投资

单位：万元

地　区	总　计	一　级	二　级	三　级	四　级	暂　定	其　他
全国总计	**482594030**	**27973501**	**84170251**	**109357139**	**49562531**	**188812609**	**22717999**
北　京	29010686	3852000	4584147	3116262	5658850	9651915	2147512
天　津	8666424	569653	1691463	1037759	1827405	3531859	8285
河　北	22649354	1469739	3640811	4897497	5514177	6593662	533468
山　西	5922376	264003	843947	1077088	2438337	1128353	170648
内蒙古	11199875	838267	1605934	2216332	3401219	2949678	188445
辽　宁	34657562	1103144	2772788	8750446	346056	19217015	2468113
吉　林	9210117	161632	1973881	2578069	1266378	3170643	59514
黑龙江	8431198	398890	2019797	3911732	478824	1390961	230994
上　海	19806787	338457	2307191	1688516	19964	14774529	678130
江　苏	42993786	2378051	16417572	7681718	164973	14253491	2097981
浙　江	30254250	1810730	4494499	7028439	1337926	12030020	3552636
安　徽	22518045	534207	3502925	4708222	924023	11876759	971909
福　建	18188570	1364428	3068054	5405547	1553261	6718922	78358
江　西	7068222	99360	1298411	2150233	774756	2537569	207893
山　东	32493686	1524450	3028399	6493952	4003844	15507174	1935867
河　南	21140831	586301	3002291	3543118	1280514	12235370	493237
湖　北	16182357	1620935	4393767	3643396	1372054	5008477	143728
湖　南	14690734	116167	993181	5793737	971932	6291879	523838
广　东	36596946	3189736	3129957	9175587	6068472	11549233	3483961
广　西	12062211	197616	957621	2606340	1361322	6355355	583957
海　南	4678659	16500	275960	723940	509389	2886145	266725
重　庆	16202571	1307034	6025403	2581004	154209	6109605	25316
四　川	21946294	1126630	5663955	10087580	465457	3448439	1154233
贵　州	5566872	77532	1024723	1096514	1194438	2056359	117306
云　南	9004408	792023	1616710	1399385	2051641	2925131	219518
西　藏	89634		35447	34386	7091	710	12000
陕　西	11594683	1139401	1753221	3289389	3144826	2059959	207887
甘　肃	2664105	85612	338122	927249	520483	749730	42909
青　海	1081887	115054	449451	157638	63788	289156	6800
宁　夏	2543715	515822	696489	549225	201033	506599	74547
新　疆	3477185	380127	564134	1006839	485889	1007912	32284

2-6 各地区按隶属关系分的房地产开发企业完成投资

单位：万元

地区	合计	中央属	地方属				
				省属	地市属	县属	其他
全国总计	**482594030**	**9623700**	**472970330**	**19224691**	**60205597**	**35754237**	**357785805**
北京	29010686	1058813	27951873	4783114	5176873		17991886
天津	8666424	1172095	7494329	1259444	1465246	130987	4638652
河北	22649354	294897	22354457	346269	2354485	2021415	17632288
山西	5922376	690	5921686	318586	729213	296064	4577823
内蒙古	11199875	13875	11186000	51336	1013733	1077881	9043050
辽宁	34657562	639847	34017715	124785	3984068	2002358	27906504
吉林	9210117	201290	9008827		398577	565403	8044847
黑龙江	8431198	200040	8231158	448023	1458826	1512491	4811818
上海	19806787	327136	19479651	3296121	2761434	49799	13372297
江苏	42993786	404831	42588955	364663	2936333	3205826	36082133
浙江	30254250	279966	29974284	328841	2307251	1730471	25607721
安徽	22518045	206885	22311160	1172507	3572102	1636229	15930322
福建	18188570	92324	18096246	241353	3069607	1583830	13201456
江西	7068222	132468	6935754	297314	594853	821032	5222555
山东	32493686	226310	32267376	1168372	4477073	5071413	21550518
河南	21140831	114529	21026302	617957	1956245	2538258	15913842
湖北	16182357	506097	15676260	317582	3529959	1094779	10733940
湖南	14690734	297230	14393504	705120	2578340	1250918	9859126
广东	36596946	1267702	35329244	161452	5147426	1606488	28413878
广西	12062211		12062211	161669	1802008	831359	9267175
海南	4678659	114838	4563821	395374	695645	600724	2872078
重庆	16202571	689046	15513525	887068	1439507	516484	12670466
四川	21946294	937281	21009013	205359	2069345	2307108	16427201
贵州	5566872	117928	5448944	57974	297580	412011	4681379
云南	9004408	32939	8971469	463725	471321	1100964	6935459
西藏	89634		89634	900	17338	23300	48096
陕西	11594683	82134	11512549	455425	2841809	959395	7255920
甘肃	2664105	27245	2636860	162243	347781	325357	1801479
青海	1081887	9700	1072187	109299	293680	28198	641010
宁夏	2543715		2543715	253896	96145	88837	2104837
新疆	3477185	175564	3301621	68920	321794	364858	2546049

2-7　各地区按构成分的房地产开发企业完成投资

单位：万元

地　区	本年完成投资额	建筑工程	安装工程	设备工器具购置	其他费用	#土地购置费
全国总计	**482594030**	**305469774**	**25185363**	**5580504**	**146358389**	**99999160**
北　京	29010686	8964277	144215	462805	19439389	12927472
天　津	8666424	5193986	586254	34761	2851423	1340768
河　北	22649354	15830009	1139865	272486	5406994	3682745
山　西	5922376	3980810	486396	47251	1407919	924680
内蒙古	11199875	9099695	249233	70278	1780669	1298632
辽　宁	34657562	24417347	2336866	543356	7359993	5080384
吉　林	9210117	7397679	36477	14156	1761805	1252993
黑龙江	8431198	6551732	201145	88864	1589457	906816
上　海	19806787	11555941	1488909	220433	6541504	4492749
江　苏	42993786	26151261	2820807	410852	13610866	9604406
浙　江	30254250	14848074	1586542	302807	13516827	11380203
安　徽	22518045	14086114	1524075	249742	6658114	5171920
福　建	18188570	8778945	537215	93941	8778469	7651682
江　西	7068222	4920441	422486	135226	1590069	1098952
山　东	32493686	21065651	2384920	327597	8715518	6004114
河　南	21140831	16540944	29682	253376	4316829	2932283
湖　北	16182357	9569212	1023433	290666	5299046	2909857
湖　南	14690734	10489181	696259	219642	3285652	1765612
广　东	36596946	23128895	2700964	403438	10363649	6339904
广　西	12062211	8868601	346243	124219	2723148	1505985
海　南	4678659	3150343	585046	195336	747934	488601
重　庆	16202571	9598533	872338	138201	5593499	3714362
四　川	21946294	14943509	988223	179352	5835210	3689425
贵　州	5566872	3662945	223759	75224	1604944	609229
云　南	9004408	6388452	340641	101244	2174071	1212651
西　藏	89634	63521	2351	1889	21873	17233
陕　西	11594683	8517863	981053	241881	1853886	1074455
甘　肃	2664105	1902792	177834	18607	564872	292833
青　海	1081887	950892	12106	755	118134	98749
宁　夏	2543715	2109638	98323	10342	325412	215897
新　疆	3477185	2742491	161703	51777	521214	313568

2-8 各地区按用途分的房地产开发企业完成投资

单位：万元

地 区	本年完成投资额	住 宅	#经济适用房屋	#别 墅、高档公寓	办公楼	商业营业用房	其 他
全国总计	**482594030**	**340262276**	**10691695**	**28298096**	**18073828**	**56484000**	**67773926**
北 京	29010686	15089501	489805	2607279	2590996	3362915	7967274
天 津	8666424	5653883	1267679	688989	771783	1273543	967215
河 北	22649354	17857596	273753	395758	512738	2760060	1518960
山 西	5922376	4574340	224824	14579	125367	604588	618081
内蒙古	11199875	7828029	390935	295353	534421	2024633	812792
辽 宁	34657562	24813478	503756	1915220	1029344	5886469	2928271
吉 林	9210117	7317269	362228	907080	138718	1160245	593885
黑龙江	8431198	6575367	122816	99469	109197	1053409	693225
上 海	19806787	12298294	1175728	3736666	2244608	2447030	2816855
江 苏	42993786	31584588	989379	3485066	1546111	6110763	3752324
浙 江	30254250	20581894	334342	1864013	1929927	3563613	4178816
安 徽	22518045	15954705	280169	765822	656106	2921646	2985588
福 建	18188570	9751349	165019	552610	496714	1623334	6317173
江 西	7068222	5447742	113973	181581	110064	781411	729005
山 东	32493686	25111721	492080	756982	733963	3788058	2859944
河 南	21140831	16852092	618736	190282	567409	1927733	1793597
湖 北	16182357	10402450	403312	393853	324359	1870824	3584724
湖 南	14690734	11345626	329915	558213	178057	1297368	1869683
广 东	36596946	25390280	246572	3466041	1445373	3893136	5868157
广 西	12062211	8788924	218072	312651	151375	928467	2193445
海 南	4678659	4171143	40266	1887126	70346	205420	231750
重 庆	16202571	10914854	589870	1044474	315305	1344039	3628373
四 川	21946294	15352814	60419	887828	553104	1858770	4181606
贵 州	5566872	3286322	201574	45696	87805	570608	1622137
云 南	9004408	6546742	124725	767064	222129	978839	1256698
西 藏	89634	69870	574	10403	650	18604	510
陕 西	11594683	9381543	336796	231964	365708	1064058	783374
甘 肃	2664105	1879296	173720	968	56079	270195	458535
青 海	1081887	752005	19540	1460	21522	158326	150034
宁 夏	2543715	1872939	41779	39470	81655	355621	233500
新 疆	3477185	2815620	99339	194136	102895	380275	178395

2-9　各地区按控股情况分的房地产开发企业完成投资

单位：万元

地　区	总　计	国有控股	集体控股	私人控股	港澳台控股	外商控股
全国总计	**482594030**	**75280072**	**19240045**	**293300482**	**31736646**	**21278206**
北　京	29010686	14126647	1739931	8644240	1136409	548491
天　津	8666424	3963116	156308	2274015	258148	669420
河　北	22649354	1130592	461958	18148278	128076	325029
山　西	5922376	854837	204281	4540523	50932	59380
内蒙古	11199875	366372	342654	10064866	4220	94835
辽　宁	34657562	3865017	1037316	20252390	4848238	3084484
吉　林	9210117	1065788	24797	7183374	525966	189000
黑龙江	8431198	1048399	383674	6172392	106645	171188
上　海	19806787	6462000	1486150	6507564	1844418	1602502
江　苏	42993786	6209609	1659342	25492393	3475599	1924347
浙　江	30254250	3080328	820358	20266602	1243351	1377816
安　徽	22518045	3665513	498985	14261641	861050	850475
福　建	18188570	2501853	577871	11821563	2342257	945026
江　西	7068222	664491	323467	4794933	553011	214587
山　东	32493686	4176984	2750271	17701844	1572341	742006
河　南	21140831	1008726	1530655	16187459	469706	596248
湖　北	16182357	3102983	1027777	9057906	910165	780051
湖　南	14690734	1740669	609015	10305257	405277	328809
广　东	36596946	4375782	1058045	17798700	6126389	3090849
广　西	12062211	1438660	229384	8922642	407109	349947
海　南	4678659	490083	220092	2577386	601512	200245
重　庆	16202571	2538563	58516	10003915	1857979	849991
四　川	21946294	2468636	408235	13860677	1311362	1682213
贵　州	5566872	612709	105680	4364826	108434	55885
云　南	9004408	994087	342551	6725913	325645	18857
西　藏	89634	4014	47942	27546		
陕　西	11594683	1952456	882801	7693763	231408	384425
甘　肃	2664105	349329	112111	1957380	14949	90747
青　海	1081887	196791	69273	777379	8624	14670
宁　夏	2543715	351611	21854	2137596		32654
新　疆	3477185	473427	48751	2775519	7426	4029

2-10 各地区按投资规模分房地产开发企业完成投资

单位：万元

地　区	500万元以下	500-1000万元	1000-3000万元	3000-5000万元	5000万-1亿元	1-5亿元	5-10亿元	10亿元及以上
全国总计	**172351**	**727429**	**6131542**	**9203657**	**31817496**	**163957325**	**92443326**	**178140904**
北　京	1129	2030	26668	37649	117170	2223062	3965489	22637489
天　津	463	855	12605	19957	88956	2087745	2487805	3968038
河　北	3039	24119	265287	421900	1835896	9237993	4081033	6780087
山　西	3604	24799	200471	205064	620447	2193485	1117291	1557215
内蒙古	11044	58782	435329	428181	1412584	4511170	2171224	2171561
辽　宁	5122	13147	225466	441309	1453248	11705888	6691670	14121712
吉　林	1908	3942	71095	161369	449555	3483589	1914480	3124179
黑龙江	8452	43663	369120	479436	1151193	3294347	1155460	1929527
上　海	3	660	34280	39581	158221	3055218	4048094	12470730
江　苏	2441	18246	224682	427372	1752875	16151879	9536024	14880267
浙　江	1869	15141	179529	342330	1239020	10302728	6936456	11237177
安　徽	10687	20863	259618	401006	1487841	8383391	4590942	7363697
福　建	3969	17038	162096	229652	889249	6104610	3919574	6862382
江　西	2265	22998	163950	272229	919161	3656638	960337	1070644
山　东	4545	42499	415349	648938	3028075	12519098	6186538	9648644
河　南	4065	16238	282329	489580	2431627	9475203	3489913	4951876
湖　北	16980	59326	370969	400938	1313336	5109107	2571338	6340363
湖　南	9263	53056	300768	499989	1795793	6534543	2240915	3256407
广　东	9623	37172	310523	471113	1572625	9863224	7782820	16549846
广　西	4855	23663	222744	436082	1338982	5308202	2696599	2031084
海　南	435	1500	37162	59707	228192	1853066	957600	1540997
重　庆	5676	17832	172651	270209	873581	5282256	2847964	6732402
四　川	13314	55069	389647	582435	1770433	8192643	4100196	6842557
贵　州	7142	20706	138185	256589	643227	1899375	778660	1822988
云　南	4942	23426	184803	293283	1064472	3093218	1412841	2927423
西　藏	74	1830	1000	4341	16110	53779	12000	500
陕　西	2859	22647	162544	230669	586958	3503442	2939120	4146444
甘　肃	9234	22962	131018	170928	502160	1281165	237761	308877
青　海	2879	5425	13335	25314	91508	462912	115518	364996
宁　夏	2086	8827	71113	96936	300907	1477654	288944	297248
新　疆	18384	48968	297206	359571	684094	1656695	208720	203547

2-11　各地区按登记注册类型分的房地产开发企业住宅完成投资

单位：万元

地　区	总　计	内　资					
			国　有	集　体	股份合作	国有联营	集体联营
全国总计	**340262276**	**307618695**	**19390568**	**3436659**	**1584614**	**410647**	**80037**
北　京	15089501	14343513	311022	98363			
天　津	5653883	5111286	1420566	41891	1300	23248	
河　北	17857596	17575833	396429	54372	37153		
山　西	4574340	4522020	464865	18440	850		
内蒙古	7828029	7780058	111166	46466	13536		
辽　宁	24813478	19380279	672720	165261	131268	29118	
吉　林	7317269	6716611	102686	11500			
黑龙江	6575367	6364753	514171	73966	37621		3690
上　海	12298294	10713448	1337725	240094	8808	239287	46458
江　苏	31584588	27425935	2731160	492997	100291	12860	3076
浙　江	20581894	19124257	442525	73227	41714		
安　徽	15954705	14761940	999876	21529	37428		
福　建	9751349	8004286	780501	192787	21564	4139	5
江　西	5447742	4916067	294963	18472	27671		9583
山　东	25111721	23439704	1672179	626183	216196		3000
河　南	16852092	16120988	436166	210107	191771		
湖　北	10402450	9471805	1423970	65659	61376		
湖　南	11345626	10887683	655408	78028	160716	54710	2804
广　东	25390280	19952580	901264	449562	24044		8924
广　西	8788924	8269241	460829	47932	28593		
海　南	4171143	3507839	227338		158086		
重　庆	10914854	9727787	858398	9734	9980		
四　川	15352814	13804646	479543	77592	70166	47285	
贵　州	3286322	3224346	96070	3362	10602		
云　南	6546742	6302899	399324	46408	42507		
西　藏	69870	69870	4014		21300		
陕　西	9381543	8875135	838212	266927	101940		1337
甘　肃	1879296	1830673	160884	1598	4804		
青　海	752005	736640	53003		23309		
宁　夏	1872939	1843508	41211	4122			1160
新　疆	2815620	2813065	102380	80	20		

2-11 续表 1

单位：万元

地　区	内			资			
	国有与集体联　营	其他联营	国有独资公　司	其他有限责任公司	股份有限公　司	私营独资	私营合伙
全国总计	**43045**	**164686**	**7113370**	**141738712**	**16267412**	**6464630**	**1242844**
北　京			1140714	11037710	379214		
天　津			109638	1855233	455314	59289	34750
河　北			81462	7616210	1203448	681283	45156
山　西			37511	1634890	276936	83486	6369
内 蒙 古			47962	3471915	416417	295600	28137
辽　宁		2816	739259	7800009	662443	647720	39276
吉　林			135599	3869758	189192	86309	11006
黑 龙 江			105476	3014610	493525	49402	33044
上　海	30072	8523	157024	5136652	178020	337101	
江　苏			429318	10188604	1196411	783671	164424
浙　江	2134		294995	10158394	512716	190211	29989
安　徽	9138	36091	791138	7570934	662858	353584	56759
福　建		415	293335	3260063	142225	31179	26701
江　西			8121	2330257	620854	96531	74067
山　东		5680	448311	10504352	1700956	325704	111795
河　南		17529	77159	8874554	1445202	459707	91257
湖　北		796	137633	3683479	794736	226707	17800
湖　南		5805	146482	5020794	638239	182620	164432
广　东		43634	432933	9436181	1232059	524883	39586
广　西		8025	166951	2423907	495908	208363	30827
海　南	953	630	3331	1764626	446669	150436	8776
重　庆			397980	3503640	166043	37984	19092
四　川			232090	6304277	997193	210519	15825
贵　州		1031	51423	1744701	188700	33645	656
云　南			99396	2573420	222292	118284	51640
西　藏				23009	11019	4157	370
陕　西	748	33711	162706	4512698	414215	202200	51831
甘　肃			26205	842011	68560	49892	6651
青　海			86965	245447	16965	12296	13
宁　夏			191825	318250		7187	3748
新　疆			80428	1018127	39083	14680	78867

2-11 续表 2　　单位：万元

地　区	内资			港澳台商投资		
	私营有限责任公司	私营股份有限公司	其他内资企业		合资经营	合作经营
全国总计	**97427366**	**8191592**	**4062513**	**19151707**	**7762140**	**1349108**
北　京	1341732	34758		559249	247638	108868
天　津	1012917	57129	40011	122985	53714	11110
河　北	6249279	860584	350457	75656	67656	
山　西	1824414	93678	80581	9690	359	2975
内蒙古	3141785	142180	64894	3657	3657	
辽　宁	7764280	562601	163508	2996802	1468675	5493
吉　林	2115612	192849	2100	476693	240524	
黑龙江	1874249	124705	40294	74360	39000	
上　海	2758052	125661	109971	767744	401728	43498
江　苏	10316344	688951	317828	2644932	1251011	96646
浙　江	7059585	201788	116979	701111	294001	18159
安　徽	3437468	390928	394209	571926	214686	14699
福　建	2999140	202992	49240	1316279	523552	21599
江　西	1191221	200349	43978	391712	172559	
山　东	6475197	775251	574900	1161794	684604	40146
河　南	3461413	454985	401138	379650	125700	51681
湖　北	2572743	332534	154372	543211	245462	
湖　南	3010276	592791	174578	277857	156194	13457
广　东	6104095	537117	218298	3522530	632418	851511
广　西	3969370	351404	77132	242759	140653	10
海　南	629460	41264	76270	524556	218792	
重　庆	4347734	297127	80075	708576	260958	33416
四　川	4847823	284205	238128	599969	199592	
贵　州	958050	126567	9539	47596	4855	
云　南	2567333	112089	70206	243683	81021	
西　藏	6001					
陕　西	1937829	149214	201567	167191	21527	35840
甘　肃	612567	49191	8310	11704	9049	
青　海	237400	60192	1050	5280		
宁　夏	1227982	48023				
新　疆	1376015	100485	2900	2555	2555	

2-11 续表 3

单位：万元

地　区	港澳台商投资		外商投资				
	独　资	股份有限		合资经营	合作经营	独　资	股份有限
全国总计	**9338037**	**702422**	**13491874**	**4791015**	**1255941**	**6914621**	**530297**
北　京	202743		186739	76564	68819	23704	17652
天　津	58161		419612	153439	11683	220847	33643
河　北	8000		206107	32042		174065	
山　西	6356		42630	14350		28280	
内蒙古			44314	1900		42414	
辽　宁	1522634		2436397	1004532	247774	1184091	
吉　林	222069	14100	123965	73699	35766	14500	
黑龙江	28060	7300	136254	46339	13920	75995	
上　海	322030	488	817102	264702	101403	312842	138155
江　苏	1153398	143877	1513721	462369	187156	854765	9431
浙　江	382791	6160	756526	264556		459258	32712
安　徽	333751	8790	620839	168169		392431	60239
福　建	645783	125345	430784	160108		257848	12828
江　西	212367	6786	139963	106700		27871	5392
山　东	427887	9157	510223	365209	5895	137939	1180
河　南	186727	15542	351454	126342		192046	33066
湖　北	256819	40930	387434	126526	40458	220450	
湖　南	106936	1270	180086	91002		89084	
广　东	1986486	52115	1915170	325567	188605	1325286	75712
广　西	69697	32399	276924	173000	6667	97257	
海　南	67801	237963	138748	47373		26657	64718
重　庆	414002	200	478491	180210	124455	173826	
四　川	400377		948199	338273	51509	512848	45569
贵　州	42741		14380	4208	9468	704	
云　南	162662		160	160			
西　藏							
陕　西	109824		339217	130477	162363	46377	
甘　肃	2655		36919	36919			
青　海	5280		10085	10085			
宁　夏			29431	6195		23236	
新　疆							

2-12 各地区按资质等级分的房地产开发企业住宅完成投资

单位：万元

地 区	总 计	一 级	二 级	三 级	四 级	暂 定	其 他
全国总计	**340262276**	**19386722**	**61516879**	**80166609**	**37092933**	**126644652**	**15454481**
北 京	15089501	2095829	2237524	1696046	3160291	4686675	1213136
天 津	5653883	487367	1134420	746081	1427476	1850457	8082
河 北	17857596	1217143	2953573	3895995	4275847	5086652	428386
山 西	4574340	214251	667968	787382	1971116	819818	113805
内蒙古	7828029	502488	1114473	1539955	2457485	2068292	145336
辽 宁	24813478	842774	2062276	6309712	257115	13607465	1734136
吉 林	7317269	132142	1572716	2094761	1034327	2437167	46156
黑龙江	6575367	348738	1609006	3008776	349115	1090672	169060
上 海	12298294	198419	1781268	1171312	3233	8836333	307729
江 苏	31584588	1833053	12055837	5894068	132705	10136149	1532776
浙 江	20581894	1140532	3193626	4805684	969292	7957081	2515679
安 徽	15954705	275051	2534907	3543080	656848	8276710	668109
福 建	9751349	769454	2088471	3087394	1006773	2770215	29042
江 西	5447742	74860	980535	1734507	570827	1925619	161394
山 东	25111721	1178785	2409027	5286566	3266949	11548290	1422104
河 南	16852092	470591	2532976	2920790	1080556	9470732	376447
湖 北	10402450	1231218	3147383	2429239	1047993	2457808	88809
湖 南	11345626	106197	806982	4494921	801021	4675082	461423
广 东	25390280	2001810	2312238	6012204	4777279	7967166	2319583
广 西	8788924	135177	725790	2062890	1070072	4368956	426039
海 南	4171143	10920	268939	681758	471585	2519528	218413
重 庆	10914854	821201	4322428	1976470	92487	3679815	22453
四 川	15352814	809389	4288331	7663203	374511	1667924	549456
贵 州	3286322	66327	486898	728208	825855	1151852	27182
云 南	6546742	619914	1214231	1002774	1501578	2065359	142886
西 藏	69870		33447	20623	3400	710	11690
陕 西	9381543	1028862	1423176	2598504	2482999	1666243	181759
甘 肃	1879296	36919	266923	651809	431679	456934	35032
青 海	752005	83748	300934	102691	51943	205889	6800
宁 夏	1872939	362653	518078	398740	136953	392892	63623
新 疆	2815620	290910	472498	820466	403623	800167	27956

2-13 各地区按资质等级分的房地产开发企业90平方米以下住宅完成投资

单位：万元

地区	总计	一级	二级	三级	四级	暂定	其他
全国总计	**106527264**	**6317663**	**19298377**	**26638686**	**11031133**	**37498128**	**5743277**
北京	4599430	708156	589613	441947	1226733	1077637	555344
天津	2387274	165485	540413	300003	585118	796255	
河北	7289553	672245	1333342	1709822	1552262	1771282	250600
山西	1130874	85961	187718	218796	413836	209503	15060
内蒙古	2315508	67501	214292	494153	857437	638706	43419
辽宁	11921178	356875	1024311	3110999	155402	6359090	914501
吉林	3481479	45835	647488	1133287	696924	936132	21813
黑龙江	3618923	79085	772221	1768059	296734	575094	127730
上海	4579349	104597	741683	510521		3143252	79296
江苏	7331468	573999	2658234	1463343	26769	2267868	341255
浙江	5883197	297448	910032	1346293	221995	2067517	1039912
安徽	4378263	83145	588450	1282524	131502	2159933	132709
福建	2515757	94573	623109	846012	253170	690453	8440
江西	1053252	16616	230600	351592	79937	348260	26247
山东	6091498	280911	441660	1290371	932613	2788687	357256
河南	4223321	183768	773853	740753	182455	2261037	81455
湖北	3733111	648354	1485927	665029	206285	680665	46851
湖南	1885911	11496	128571	735128	92007	846887	71822
广东	6410677	558077	696784	1413039	972601	1707583	1062593
广西	2150748	54293	173827	504556	184117	1093169	140786
海南	2018318	10620	72227	402414	287349	1174092	71616
重庆	4821083	349045	1677833	822903	25899	1938779	6624
四川	5839480	346496	1602192	3020542	145634	564193	160423
贵州	504343	18186	75025	116721	149363	143023	2025
云南	1270676	50648	352682	215005	350994	266253	35094
西藏	15261		4697	6126	900	710	2828
陕西	2591264	249269	390925	936077	572781	380239	61973
甘肃	763727	7525	56483	304606	186193	187153	21767
青海	98703	10003	21133	17193	12530	31044	6800
宁夏	523021	66738	95731	136233	59871	116064	48384
新疆	1100617	120713	187321	334639	171722	277568	8654

2-14　各地区按资质等级分的房地产开发企业经济适用房完成投资

单位：万元

地　区	总　计	一　级	二　级	三　级	四　级	暂　定	其　他
全国总计	**10691695**	**743785**	**2241232**	**2570011**	**1246624**	**3274658**	**615385**
北　京	489805	162544	156965	20570	98571	33339	17816
天　津	1267679	62262	362698	138677	420823	283219	
河　北	273753	10007	19257	72075	34018	134497	3899
山　西	224824	5682	101088	25527	83752	8775	
内蒙古	390935	4100	74378	117622	65718	101623	27494
辽　宁	503756	20129	15600	194487		227220	46320
吉　林	362228	20948	133270	56553	18060	133397	
黑龙江	122816		8907	44421	9989	4314	55185
上　海	1175728	61199	122697	158303		814325	19204
江　苏	989379	67232	229681	338877	1925	105780	245884
浙　江	334342	15402	38776	114792	11878	58313	95181
安　徽	280169	903	17424	186986	5570	65421	3865
福　建	165019	21148	69790	36043	12270	25618	150
江　西	113973		48966	44988	4699	2262	13058
山　东	492080	8	88252	113304	106870	183639	7
河　南	618736	70009	149407	108649	19423	267012	4236
湖　北	403312	103531	112236	100217	18679	61732	6917
湖　南	329915	6961	61759	146081	22881	83953	8280
广　东	246572		35699	12132	6980	190903	858
广　西	218072	13409	15481	28537	64818	47817	48010
海　南	40266			40266			
重　庆	589870	9102	198578	134342	15	247833	
四　川	60419	3221	19205	36595	755	643	
贵　州	201574		46220	45967	53095	52033	4259
云　南	124725	65444	29843	9751	7077	10410	2200
西　藏	574			74			500
陕　西	336796	5009	31916	159587	112498	23141	4645
甘　肃	173720		20094	45947	31665	72233	3781
青　海	19540		16320	200		3020	
宁　夏	41779	10	5770	12421	19473	1286	2819
新　疆	99339	15525	10955	26020	15122	30900	817

2-15 各地区按资质等级分的房地产开发企业别墅、高档公寓完成投资

单位：万元

地区	总计	一级	二级	三级	四级	暂定	其他
全国总计	**28298096**	**1382509**	**4356944**	**4956215**	**2805099**	**13550760**	**1246569**
北京	2607279	326658	141416	206543	787216	851904	293542
天津	688989	27914	92870	93162	171548	303495	
河北	395758	54	37251	56381	78239	223833	
山西	14579		7925	5853	429	372	
内蒙古	295353	12101	18058	76155	117298	71141	600
辽宁	1915220	42111	57543	359300	15	1339092	117159
吉林	907080		290535	182040	2820	431685	
黑龙江	99469	13550	63006	17950		4963	
上海	3736666	48466	278340	271237	3233	2986036	149354
江苏	3485066	196115	1152724	420055	285	1627313	88574
浙江	1864013	91061	456258	474603	114801	670125	57165
安徽	765822	1805	45258	99308	68480	296134	254837
福建	552610	27186	75986	169055	152689	124511	3183
江西	181581	3774	18876	58720	2902	97209	100
山东	756982	54433	83568	118327	45461	390877	64316
河南	190282	6890	93687	18566	3425	67714	
湖北	393853	27633	209636	83089	13952	59484	59
湖南	558213		26951	169267	53310	306110	2575
广东	3466041	162232	188023	912347	580843	1537481	85115
广西	312651		75284	68330	19990	149047	
海南	1887126	300	140361	266562	220203	1181509	78191
重庆	1044474	152831	358926	141936	1800	388981	
四川	887828	24543	108050	461334	119787	135574	38540
贵州	45696	11313	7910	8417	12278	5778	
云南	767064	129739	198528	94662	171076	169864	3195
西藏	10403		8439		1300		664
陕西	231964	7090	74956	45296	39047	65575	
甘肃	968		690	278			
青海	1460		420	1040			
宁夏	39470	5388	6136	12190	1800	13956	
新疆	194136	9322	39333	64212	20872	50997	9400

2-16 各地区按登记注册类型分的房地产开发企业办公楼完成投资

单位：万元

地 区	总 计	内 资	国 有	集 体	股份合作	国有联营	集体联营
全国总计	**18073828**	**15158332**	**882185**	**96774**	**23580**	**4373**	**1538**
北 京	2590996	2338098	5331	38810			
天 津	771783	697500	77491				
河 北	512738	504555	4530		700		
山 西	125367	121407	2355				
内蒙古	534421	531239	116				
辽 宁	1029344	675789	26678	700	60		
吉 林	138718	122171					
黑龙江	109197	109197	44986	1564			
上 海	2244608	1486857	210062	23413	2291	820	678
江 苏	1546111	1391196	64167	16116	623	40	860
浙 江	1929927	1656447	37005	5319			
安 徽	656106	569727	5799		1000		
福 建	496714	370395	28328	2612			
江 西	110064	89324	1214		505		
山 东	733963	701210	112587	5931	11948		
河 南	567409	524386	102854	838	630		
湖 北	324359	293138	11393	60	724		
湖 南	178057	173229	8911		4660		
广 东	1445373	1041064	33783	1097		3513	
广 西	151375	101778	2243	100	320		
海 南	70346	61546					
重 庆	315305	270757	43950	115			
四 川	553104	446793	8903		19		
贵 州	87805	82071	793	24			
云 南	222129	198937	9948				
西 藏	650	650					
陕 西	365708	340765	30048		100		
甘 肃	56079	55929	130				
青 海	21522	20860	4686				
宁 夏	81655	81635		75			
新 疆	102895	99682	3894				

2-16 续表 1

单位：万元

地　区	内资						
	国有与集体联营	其他联营	国有独资公司	其他有限责任公司	股份有限公司	私营独资	私营合伙
全国总计	**5170**	**2822**	**481824**	**8471164**	**652054**	**201112**	**49363**
北　京			55997	2005650	71815		
天　津			104917	352532	16138		
河　北				238155	13408	23421	
山　西				28869	2547	4177	
内蒙古				303981	3260	38411	120
辽　宁			42587	267529	29535	28756	7720
吉　林			300	90948	1776	150	
黑龙江			8566	20441	3459	1523	300
上　海			65562	718719	54307	37689	
江　苏	5170		36886	723237	31772	10042	7160
浙　江			36209	939416	69169	13190	
安　徽			11824	396945	19004	8899	6031
福　建			53622	174102	1127	226	260
江　西				55312	6660	334	334
山　东			9498	270581	57790	4728	303
河　南			5910	273978	9660	1555	
湖　北			340	156708	21955	1570	100
湖　南			803	101679	5706	6838	70
广　东		2	5951	474836	157751	3761	2
广　西			10845	30997	1931	1880	2
海　南		820	4784	25781	27070	693	
重　庆			1101	125102	8536	1273	
四　川			11066	274853	5612	3717	
贵　州				43119	7054	418	
云　南			911	74702	21686	7486	578
西　藏				300			
陕　西		2000	4548	214675	2039		
甘　肃				45206		20	
青　海				4782		280	
宁　夏			6070	9306		1	
新　疆			3527	28723	1287	74	26383

2-16 续表 2　　　　单位：万元

地　区	内资			港澳台商投资		
	私营有限责任公司	私营股份有限公司	其他内资企业		合资经营	合作经营
全国总计	**3877675**	**274159**	**134539**	**1893105**	**855538**	**195841**
北　京	148268	12227		214818	137809	45662
天　津	145372		1050	59726	55306	
河　北	191377	18956	14008	8170	8170	
山　西	75313	8118	28	580	180	
内蒙古	180103	148	5100			
辽　宁	270314	1910		206353	42456	29346
吉　林	27287	1710		6547	6547	
黑龙江	27490	868				
上　海	363536	9660	120	506192	280204	4742
江　苏	457941	19260	17922	70293	29665	4421
浙　江	532891	14234	9014	123609	21371	
安　徽	111196	4864	4165	80748	21641	13423
福　建	77279		32839	110102	41166	2600
江　西	14132	1709	9124	15925	10861	
山　东	208704	12947	6193	8673	7751	
河　南	125245	2641	1075	2152	1619	
湖　北	30824	56164	13300	27847	14847	
湖　南	36292	6516	1754	4118	4088	
广　东	291821	52644	15903	314366	158075	95647
广　西	51750	1710		38969	430	
海　南	2168	230		1000	58	
重　庆	86159	4521		12485	9982	
四　川	137451	5172		41819	89	
贵　州	29146	1517		976		
云　南	81541	2085		9792		
西　藏	350					
陕　西	51474	32937	2944	24112	10	
甘　肃	10223	350				
青　海	11012	100		520		
宁　夏	66183					
新　疆	34833	961		3213	3213	

2-16 续表 3

单位：万元

地　区	港澳台商投资		外商投资				
	独　资	股份有限		合资经营	合作经营	独　资	股份有限
全国总计	**811681**	**30045**	**1022391**	**324687**	**83777**	**603430**	**10497**
北　京	31347		38080	8109	17626	9770	2575
天　津	4420		14557	722	12322	1513	
河　北			13			13	
山　西	400		3380	3380			
内蒙古			3182			3182	
辽　宁	134551		147202	125	6174	140903	
吉　林			10000	10000			
黑龙江							
上　海	215877	5369	251559	1920	3622	246017	
江　苏	35029	1178	84622	65392		19230	
浙　江	79536	22702	149871	82331		67418	122
安　徽	45684		5631	5170		461	
福　建	66336		16217	8383		7834	
江　西	5064		4815	4787		28	
山　东	922		24080	16855		7225	
河　南	533		40871	28914		11957	
湖　北	13000		3374	3374			
湖　南	30		710	710			
广　东	60048	596	89943	5828	42848	41267	
广　西	38339	200	10628	5066		5562	
海　南	942		7800				7800
重　庆	2503		32063	24399		7664	
四　川	41730		64492	33417	1185	29890	
贵　州	976		4758	1758		3000	
云　南	9792		13400	13400			
西　藏							
陕　西	24102		831	355		476	
甘　肃			150	150			
青　海	520		142	142			
宁　夏			20			20	
新　疆							

2-17　各地区按资质等级分的房地产开发企业办公楼完成投资

单位：万元

地　区	总　计	一　级	二　级	三　级	四　级	暂　定	其　他
全国总计	**18073828**	**1196828**	**2779699**	**2844968**	**1797996**	**8520677**	**933660**
北　京	2590996	192184	255007	146591	765857	1184705	46652
天　津	771783	5914	198641	38547	51637	477043	1
河　北	512738	59042	84535	75174	187316	106293	378
山　西	125367	710	14039	27423	49919	13176	20100
内蒙古	534421	69823	92585	118392	127248	122291	4082
辽　宁	1029344	11721	26941	218040	4980	563371	204291
吉　林	138718		56694	16783	12081	51910	1250
黑龙江	109197	2200	16433	74607	3882	8487	3588
上　海	2244608	28308	103830	60439	8567	1940216	103248
江　苏	1546111	87098	612320	136999	1958	679083	28653
浙　江	1929927	97076	247450	460190	56751	897109	171351
安　徽	656106	21123	175701	87185	4804	360820	6473
福　建	496714	91141	38937	93609	71621	196419	4987
江　西	110064	3156	19050	32084	6031	48598	1145
山　东	733963	46516	94432	130640	50819	370762	40794
河　南	567409	7302	69307	37256	11550	388280	53714
湖　北	324359	64154	111641	54869	10797	78834	4064
湖　南	178057		4857	80799	9475	82041	885
广　东	1445373	262690	129096	435333	47144	405582	165528
广　西	151375	1894	12183	19160	18739	91429	7970
海　南	70346	200	407	1289	12846	46619	8985
重　庆	315305	20752	156695	39096	1136	97177	449
四　川	553104	15192	119250	228717	8854	135705	45386
贵　州	87805	172	4561	20661	16511	41137	4763
云　南	222129	22097	51078	35104	61693	48097	4060
西　藏	650				350		300
陕　西	365708	19736	57661	109598	175904	2809	
甘　肃	56079		343	19380	6890	29466	
青　海	21522	8624	5775	3676	1156	2291	
宁　夏	81655	30620	12389	24876	3811	9869	90
新　疆	102895	27383	7861	18451	7669	41058	473

2-18 各地区按登记注册类型分的房地产开发企业商业营业用房完成投资

单位：万元

地　区	总　计	内　资					
			国　有	集　体	股份合作	国有联营	集体联营
全国总计	**56484000**	**49185614**	**1955776**	**368377**	**131807**	**88041**	**8781**
北　京	3362915	3055650	67515	5321			
天　津	1273543	1194102	359149	1010		4360	
河　北	2760060	2627168	52982	416	3480		
山　西	604588	588935	19620	3375			
内蒙古	2024633	2019316	11837	6453	5987		
辽　宁	5886469	4281252	236172	5202	6039	20002	
吉　林	1160245	1131716	23032	700			
黑龙江	1053409	1003002	74203	3297	116		780
上　海	2447030	1783565	141511	36493	436	4471	3316
江　苏	6110763	5490336	152558	57710	7542	980	640
浙　江	3563613	3190210	28235	44176	2934	49040	
安　徽	2921646	2733318	106878	1725	1749		
福　建	1623334	1294578	66450	12388	389	141	
江　西	781411	691410	44024	920	717		908
山　东	3788058	3374671	110683	40833	38329		
河　南	1927733	1761804	20602	19943	3941		
湖　北	1870824	1749808	42989	19557	15270		
湖　南	1297368	1234110	40460	6151	13799	2000	510
广　东	3893136	2677682	118022	30555	2451	1141	206
广　西	928467	836685	23729	2148	1342		
海　南	205420	152313	9404		5		
重　庆	1344039	1105246	35852	165	71		
四　川	1858770	1542941	36565	1218	2323	5906	
贵　州	570608	548985	27187	772	6208		
云　南	978839	941686	20546	2573	320		
西　藏	18604	18604			2000		
陕　西	1064058	1003926	59588	62511	3792		2061
甘　肃	270195	264566	5967	1961	627		
青　海	158326	154420	9778		11930		
宁　夏	355621	354374	5412	804			360
新　疆	380275	379235	4826		10		

2-18 续表 1

单位：万元

地　　区	内			资			
	国有与集体联营	其他联营	国有独资公司	其他有限责任公司	股份有限公司	私营独资	私营合伙
全国总计	**2546**	**11341**	**587616**	**23267504**	**2710124**	**1023252**	**153923**
北　　京			40390	2466249	84556		
天　　津			15561	437849	105121	32177	3000
河　　北			5352	1311993	122876	90431	1161
山　　西			1492	193976	20230	8493	1
内 蒙 古			2025	1059625	48512	80489	4027
辽　　宁		358	101999	1741209	176649	179909	7471
吉　　林			14459	600972	41676	25264	1132
黑 龙 江			4367	504464	92865	12021	5772
上　　海	950	1164	19353	950961	28358	31046	
江　　苏	330		36229	2031967	316718	136691	13061
浙　　江	126		76354	1234531	123454	46003	1002
安　　徽	860	20	10793	1458864	92547	42493	6612
福　　建			19752	562662	135379	8862	3158
江　　西			174	284251	88313	9337	9514
山　　东		390	33201	1574575	248848	50461	1085
河　　南		2060	5989	1072757	153269	56876	7244
湖　　北			12337	821722	145601	15683	16731
湖　　南		205	8622	572551	54627	28660	15322
广　　东		5434	36375	1258562	318790	40939	1292
广　　西		20	24302	249550	30036	36628	1632
海　　南	280	1250	450	79204	12770	1566	400
重　　庆			31433	459475	30471	5783	22589
四　　川			23569	740137	125329	16801	196
贵　　州		440	4576	269732	44352	3848	5
云　　南			20801	369813	15894	24045	10320
西　　藏				3865			200
陕　　西			11238	542757	38026	21868	650
甘　　肃			420	153613	5233	10607	551
青　　海			11695	63140	1273	1449	6
宁　　夏			12210	59760		3400	1041
新　　疆			2098	136718	8351	1422	18748

2-18 续表 2

单位：万元

地　　区	内资			港澳台商投　资		
	私营有限责任公司	私营股份有限公司	其他内资企　业		合资经营	合作经营
全国总计	**16889044**	**1472266**	**515216**	**4847250**	**2394893**	**291206**
北　京	375049	16570		196434	106580	32899
天　津	229753	1687	4435	17568	3651	
河　北	832409	159473	46595	34773	20934	
山　西	322990	12416	6342	8853	7643	210
内蒙古	722531	55173	22657	559	559	
辽　宁	1749378	38643	18221	1120946	490928	35520
吉　林	383015	41066	400	18351	16351	
黑龙江	281137	14682	9298	30327		
上　海	519588	32246	13672	372983	202726	1645
江　苏	2474215	187209	74486	458680	192398	15451
浙　江	1532915	36461	14979	203365	95512	812
安　徽	911115	54289	45373	149439	92181	
福　建	446405	25045	13947	281086	114682	5633
江　西	204192	39801	9259	85368	60969	
山　东	949465	177766	149035	268413	106804	10453
河　南	372408	24075	22640	57079	31395	1905
湖　北	549633	102144	8141	29275	13418	
湖　南	379744	102486	8973	44286	35264	2561
广　东	744595	108727	10593	1048469	602426	183910
广　西	430504	30391	6403	62951	11851	
海　南	40442	5514	1028	47240	33104	
重　庆	470519	43333	5555	171795	108528	144
四　川	551047	28732	11118	81607	14282	
贵　州	166802	24013	1050	2716	880	
云　南	451160	16806	9408	34493	20936	
西　藏	12539					
陕　西	212285	48378	772	16284	7431	63
甘　肃	75742	9845		2420	2420	
青　海	39749	15000	400	450		
宁　夏	261304	10083				
新　疆	196414	10212	436	1040	1040	

2-18 续表 3　　　　单位：万元

地　区	港澳台商投资		外商投资				
	独　资	股份有限		合资经营	合作经营	独　资	股份有限
全国总计	**1996857**	**164294**	**2451136**	**687984**	**182698**	**1558312**	**22142**
北　京	56955		110831	18651	34095	57592	493
天　津	13917		61873	7832	8303	45738	
河　北	13839		98119	5317		92802	
山　西	1000		6800	6600		200	
内蒙古			4758	600		4158	
辽　宁	541498	53000	484271	164523	7814	298546	13388
吉　林		2000	10178		7678	2500	
黑龙江	446	29881	20080	1342	2283	16455	
上　海	157292	11320	290482	39336	8464	242557	125
江　苏	233171	17660	161747	66001	24697	71049	
浙　江	105141	1900	170038	33605		134245	2188
安　徽	57258		38889	26029		11841	1019
福　建	152253	8518	47670	25332		22159	179
江　西	24399		4633	3018		1615	
山　东	149206	1950	144974	43319		101358	297
河　南	23779		108850	41351		67499	
湖　北	15857		91741	15289	8178	68274	
湖　南	6261	200	18972	17054		1918	
广　东	239260	22873	166985	40496	22256	103158	1075
广　西	49013	2087	28831	20527	30	8274	
海　南	1231	12905	5867			2489	3378
重　庆	63123		66998	13879	21788	31331	
四　川	67325		234222	68389	9877	155956	
贵　州	1836		18907	18901		6	
云　南	13557		2660	2660			
西　藏							
陕　西	8790		43848	1118	27235	15495	
甘　肃			3209	3209			
青　海	450		3456	3456			
宁　夏			1247	150		1097	
新　疆							

2-19 各地区按资质等级分的房地产开发企业商业营业用房完成投资

单位：万元

地区	总计	一级	二级	三级	四级	暂定	其他
全国总计	**56484000**	**2615598**	**8499721**	**13011119**	**5434070**	**24031113**	**2892379**
北京	3362915	299135	334927	159033	689789	1451610	428421
天津	1273543	53960	238012	101952	203217	676201	201
河北	2760060	88457	446864	533356	622391	1021003	47989
山西	604588	19746	103796	121879	228706	107286	23175
内蒙古	2024633	227665	279102	385706	555692	543537	32931
辽宁	5886469	140019	395693	1484843	58818	3522546	284550
吉林	1160245	15352	222884	311605	157802	444954	7648
黑龙江	1053409	9794	188223	498627	99570	206420	50775
上海	2447030	30804	134806	163629	8124	1924288	185379
江苏	6110763	253022	2193613	1168389	24108	2131867	339764
浙江	3563613	256881	392786	801933	201278	1414852	495883
安徽	2921646	118753	383079	661591	133992	1553768	70463
福建	1623334	171187	169724	523721	101697	656451	554
江西	781411	8878	160611	170669	112869	320624	7760
山东	3788058	66458	255814	592267	421523	2201044	250952
河南	1927733	24407	236974	272215	123130	1241277	29730
湖北	1870824	67514	378856	512773	177574	688571	45536
湖南	1297368	4003	78451	607942	106710	482843	17419
广东	3893136	292957	300031	1488755	433863	957619	419911
广西	928467	16476	64460	171519	94595	555012	26405
海南	205420	1000	4602	25121	20956	146412	7329
重庆	1344039	126567	499296	218731	20099	477954	1392
四川	1858770	81645	423274	1003262	59043	242805	48741
贵州	570608	1928	67526	149208	122836	212985	16125
云南	978839	56241	182516	134073	226226	354521	25262
西藏	18604		2000	13263	3341		
陕西	1064058	73478	126798	387346	267830	198242	10364
甘肃	270195	3124	24963	126053	48018	61905	6132
青海	158326	16180	68623	17889	4900	50734	
宁夏	355621	53654	92573	86913	47325	66867	8289
新疆	380275	36313	48844	116856	58048	116915	3299

2-20 各地区按资质等级分的房地产开发企业本年新增固定资产

单位：万元

地区	总计	一级	二级	三级	四级	暂定	其他
全国总计	**223784784**	**15559293**	**47902061**	**59595791**	**30737369**	**63648999**	**6341271**
北京	10477331	1838741	2533525	976922	3784464	938319	405360
天津	7360631	661436	1925691	885863	2465986	1421655	
河北	10645853	836143	1471849	2398192	3404381	2251541	283747
山西	2400863	56261	525275	700806	863007	250032	5482
内蒙古	5125639	107660	1088082	867997	1736981	1230817	94102
辽宁	12692617	696997	1029790	4461741	228861	5818677	456551
吉林	5865131	143669	1071373	1705996	1025939	1886214	31940
黑龙江	5517655	61372	1021950	3000917	438331	816726	178359
上海	9642739	124262	1494455	1271091	114799	6233271	404861
江苏	27591540	1907607	11097632	4978049	173214	8705419	729619
浙江	13246205	1070584	2589285	4635342	840148	3194893	915953
安徽	8567022	375511	1880030	2334970	473091	3434618	68802
福建	4808613	399581	775887	1932067	853640	835438	12000
江西	3898732	125141	747735	1716595	543251	655668	110342
山东	13454879	570415	1172644	3161468	2807506	5444338	298508
河南	8616343	227260	1404218	1619491	810576	4302814	251984
湖北	8103265	1153242	2025381	2371929	1022682	1473055	56976
湖南	8203887	167611	822975	3670975	638700	2726049	177577
广东	19034687	1554627	2591441	5580548	4222798	4053004	1032269
广西	3164161	87892	303597	755065	300273	1648694	68640
海南	1919456		84967	364551	268578	1089680	111680
重庆	7720489	929829	3071693	1670543	149644	1898780	
四川	10066966	790505	3360855	4965212	141227	542541	266626
贵州	2147922	37233	445475	536623	567219	552302	9070
云南	5063499	578405	1616761	779740	1116743	911699	60151
西藏	53755		40352	11757	1646		
陕西	2694613	422922	462108	594738	906921	182898	125026
甘肃	1433456	72424	199130	436631	246672	410848	67751
青海	502932	31998	270299	87929	40320	72386	
宁夏	1963689	314981	495582	567154	232025	272507	81440
新疆	1800214	214984	282024	554889	317746	394116	36455

2-21 各地区房地产开发企业资金来源情况

单位：万元

地区	本年资金来源合计	上年末结余资金	本年资金来源小计	国内贷款	#银行贷款
全国总计	**882966446**	**153526019**	**729440427**	**125637002**	**113322223**
北京	73343557	15437479	57906078	14390753	11513066
天津	21765785	5110357	16655428	5395902	5013198
河北	31219509	4110589	27108920	2888903	2681932
山西	9651279	1689782	7961497	883267	711189
内蒙古	11949714	284277	11665437	459350	413008
辽宁	56566283	5858180	50708103	6483457	5732630
吉林	10143735	572024	9571711	681586	587745
黑龙江	11430442	926816	10503626	488956	459971
上海	44438490	12145640	32292850	8195726	7699727
江苏	98392388	18169061	80223327	15156571	13670239
浙江	69727920	15211886	54516034	10236013	9295045
安徽	32926163	4424879	28501284	3232498	2901235
福建	30936927	4623815	26313112	4324562	4128809
江西	13065368	2983762	10081606	1464036	1412902
山东	53140461	8620176	44520285	7548032	7057902
河南	27617798	2929868	24687930	2444995	2112574
湖北	25601396	3406416	22194980	4154258	3711001
湖南	23650849	3626533	20024316	3140590	2942685
广东	74239976	16415396	57824580	12561143	11670566
广西	17616323	2230713	15385610	2485995	2310962
海南	9805265	1732444	8072821	1363482	1255229
重庆	34393672	5798408	28595264	5847160	5018129
四川	38062472	6582172	31480300	4368266	4168769
贵州	11345968	2091019	9254949	1600977	1520361
云南	16685916	3679287	13006629	1608168	1379651
西藏	162692	12481	150211	783	783
陕西	19783068	2945599	16837469	2151693	2026242
甘肃	3807853	632250	3175603	565959	496379
青海	1402830	154456	1248374	269021	268626
宁夏	3898917	307563	3591354	560709	510300
新疆	6193430	812691	5380739	684191	651368

2-21 续表 1

单位：万元

地区	#非银行金融机构贷款	利用外资	#外商直接投资	自筹资金	#自有资金
全国总计	**12314779**	**7906809**	**6734475**	**266372142**	**142128483**
北京	2877687	139045	134145	17629655	9399252
天津	382704	83370	57922	4577400	2555795
河北	206971	29980	4980	14625782	7125053
山西	172078			2917034	1656482
内蒙古	46342	1600	1600	9398468	3305897
辽宁	750827	1742831	1406882	27857536	16445384
吉林	93841	400	400	5916347	3077482
黑龙江	28985	15000	15000	6513529	3416666
上海	495999	960514	655161	10708799	5186426
江苏	1486332	927647	866032	20313757	11668104
浙江	940968	239592	191272	12888867	6324517
安徽	331263	61827	55527	11965866	5948408
福建	195753	181737	152290	10996403	8110315
江西	51134	28979	28979	3912925	1688924
山东	490130	188707	161784	17948789	7956088
河南	332421	17608	17108	13365693	5404453
湖北	443257	972875	929155	7843897	3915208
湖南	197905	43478	14333	6988716	3599573
广东	890577	908533	727662	15808090	9517980
广西	175033	85861	72441	5474152	3357518
海南	108253	7100	7100	1635756	938256
重庆	829031	839265	835719	6849966	4454171
四川	199497	333267	309887	12082591	7345072
贵州	80616	7186	7186	2677402	1914160
云南	228517	8486		4612184	2120533
西藏				107545	38681
陕西	125451	56173	56162	6428028	2915011
甘肃	69580			1327955	663891
青海	395	23248	23248	567846	445169
宁夏	50409	2500	2500	1033182	685781
新疆	32823			1397982	948233

2-21 续表 2

单位：万元

地区	其他资金来源	#定金及预收款	#个人按揭贷款	本年各项应付款合计	#工程款
全国总计	**329524474**	**192751505**	**95237675**	**83069733**	**40528203**
北京	25746625	16109570	5187860	596780	338027
天津	6598756	5349826	474831	3321481	783316
河北	9564255	5675496	2412801	3071105	1272388
山西	4161196	2701061	693685	1598991	785235
内蒙古	1806019	1016465	401349	894272	498313
辽宁	14624279	9666914	2788993	5589023	2602856
吉林	2973378	2080871	687876	636084	545076
黑龙江	3486141	2307240	646090	824323	341325
上海	12427811	8103939	2398781	4201046	2146144
江苏	43825352	25004158	15404036	13629990	7013776
浙江	31151562	18371130	9820875	5610049	2758933
安徽	13241093	6958449	4495872	3508114	1655771
福建	10810410	4989728	4181993	830371	409516
江西	4675666	2542706	1460827	1162559	715367
山东	18834757	11288306	4464210	5468643	2728816
河南	8859634	4758140	2492358	2199449	949325
湖北	9223950	5197972	3150224	4316125	2063398
湖南	9851532	5793581	2721453	3674812	1607909
广东	28546814	15376396	9741691	5805133	2947199
广西	7339602	3476566	3117796	1682364	904587
海南	5066483	4118256	672819	736106	367875
重庆	15058873	7992171	5057536	4088261	1728015
四川	14696176	7899925	4646271	3606773	1915041
贵州	4969384	2535140	1807644	911576	554246
云南	6777791	3990907	2089844	1964244	1092028
西藏	41883	32186	4494	66039	27645
陕西	8201575	5072836	2363698	1254589	706006
甘肃	1281689	837325	248640	721919	365448
青海	388259	230870	63996	49321	30766
宁夏	1994963	1274481	567493	408439	234977
新疆	3298566	1998894	971639	641752	438879

2-22　各地区按登记注册类型分的房地产开发企业本年资金来源小计

单位：万元

地　区	总　计	内　资					
			国　有	集　体	股份合作	国有联营	集体联营
全国总计	**729440427**	**643164650**	**39897987**	**5474008**	**2362064**	**549455**	**124252**
北　京	57906078	53552809	2963800	198340			
天　津	16655428	15401879	5509415	61179	8846	6329	
河　北	27108920	26513602	464574	133724	45359		
山　西	7961497	7808794	508686	16184	1040		
内蒙古	11665437	11610027	127317	57644	27307		
辽　宁	50708103	38862316	1754563	287602	147956	52250	
吉　林	9571711	8920657	134900	7600			
黑龙江	10503626	10117756	890458	80998	41835		12336
上　海	32292850	26394646	2557365	567286	77696	277541	72524
江　苏	80223327	68718485	5127822	790226	208401	9810	7405
浙　江	54516034	50318280	842771	140086	59576	55764	
安　徽	28501284	26203839	1630089	28982	65988		
福　建	26313112	21737829	2012820	232762	52055	20884	791
江　西	10081606	8841000	481223	21533	39787		12495
山　东	44520285	41013796	2774137	972670	301110		5870
河　南	24687930	23086469	643160	262009	207133		
湖　北	22194980	19127990	2225524	121814	94181		
湖　南	20024316	19264973	1218511	95676	230711	41710	2978
广　东	57824580	43064782	1640931	632658	30068	22190	1150
广　西	15385610	14366926	772952	81152	44145		
海　南	8072821	6902048	347415	2415	199681		
重　庆	28595264	24285636	1813147	21277	3339		
四　川	31480300	26736313	820390	162173	191137	62977	
贵　州	9254949	9050221	206572	6358	26715		3890
云　南	13006629	12500060	460558	93311	64460		
西　藏	150211	150211	6547		8600		
陕　西	16837469	15477202	1422703	389204	126934		3113
甘　肃	3175603	3041543	257763	5034	6784		
青　海	1248374	1220131	58772		51190		
宁　夏	3591354	3501419	48315	4031			1700
新　疆	5380739	5373011	174787	80	30		

2-22 续表 1

单位：万元

地　区	内			资			
	国有与集体联营	其他联营	国有独资公司	其他有限责任公司	股份有限公司	私营独资	私营合伙
全国总计	**151286**	**282481**	**14034570**	**311365153**	**32647129**	**12347595**	**2805216**
北　京			2846489	40880250	2249815		
天　津			619871	3963560	723762	365703	63719
河　北			178841	12084934	1767375	1129657	102989
山　西			90847	2993720	381599	171238	9102
内蒙古			91083	5762456	513449	436463	14151
辽　宁		3174	928191	15920101	1373271	1595843	60745
吉　林			158184	5115240	403382	119914	4561
黑龙江			116847	4835759	813245	136969	56014
上　海	127190	69300	831749	12494220	343441	1116764	
江　苏	8400		634675	27903812	2928744	1711837	262647
浙　江	3089		934579	26373222	2123440	409890	165888
安　徽	6930	36983	1140728	13301256	1104408	614454	168794
福　建		189	773335	9575757	965739	92895	58140
江　西			16301	4160955	1067558	144652	144162
山　东		23053	678748	18015388	3556975	484108	386853
河　南		13112	149903	12915360	1776014	651108	110213
湖　北	3977	439	290370	8941078	1424742	271022	35036
湖　南		29311	253319	9967083	916251	280864	288425
广　东		52048	787044	21714656	2796968	832800	66762
广　西		7979	335590	4327157	773072	425833	49972
海　南	1700	2700	24628	3830623	813204	187023	25963
重　庆			752532	9095484	426096	58727	66915
四　川			321233	12901008	1785461	294410	17210
贵　州		1108	106391	5516115	443123	63847	1320
云　南			232101	5636164	391814	210325	69760
西　藏				69677	10343	7630	670
陕　西		43085	180198	8793277	535602	422977	48962
甘　肃			30885	1471202	113133	53547	8800
青　海			84225	413110	28796	21765	92
宁　夏			322018	574594		13954	19340
新　疆			123665	1817935	96307	21376	498011

2-22 续表 2　　　　单位：万元

地　　区	内　　资			港澳台商投资	合资经营	合作经营
	私营有限责任公司	私营股份有限公司	其他内资企业			
全国总计	**197187714**	**16376903**	**7558837**	**52664783**	**21667049**	**5073089**
北　　京	3960945	453170		3306637	1534297	1237853
天　　津	3891097	157300	31098	468659	227104	11840
河　　北	9010977	1135246	459926	199078	150555	
山　　西	3348811	187207	100360	104335	53014	3000
内 蒙 古	4262588	214179	103390	4210	4210	
辽　　宁	15276857	906888	554875	6789714	3637694	34607
吉　　林	2698283	276093	2500	508074	290912	
黑 龙 江	2881236	206292	45767	124026	39000	
上　　海	7274628	326082	258860	3177808	1686943	316460
江　　苏	26484217	1650653	989836	6488367	2583632	377595
浙　　江	18177010	654265	378700	2417795	927246	30826
安　　徽	6906488	727605	471134	1430096	533203	38698
福　　建	7218748	565576	168138	3656726	1150227	65170
江　　西	2268044	411946	72344	763568	362956	
山　　东	11252774	1301790	1260320	2426641	1371915	151491
河　　南	5185914	594421	578122	760836	256897	91626
湖　　北	4581448	856887	281472	2128351	1474354	
湖　　南	4853113	884421	202600	415919	283241	16018
广　　东	12526782	1745257	215468	9590514	2232977	2438151
广　　西	6905999	532817	110258	581235	343314	200
海　　南	1219405	88858	158433	950025	574421	
重　　庆	11229211	687647	131261	3050311	859224	179986
四　　川	9155406	511167	513741	2067906	545929	17590
贵　　州	2365519	299871	9392	129771	60473	
云　　南	4938657	263674	139236	494607	284083	
西　　藏	46744					
陕　　西	2856733	345400	309014	537615	124137	61978
甘　　肃	1027976	59509	6910	75729	67485	
青　　海	503679	56372	2130	8624		
宁　　夏	2392800	124667				
新　　疆	2485625	151643	3552	7606	7606	

2-22 续表 3

单位：万元

地区	港澳台商投资		外商投资				
	独资	股份有限		合资经营	合作经营	独资	股份有限
全国总计	**24223480**	**1701165**	**33610994**	**11260026**	**3581815**	**17517599**	**1251554**
北京	534487		1046632	439204	373712	101757	131959
天津	229715		784890	449507	27552	237113	70718
河北	48523		396240	55064		341176	
山西	48321		48368	19466		28902	
内蒙古			51200	18000		33200	
辽宁	3078413	39000	5056073	2306177	458638	2278258	13000
吉林	200962	16200	142980	93000	32980	17000	
黑龙江	31726	53300	261844	117622	30257	113965	
上海	1146543	27862	2720396	317256	366267	1736003	300870
江苏	3123239	403901	5016475	1449817	389205	3139602	37851
浙江	1384035	75688	1779959	668547		957412	154000
安徽	851685	6510	867349	280110		529187	58052
福建	1975337	465992	918557	330430		575290	12837
江西	400512	100	477038	410029		40789	26220
山东	852809	50426	1079848	782209	4324	291420	1895
河南	372132	40181	840625	292290		486949	61386
湖北	525428	128569	938639	340144	171053	427442	
湖南	115615	1045	343424	134294		209130	
广东	4839908	79478	5169284	561375	913021	3500643	194245
广西	198391	39330	437449	241114	14936	181399	
海南	107021	268583	220748	49387		41840	129521
重庆	2006101	5000	1259317	505571	253747	499999	
四川	1504387		2676081	869195	188330	1559556	59000
贵州	69298		74957	58209	10846	5902	
云南	210524		11962	11962			
西藏							
陕西	351500		822652	358439	346947	117266	
甘肃	8244		58331	58331			
青海	8624		19619	19619			
宁夏			89935	23536		66399	
新疆			122	122			

2-23 各地区按资质等级分的房地产开发企业本年资金来源小计

单位：万元

地　区	总　计	一　级	二　级	三　级	四　级	暂　定	其　他
全国总计	**729440427**	**49776968**	**135203603**	**159864887**	**72961223**	**276108603**	**35525143**
北　京	57906078	7977996	9703737	6874212	13521191	16464431	3364511
天　津	16655428	1096772	2801907	1717180	3133899	7866789	38881
河　北	27108920	2103303	4323050	6137527	6218338	7600572	726130
山　西	7961497	408929	1015963	1614479	3251353	1494660	176113
内蒙古	11665437	852208	1863950	2272131	3447792	3067231	162125
辽　宁	50708103	1807290	4178463	12992269	404269	28183570	3142242
吉　林	9571711	309495	2093610	2661867	1234018	3213207	59514
黑龙江	10503626	428879	2521501	4799439	602962	1839526	311319
上　海	32292850	520664	3477903	2779149	44863	24507607	962664
江　苏	80223327	4878712	29883875	13537105	330136	27833414	3760085
浙　江	54516034	4210520	8613581	12118872	2841424	19685397	7046240
安　徽	28501284	651953	4521472	6184109	1140495	14850660	1152595
福　建	26313112	2240339	4244235	7229420	3203542	9260458	135118
江　西	10081606	103403	1955053	3209040	902671	3451654	459785
山　东	44520285	2838022	4034105	8966377	5333771	20378155	2969855
河　南	24687930	901302	3993533	4228232	1395896	13684497	484470
湖　北	22194980	2640291	5820388	4954081	1770662	6774274	235284
湖　南	20024316	237861	1897762	7955636	1036670	8290799	605588
广　东	57824580	5317732	5860776	14957416	9089425	16676420	5922811
广　西	15385610	249400	1360904	3440584	1536544	8152786	645392
海　南	8072821	20678	598546	1035722	1145283	4779130	493462
重　庆	28595264	2323374	12367805	4637942	226428	8970138	69577
四　川	31480300	2062418	8618275	14013572	542637	4575449	1667949
贵　州	9254949	138440	1554070	1788397	2337136	3274187	162719
云　南	13006629	1199414	2159698	2044332	2846529	4496322	260334
西　藏	150211	50	22564	58412	13351	4294	51540
陕　西	16837469	2428981	2815676	4290248	3869260	3140964	292340
甘　肃	3175603	74031	493125	1042874	526488	987362	51723
青　海	1248374	180626	527848	173154	75564	284382	6800
宁　夏	3591354	606163	1041156	715649	308293	845281	74812
新　疆	5380739	967722	839072	1435460	630333	1474987	33165

2-24 各地区按登记注册类型分的房地产开发企业国内贷款

单位：万元

地区	总计	内资					
			国有	集体	股份合作	国有联营	集体联营
全国总计	**125637002**	**110478265**	**10493884**	**441625**	**272363**	**193273**	**15750**
北京	14390753	13800302	1709997				
天津	5395902	5068752	2188820	6000			
河北	2888903	2838349	28064	23000	3100		
山西	883267	863527	39223		200		
内蒙古	459350	459350	700				
辽宁	6483457	4975634	355079	3000	6200		
吉林	681586	656386	3000				
黑龙江	488956	456223	13110	36000			
上海	8195726	6568508	775395	42600	17000	158073	4000
江苏	15156571	13499931	1373204	111465	41000	3000	4000
浙江	10236013	9464875	259879	8250	27100	15000	
安徽	3232498	2984252	369605	998	2120		
福建	4324562	3452759	534073	4400	14800	8000	
江西	1464036	1161477	73496	870	5627		3000
山东	7548032	6724842	727845	74510	37760		4050
河南	2444995	2336871	33550	2076	11600		
湖北	4154258	3732680	540551	18292	35127		
湖南	3140590	3071979	98423	4970	12094	4000	
广东	12561143	9432438	257413	64094	1000		
广西	2485995	2282339	130379	8000	10875		
海南	1363482	1023110	26300		20500		
重庆	5847160	4830242	238028	1000	200		
四川	4368266	3664037	310126		6800	5200	
贵州	1600977	1526377	25756	80	9000		
云南	1608168	1542668	45016	260	4000		
西藏	783	783					
陕西	2151693	2002528	234724	30460	1260		
甘肃	565959	548959	23018	1100	5000		
青海	269021	266187					
宁夏	560709	557709	43610	200			700
新疆	684191	684191	35500				

2-24 续表 1　　　　单位：万元

地　区	内			资			
	国有与集体联　营	其他联营	国有独资公　司	其他有限责任公司	股份有限公　司	私营独资	私营合伙
全国总计	**64800**	**92744**	**4363275**	**52851728**	**5339375**	**1790675**	**337221**
北　京			1181003	9240574	907118		
天　津			162091	998441	261859	118660	
河　北			59000	1245923	145625	237563	
山　西			23000	355330	13421	14630	1500
内蒙古				217213	22259	460	2050
辽　宁			333736	2038836	269256	47440	
吉　林			36000	400152	44660		4015
黑龙江			49420	204883	3040	940	
上　海	52800	69300	134352	3029763	59463	300504	
江　苏	5000		105825	5777219	568493	227812	30717
浙　江			468320	5067515	240779	66640	8200
安　徽	5000		154845	1526989	70627	66933	4035
福　建			186535	1248145	217694	5000	3063
江　西			3747	506821	157307	33290	16143
山　东		10000	232377	2713601	668895	58885	4398
河　南		4826	29595	1316584	116655	62850	7738
湖　北	2000	30	22100	1783318	173001	43022	4472
湖　南		8000	124980	1557075	144292	38821	45970
广　东			252394	4627136	563547	193686	17440
广　西		588	144300	710981	78967	102352	2400
海　南				709762	64024	46800	
重　庆			208423	2432709	124700	8794	38700
四　川			138800	1860826	147252	27090	
贵　州			7424	797186	106505	1897	
云　南			26417	705722	81686	11292	3570
西　藏					283	500	
陕　西			72000	1165268	65212	66702	
甘　肃				273105	19760	3170	410
青　海			35000	116189	2995	2000	
宁　夏			115706	52753		2942	
新　疆			55885	171709			142400

2-24 续表 2

单位：万元

地　区	内资：私营有限责任公司	内资：私营股份有限公司	内资：其他内资企业	港澳台商投资	合资经营	合作经营
全国总计	**30459534**	**2847474**	**914544**	**9569140**	**4333448**	**1025934**
北　京	714335	47275		552081	272660	186859
天　津	1311006	13375	8500	159700	90000	200
河　北	952238	117215	26621	45804	43904	
山　西	395019	7304	13900	19740	19740	
内蒙古	193068	19950	3650			
辽　宁	1727522	119765	74800	775962	528292	
吉　林	161659	6900		20200		
黑龙江	141500	7330				
上　海	1734546	129881	60831	867561	529546	14000
江　苏	4781056	324149	146991	926631	491035	59000
浙　江	3108192	130000	65000	553082	239925	6000
安　徽	668659	86340	28101	114767	69322	2600
福　建	1076549	138300	16200	738922	263750	6000
江　西	303606	51514	6056	132752	60203	
山　东	1878369	180266	133886	512725	243352	66000
河　南	578694	117692	55011	28724	15600	
湖　北	816408	229337	65022	155687	54100	
湖　南	860402	140296	32656	41521	32974	1000
广　东	2769953	657695	28080	2132950	503659	545110
广　西	1033885	56712	2900	126900	23400	
海　南	113924		41800	311372	283672	
重　庆	1737563	40125		872420	381772	106000
四　川	1061079	91364	15500	300140	128542	15000
贵　州	504537	73692	300	35000	9000	
云　南	623836	33430	7439	65500	31000	
西　藏						
陕　西	282590	3012	81300	61165	3000	18165
甘　肃	215013	8383		15000	15000	
青　海	110003			2834		
宁　夏	330426	11372				
新　疆	273897	4800				

2-24 续表 3

单位：万元

地 区	港澳台商投资		外商投资				
	独 资	股份有限		合资经营	合作经营	独 资	股份有限
全国总计	**3866194**	**343564**	**5589597**	**1965564**	**552889**	**2868094**	**203050**
北 京	92562		38370		31830	6540	
天 津	69500		167450	98440	26610	42400	
河 北	1900		4750	950		3800	
山 西							
内蒙古							
辽 宁	208670	39000	731861	413100	23000	295761	
吉 林	20200		5000			5000	
黑龙江			32733	25733	7000		
上 海	319951	4064	759657	110199	104719	489739	55000
江 苏	325596	51000	730009	206143	4200	510916	8750
浙 江	307157		218056	69500		121556	27000
安 徽	36345	6500	133479	41029		62450	30000
福 建	237772	231400	132881	77975		54906	
江 西	72549		169807	159307		4500	6000
山 东	203373		310465	261375		49090	
河 南	13124		79400	39700		39700	
湖 北	91487	10100	265891	83953	22000	159938	
湖 南	7547		27090	19090		8000	
广 东	1084181		995755	136787	243538	588130	27300
广 西	102000	1500	76756	36933		39823	
海 南	27700		29000			9000	20000
重 庆	384648		144498	82150	4000	58348	
四 川	156598		404089	61700	9992	303397	29000
贵 州	26000		39600	37000		2600	
云 南	34500						
西 藏							
陕 西	40000		88000	2500	76000	9500	
甘 肃			2000	2000			
青 海	2834						
宁 夏			3000			3000	
新 疆							

2-25 各地区按资质等级分的房地产开发企业国内贷款

单位：万元

地区	总计	一级	二级	三级	四级	暂定	其他
全国总计	**125637002**	**11383156**	**26804185**	**24151633**	**9404895**	**47192440**	**6700693**
北京	14390753	2419792	3395479	2109559	2564137	3611605	290181
天津	5395902	172041	993145	410330	711189	3109197	
河北	2888903	358900	561563	793005	489642	569934	115859
山西	883267	101702	104249	155175	288635	146506	87000
内蒙古	459350	27850	138219	38641	122839	125809	5992
辽宁	6483457	465449	547261	1503540	2120	3652687	312400
吉林	681586	60500	151060	185890	42254	239182	2700
黑龙江	488956		133375	255899	14976	77406	7300
上海	8195726	88737	608758	754426	23000	6485412	235393
江苏	15156571	1099048	5991439	1964053	31788	5397631	672612
浙江	10236013	753393	1597222	2202807	306735	3628439	1747417
安徽	3232498	46715	680585	761825	107210	1608503	27660
福建	4324562	620450	656689	1168831	618896	1252560	7136
江西	1464036	5000	332976	396859	81902	567472	79827
山东	7548032	634731	835465	1401290	534608	3587470	554468
河南	2444995	134768	542332	400437	97698	1229298	40462
湖北	4154258	629670	1035767	948341	226380	1232900	81200
湖南	3140590	15945	497157	1159823	116549	1245152	105964
广东	12561143	1417788	1309697	3221517	1339161	3626272	1646708
广西	2485995	105546	199190	612342	204920	1197878	166119
海南	1363482		261222	86218	140689	750541	124812
重庆	5847160	524465	3381305	414552	13135	1513703	
四川	4368266	486766	1464270	1640771	47489	489422	239548
贵州	1600977	60000	203458	355869	415620	548130	17900
云南	1608168	225046	292264	282380	332532	461977	13969
西藏	783		600	183			
陕西	2151693	450039	336326	510927	388831	398514	67056
甘肃	565959	18000	131866	177180	63359	175554	
青海	269021	73415	149500	10082	7534	28490	
宁夏	560709	178900	160298	67735	28603	76263	48910
新疆	684191	208500	111448	161146	42464	158533	2100

2-26 各地区按登记注册类型分的房地产开发企业利用外资

单位：万元

地区	总计	内资					
			国有	集体	股份合作	国有联营	集体联营
全国总计	**7906809**	**548055**	**49851**	**370**			
北京	139045	51385					
天津	83370	29099	6851				
河北	29980						
山西							
内蒙古	1600	1600					
辽宁	1742831	178902					
吉林	400						
黑龙江	15000						
上海	960514						
江苏	927647	62287					
浙江	239592	8704					
安徽	61827	16915					
福建	181737	9934					
江西	28979	6756					
山东	188707	17843					
河南	17608	13797					
湖北	972875	41990	40000				
湖南	43478	34658	3000				
广东	908533	21643		370			
广西	85861	15953					
海南	7100						
重庆	839265	4956					
四川	333267	1580					
贵州	7186	182					
云南	8486	3500					
西藏							
陕西	56173	623					
甘肃							
青海	23248	23248					
宁夏	2500	2500					
新疆							

2-26 续表 1 单位：万元

地区	内资						
	国有与集体联营	其他联营	国有独资公司	其他有限责任公司	股份有限公司	私营独资	私营合伙
全国总计			**696**	**273828**	**60497**	**5550**	**11136**
北京				8260	43125		
天津				20000			
河北							
山西							
内蒙古						1600	
辽宁				145007			
吉林							
黑龙江							
上海							
江苏				53446			
浙江				2102			
安徽				8260			
福建				48			9886
江西				2139			1000
山东				13143	1300		
河南				625	13172		
湖北							250
湖南				11924	2000	450	
广东			696	4493			
广西				3420			
海南							
重庆				156			
四川					900		
贵州				182			
云南						3500	
西藏							
陕西				623			
甘肃							
青海							
宁夏							
新疆							

2-26 续表 2　　　　　　单位：万元

地　区	内资			港澳台商投资		
	私营有限责任公司	私营股份有限公司	其他内资企业		合资经营	合作经营
全国总计	**121255**	**10800**	**14072**	**5302070**	**2183116**	**53943**
北　京				60182		
天　津	2248			49500		
河　北				4980	4980	
山　西						
内蒙古						
辽　宁	33895			891077	274595	10000
吉　林						
黑龙江						
上　海				557743	252188	
江　苏	8841			537288	103381	
浙　江	6602			116952	19874	
安　徽			8655	22669	11352	
福　建				151555	54404	
江　西	3400		217	22223		
山　东	400		3000	115368	95515	
河　南						
湖　北	1740			929155	810443	
湖　南	17284			3640	1950	
广　东	13884		2200	622072	385557	43943
广　西	2533	10000		69358		
海　南				2900		
重　庆	4000	800		825743	158891	
四　川	680			308204	5000	
贵　州				6475		
云　南				4986	4986	
西　藏						
陕　西						
甘　肃						
青　海	23248					
宁　夏	2500					
新　疆						

2-26 续表 3 单位：万元

地区	港澳台商投资		外商投资				
	独资	股份有限		合资经营	合作经营	独资	股份有限
全国总计	**2912773**	**152238**	**2056684**	**364450**	**444389**	**1234071**	**13774**
北京	60182		27478	4000	1995	21483	
天津	49500		4771	3200		1571	
河北			25000			25000	
山西							
内蒙古							
辽宁	606482		672852	143940	3265	512647	13000
吉林			400			400	
黑龙江			15000	15000			
上海	305555		402771	22475	205006	175290	
江苏	304069	129838	328072	78028		249270	774
浙江	97078		113936	24415		89521	
安徽	11317		22243	12000		10243	
福建	97151		20248	3400		16848	
江西	22223						
山东	13346	6507	55496	30417		25079	
河南			3811			3811	
湖北	118712		1730	1730			
湖南	1690		5180	5180			
广东	190814	1758	264818	20115	178573	66130	
广西	55223	14135	550	550			
海南	2900		4200			4200	
重庆	666852		8566			8566	
四川	303204		23483			23483	
贵州	6475		529			529	
云南							
西藏							
陕西			55550		55550		
甘肃							
青海							
宁夏							
新疆							

2-27　各地区按资质等级分的房地产开发企业利用外资

单位：万元

地　　区	总　计	一　级	二　级	三　级	四　级	暂　定	其　他
全国总计	**7906809**	**93100**	**658780**	**648440**	**166139**	**5692652**	**647698**
北　　京	139045		1995		12260	81665	43125
天　　津	83370				1701	81669	
河　　北	29980		25000			4980	
山　　西							
内 蒙 古	1600				1600		
辽　　宁	1742831	49121	39040	15305		1297700	341665
吉　　林	400					400	
黑 龙 江	15000					15000	
上　　海	960514					948811	11703
江　　苏	927647		216337	43523		665747	2040
浙　　江	239592	8560		3837		179327	47868
安　　徽	61827		610	16215		45002	
福　　建	181737			40243	3155	76919	61420
江　　西	28979			2607	24016		2356
山　　东	188707		1700	6375	7178	139308	34146
河　　南	17608			3811	525	13272	
湖　　北	972875	250	74132	2730	2658	893105	
湖　　南	43478			23081	2000	14947	3450
广　　东	908533	18780	3240	445965	79163	278547	82838
广　　西	85861			14135	10000	61726	
海　　南	7100				4200	2900	
重　　庆	839265	16389	238900			583976	
四　　川	333267		52228	24138		243314	13587
贵　　州	7186			6475	182	529	
云　　南	8486		4986				3500
西　　藏							
陕　　西	56173		612		15001	40560	
甘　　肃							
青　　海	23248					23248	
宁　　夏	2500				2500		
新　　疆							

2-28　各地区按资质等级分的房地产开发企业自筹资金

单位：万元

地　区	总　计	一　级	二　级	三　级	四　级	暂　定	其　他
全国总计	**266372142**	**10383724**	**38179814**	**56654249**	**28887652**	**116947806**	**15318897**
北　京	17629655	980149	1640785	1237564	3693872	7806041	2271244
天　津	4577400	166345	965109	565795	590797	2256354	33000
河　北	14625782	782302	1850957	2955646	3461029	5208290	367558
山　西	2917034	11205	500585	510621	1086786	763137	44700
内蒙古	9398468	709313	1379067	1760605	2797230	2614096	138157
辽　宁	27857536	470282	1893094	7360129	295458	15874693	1963880
吉　林	5916347	165232	927458	1770014	1033288	1963541	56814
黑龙江	6513529	403995	1476155	3042169	422152	1045675	123383
上　海	10708799	136708	1455081	637954		8263787	215269
江　苏	20313757	787475	7280088	3301033	101755	7265703	1577703
浙　江	12888867	929820	1495495	2587423	788988	5625559	1461582
安　徽	11965866	120752	1516093	2112502	438920	6845317	932282
福　建	10996403	796783	1411960	2524864	1159850	5042670	60276
江　西	3912925	8610	531196	1096619	429835	1557878	288787
山　东	17948789	499257	932524	3178792	2631051	8985645	1721520
河　南	13365693	262439	1237107	2333049	940529	8237627	354942
湖　北	7843897	552116	1782844	1861684	754904	2761840	130509
湖　南	6988716	44939	578887	2537488	529490	2979222	318690
广　东	15808090	1053249	1265324	3509957	2589404	6063324	1326832
广　西	5474152	30503	150098	1105667	621396	3257227	309261
海　南	1635756	5363	57859	252026	186046	959902	174560
重　庆	6849966	288677	2249616	1151363	95381	3045446	19483
四　川	12082591	492836	2734924	5185804	192069	2505171	971787
贵　州	2677402	59090	448330	428166	626161	1010890	104765
云　南	4612184	21573	632695	631639	1018980	2153448	153849
西　藏	107545	50	19250	37164	6141	1400	43540
陕　西	6428028	404904	907599	1872229	1752631	1388443	102222
甘　肃	1327955	5000	156255	327460	278013	536623	24604
青　海	567846	29000	250668	110464	44522	126392	6800
宁　夏	1033182	116288	256207	214679	95215	341037	9756
新　疆	1397982	49469	196504	453680	225759	461428	11142

2-29　各地区按资质等级分的房地产开发企业定金及预收款

单位：万元

地　　区	总　计	一　级	二　级	三　级	四　级	暂　定	其　他
全国总计	**192751505**	**16713764**	**40285279**	**45945828**	**20871057**	**61931784**	**7003793**
北　京	16109570	3240576	2554178	2430777	4830201	2852402	201436
天　津	5349826	500947	630144	583299	1593133	2036422	5881
河　北	5675496	471886	1277408	1578634	1266658	947592	133318
山　西	2701061	160226	295464	638109	1356010	225429	25823
内蒙古	1016465	69211	97714	229038	383236	222790	14476
辽　宁	9666914	743031	1154140	2709555	87034	4619545	353609
吉　林	2080871	52467	742026	574273	113643	598462	
黑龙江	2307240	9808	574848	1026773	117097	462821	115893
上　海	8103939	257364	895418	1009181		5595327	346649
江　苏	25004158	1755187	9110726	4505513	130205	8600914	901613
浙　江	18371130	1596480	3086068	4221594	1124308	6171976	2170704
安　徽	6958449	231797	1388047	1597985	302722	3398403	39495
福　建	4989728	387938	1118579	1655156	420119	1404766	3170
江　西	2542706	68981	664803	909387	155764	709702	34069
山　东	11288306	905373	1317818	2636810	1314765	4739079	374461
河　南	4758140	230856	1390897	762174	215421	2100711	58081
湖　北	5197972	829087	1847775	1025649	444641	1029405	21415
湖　南	5793581	105289	517936	2603381	207399	2225164	134412
广　东	15376396	1428727	1617495	4938169	2609803	3399364	1382838
广　西	3476566	46870	447130	893809	345041	1676905	66811
海　南	4118256	14510	260198	587902	637751	2478051	139844
重　庆	7992171	681055	3835656	1370650	54268	2040606	9936
四　川	7899925	294911	2442594	3825761	205070	832085	299504
贵　州	2535140	13300	430641	475612	690472	905561	19554
云　南	3990907	644449	715287	775250	843599	980937	31385
西　藏	32186		2714	16136	5290	46	8000
陕　西	5072836	1182207	924103	1278930	940443	670881	76272
甘　肃	837325	31688	148936	336266	115111	186203	19121
青　海	230870	62913	78898	18331	6713	64015	
宁　夏	1274481	218453	378702	258227	122094	292599	4406
新　疆	1998894	478177	338936	473497	233046	463621	11617

2-30 各地区按资质等级分的房地产开发企业个人按揭贷款

单位：万元

地 区	总 计	一 级	二 级	三 级	四 级	暂 定	其 他
全国总计	**95237675**	**7768317**	**21207419**	**23172526**	**9150761**	**29969939**	**3968713**
北 京	5187860	821578	1094063	754798	1581973	782176	153272
天 津	474831	136724	37151	89088	134330	77538	
河 北	2412801	468801	334978	534905	599739	408289	66089
山 西	693685	135196	24765	209003	267066	54065	3590
内蒙古	401349	40616	83220	84623	119253	70137	3500
辽 宁	2788993	30651	280791	813259	13657	1615905	34730
吉 林	687876	28986	219742	95938	26796	316414	
黑龙江	646090		220406	234163	11517	143932	36072
上 海	2398781	19889	204836	301942	21863	1755030	95221
江 苏	15404036	879623	6266464	2814726	50747	4951053	441423
浙 江	9820875	693920	1762198	2369000	535982	3246779	1212996
安 徽	4495872	156685	675766	1345662	229469	2021408	66882
福 建	4181993	305703	928803	1435497	325868	1184454	1668
江 西	1460827	20812	286879	614795	122971	393341	22029
山 东	4464210	336578	502688	1032987	537601	1904018	150338
河 南	2492358	249782	635313	306015	47211	1227933	26104
湖 北	3150224	445278	923303	808700	264118	707725	1100
湖 南	2721453	58496	245622	1046837	116660	1234306	19532
广 东	9741691	1217870	1271491	1972741	1985680	1999513	1294396
广 西	3117796	64006	392972	737818	283873	1559424	79703
海 南	672819	805	19267	66691	109757	458115	18184
重 庆	5057536	459143	2079663	1193775	46999	1257716	20240
四 川	4646271	193413	1348534	2510928	82342	372580	138474
贵 州	1807644	6050	194936	465357	446787	691527	2987
云 南	2089844	297333	372898	301577	487719	595163	35154
西 藏	4494			2374	1920	200	
陕 西	2363698	370228	395524	508353	539002	524635	25956
甘 肃	248640	19343	44969	115459	36118	28751	4000
青 海	63996	3200	29380	9167	5709	16540	
宁 夏	567493	84265	197334	120157	32754	123743	9240
新 疆	971639	223343	133463	276191	85280	247529	5833

2-31 各地区按资质等级分的房地产开发企业各项应付款合计

单位：万元

地区	总计	一级	二级	三级	四级	暂定	其他
全国总计	**83069733**	**3436577**	**15246399**	**20066880**	**9102676**	**32000651**	**3216550**
北京	596780	30767	43961	53679	271804	165773	30796
天津	3321481	100621	530902	307689	963586	1412692	5991
河北	3071105	77617	413473	820752	862473	800017	96773
山西	1598991	86983	134378	420807	694887	255936	6000
内蒙古	894272	1600	81667	295262	369832	118461	27450
辽宁	5589023	241813	537863	1470327	27712	2994223	317085
吉林	636084		127030	201336	92197	215521	
黑龙江	824323	19910	287397	243612	37068	196294	40042
上海	4201046	137338	334023	562368	400	2872567	294350
江苏	13629990	644321	5131370	2623251	73978	4733660	423410
浙江	5610049	306755	601653	1360393	513270	2344008	483970
安徽	3508114	123136	453333	815401	131061	1919724	65459
福建	830371	41168	48797	358894	121197	258021	2294
江西	1162559	1880	218810	364673	120451	440672	16073
山东	5468643	314266	428075	1212105	798759	2528177	187261
河南	2199449	47480	417312	307940	121976	1276842	27899
湖北	4316125	177935	1458311	1154688	343354	1157105	24732
湖南	3674812	49326	165215	1629014	189420	1549209	92628
广东	5805133	243687	257067	1035044	1511083	2073864	684388
广西	1682364	21829	119681	461048	241310	780791	57705
海南	736106	17860	4321	139654	60391	491716	22164
重庆	4088261	370884	1518577	817032	48376	1324718	8674
四川	3606773	99398	861415	1853455	101340	576898	114267
贵州	911576	3432	125663	213003	219354	327272	22852
云南	1964244	71914	343622	368536	517653	570072	92447
西藏	66039	100	24678	30530	4635	6096	
陕西	1254589	82904	232152	344716	373055	181561	40201
甘肃	721919	50043	113948	271097	102024	178733	6074
青海	49321	1860	25708	10522	1123	10108	
宁夏	408439	44364	117332	84654	63029	84597	14463
新疆	641752	25386	88665	235398	125878	155323	11102

第三章

房地产开发开竣工面积（2010）

3-1　各地区按用途分的房地产开发企业房屋施工面积

单位：平方米

地　区	房屋施工面　积	住　宅	#经济适用房　屋	#别　墅、高档公寓	办公楼	商业营业用房	其　他
全国总计	**4053563956**	**3147601196**	**134397251**	**165795161**	**121443978**	**446319194**	**338199588**
北　京	103008582	61760201	5726750	8299940	10548448	12293264	18406669
天　津	71608389	51176931	15369238	3326229	3966058	10044712	6420688
河　北	207000348	171596032	3529880	3053162	3843947	19700759	11859610
山　西	75998460	62544066	3785691	467799	1813359	7693594	3947441
内蒙古	115353460	82728606	4171831	2691005	4855415	20278171	7491268
辽　宁	268310750	206773310	6878527	7997981	5829506	39541371	16166563
吉　林	70694709	57588659	2767427	2529970	1046684	8104733	3954633
黑龙江	75328812	61074452	1451231	683025	752647	8622671	4879042
上　海	112950262	73138469	6504511	15841099	11031807	12929623	15850363
江　苏	351069042	263471270	10125720	20128107	11697951	48675555	27224266
浙　江	237818597	161383510	5217263	11790189	14776538	26195127	35463422
安　徽	176200083	138385429	4869598	4523534	5218255	23072201	9524198
福　建	141897314	105725306	3564059	5495187	4528860	12736561	18906587
江　西	72299393	60646175	1957105	1825017	1142464	7340913	3169841
山　东	280811680	227280889	6333283	5730117	4781379	32802474	15946938
河　南	203939775	169019893	8771016	2032745	5108440	19520760	10290682
湖　北	115894410	91724313	3998617	3461564	2395527	12683496	9091074
湖　南	168018632	137725640	5083223	4503798	2104342	15500985	12687665
广　东	293013601	222537649	1511536	25447828	9463316	26219171	34793465
广　西	120487273	97676352	4026445	2070984	1830427	11100162	9880332
海　南	26994597	23234007	401901	6395037	359350	1809673	1591567
重　庆	171384954	137447848	10310299	8343597	2475637	15497663	15963806
四　川	211584737	172897351	1708834	4935657	4132637	15934732	18620017
贵　州	79055339	59708072	5073976	641891	1493231	9090402	8763634
云　南	87849739	70463749	1926879	8616152	1547721	9347942	6490327
西　藏	752580	684041	5186	82810	13117	46122	9300
陕　西	99478897	85805492	3789608	1880613	2296311	7074483	4302611
甘　肃	31303958	25576988	2873814	56240	509589	3321526	1895855
青　海	14242268	11794106	223811	81403	236411	1420806	790945
宁　夏	29405345	22855638	759772	455956	741687	3609924	2198096
新　疆	39807970	33176752	1680220	2406525	902917	4109618	1618683

3-2 各地区按资质等级分的房地产开发企业房屋施工面积

单位：平方米

地区	总计	一级	二级	三级	四级	暂定	其他
全国总计	**4053563956**	**219524023**	**749599585**	**1061128333**	**494854763**	**1375063985**	**153393267**
北京	103008582	16458546	19521951	11778972	31592646	19009977	4646490
天津	71608389	5294882	12630010	10481020	16618502	26057408	526567
河北	207000348	12888391	32250130	51732177	52095333	53716060	4318257
山西	75998460	3180674	11390336	17749375	28484937	14651257	541881
内蒙古	115353460	6744459	18938622	23357248	35886449	27736830	2689852
辽宁	268310750	10757437	20645857	71775640	2623731	144489790	18018295
吉林	70694709	964592	11792786	20331114	14072129	22229862	1304226
黑龙江	75328812	2507385	15582786	36327294	4574600	14265642	2071105
上海	112950262	2928514	17011068	12014735	284524	77110916	3600505
江苏	351069042	20152779	135266724	67598609	1829977	112486956	13733997
浙江	237818597	16054548	39939579	66697174	14463427	78474887	22188982
安徽	176200083	3669755	32418463	46138947	9135154	80483507	4354257
福建	141897314	9918606	24213005	49422050	18543602	39280139	519912
江西	72299393	1478552	14273001	26740292	8465042	19566611	1775895
山东	280811680	11680031	29157609	60448256	45437175	118497888	15590721
河南	203939775	5997452	36895182	37098310	13632219	106183084	4133528
湖北	115894410	10637182	24843693	30529026	16092851	32468367	1323291
湖南	168018632	1217548	13505056	71792018	12356692	62491205	6656113
广东	293013601	18203766	24185766	81598997	57887419	85551601	25586052
广西	120487273	2141793	11057183	27327184	14991895	60124527	4844691
海南	26994597	91590	1199342	4059809	3748746	16050365	1844745
重庆	171384954	12507235	65798791	39194360	3151028	50429877	303663
四川	211584737	13253509	62924113	103759238	4417386	21645154	5585337
贵州	79055339	1487114	12754722	17814344	20983019	25225835	790305
云南	87849739	6584954	17892209	16073566	22850227	22756796	1691987
西藏	752580		137089	257996	172095	25400	160000
陕西	99478897	11851065	18083250	27000227	25371338	14722434	2450583
甘肃	31303958	240051	5394638	10590506	5228292	9054037	796434
青海	14242268	1779995	5861057	2289708	1028445	3266852	16211
宁夏	29405345	5421388	8033914	6351327	2991309	5728716	878691
新疆	39807970	3430230	6001653	12798814	5844574	11282005	450694

3-3　各地区按资质等级分的房地产开发企业住宅施工面积

单位：平方米

地　区	总　计	一　级	二　级	三　级	四　级	暂　定	其　他
全国总计	**3147601196**	**167670501**	**588264010**	**843238409**	**392093179**	**1041650565**	**114684532**
北　京	61760201	11192977	11657065	7389141	16347944	11819773	3353301
天　津	51176931	4370634	9268836	8293216	12811628	15969105	463512
河　北	171596032	10675557	26537568	43043599	43577419	44201656	3560233
山　西	62544066	2789854	9598446	14419497	22931259	12316069	488941
内蒙古	82728606	4288913	13640424	16262846	26671205	20128975	1736243
辽　宁	206773310	8122124	16358245	57212976	1910944	110609358	12559663
吉　林	57588659	781926	9427975	16830401	12184765	17355060	1008532
黑龙江	61074452	2152280	12415735	29969715	3481396	11369170	1686156
上　海	73138469	1890959	13049110	9289187	201543	46984869	1722801
江　苏	263471270	15307097	102602195	50750681	1579171	82771817	10460309
浙　江	161383510	10669648	28017989	45947318	10556231	50977898	15214426
安　徽	138385429	2600036	25111193	38060389	7470791	61652217	3490803
福　建	105725306	6800813	18141565	38473367	13057643	28837388	414530
江　西	60646175	1176112	12290388	22618526	6940929	16086500	1533720
山　东	227280889	9864900	24023314	50404762	38240718	92253264	12493931
河　南	169019893	5015885	30248599	31721974	11758826	86761047	3513562
湖　北	91724313	9043186	20832745	24993251	13582779	22389252	883100
湖　南	137725640	1005621	11602915	57798061	10144247	51062837	6111959
广　东	222537649	12330383	17830164	60731402	47945360	65896553	17803787
广　西	97676352	1696258	9049949	22570394	12746270	47593981	4019500
海　南	23234007	81142	969598	3677729	3402113	13562868	1540557
重　庆	137447848	9009345	52633647	32350020	2458287	40722432	274117
四　川	172897351	10966633	52317708	84703675	3687573	16833698	4388064
贵　州	59708072	1128373	9822691	13972059	15417483	18994348	373118
云　南	70463749	5645069	14813341	13088321	17675598	17911610	1329810
西　藏	684041		134089	220522	157830	25400	146200
陕　西	85805492	10493379	15130880	22521630	22253615	13202336	2203652
甘　肃	25576988	183105	4459743	8214978	4693640	7291210	734312
青　海	11794106	1568574	4748341	1874881	896506	2689593	16211
宁　夏	22855638	4115591	6371951	4916851	2298762	4361724	790759
新　疆	33176752	2704127	5157601	10917040	5010704	9018557	368723

3-4 各地区按用途分的房地产开发企业房屋新开工面积

单位：平方米

地区	新开工房屋面积	住宅	#经济适用房屋	#别墅、高档公寓	办公楼	商业营业用房	其他
全国总计	**1636468685**	**1293593057**	**49095441**	**50800523**	**36680727**	**174725762**	**131469139**
北京	29742441	20633978	1562859	1570871	2032909	2424152	4651402
天津	29116685	20268934	8153440	1083067	2067338	4078286	2702127
河北	96291645	78663957	1309033	1133454	1474332	9931353	6222003
山西	27820539	22705185	1409956	77240	581001	2897581	1636772
内蒙古	62703423	44733862	1622356	892121	2858344	10950418	4160799
辽宁	126478983	98703698	2528444	3105512	2153628	18348457	7273200
吉林	35253007	28935171	844702	1318122	243800	4207704	1866332
黑龙江	50214326	40835219	1105054	346895	411633	5770266	3197208
上海	30305902	21111142	2292253	3898374	1473859	2980971	4739930
江苏	137454238	105863949	4515023	6886454	3615734	17422215	10552340
浙江	78412744	52239361	1104646	3787924	4755395	8569461	12848527
安徽	73539529	57975783	2195196	939749	1633935	9662980	4266831
福建	46795621	33995342	340391	1985034	1834633	4545504	6420142
江西	23449792	19564677	383316	549548	418222	2501321	965572
山东	123302145	102415467	2407544	2353012	1616223	12654731	6615724
河南	86105696	72999440	3783953	403938	1710209	7592897	3803150
湖北	57257689	44543586	1414394	1119220	1006234	6569843	5138026
湖南	64432968	53659623	2035681	1359361	623630	5575446	4574269
广东	99043789	78268024	370123	7755813	1604703	6886942	12284120
广西	47505675	39058355	1873530	595066	597498	3948533	3901289
海南	11361165	9806298	277697	1882895	140814	666290	747763
重庆	63126419	52687570	2415609	1602800	571951	4336765	5530133
四川	77316621	62707948	177358	1355954	1285293	6346583	6976797
贵州	28711460	22502934	1456490	90038	292221	3045855	2870450
云南	37027593	29608079	633288	3119293	558737	3916762	2944015
西藏	169220	152963	1686	24830	5717	10540	
陕西	32703239	28595078	1089060	757756	380800	2293409	1433952
甘肃	13959754	11690978	671852	23240	115276	1605169	548331
青海	7006673	5689076	135937		172561	694781	450255
宁夏	18087265	14448589	279119	106127	212513	2145499	1280664
新疆	21772439	18528791	705451	676815	231584	2145048	867016

3-5 各地区按资质等级分的房地产开发企业房屋新开工面积

单位：平方米

地区	总计	一级	二级	三级	四级	暂定	其他
全国总计	**1636468685**	**73234572**	**265372669**	**399353207**	**195378926**	**633588709**	**69540602**
北京	29742441	3714602	6284365	3620528	6340603	7883964	1898379
天津	29116685	1583019	3735976	4038096	5304725	14454869	
河北	96291645	4726271	13571210	23161410	22545627	30568941	1718186
山西	27820539	1364497	4417941	4487614	10817200	6257521	475766
内蒙古	62703423	2297530	7920979	11562529	21343139	17975299	1603947
辽宁	126478983	2880171	9192785	32278119	1818294	70111834	10197780
吉林	35253007	524813	5353088	10045308	7818584	10636178	875036
黑龙江	50214326	1727115	9198318	24401992	3492991	9875633	1518277
上海	30305902	320847	4396099	3351973		21640221	596762
江苏	137454238	7931129	49486808	26813684	366190	46424855	6431572
浙江	78412744	4374938	9688379	16954178	5119092	31837153	10439004
安徽	73539529	1482062	12888636	16512228	3964857	36483809	2207937
福建	46795621	3661255	5345458	15573988	3604196	18566808	43916
江西	23449792	326798	4188768	7178741	3448344	7428256	878885
山东	123302145	4037919	11338006	25779036	17022407	56331040	8793737
河南	86105696	1518143	12017405	14965817	6476929	48834640	2292762
湖北	57257689	4477287	11015516	15470868	6909261	18666796	717961
湖南	64432968	300261	4513726	25147837	5893711	26383600	2193833
广东	99043789	5039747	5942646	24430937	19229160	37773596	6627703
广西	47505675	611319	3690847	8713753	6240120	26014345	2235291
海南	11361165	38107	243879	1639705	1097090	7350247	992137
重庆	63126419	4098714	20460581	11576073	1101311	25731774	157966
四川	77316621	4243443	20967910	37293093	1203917	10986040	2622218
贵州	28711460	381190	5663382	5119647	5568861	11464612	513768
云南	37027593	2840420	5520605	5233852	10101219	12400193	931304
西藏	169220		84000	79531	5689		
陕西	32703239	3284208	5528801	7716782	9292556	5939417	941475
甘肃	13959754		2107794	4581516	3368074	3285188	617182
青海	7006673	607303	3502103	1130742	487996	1262318	16211
宁夏	18087265	3321821	4651609	3894020	1744702	3763053	712060
新疆	21772439	1519643	2455049	6599610	3652081	7256509	289547

3-6 各地区按资质等级分的房地产开发企业住宅新开工面积

单位：平方米

地区	总计	一级	二级	三级	四级	暂定	其他
全国总计	**1293593057**	**56335164**	**212202007**	**321437874**	**160110132**	**490366388**	**53141492**
北京	20633978	2583915	4181089	2324505	4320399	5746980	1477090
天津	20268934	1251446	2811620	3306982	4228834	8670052	
河北	78663957	3646092	11153372	18911005	19150827	24333206	1469455
山西	22705185	1179542	4005576	3582816	8623441	4890984	422826
内蒙古	44733862	1112425	5580830	8162281	16212176	12382095	1284055
辽宁	98703698	2219520	6828101	25881303	1346701	55787129	6640944
吉林	28935171	421857	4170565	8246425	6641029	8809679	645616
黑龙江	40835219	1539622	7404326	20016921	2708167	7876550	1289633
上海	21111142	234378	3272720	2742179		14567672	294193
江苏	105863949	6001036	38215281	21210043	311813	35005429	5120347
浙江	52239361	2840437	6938093	11337546	3681262	20673985	6768038
安徽	57975783	1203643	10265990	13277528	3223591	28296561	1708470
福建	33995342	2385920	4417697	11904588	2378152	12865069	43916
江西	19564677	266846	3552646	6183610	2820890	5978978	761707
山东	102415467	3490824	9625331	21878763	14810218	45168732	7441599
河南	72999440	1303472	10198533	12912942	5860246	40671626	2052621
湖北	44543586	3709471	9272975	12771721	5856392	12630648	302379
湖南	53659623	298924	3918047	20822148	4887169	21725848	2007487
广东	78268024	3767983	4517108	18806541	16117761	29815751	5242880
广西	39058355	477664	3087330	7104048	5449396	21165105	1774812
海南	9806298	32007	200643	1532104	1012851	6219687	809006
重庆	52687570	3102902	16972952	9552614	770853	22144040	144209
四川	62707948	3337233	17357059	30740152	1009488	8205833	2058183
贵州	22502934	232249	4429718	3862760	4613999	9190815	173393
云南	29608079	2404446	4497277	4260616	8099680	9561398	784662
西藏	152963		81000	69133	2830		
陕西	28595078	2873605	4816442	6805043	8038718	5162693	898577
甘肃	11690978		1732470	3672531	3052949	2639082	593946
青海	5689076	495847	2778607	869926	420857	1107628	16211
宁夏	14448589	2638776	3753243	3026578	1365130	3020550	644312
新疆	18528791	1283082	2165366	5662522	3094313	6052583	270925

3-7　各地区按用途分的房地产开发企业房屋竣工面积

单位：平方米

地　区	房屋竣工面积	住宅	#经济适用房屋	#别墅、高档公寓	办公楼	商业营业用房	其他
全国总计	**787438789**	**634430998**	**32018806**	**32663711**	**18158525**	**82826299**	**52022967**
北　京	23867096	14984755	1446259	1832151	1984164	2719178	4178999
天　津	20985492	16036455	4888966	1184801	1024153	2352940	1571944
河　北	36146565	31300870	645535	587806	363011	2981448	1501236
山　西	12037309	9913062	672972	65050	207908	1368606	547733
内蒙古	22976513	18684510	962872	462656	290714	3071162	930127
辽　宁	44973796	36913681	1983941	1269882	752925	5385606	1921584
吉　林	20305160	16949615	1063835	438199	127446	2245284	982815
黑龙江	26458267	21989911	670085	279339	242769	3032968	1192619
上　海	19412468	13960521	130670	3280049	1506927	1764144	2180876
江　苏	86962784	65535308	3019412	4641520	3189106	12177838	6060532
浙　江	41158344	27984311	997580	2193779	1997015	5653505	5523513
安　徽	30266512	24083232	1026065	849520	498942	4293683	1390655
福　建	22424724	17158715	587329	582240	352016	1653889	3260104
江　西	18177356	15504625	865708	303108	234134	1739742	698855
山　东	50743435	42707978	1662336	1034792	875489	5099931	2060037
河　南	44269404	38525991	1438813	417250	561672	3696306	1485435
湖　北	25412068	21293288	901562	833109	508554	2715720	894506
湖　南	33479081	28288068	1364111	969472	347124	2849469	1994420
广　东	56590972	45892244	507428	5587309	1200738	4747940	4750050
广　西	15643065	13428699	463024	162332	130105	1218905	865356
海　南	6091271	5150738		1273462	192825	443619	304089
重　庆	26265897	21798062	2441806	936416	300340	2294436	1873059
四　川	39667659	33900092	386215	365903	351621	2839358	2576588
贵　州	10479695	8261264	1090186	219975	183596	1285852	748983
云　南	15359892	12584374	435648	1961023	167251	1577153	1031114
西　藏	121793	115050		2830		6743	
陕　西	9001212	7991496	584617	184973	117890	616495	275331
甘　肃	5986587	5010491	393774	3240	79398	604178	292520
青　海	2676734	2421214	193648	1600	38633	181185	35702
宁　夏	9368600	7463150	493945	72825	173370	1225035	507045
新　疆	10129038	8599228	700464	667100	158689	983981	387140

3-8 各地区按资质等级分的房地产开发企业竣工面积

单位：平方米

地　区	总　计	一　级	二　级	三　级	四　级	暂　定	其　他
全国总计	**787438789**	**49366942**	**153857502**	**234304344**	**121211181**	**207023042**	**21675778**
北　京	23867096	5576225	4190390	2693941	7643887	2484265	1278388
天　津	20985492	2570045	5569972	2778902	6490168	3576405	
河　北	36146565	2765323	5327834	9412995	12951309	5011917	677187
山　西	12037309	367398	1760473	3918989	4418976	1555358	16115
内蒙古	22976513	372008	3081340	4361249	9031238	5554151	576527
辽　宁	44973796	2423366	3804939	15898425	906287	20420212	1520567
吉　林	20305160	452881	3188941	6689304	4549913	5316121	108000
黑龙江	26458267	272985	4541117	14178527	2600440	3785256	1079942
上　海	19412468	452735	3315811	2928148	253120	11816424	646230
江　苏	86962784	5913417	32920157	18840081	861266	25586749	2841114
浙　江	41158344	3213087	7174969	15403081	3266373	9698236	2402598
安　徽	30266512	1349789	6596636	8701985	2153674	11151133	313295
福　建	22424724	1828113	3629610	9298925	4064191	3530141	73744
江　西	18177356	31204	3511091	8166575	2631095	3146452	690939
山　东	50743435	2263426	4940766	12615888	10593563	19205179	1124613
河　南	44269404	1141844	7613237	9237737	5790397	19098708	1387481
湖　北	25412068	2618804	4340397	8656575	5225147	4401294	169851
湖　南	33479081	314754	3156283	15601455	3852728	9692038	861823
广　东	56590972	3117257	5703885	17454667	15271337	12633759	2410067
广　西	15643065	303574	1858550	3856467	1767365	7472874	384235
海　南	6091271		368474	1221821	1037267	3102923	360786
重　庆	26265897	3102468	9884037	6640312	784375	5854705	
四　川	39667659	2979227	12482735	19929061	689987	2481691	1104958
贵　州	10479695	232443	2004173	3043865	3018472	2126559	54183
云　南	15359892	2080449	4483670	2067895	3684172	2831222	212484
西　藏	121793		53089	59131	9573		
陕　西	9001212	634866	1632924	2399866	3034546	741038	557972
甘　肃	5986587	240051	982535	2041936	1040368	1421886	259811
青　海	2676734	199054	1304736	481283	262941	428720	
宁　夏	9368600	1368975	2774272	2749008	1277304	806268	392773
新　疆	10129038	1181174	1660459	2976250	2049702	2091358	170095

3-9　各地区按资质等级分的房地产开发企业住宅竣工面积

单位：平方米

地　区	总　计	一　级	二　级	三　级	四　级	暂　定	其　他
全国总计	**634430998**	**38667444**	**122395413**	**191547390**	**99441732**	**164917592**	**17461427**
北　京	14984755	4072645	2375549	1903178	3887536	1775611	970236
天　津	16036455	2100044	4001900	2119415	5359876	2455220	
河　北	31300870	2557978	4719650	8329155	11244505	3937227	512355
山　西	9913062	304397	1431686	3188297	3745659	1226908	16115
内蒙古	18684510	274879	2485222	3439983	7445038	4522035	517353
辽　宁	36913681	1756071	3277730	13212345	662806	16656834	1347895
吉　林	16949615	356730	2528782	5594312	3943868	4421523	104400
黑龙江	21989911	223667	3781913	11799961	2010033	3276023	898314
上　海	13960521	252120	2542542	2309875	201543	8246147	408294
江　苏	65535308	4847377	24594952	14097204	753255	18925492	2317028
浙　江	27984311	2061483	5029405	10470918	2048657	6683460	1690388
安　徽	24083232	829495	5321852	7295905	1636305	8755466	244209
福　建	17158715	1414630	2894955	6959065	3040006	2799672	50387
江　西	15504625		3047664	6940788	2272172	2682810	561191
山　东	42707978	1893206	4168321	10956599	9330677	15383272	975903
河　南	38525991	1061682	6136812	8122437	5233741	16742662	1228657
湖　北	21293288	2100833	3651552	7328527	4593576	3448949	169851
湖　南	28288068	295413	2678477	13113975	3245852	8153117	801234
广　东	45892244	2414217	4438465	13989722	12953098	10351509	1745233
广　西	13428699	263196	1471060	3436324	1615692	6267639	374788
海　南	5150738		289645	1076881	924496	2577742	281974
重　庆	21798062	2428818	8195506	5460438	641549	5071751	
四　川	33900092	2472695	10675400	17204390	580020	2151333	816254
贵　州	8261264	178865	1561999	2418776	2366884	1686231	48509
云　南	12584374	1554024	3937600	1716608	3013258	2200362	162522
西　藏	115050		53089	59131	2830		
陕　西	7991496	622063	1360194	2163340	2663684	698180	484035
甘　肃	5010491	183105	793045	1722515	902823	1154478	254525
青　海	2421214	199054	1130277	452674	230766	408443	
宁　夏	7463150	907043	2299503	2169676	1018455	701968	366505
新　疆	8599228	1041714	1520666	2494976	1873072	1555528	113272

3-10 各地区按资质等级分的房地产开发企业经济适用房竣工面积

单位：平方米

地 区	总 计	一 级	二 级	三 级	四 级	暂 定	其 他
全国总计	**32018806**	**2805218**	**6799600**	**7662213**	**5589161**	**6916605**	**2246009**
北 京	1446259	991624	232811	44783			177041
天 津	4888966	87330	1924293	235168	2360471	281704	
河 北	645535	138083	131883	210401	72075	93093	
山 西	672972	106998	149458	95000	203621	117895	
内蒙古	962872		4738	185108	448654	277098	47274
辽 宁	1983941	320491	100528	463074		1099848	
吉 林	1063835	75991	146616	349623	60918	430687	
黑龙江	670085		35815	252961	84077	14344	282888
上 海	130670			26966		103704	
江 苏	3019412	86644	290834	886135	14000	570666	1171133
浙 江	997580		134363	381545	130636	158701	192335
安 徽	1026065	89200	238266	550889		147710	
福 建	587329	82829	30700	171429	141035	161336	
江 西	865708		391713	327804	40701	1000	104490
山 东	1662336	104739	158510	501046	546381	319660	32000
河 南	1438813	15000	385145	501419	210902	326347	
湖 北	901562		228127	303891	203874	155590	10080
湖 南	1364111	46246	489363	516053	111486	199863	1100
广 东	507428		17210	428	31369	432934	25487
广 西	463024	38970	81040	5960	61020	149287	126747
海 南							
重 庆	2441806		638564	613952		1189290	
四 川	386215	210770	9651	108203	2880	54711	
贵 州	1090186		446210	263886	171887	194868	13335
云 南	435648	293114		65562	28145	48827	
西 藏							
陕 西	584617		97442	289781	197394		
甘 肃	393774		37878	92681	114400	130815	18000
青 海	193648		168043			25605	
宁 夏	493945	2140	178185	96471	185664		31485
新 疆	700464	115049	52214	121994	167571	231022	12614

3-11　各地区按资质等级分的房地产开发企业别墅、高档公寓竣工面积

单位：平方米

地　　区	总　计	一　级	二　级	三　级	四　级	暂　定	其　他
全国总计	**32663711**	**2795930**	**6293668**	**7001980**	**5231525**	**10626721**	**713887**
北　京	1832151	479015	174351	192869	793180	115433	77303
天　津	1184801	193241	25897	229960	463026	272677	
河　北	587806	202728	12767	41702	315609	15000	
山　西	65050			31872	26224	6954	
内蒙古	462656		336832	47956	47504	30364	
辽　宁	1269882	122709	118062	89917		929117	10077
吉　林	438199		89273	26289		322637	
黑龙江	279339		193517	34000		51822	
上　海	3280049	17717	548570	330660	201543	2058686	122873
江　苏	4641520	206703	1728619	904978	5747	1631940	163533
浙　江	2193779	430212	383533	731922	147542	457496	43074
安　徽	849520		158125	100113	124851	466431	
福　建	582240		60782	303359	177612	40487	
江　西	303108		3517	263949	20000	15642	
山　东	1034792	54600	88498	318432	84839	488423	
河　南	417250	11278	157874	78229	29747	140122	
湖　北	833109	183382	224113	185030	64845	175739	
湖　南	969472		23300	355549	150	511728	78745
广　东	5587309	522803	368905	1555821	1703120	1287367	149293
广　西	162332		56518	39552	17178	49084	
海　南	1273462		46021	126768	425331	638409	36933
重　庆	936416	299529	246645	82022		308220	
四　川	365903	5497	23687	254256		82463	
贵　州	219975	20937	93880		31088	74070	
云　南	1961023	8940	1049844	219475	379006	291033	12725
西　藏	2830				2830		
陕　西	184973		37973	76000	71000		
甘　肃	3240			3240			
青　海	1600			1600			
宁　夏	72825	14116	4198	54511			
新　疆	667100	22523	38367	321949	99553	165377	19331

3-12 各地区按用途分的房地产开发企业不可销售面积

单位：平方米

地区	不可销售面积	住宅	#经济适用房屋	#别墅、高档公寓	办公楼	商业营业用房	其他
全国总计	**44602187**	**23652283**	**3703150**	**323759**	**1440042**	**5502964**	**14006898**
北京	4149403	1439791		18718	96970	325413	2287229
天津	580140	184235	159308	13299	17259	61363	317283
河北	1204378	815450	10031		55202	85392	248334
山西	1351068	900526	200900		53418	266850	130274
内蒙古	800849	685473	30643		20981	50175	44220
辽宁	3215540	2315502	871385	30041	80706	372284	447048
吉林	2199700	1560981	1052419		13350	204277	421092
黑龙江	1472115	1035937	413253	500	98172	84141	253865
上海	1235954	129034		18693	64328	164133	878459
江苏	5264488	2197098	4880	39361	110530	810515	2146345
浙江	4397673	1714775	21277	27388	135663	477582	2069653
安徽	1995969	1343071	107248	4849	4059	224602	424237
福建	3677703	2600937	165839	9345	17079	252219	807468
江西	172728	117403	25600		3150	10832	41343
山东	1570276	954151			62697	295483	257945
河南	1678815	1076670	46565		36191	284519	281435
湖北	1342475	767781	235678	1138	145021	268592	161081
湖南	330040	82422	20100	9188	15760	132927	98931
广东	1636089	320585	738	39274	77128	382476	855900
广西	288695	80795		1448	50966	38118	118816
海南	185309	97225		71545	1531	33145	53408
重庆	762024	453376	58004	6781	11819	61080	235749
四川	1736280	1054221	18561	1152	33587	130485	517987
贵州	537449	245784	39703		39999	87538	164128
云南	353729	125237	3118	2982	48827	44765	134900
西藏							
陕西	72486	20795		5835	13478	14191	24022
甘肃	411813	183723	100242		9944	84813	133333
青海	143011	111826			16795	12690	1700
宁夏	1348664	836622	100741		81727	188073	242242
新疆	487324	200857	16917	22222	23705	54291	208471

3-13　各地区按资质等级分的房地产开发企业不可销售面积

单位：平方米

地　区	总　计	一　级	二　级	三　级	四　级	暂　定	其　他
全国总计	**44602187**	**4492662**	**9381718**	**12850457**	**4766099**	**10671622**	**2439629**
北　京	4149403	1255959	556788	480717	1191567	305066	359306
天　津	580140	38202	116474	42417	90275	292772	
河　北	1204378	32798	554402	162309	326106	122163	6600
山　西	1351068		416007	609240	162455	163366	
内蒙古	800849		12358	275141	429333	82017	2000
辽　宁	3215540	206394	94333	811008	28967	1813457	261381
吉　林	2199700	76810	317592	863895	243150	698253	
黑龙江	1472115		102515	783626	30506	210816	344652
上　海	1235954	48974	291075	175143	29126	655449	36187
江　苏	5264488	276710	2314173	1029164	10723	1565836	67882
浙　江	4397673	365350	983453	1860899	121681	844919	221371
安　徽	1995969	150008	142389	444332	40859	1180781	37600
福　建	3677703	651468	872007	1147503	782013	150968	73744
江　西	172728		19960	54484	22445	48987	26852
山　东	1570276	22477	422991	465376	119759	539061	612
河　南	1678815	2410	372301	421409	66616	531702	284377
湖　北	1342475	221583	87819	513357	223255	296461	
湖　南	330040		84121	135367	60611	35701	14240
广　东	1636089	92153	186303	765492	236130	238630	117381
广　西	288695	16444	29913	70859	28888	95581	47010
海　南	185309			55066	42808	86760	675
重　庆	762024	172503	174838	159131	30307	225245	
四　川	1736280	354746	545443	580466	13662	29090	212873
贵　州	537449	6866	68776	235616	168623	44233	13335
云　南	353729	5695	35809	132737	45620	118147	15721
西　藏							
陕　西	72486		22064	14511	14111	7000	14800
甘　肃	411813	56946	61181	189832	10368	91216	2270
青　海	143011		116734	9399		16878	
宁　夏	1348664	398625	294937	253931	143698	46973	210500
新　疆	487324	39541	84962	108030	52437	134094	68260

3-14 各地区按用途分的房地产开发企业住宅竣工套数

单位：套

地　区	住　宅	#经济适用房	#别墅、高档公寓
全国总计	**6019767**	**399193**	**163207**
北　京	152244	19795	9328
天　津	172604	60787	8679
河　北	306116	6872	2501
山　西	92453	7008	254
内蒙古	189598	12656	3164
辽　宁	428648	28148	6650
吉　林	194115	17007	2478
黑龙江	271255	13226	1856
上　海	123869	1530	17146
江　苏	566577	36800	18738
浙　江	233294	11252	10386
安　徽	224752	12570	3579
福　建	161247	7826	2350
江　西	141768	12178	1166
山　东	391686	20855	5323
河　南	337869	15424	1997
湖　北	190906	11212	3893
湖　南	238157	16786	4317
广　东	382634	6873	24019
广　西	122273	5083	484
海　南	60747		12252
重　庆	231396	29633	6144
四　川	330886	4208	1379
贵　州	67681	8543	1156
云　南	96736	4695	7160
西　藏	1078		24
陕　西	75516	6616	1302
甘　肃	48979	4405	6
青　海	23907	2678	4
宁　夏	73237	5816	379
新　疆	87539	8711	5093

3-15　各地区按资质等级分的房地产开发企业住宅竣工套数

单位：套

地　区	总　计	一　级	二　级	三　级	四　级	暂　定	其　他
全国总计	**6019767**	**383941**	**1139144**	**1829008**	**929868**	**1559403**	**178403**
北　京	152244	47786	23886	18667	35474	16761	9670
天　津	172604	22986	46678	21318	57464	24158	
河　北	306116	26737	45436	83612	107754	37720	4857
山　西	92453	2860	13371	32147	33400	10555	120
内蒙古	189598	2951	23506	35319	78268	44442	5112
辽　宁	428648	19876	35254	156030	7862	195361	14265
吉　林	194115	3529	28795	62246	48436	49994	1115
黑龙江	271255	2685	44251	144512	26608	38300	14899
上　海	123869	2263	24407	20991	1003	72178	3027
江　苏	566577	45181	205512	126718	7135	158436	23595
浙　江	233294	18331	42541	85905	17323	56376	12818
安　徽	224752	8461	49748	70178	15176	78505	2684
福　建	161247	15974	26089	61652	28856	28496	180
江　西	141768		28312	62215	20338	24990	5913
山　东	391686	17241	34759	104424	83882	142757	8623
河　南	337869	9246	59930	68703	43914	143923	12153
湖　北	190906	19915	33645	64785	40575	30147	1839
湖　南	238157	2712	22962	110192	26006	70478	5807
广　东	382634	21510	36649	107972	103167	96211	17125
广　西	122273	3037	13662	30852	12998	57526	4198
海　南	60747		3314	13163	10009	30504	3757
重　庆	231396	26243	85840	56579	6150	56584	
四　川	330886	23952	104628	165918	6549	20439	9400
贵　州	67681	1319	10857	20072	20142	14858	433
云　南	96736	11937	28233	14574	22606	18137	1249
西　藏	1078		606	448	24		
陕　西	75516	4999	11435	21334	26670	5467	5611
甘　肃	48979	1820	7857	17044	8915	10646	2697
青　海	23907	1936	11072	4715	2266	3918	
宁　夏	73237	8540	20566	20899	11129	6395	5708
新　疆	87539	9914	15343	25824	19769	15141	1548

3-16 各地区按资质等级分的房地产开发企业经济适用住房竣工套数

单位：套

地区	总计	一级	二级	三级	四级	暂定	其他
全国总计	**399193**	**36321**	**81867**	**97071**	**65798**	**86947**	**31189**
北京	19795	13453	3277	449			2616
天津	60787	1260	25679	2961	27420	3467	
河北	6872	1562	1105	2312	888	1005	
山西	7008	1117	1743	1093	2082	973	
内蒙古	12656		55	3240	5347	3484	530
辽宁	28148	4911	1345	6627		15265	
吉林	17007	1326	2083	5535	842	7221	
黑龙江	13226		560	4106	1594	252	6714
上海	1530			386		1144	
江苏	36800	1160	3306	11689	140	6901	13604
浙江	11252		1596	4519	1298	2001	1838
安徽	12570	939	3344	6578		1709	
福建	7826	1290	293	2327	2151	1765	
江西	12178		5354	4294	509	17	2004
山东	20855	1174	1263	6960	6477	3979	1002
河南	15424	300	4121	4954	2367	3682	
湖北	11212		2774	3843	2654	1857	84
湖南	16786	532	5494	6216	1837	2696	11
广东	6873		252	5	355	5893	368
广西	5083	528	991	96	529	1493	1446
海南							
重庆	29633		7966	7004		14663	
四川	4208	2032	150	1270	36	720	
贵州	8543		2643	2381	1578	1779	162
云南	4695	3219		703	284	489	
西藏							
陕西	6616		1084	3550	1982		
甘肃	4405		430	1128	1289	1368	190
青海	2678		2398			280	
宁夏	5816	45	2029	1128	2162		452
新疆	8711	1473	532	1717	1977	2844	168

3-17　各地区按资质等级分的房地产开发企业别墅、高档公寓竣工套数

单位：套

地　区	总　计	一　级	二　级	三　级	四　级	暂　定	其　他
全国总计	**163207**	**19398**	**29868**	**32636**	**26040**	**52519**	**2746**
北　京	9328	3709	721	724	3403	363	408
天　津	8679	2206	53	1607	2690	2123	
河　北	2501	825	29	170	1377	100	
山　西	254			90	113	51	
内蒙古	3164		2509	210	303	142	
辽　宁	6650	770	769	1183		3904	24
吉　林	2478		591	106		1781	
黑龙江	1856		1049	582		225	
上　海	17146	77	3906	2559	1003	9201	400
江　苏	18738	895	7308	3160	37	6741	597
浙　江	10386	4766	1065	2150	576	1704	125
安　徽	3579		850	430	361	1938	
福　建	2350		249	1079	914	108	
江　西	1166		14	1046	60	46	
山　东	5323	651	368	1371	516	2417	
河　南	1997	56	612	303	163	863	
湖　北	3893	731	1174	1101	181	706	
湖　南	4317		78	1386	1	2588	264
广　东	24019	2398	1867	5927	6980	6348	499
广　西	484		142	182	46	114	
海　南	12252		360	953	4122	6510	307
重　庆	6144	2050	1311	1037		1746	
四　川	1379	22	73	1013		271	
贵　州	1156	91	604		200	261	
云　南	7160	33	3484	846	1664	1089	44
西　藏	24				24		
陕　西	1302		378	426	498		
甘　肃	6			6			
青　海	4			4			
宁　夏	379	42	24	313			
新　疆	5093	76	280	2672	808	1179	78

3-18 各地区按用途分的房地产开发企业竣工房屋价值

单位：万元

地区	竣工房屋价值	住宅	#经济适用房屋	#别墅、高档公寓	办公楼	商业营业用房	其他
全国总计	**175427347**	**135275286**	**5539780**	**10971101**	**6039054**	**22433546**	**11679461**
北京	5755919	3337245	237929	523697	556103	809311	1053260
天津	6706725	4866537	1195848	421602	468329	993444	378415
河北	8161113	6890355	125729	166592	134529	809501	326728
山西	2081040	1685507	103623	12270	60546	253316	81671
内蒙古	4424541	3404130	138767	188749	101824	752428	166159
辽宁	9711392	7606947	329145	532007	215154	1509381	379910
吉林	3402166	2749152	153728	73058	22410	441388	189216
黑龙江	4545274	3686842	100620	76281	57127	559710	241595
上海	7799265	5366591	46705	1782662	742332	871259	819083
江苏	23072700	16979894	501750	1794828	1149921	3481355	1461530
浙江	10683264	7115266	189979	668248	639852	1618295	1309851
安徽	6792167	5186092	153657	236397	131554	1159022	315499
福建	4153183	3176535	90972	138537	69464	389054	518130
江西	3011224	2479175	88434	62785	50195	369923	111931
山东	10775827	8758684	286532	319640	257660	1294369	465114
河南	6302535	5238224	160065	79187	116134	686941	261236
湖北	5646564	4408851	168555	327529	186435	875481	175797
湖南	6468121	5268619	239519	239918	83749	701237	414516
广东	15874580	12760817	84576	1695525	424970	1545638	1143155
广西	2306901	1922323	76396	23356	20621	232702	131255
海南	1802580	1483654		472666	94258	139410	85258
重庆	6479763	5099661	414804	363028	132245	790244	457613
四川	7424579	6178805	49656	127500	88621	620873	536280
贵州	1690056	1236599	151581	49163	33028	297569	122860
云南	3302362	2604095	84041	400729	41402	416125	240740
西藏	27139	25993		500		1146	
陕西	2201218	1912382	114997	57979	36152	186862	65822
甘肃	1094464	882588	66255	863	20717	128479	62680
青海	498434	443250	45491	448	7086	39531	8567
宁夏	1755147	1339116	61750	27265	48120	269011	98900
新疆	1477104	1181357	78676	108092	48516	190541	56690

3-19　各地区按资质等级分的房地产开发企业竣工房屋价值

单位：万元

地　区	总　计	一　级	二　级	三　级	四　级	暂　定	其　他
全国总计	**175427347**	**12862476**	**37025720**	**47492837**	**24394198**	**48570987**	**5081129**
北　京	5755919	1164418	1045828	627409	2118486	503376	296402
天　津	6706725	599398	1846103	830222	2183303	1247699	
河　北	8161113	801048	1155080	2027369	2741443	1230259	205914
山　西	2081040	56236	348609	674243	758349	238121	5482
内蒙古	4424541	95691	845365	729298	1528413	1146999	78775
辽　宁	9711392	516122	889894	3288869	173279	4452910	390318
吉　林	3402166	123669	557726	1162257	694609	832705	31200
黑龙江	4545274	59402	894969	2385494	380770	648410	176229
上　海	7799265	121100	1181357	1086324	101447	4915137	393900
江　苏	23072700	1689411	9360465	4112114	161665	7197238	551807
浙　江	10683264	877260	1815802	3934718	739905	2634582	680997
安　徽	6792167	343562	1675313	1879543	398742	2430866	64141
福　建	4153183	336815	718366	1659773	703624	722605	12000
江　西	3011224	6141	543464	1328465	470211	554695	108248
山　东	10775827	505139	973105	2648830	2139757	4318835	190161
河　南	6302535	210772	1226569	1240143	606556	2856306	162189
湖　北	5646564	875891	1115347	1757363	880440	972656	44867
湖　南	6468121	83578	637875	3019393	553813	2014826	158636
广　东	15874580	1165172	1879187	4709834	3823519	3425858	871010
广　西	2306901	37664	258865	564242	244263	1148977	52890
海　南	1802580		84967	349401	227240	1036822	104150
重　庆	6479763	911506	2488458	1395051	136524	1548224	
四　川	7424579	681915	2562644	3401680	120433	482028	175879
贵　州	1690056	35952	333020	441686	455067	419638	4693
云　南	3302362	566333	1095590	383143	675026	550173	32097
西　藏	27139		14352	11141	1646		
陕　西	2201218	405270	339967	517219	663828	152208	122726
甘　肃	1094464	72424	176031	348016	193127	253225	51641
青　海	498434	31998	266321	87929	40320	71866	
宁　夏	1755147	314819	449572	475178	213108	221030	81440
新　疆	1477104	173770	245509	416490	265285	342713	33337

3-20 各地区按资质等级分的房地产开发企业竣工住宅价值

单位：万元

地区	总计	一级	二级	三级	四级	暂定	其他
全国总计	**135275286**	**9760920**	**28333167**	**37392710**	**19210036**	**36652706**	**3925747**
北京	3337245	828092	503205	406439	1096420	299540	203549
天津	4866537	457068	1124701	630005	1775859	878904	
河北	6890355	761464	1012901	1748826	2317012	898246	151906
山西	1685507	46613	269668	536337	633040	194367	5482
内蒙古	3404130	61558	584615	566117	1201293	922349	68198
辽宁	7606947	360410	758633	2634240	130959	3378069	344636
吉林	2749152	94633	424923	940851	590287	668464	29994
黑龙江	3686842	47458	745043	1915526	279679	561827	137309
上海	5366591	57231	926432	756411	69415	3265611	291491
江苏	16979894	1357449	6914386	2981541	138715	5161158	426645
浙江	7115266	572716	1257338	2566024	467782	1822244	429162
安徽	5186092	179917	1317670	1506497	283021	1846129	52858
福建	3176535	245250	579017	1267550	513388	563177	8153
江西	2479175		450076	1105744	391443	451456	80456
山东	8758684	398874	825272	2276442	1780421	3316381	161294
河南	5238224	194660	952959	1073545	537835	2333119	146106
湖北	4408851	710330	821046	1429910	705487	697211	44867
湖南	5268619	79078	509496	2465035	429594	1640288	145128
广东	12760817	849010	1527073	3713084	3198852	2790666	682132
广西	1922323	32893	202071	495038	219750	921616	50955
海南	1483654		68284	318948	203203	812355	80864
重庆	5099661	642359	2018417	1054948	111133	1272804	
四川	6178805	570520	2120493	2863226	94026	408512	122028
贵州	1236599	27416	255366	325338	337287	287259	3933
云南	2604095	377100	943229	306223	528224	425456	23863
西藏	25993		14352	11141	500		
陕西	1912382	395650	261326	446164	579642	140412	89188
甘肃	882588	54988	135743	278235	158683	204330	50609
青海	443250	31998	229824	81077	32075	68276	
宁夏	1339116	179911	358654	365672	164149	194590	76140
新疆	1181357	146274	220954	326576	240862	227890	18801

3-21　各地区房地产开发企业建造的房屋面积和造价

地　区	施工房屋面积（平方米）	竣工房屋面积（平方米）	房屋建筑面积竣工率（%）	竣工房屋价值（万元）	竣工房屋造价（元/平方米）
全国总计	**4053563956**	**787438789**	**19.4**	**175427347**	**2228**
北　京	103008582	23867096	23.2	5755919	2412
天　津	71608389	20985492	29.3	6706725	3196
河　北	207000348	36146565	17.5	8161113	2258
山　西	75998460	12037309	15.8	2081040	1729
内蒙古	115353460	22976513	19.9	4424541	1926
辽　宁	268310750	44973796	16.8	9711392	2159
吉　林	70694709	20305160	28.7	3402166	1676
黑龙江	75328812	26458267	35.1	4545274	1718
上　海	112950262	19412468	17.2	7799265	4018
江　苏	351069042	86962784	24.8	23072700	2653
浙　江	237818597	41158344	17.3	10683264	2596
安　徽	176200083	30266512	17.2	6792167	2244
福　建	141897314	22424724	15.8	4153183	1852
江　西	72299393	18177356	25.1	3011224	1657
山　东	280811680	50743435	18.1	10775827	2124
河　南	203939775	44269404	21.7	6302535	1424
湖　北	115894410	25412068	21.9	5646564	2222
湖　南	168018632	33479081	19.9	6468121	1932
广　东	293013601	56590972	19.3	15874580	2805
广　西	120487273	15643065	13.0	2306901	1475
海　南	26994597	6091271	22.6	1802580	2959
重　庆	171384954	26265897	15.3	6479763	2467
四　川	211584737	39667659	18.7	7424579	1872
贵　州	79055339	10479695	13.3	1690056	1613
云　南	87849739	15359892	17.5	3302362	2150
西　藏	752580	121793	16.2	27139	2228
陕　西	99478897	9001212	9.0	2201218	2445
甘　肃	31303958	5986587	19.1	1094464	1828
青　海	14242268	2676734	18.8	498434	1862
宁　夏	29405345	9368600	31.9	1755147	1873
新　疆	39807970	10129038	25.4	1477104	1458

3-22 各地区房地产开发企业建造的住宅面积和造价

地区	施工住宅面积(平方米)	竣工住宅面积(平方米)	住宅建筑面积竣工率(%)	竣工住宅价值(万元)	竣工住宅造价(元/平方米)
全国总计	**3147601196**	**634430998**	**20.2**	**135275286**	**2132**
北京	61760201	14984755	24.3	3337245	2227
天津	51176931	16036455	31.3	4866537	3035
河北	171596032	31300870	18.2	6890355	2201
山西	62544066	9913062	15.8	1685507	1700
内蒙古	82728606	18684510	22.6	3404130	1822
辽宁	206773310	36913681	17.9	7606947	2061
吉林	57588659	16949615	29.4	2749152	1622
黑龙江	61074452	21989911	36.0	3686842	1677
上海	73138469	13960521	19.1	5366591	3844
江苏	263471270	65535308	24.9	16979894	2591
浙江	161383510	27984311	17.3	7115266	2543
安徽	138385429	24083232	17.4	5186092	2153
福建	105725306	17158715	16.2	3176535	1851
江西	60646175	15504625	25.6	2479175	1599
山东	227280889	42707978	18.8	8758684	2051
河南	169019893	38525991	22.8	5238224	1360
湖北	91724313	21293288	23.2	4408851	2071
湖南	137725640	28288068	20.5	5268619	1862
广东	222537649	45892244	20.6	12760817	2781
广西	97676352	13428699	13.7	1922323	1432
海南	23234007	5150738	22.2	1483654	2880
重庆	137447848	21798062	15.9	5099661	2340
四川	172897351	33900092	19.6	6178805	1823
贵州	59708072	8261264	13.8	1236599	1497
云南	70463749	12584374	17.9	2604095	2069
西藏	684041	115050	16.8	25993	2259
陕西	85805492	7991496	9.3	1912382	2393
甘肃	25576988	5010491	19.6	882588	1761
青海	11794106	2421214	20.5	443250	1831
宁夏	22855638	7463150	32.7	1339116	1794
新疆	33176752	8599228	25.9	1181357	1374

第四章

房地产市场（2010）

4-1　各地区按用途分的房地产开发企业出租房屋面积

单位：平方米

地　区	出租房屋面　积	住　宅	#经济适用房　屋	#别　墅、高档公寓	办公楼	商业营业用房	其　他
全国总计	**50582240**	**3206476**	**280138**	**1225284**	**11973771**	**28062085**	**7339908**
北　京	9707192	424838		289883	3648636	4701486	932232
天　津	799525	72502	1414	59020	27357	535092	164574
河　北	56360	30424				25936	
山　西	474655	44322	10703		19075	374651	36607
内蒙古	66268	1276		1275	25559	39433	
辽　宁	911106	102752		26712	69659	736161	2534
吉　林	1483204	301			35483	1446220	1200
黑龙江	170299	10431				145908	13960
上　海	12624734	857203		761847	5161809	3733393	2872329
江　苏	2375365	68920		17254	140439	2056790	109216
浙　江	1889456	24062			131320	1571563	162511
安　徽	903927	44554		988	9000	807054	43319
福　建	1766204	223839	185022		182438	1021022	338905
江　西	236631	38231	6531		8604	189196	600
山　东	1203471	105162	15313		124850	573966	399493
河　南	381075	12095			23558	322191	23231
湖　北	948001	357820	35059		61221	493143	35817
湖　南	529001	48235	19100		21381	424515	34870
广　东	6973985	410728		68305	1547113	3659048	1357096
广　西	320474	2861			55990	165887	95736
海　南	95272				20000	60792	14480
重　庆	2687269	40727	309		86062	2187801	372679
四　川	1241007	224681	294		93545	824167	98614
贵　州	517296	9271	3499		35578	376695	95752
云　南	270561	3493			46898	214771	5399
西　藏	2167	2167					
陕　西	369995	14109			231563	114974	9349
甘　肃	285799	205			57009	228545	40
青　海	56648				10470	46178	
宁　夏	413244	14909			44082	341310	12943
新　疆	822049	16358	2894		55072	644197	106422

4-2 各地区按资质等级分的房地产开发企业出租房屋面积

单位：平方米

地 区	总 计	一 级	二 级	三 级	四 级	暂 定	其 他
全国总计	**50582240**	**6176198**	**9950985**	**12734215**	**5424176**	**8922584**	**7374082**
北 京	9707192	1786260	1106039	1580346	2717629	861831	1655087
天 津	799525		291294	34342	300254	173635	
河 北	56360		17444	9054	9637	20225	
山 西	474655	12050	185531	138897	82684	55493	
内蒙古	66268		52170	2285		11813	
辽 宁	911106	84605	27697	354679		371743	72382
吉 林	1483204		149177	1200453	102119	31455	
黑龙江	170299		94948	38651		12700	24000
上 海	12624734	1125513	2797825	1385319	20283	3331757	3964037
江 苏	2375365	101778	637535	586750	1061	1005360	42881
浙 江	1889456	365552	134755	1059924	58883	122805	147537
安 徽	903927	13473	560576	205270	53845	70763	
福 建	1766204	548801	293483	556961	140360	191627	34972
江 西	236631	21800	69912	67525	4754	29296	43344
山 东	1203471	11685	20695	202506	334366	355830	278389
河 南	381075	33796	64266	181693	7428	93892	
湖 北	948001	21095	278795	276056	186841	181714	3500
湖 南	529001		169227	242773	55663	61338	
广 东	6973985	993200	800709	2397047	766748	1073853	942428
广 西	320474		31568	56239	63138	169529	
海 南	95272			16613	15969	62690	
重 庆	2687269	595623	1077314	715703	22329	241737	34563
四 川	1241007	289338	326734	509381	16173	82572	16809
贵 州	517296	16500	72512	201982	157715	64123	4464
云 南	270561		128530	49983	33729	7919	50400
西 藏	2167			2167			
陕 西	369995		50058	256147	54688	7147	1955
甘 肃	285799		122117	73058	62474	28150	
青 海	56648		49884	6764			
宁 夏	413244	48541	238639	70400	4750	50914	
新 疆	822049	106588	101551	255247	150656	150673	57334

4-3　各地区按资质等级分的房地产开发企业出租住宅面积

单位：平方米

地　区	总　计	一　级	二　级	三　级	四　级	暂　定	其　他
全国总计	**3206476**	**547611**	**229795**	**913834**	**388281**	**514158**	**612797**
北　京	424838	35987	22416	28364	61371	76004	200696
天　津	72502		3581	9901	59020		
河　北	30424		4841	9054	60	16469	
山　西	44322		26978	2461	14883		
内蒙古	1276		1276				
辽　宁	102752			8763		68277	25712
吉　林	301			301			
黑龙江	10431			10431			
上　海	857203	154929	25164	131140	5833	234283	305854
江　苏	68920	41626	2272	5041		13944	6037
浙　江	24062	6300		7213	1220	7768	1561
安　徽	44554		988	43240	326		
福　建	223839	185022	16909	4290	12470	5148	
江　西	38231			31700			6531
山　东	105162	308		10240	31449	63165	
河　南	12095			355	2740	9000	
湖　北	357820		73258	178028	106504	30	
湖　南	48235			26185	22050		
广　东	410728	96609	40255	164383	50868	14653	43960
广　西	2861				861	2000	
海　南							
重　庆	40727	721	924	15655	76	905	22446
四　川	224681	11200	1103	212078	300		
贵　州	9271			6831	140	2300	
云　南	3493		1300	1993	200		
西　藏	2167			2167			
陕　西	14109		7096		7013		
甘　肃	205			205			
青　海							
宁　夏	14909	14909					
新　疆	16358		1434	3815	10897	212	

4-4 各地区房地产开发企业90平方米以下住房开发规模及竣工情况

地　区	施工面积(平方米)	新开工面积(平方米)	竣工面积(平方米)	不可销售面积(平方米)	竣工套数(套)	出租面积(平方米)
全国总计	**951430236**	**368382270**	**199621138**	**11679898**	**2657596**	**867523**
北　京	27869440	8865290	8049481	928860	105982	34553
天　津	18408228	6218447	6423789	23048	84038	9901
河　北	63981839	26453305	10701586	384754	136532	485
山　西	17314680	5548963	2468083	515517	33023	
内蒙古	24962395	13809525	8765944	562606	108726	397
辽　宁	102001867	46835103	21899998	2121094	301130	54546
吉　林	31000408	15551912	11043141	1386168	147071	
黑龙江	33837672	24625571	15642476	939718	220329	
上　海	30414764	9143074	4692654	38228	59612	43889
江　苏	59357505	20545832	13543824	414459	174312	6655
浙　江	43181339	12801572	7442820	471770	97815	21652
安　徽	37650830	13168691	5609407	482327	70816	43314
福　建	29411205	7737230	4678547	694955	69430	51251
江　西	11761434	3200069	3105120	46899	42286	38231
山　东	56382774	21611928	9859008	389835	126158	92826
河　南	44973243	17275916	8255227	229534	108177	3095
湖　北	23021892	10753588	4552190	465903	58594	202246
湖　南	27434509	8946219	5097122	37462	66877	20060
广　东	54463096	16897326	10378855	50924	141355	147585
广　西	22325677	7616689	2896460	63717	40554	2661
海　南	10663637	4634993	2712324	28132	40770	
重　庆	54250327	20922894	8357772	199491	116947	36847
四　川	55708014	18141129	11650481	452079	150689	37036
贵　州	8887663	4140390	971430	70041	12526	5999
云　南	11259298	4041567	1555802	46453	23386	1993
西　藏	184318	37779	38534		581	1778
陕　西	22982743	4848793	1869439	12786	25170	
甘　肃	8640529	3540861	1560251	30409	19113	179
青　海	928281	345829	241260		3129	
宁　夏	6553242	4017828	2190027	475003	29774	
新　疆	11617387	6103957	3368086	117726	42694	10344

4-5　各地区按用途分的房地产开发企业商品房销售面积

单位：平方米

地　区	商品房销售面积	住　宅	#经济适用房　屋	#别　墅、高档公寓	办公楼	商业营业用房	其　他
全国总计	**1047646466**	**933766029**	**27488701**	**42191043**	**18899671**	**69948364**	**25032402**
北　京	16395314	12013905	494613	1759232	2081455	1420719	879235
天　津	15145226	13026093	1661283	1109725	352926	1036447	729760
河　北	46620995	43251179	769244	525653	391983	2090930	886903
山　西	11805872	10705378	287688	20263	107626	843667	149201
内蒙古	30573828	25698409	702116	461975	298755	3533007	1043657
辽　宁	68004530	60135018	670883	930553	647059	5100338	2122115
吉　林	23821025	21053282	100370	679177	77461	2203046	487236
黑龙江	27209459	23856799	517057	518243	83786	2347388	921486
上　海	20609647	16908229		3417055	1628914	1257410	815094
江　苏	94854729	81123681	3151983	5237482	2098847	9882286	1749915
浙　江	48165283	38337391	863591	2726354	2721145	4592928	2513819
安　徽	41542579	36418827	376864	827266	872828	3895971	354953
福　建	25756234	21392617	524854	830093	822045	1763501	1778071
江　西	24697318	22657204	1025621	295038	190164	1508452	341498
山　东	92938813	84482551	2450886	1390984	824689	6075904	1555669
河　南	54522299	50924903	2127666	411363	607926	2464383	525087
湖　北	35086148	32368844	994811	961178	241886	1844119	631299
湖　南	44699775	41400681	1094550	1263296	292690	2478693	527711
广　东	73217555	65528075	693374	7254325	1630273	3719114	2340093
广　西	27939228	26071472	923573	458163	185762	1082109	599885
海　南	8547255	8341872	418537	2172879	54731	139152	11500
重　庆	43143929	39863119	2526003	2229570	626042	1942485	712283
四　川	63969219	58493425	734005	1339868	838440	2942490	1694864
贵　州	17306871	15963032	1371629	182602	262685	809144	272010
云　南	29594290	26589872	142514	3649814	214985	1825646	963787
西　藏	192808	187591		24055		5217	
陕　西	25901796	24719492	1290553	468627	400443	633601	148260
甘　肃	7565122	6920685	328471	7433	56704	534444	53289
青　海	2810435	2664287	2871	3012	9954	132114	4080
宁　夏	9359844	8167870	473947	174087	153953	899445	138576
新　疆	15649040	14500246	769144	861678	123514	944214	81066

4-6 各地区按资质等级分的房地产开发企业商品房销售面积

单位：平方米

地区	总计	一级	二级	三级	四级	暂定	其他
全国总计	**1047646466**	**53909891**	**184962515**	**298830926**	**148871121**	**329740183**	**31331830**
北京	16395314	3278402	2411724	2406350	4673185	3299497	326156
天津	15145226	1280553	1948871	2408922	4373525	5106858	26497
河北	46620995	3097649	7016467	12328663	14994371	8036775	1147070
山西	11805872	643353	1284704	2947391	5298133	1619833	12458
内蒙古	30573828	1285643	4153433	6641987	11099369	6775929	617467
辽宁	68004530	2136354	6724563	21408463	1301106	32897989	3536055
吉林	23821025	267282	3477402	7648953	6011335	6340525	75528
黑龙江	27209459	725456	5645205	14132388	2236738	3892345	577327
上海	20609647	314531	3554897	2789747	175394	13349102	425976
江苏	94854729	5297801	34177624	21487170	978949	28937949	3975236
浙江	48165283	2810767	8129560	12631603	4325347	16725242	3542764
安徽	41542579	1166294	5660541	11369410	2914382	19773163	658789
福建	25756234	1462140	4050072	9244037	3174476	7737712	87797
江西	24697318	302076	4416084	9769711	3213047	6184804	811596
山东	92938813	3201139	8637196	21097125	17102274	39322419	3578660
河南	54522299	1957082	9120694	10860987	4924683	26246308	1412545
湖北	35086148	3060025	7065499	9798474	6711265	8158866	292019
湖南	44699775	459622	3913483	19838859	4426715	14788644	1272452
广东	73217555	4616285	5351965	20399643	18185229	20165780	4498653
广西	27939228	393046	1995026	7733930	3531677	13560975	724574
海南	8547255	14843	244438	1801001	1026343	4914091	546539
重庆	43143929	2994268	16245525	11595967	930962	11243030	134177
四川	63969219	3468317	19378609	32358571	1486739	5882813	1394170
贵州	17306871	188591	2526346	4289065	4671136	5487546	144187
云南	29594290	3571364	4898760	4107975	8022804	8597893	395494
西藏	192808		26841	105987	34512	25468	
陕西	25901796	2403281	4640270	7329032	7293229	3611861	624123
甘肃	7565122	68780	1209832	2554542	1775443	1724834	231691
青海	2810435	110228	1640691	348297	178609	532610	
宁夏	9359844	1571795	2930299	2241875	1143683	1294460	177732
新疆	15649040	1762924	2485894	5154801	2656461	3504862	84098

4-7 各地区按用途分的房地产开发企业商品房现房销售面积

单位：平方米

地区	现房销售面积	住宅	#经济适用房屋	#别墅、高档公寓	办公楼	商业营业用房	其他
全国总计	**266696336**	**220488244**	**10075853**	**9583200**	**5659868**	**30519592**	**10028632**
北京	4112773	2181134	69547	580899	576581	762482	592576
天津	4235432	3040908	420549	524946	301080	619129	274315
河北	9892352	8791295	269046	109273	59224	707693	334140
山西	3450474	2933928	214047	4968	41987	363852	110707
内蒙古	15773365	13019408	260207	164433	100135	2020900	632922
辽宁	22413004	19106821	448358	210244	226002	2551197	528984
吉林	9428441	8062748	71831	101927	25836	1110877	228980
黑龙江	7711015	6187143	321946	116159	51754	1127339	344779
上海	6237496	4593984		701259	612061	661698	369753
江苏	19703006	14848799	1634653	1465924	660767	3627958	565482
浙江	7146956	3889594	147946	287097	551505	1942514	763343
安徽	6890315	5544353	129896	119251	146154	1051653	148155
福建	3462691	2026189	165478	202449	162559	550470	723473
江西	8727225	7910579	864677	117628	111845	590330	114471
山东	25378097	22253250	815539	152766	278624	2378719	467504
河南	19108341	17285660	507645	157549	149667	1384616	288398
湖北	12390517	10852487	460082	141015	202755	1082629	252646
湖南	13639189	11979936	706738	348694	166325	1250027	242901
广东	23443816	19670629	624152	2031132	547391	1811106	1414690
广西	4203104	3603321	108260	63798	37140	395080	167563
海南	1380255	1265132		211439	32754	79866	2503
重庆	6156669	4474833	657331	169108	278847	989954	413035
四川	12011868	10153079	162977	189766	70878	1142324	645587
贵州	2198870	1861129	68962	49331	25361	249240	63140
云南	4562901	3758945	51844	1078122	73136	544805	186015
西藏	122643	118265		23605		4378	
陕西	3191239	3005471	182285	47278	27063	130070	28635
甘肃	2520612	2197544	135587	3240	38945	277085	7038
青海	455511	395968	2871	127	351	56862	2330
宁夏	2983301	2291129	313301	40940	72826	552672	66674
新疆	3764858	3184583	260098	168833	30315	502067	47893

4-8 各地区按资质等级分的房地产开发企业商品房现房销售面积

单位：平方米

地区	总计	一级	二级	三级	四级	暂定	其他
全国总计	**266696336**	**11460760**	**39905837**	**84995555**	**52565018**	**69062199**	**8706967**
北京	4112773	917817	670902	687736	1537532	166047	132739
天津	4235432	374187	602617	1092959	1365720	773452	26497
河北	9892352	505506	1346609	3158241	3781557	848543	251896
山西	3450474	67164	385752	909424	1778570	309564	
内蒙古	15773365	380147	2012967	2922187	6209674	3841588	406802
辽宁	22413004	671129	2865211	8336538	517084	9013728	1009314
吉林	9428441	148395	1239535	2811118	3359713	1803053	66627
黑龙江	7711015	109655	1389937	4453997	783035	765563	208828
上海	6237496	142591	1099691	1608941	175394	3021077	189802
江苏	19703006	1743483	5770534	5400282	548580	4887333	1352794
浙江	7146956	589988	1248341	2503676	939709	1565197	300045
安徽	6890315	247842	999640	2322858	832462	2444656	42857
福建	3462691	432080	270898	1348297	811646	572757	27013
江西	8727225	6368	1967742	3949518	1176661	1308181	318755
山东	25378097	544693	1953353	5767566	6353242	9804094	955149
河南	19108341	503957	2269459	4066050	2885766	8699744	683365
湖北	12390517	480739	2047002	4411551	3071444	2253111	126670
湖南	13639189	76128	1254468	6134032	2082790	3618330	473441
广东	23443816	1645313	1484138	7007975	7309585	4783114	1213691
广西	4203104	104449	90822	993144	726363	2158757	129569
海南	1380255		53620	209687	244888	685199	186861
重庆	6156669	549669	1389742	2035669	602241	1570245	9103
四川	12011868	285844	3200591	7124101	292007	846140	263185
贵州	2198870	35923	177680	746191	649661	537698	51717
云南	4562901	69212	1298739	846584	1278610	1015624	54132
西藏	122643		15841	52822	28512	25468	
陕西	3191239	133360	585295	941316	1260704	172337	98227
甘肃	2520612	4343	265269	969895	532137	704140	44828
青海	455511	36405	231352	64407	22865	100482	
宁夏	2983301	350836	1016079	854184	447761	239110	75331
新疆	3764858	303537	702011	1264609	959105	527867	7729

4-9　各地区按用途分的房地产开发企业商品房期房销售面积

单位：平方米

地　区	期房销售面积	住　宅	#经济适用房屋	#别　墅、高档公寓	办公楼	商业营业用房	其　他
全国总计	**780950130**	**713277785**	**17412848**	**32607843**	**13239803**	**39428772**	**15003770**
北　京	12282541	9832771	425066	1178333	1504874	658237	286659
天　津	10909794	9985185	1240734	584779	51846	417318	455445
河　北	36728643	34459884	500198	416380	332759	1383237	552763
山　西	8355398	7771450	73641	15295	65639	479815	38494
内蒙古	14800463	12679001	441909	297542	198620	1512107	410735
辽　宁	45591526	41028197	222525	720309	421057	2549141	1593131
吉　林	14392584	12990534	28539	577250	51625	1092169	258256
黑龙江	19498444	17669656	195111	402084	32032	1220049	576707
上　海	14372151	12314245		2715796	1016853	595712	445341
江　苏	75151723	66274882	1517330	3771558	1438080	6254328	1184433
浙　江	41018327	34447797	715645	2439257	2169640	2650414	1750476
安　徽	34652264	30874474	246968	708015	726674	2844318	206798
福　建	22293543	19366428	359376	627644	659486	1213031	1054598
江　西	15970093	14746625	160944	177410	78319	918122	227027
山　东	67560716	62229301	1635347	1238218	546065	3697185	1088165
河　南	35413958	33639243	1620021	253814	458259	1079767	236689
湖　北	22695631	21516357	534729	820163	39131	761490	378653
湖　南	31060586	29420745	387812	914602	126365	1228666	284810
广　东	49773739	45857446	69222	5223193	1082882	1908008	925403
广　西	23736124	22468151	815313	394365	148622	687029	432322
海　南	7167000	7076740	418537	1961440	21977	59286	8997
重　庆	36987260	35388286	1868672	2060462	347195	952531	299248
四　川	51957351	48340346	571028	1150102	767562	1800166	1049277
贵　州	15108001	14101903	1302667	133271	237324	559904	208870
云　南	25031389	22830927	90670	2571692	141849	1280841	777772
西　藏	70165	69326		450		839	
陕　西	22710557	21714021	1108268	421349	373380	503531	119625
甘　肃	5044510	4723141	192884	4193	17759	257359	46251
青　海	2354924	2268319		2885	9603	75252	1750
宁　夏	6376543	5876741	160646	133147	81127	346773	71902
新　疆	11884182	11315663	509046	692845	93199	442147	33173

4-10 各地区按资质等级分的房地产开发企业商品房期房销售面积

单位：平方米

地区	总计	一级	二级	三级	四级	暂定	其他
全国总计	**780950130**	**42449131**	**145056678**	**213835371**	**96306103**	**260677984**	**22624863**
北京	12282541	2360585	1740822	1718614	3135653	3133450	193417
天津	10909794	906366	1346254	1315963	3007805	4333406	
河北	36728643	2592143	5669858	9170422	11212814	7188232	895174
山西	8355398	576189	898952	2037967	3519563	1310269	12458
内蒙古	14800463	905496	2140466	3719800	4889695	2934341	210665
辽宁	45591526	1465225	3859352	13071925	784022	23884261	2526741
吉林	14392584	118887	2237867	4837835	2651622	4537472	8901
黑龙江	19498444	615801	4255268	9678391	1453703	3126782	368499
上海	14372151	171940	2455206	1180806		10328025	236174
江苏	75151723	3554318	28407090	16086888	430369	24050616	2622442
浙江	41018327	2220779	6881219	10127927	3385638	15160045	3242719
安徽	34652264	918452	4660901	9046552	2081920	17328507	615932
福建	22293543	1030060	3779174	7895740	2362830	7164955	60784
江西	15970093	295708	2448342	5820193	2036386	4876623	492841
山东	67560716	2656446	6683843	15329559	10749032	29518325	2623511
河南	35413958	1453125	6851235	6794937	2038917	17546564	729180
湖北	22695631	2579286	5018497	5386923	3639821	5905755	165349
湖南	31060586	383494	2659015	13704827	2343925	11170314	799011
广东	49773739	2970972	3867827	13391668	10875644	15382666	3284962
广西	23736124	288597	1904204	6740786	2805314	11402218	595005
海南	7167000	14843	190818	1591314	781455	4228892	359678
重庆	36987260	2444599	14855783	9560298	328721	9672785	125074
四川	51957351	3182473	16178018	25234470	1194732	5036673	1130985
贵州	15108001	152668	2348666	3542874	4021475	4949848	92470
云南	25031389	3502152	3600021	3261391	6744194	7582269	341362
西藏	70165		11000	53165	6000		
陕西	22710557	2269921	4054975	6387716	6032525	3439524	525896
甘肃	5044510	64437	944563	1584647	1243306	1020694	186863
青海	2354924	73823	1409339	283890	155744	432128	
宁夏	6376543	1220959	1914220	1387691	695922	1055350	102401
新疆	11884182	1459387	1783883	3890192	1697356	2976995	76369

4-11 各地区按资质等级分的房地产开发企业商品住宅销售面积

单位：平方米

地　区	总 计	一 级	二 级	三 级	四 级	暂 定	其 他
全国总计	**933766029**	**47437249**	**165626157**	**267506814**	**132796292**	**292310704**	**28088813**
北　京	12013905	2754787	1740042	1433460	3057431	2782019	246166
天　津	13026093	1122086	1558696	2179161	3992242	4147411	26497
河　北	43251179	2943702	6492221	11501341	13896194	7388586	1029135
山　西	10705378	628140	1159143	2629979	4755125	1520533	12458
内蒙古	25698409	1064474	3692375	5518667	9566810	5362394	493689
辽　宁	60135018	1715811	5963767	19276396	1107263	28847912	3223869
吉　林	21053282	240527	2988273	6775978	5308529	5670655	69320
黑龙江	23856799	667514	4995233	12363394	1851598	3480973	498087
上　海	16908229	188839	3251486	2354376	159360	10749120	205048
江　苏	81123681	4853724	29627599	18210413	841935	24053838	3536172
浙　江	38337391	2154527	6550572	9799885	3431279	13349412	3051716
安　徽	36418827	946027	4830338	10127601	2515987	17405892	592982
福　建	21392617	902700	3299985	8003591	2295474	6815910	74957
江　西	22657204	284777	4166070	8997515	2861775	5607272	739795
山　东	84482551	3013145	8173548	19435460	15627963	34953914	3278521
河　南	50924903	1853546	8345920	10140339	4630482	24651825	1302791
湖　北	32368844	2922747	6488611	9160919	6237591	7266957	292019
湖　南	41400681	439549	3680362	18242742	3958523	13831423	1248082
广　东	65528075	3902177	4564993	17989768	16466343	18529786	4075008
广　西	26071472	354579	1874283	7170777	3308678	12653823	709332
海　南	8341872	14843	240207	1789122	969472	4790049	538179
重　庆	39863119	2588192	15257166	10607254	626570	10653732	130205
四　川	58493425	3150329	17773194	29815438	1340693	5221195	1192576
贵　州	15963032	166876	2458222	4001528	4319478	4891612	125316
云　南	26589872	3092012	4538283	3665355	7324967	7648872	320383
西　藏	187591		25841	102390	34512	24848	
陕　西	24719492	2311777	4324971	6908944	7064279	3505398	604123
甘　肃	6920685	68780	1138494	2261674	1631047	1588999	231691
青　海	2664287	106739	1561878	317221	169145	509304	
宁　夏	8167870	1392038	2562539	1906449	1006914	1129874	170056
新　疆	14500246	1592285	2301845	4819677	2438633	3277166	70640

4-12 各地区按资质等级分的房地产开发企业90平方米以下住宅销售面积

单位：平方米

地　　区	总　计	一　级	二　级	三　级	四　级	暂　定	其　他
全国总计	**281107769**	**14798656**	**48616155**	**81658310**	**37565675**	**88356862**	**10112111**
北　京	5028565	1495864	767384	520905	1077407	1079861	87144
天　津	5809188	370723	670471	911958	1980694	1875342	
河　北	15565169	1343994	2596644	4440877	4038960	2740491	404203
山　西	1925159	160990	260339	479046	828019	194586	2179
内蒙古	9710709	164765	1340704	1561759	4301007	2134878	207596
辽　宁	31896951	561868	2836804	10183964	717588	15732235	1864492
吉　林	13192132	51580	1490840	4447209	4132273	3057461	12769
黑龙江	15704933	515005	2865864	8252589	1679820	2019111	372544
上　海	7287199	49452	1622753	662066		4921609	31319
江　苏	15831077	1710651	5393957	3214756	159968	4290252	1061493
浙　江	9054597	556477	1588334	2047816	783182	3201342	877446
安　徽	8849672	303677	1222089	2345903	513237	4380265	84501
福　建	5876458	274826	981342	2019614	652474	1917803	30399
江　西	4562209	110835	1311267	1732007	315245	991883	100972
山　东	21044090	753191	2023722	4995239	3687626	8671543	912769
河　南	11063184	752455	2128928	2144071	836651	5059293	141786
湖　北	6368564	961798	1854539	1510867	854564	1149658	37138
湖　南	6757138	63762	644009	2864363	418982	2623798	142224
广　东	16883279	1050499	1248826	4161817	3261233	4992391	2168513
广　西	5938687	167684	413367	1611820	523321	2946174	276321
海　南	4422275	14843	73578	1001569	565750	2546738	219797
重　庆	16306650	1129401	5948709	3680023	170186	5334454	43877
四　川	19533322	950503	5533859	9824857	531093	2111855	581155
贵　州	2042340	32481	271259	461735	558151	713808	4906
云　南	3959708	103979	746945	892154	1062856	1133628	20146
西　藏	58480		10046	27434	3100	17900	
陕　西	7015880	493803	1132038	2539309	1902906	797402	150422
甘　肃	2011802	10762	143528	848170	532293	288486	188563
青　海	262325	11803	85025	58891	39381	67225	
宁　夏	1927430	142166	548936	521238	386164	265688	63238
新　疆	5218597	488819	860049	1694284	1051544	1099702	24199

4-13　各地区按资质等级分的房地产开发企业经济适用房销售面积

单位：平方米

地　区	总 计	一 级	二 级	三 级	四 级	暂 定	其 他
全国总计	**27488701**	**1642752**	**5448818**	**7757462**	**4872645**	**6128906**	**1638118**
北　京	494613	83564	345031	9246	50427		6345
天　津	1661283	133452	187857	229050	944219	166705	
河　北	769244		193720	267185	245171	32443	30725
山　西	287688		21909	30488	235291		
内蒙古	702116		74738	85076	339393	160272	42637
辽　宁	670883	58099	18412	277000		185631	131741
吉　林	100370	78	9091	46081	32441	12679	
黑龙江	517057	3070	80935	353602	58999	20451	
上　海							
江　苏	3151983	122650	420199	940797	11160	422131	1235046
浙　江	863591	1654	160829	236622	88846	356402	19238
安　徽	376864	15630	101706	189691	17725	52112	
福　建	524854	38075	120202	163651	49647	153279	
江　西	1025621		591616	293538	25927	66085	48455
山　东	2450886	104739	78110	498269	651912	1116172	1684
河　南	2127666	379975	651355	500142	141271	450616	4307
湖　北	994811	289511	208310	272445	111053	103412	10080
湖　南	1094550	1242	222726	607369	72413	164100	26700
广　东	693374		17210	1063	23272	623074	28755
广　西	923573	110725	11748	149177	544432	74111	33380
海　南	418537			418537			
重　庆	2526003	2458	771187	546455		1205903	
四　川	734005	128540	355261	127986	79669	36209	6340
贵　州	1371629		288875	448906	200561	428717	4570
云　南	142514	34185	18558	35465	32131	22175	
西　藏							
陕　西	1290553	42189	159836	612886	447511	21300	6831
甘　肃	328471		79095	109405	114400	25571	
青　海	2871		2871				
宁　夏	473947	6700	201225	65860	198878		1284
新　疆	769144	86216	56206	241470	155896	229356	

4-14 各地区按资质等级分的房地产开发企业别墅、高档公寓销售面积

单位：平方米

地 区	总 计	一 级	二 级	三 级	四 级	暂 定	其 他
全国总计	**42191043**	**2651995**	**7670905**	**9926844**	**5493439**	**15710383**	**737477**
北 京	1759232	327656	184230	213202	720897	264659	48588
天 津	1109725	136606	29286	98232	559140	286461	
河 北	525653	38360	61113	149543	37478	239159	
山 西	20263			13257	2038	4968	
内蒙古	461975		98220	84266	199221	80268	
辽 宁	930553	20887	22326	162609	13639	707941	3151
吉 林	679177		257077	151390	4657	266053	
黑龙江	518243		162664	319805		35774	
上 海	3417055	20848	362567	356205	159360	2417031	101044
江 苏	5237482	171833	1741504	1147550	2168	1990010	184417
浙 江	2726354	128382	425873	716528	224913	1183745	46913
安 徽	827266		89315	133404	128475	434321	41751
福 建	830093	10691	96729	315959	116930	278002	11782
江 西	295038		32870	162627	22855	72386	4300
山 东	1390984	204556	206055	181335	141454	574612	82972
河 南	411363	11358	155114	64743	20863	159285	
湖 北	961178	108418	338018	239390	25827	249525	
湖 南	1263296		81575	481649	38498	652819	8755
广 东	7254325	504485	556344	2304437	1531852	2242133	115074
广 西	458163		41756	180936	86972	148499	
海 南	2172879		74384	440929	277780	1345558	34228
重 庆	2229570	329643	735600	413833		750494	
四 川	1339868	27814	210117	736778	136520	216539	12100
贵 州	182602	38621	24059	11573	28820	79046	483
云 南	3649814	501845	1288333	269152	826563	749396	14525
西 藏	24055			4435	19620		
陕 西	468627	21902	264247	137868	38498	6112	
甘 肃	7433			7433			
青 海	3012		127	2885			
宁 夏	174087	8194	10587	65639		89667	
新 疆	861678	39896	120815	359252	128401	185920	27394

4-15 各地区按资质等级分的房地产开发企业办公楼销售面积

单位：平方米

地区	总计	一级	二级	三级	四级	暂定	其他
全国总计	**18899671**	**1675751**	**3693448**	**4300339**	**1960202**	**6667265**	**602666**
北京	2081455	166013	367050	457588	770021	287311	33472
天津	352926	92035	43738	41734	115870	59549	
河北	391983	25286	82957	144870	93453	45417	
山西	107626	2155	26028	45704	33739		
内蒙古	298755	58293	32289	93757	58664	55752	
辽宁	647059	91743	22147	184543	7480	332644	8502
吉林	77461		33312	20740	5803	14398	3208
黑龙江	83786		9761	61097	5591	7337	
上海	1628914	21290	75750	81461	16034	1384233	50146
江苏	2098847	72489	912824	317362	7342	734984	53846
浙江	2721145	169858	424090	601224	102272	1264361	159340
安徽	872828	31151	341538	107832	13285	379022	
福建	822045	336660	95656	57455	159815	160984	11475
江西	190164	834	41297	60709	5478	77323	4523
山东	824689	20685	63995	244685	128929	358014	8381
河南	607926	2984	112709	94810	8939	349713	38771
湖北	241886	59045	87948	51766	13332	29795	
湖南	292690		55420	174342	9086	53842	
广东	1630273	328212	125809	656447	120556	311616	87633
广西	185762			18629	65568	101565	
海南	54731				32754	21977	
重庆	626042	90084	279281	147304	8582	100791	
四川	838440	6230	184471	300853	19075	185963	141848
贵州	262685		7981	40388	21544	191251	1521
云南	214985		56666	42081	67919	48319	
西藏							
陕西	400443	37495	159079	161972	41897		
甘肃	56704		246	36526	8923	11009	
青海	9954		9954				
宁夏	153953	32181	39141	28884	4787	48960	
新疆	123514	31028	2311	25576	13464	51135	

4-16 各地区按资质等级分的房地产开发企业商业营业用房销售面积

单位：平方米

地区	总计	一级	二级	三级	四级	暂定	其他
全国总计	**69948364**	**2618510**	**11406518**	**20128151**	**10237816**	**23654174**	**1903195**
北京	1420719	232527	214562	322873	478152	164372	8233
天津	1036447	61728	302626	185909	153819	332365	
河北	2090930	76534	292211	465194	705760	537046	14185
山西	843667	13058	88420	226021	431953	84215	
内蒙古	3533007	150768	303306	827991	1033913	1105320	111709
辽宁	5100338	156522	594317	1595886	169508	2390731	193374
吉林	2203046	22392	368889	672333	587302	549130	3000
黑龙江	2347388	51599	352871	1277409	288351	321961	55197
上海	1257410	57430	113300	286707		728486	71487
江苏	9882286	283603	3146941	2490669	121217	3512400	327456
浙江	4592928	189644	632139	1410869	550387	1579014	230875
安徽	3895971	174370	444181	1032501	341161	1839601	64157
福建	1763501	95781	220327	608596	283362	554289	1146
江西	1508452	11347	185398	523560	268895	457415	61837
山东	6075904	62427	276970	1030748	1097148	3358752	249859
河南	2464383	82290	490912	513399	242613	1073486	61683
湖北	1844119	73355	428575	447307	381068	513814	
湖南	2478693	16761	117338	1140197	389915	792569	21913
广东	3719114	183580	375690	1036930	843123	1040990	238801
广西	1082109	7282	68987	330126	66707	593790	15217
海南	139152		4231	10891	24117	91553	8360
重庆	1942485	183722	483235	600577	281025	390201	3725
四川	2942490	146305	893841	1514567	82083	265274	40420
贵州	809144	5624	48231	214925	267876	263446	9042
云南	1825646	48758	211564	329239	532003	633697	70385
西藏	5217		1000	3597		620	
陕西	633601	38159	124314	212119	162053	76956	20000
甘肃	534444		67840	237328	122097	107179	
青海	132114	1159	67109	31076	9464	23306	
宁夏	899445	89530	308611	263018	128294	102316	7676
新疆	944214	102255	178582	285589	194450	169880	13458

4-17　各地区按用途分的房地产开发企业商品房销售额

单位：万元

地　区	商品房销售额	住　宅	#经济适用房　屋	#别　墅、高档公寓	办公楼	商业营业用房	其　他
全国总计	**527212417**	**441206524**	**6859544**	**46131111**	**21557063**	**54188156**	**10260674**
北　京	29153635	20605172	223559	5045563	4873249	3189855	485359
天　津	12464775	10343174	789768	1105557	488963	1093065	539573
河　北	16500035	14887836	178680	369432	183437	1182904	245858
山　西	4117112	3573679	44471	5998	59072	455317	29044
内蒙古	10765543	7664741	128960	284961	186109	2530058	384635
辽　宁	30633172	25876571	205561	990832	524527	3328874	903200
吉　林	8688026	7359079	19839	681260	25393	1113287	190267
黑龙江	10119482	8330469	100942	318940	35809	1367963	385241
上　海	29810074	24162390		8526157	3076748	1984033	586903
江　苏	55403189	45366278	771831	5337511	1671073	7799022	566816
浙　江	44590429	35774857	291834	3409722	3002171	4880875	932526
安　徽	17469179	14200561	67135	492209	541871	2609759	116988
福　建	16113242	13001297	128055	936136	717772	1805651	588522
江　西	7764058	6703400	163526	154965	157001	805870	97787
山　东	36651206	32180220	662307	1290838	544782	3465120	461084
河　南	16587868	14545695	423665	205540	503130	1370866	168177
湖　北	13131957	11349409	238604	640003	133870	1422152	226526
湖　南	14063870	12476480	177920	765860	109533	1307889	169968
广　东	54807670	45898236	257814	6279567	2484289	4829974	1595171
广　西	9951860	8817021	166859	297480	145408	755394	234037
海　南	7466120	7340966	145013	3919843	35281	85223	4650
重　庆	18469396	16106444	619126	1635927	597039	1554610	211303
四　川	26473396	23308457	136865	1172434	741605	1830451	592883
贵　州	5810088	5016283	355306	126674	137327	567582	88896
云　南	9345979	7693186	25036	1294652	144723	1184756	323314
西　藏	55839	51801		9469		4038	
陕　西	9736852	9066825	289898	366069	220904	396624	52499
甘　肃	2301388	2033212	60428	2695	21519	234171	12486
青　海	844416	770999	300	1736	2183	69964	1270
宁　夏	3092169	2537646	65791	92628	81253	439656	33614
新　疆	4830392	4164140	120451	370453	111022	523153	32077

4-18 各地区按资质等级分的房地产开发企业商品房销售额

单位：万元

地 区	总 计	一 级	二 级	三 级	四 级	暂 定	其 他
全国总计	**527212417**	**37301980**	**100278894**	**132415300**	**60198139**	**177496825**	**19521279**
北 京	29153635	4675167	4227324	5207505	8718355	5741123	584161
天 津	12464775	1074258	1951449	1758105	3478755	4187284	14924
河 北	16500035	1657104	3044185	4189285	4429584	2795858	384019
山 西	4117112	278555	422183	916322	2056019	440021	4012
内蒙古	10765543	670707	1718558	2278753	3288398	2642840	166287
辽 宁	30633172	1234077	3293217	8737740	415586	15394053	1558499
吉 林	8688026	157738	1556107	2797752	1470673	2671750	34006
黑龙江	10119482	367679	2524935	4876956	536111	1621482	192319
上 海	29810074	585482	3582136	3673547	272158	20885101	811650
江 苏	55403189	3583707	20995082	10735690	273943	17986675	1828092
浙 江	44590429	3456729	8004127	10899743	2571786	15367697	4290347
安 徽	17469179	478548	2748167	4396634	830371	8710072	305387
福 建	16113242	1589375	3046431	5304937	1889265	4239900	43334
江 西	7764058	102416	1540777	2829300	866656	2225770	199139
山 东	36651206	1529960	3712262	7646385	5471229	16779544	1511826
河 南	16587868	821912	3285302	2940411	1002245	8243074	294924
湖 北	13131957	1742308	3472277	3102745	1593367	3114616	106644
湖 南	14063870	209833	1193904	6111151	868073	5369509	311400
广 东	54807670	5860695	5729224	15017403	9623128	13503530	5073690
广 西	9951860	154701	932641	2733665	1048574	4844994	237285
海 南	7466120	7322	411394	1360972	763289	4611469	311674
重 庆	18469396	1642482	7445437	3707659	529475	5112491	31852
四 川	26473396	1690085	8000596	12640843	588628	2811286	741958
贵 州	5810088	101821	975157	1219918	1466808	2015683	30701
云 南	9345979	1054039	1957031	1427988	2257892	2538552	110477
西 藏	55839		10441	30293	9827	5278	
陕 西	9736852	1240048	1776860	2765949	2453480	1269762	230753
甘 肃	2301388	56008	400490	842932	405646	554942	41370
青 海	844416	46381	501052	95812	50007	151164	
宁 夏	3092169	562481	1020612	696047	317146	458227	37656
新 疆	4830392	670362	799536	1472858	651665	1203078	32893

4-19　各地区按用途分的房地产开发企业商品房现房销售额

单位：万元

地　区	现房销售额	住　宅	#经济适用房屋	#别墅、高档公寓	办公楼	商业营业用房	其　他
全国总计	**110240076**	**80352096**	**2316923**	**10096146**	**5609529**	**20234388**	**4044063**
北　京	6242950	3607203	27132	1685405	1048538	1284149	303060
天　津	3303197	2256618	198856	501022	410761	437278	198540
河　北	3103530	2638221	57827	62144	24486	346480	94343
山　西	862428	666047	33154	945	26806	148205	21370
内蒙古	4713553	3415089	48250	82343	53384	1031064	214016
辽　宁	8884051	7045066	156088	273458	133053	1441335	264597
吉　林	2782883	2214008	14769	86297	5114	483565	80196
黑龙江	2437903	1667074	61276	92755	24712	605211	140906
上　海	7739467	5574036		2170250	1027175	899168	239088
江　苏	9508437	6508260	427769	1404823	471125	2353861	175191
浙　江	4559079	2191161	37358	344026	537557	1586973	243388
安　徽	2371202	1659046	18376	62383	70487	585639	56030
福　建	2049046	1258477	41236	220031	78166	451873	260530
江　西	2547754	2138558	138327	48519	93501	289036	26659
山　东	8910736	7388550	185034	174622	190015	1203256	128915
河　南	4388199	3590003	90788	66049	65285	642557	90354
湖　北	3875072	2913259	84789	125698	110495	790316	61002
湖　南	3667871	2864855	112651	244468	52765	665756	84495
广　东	13962240	10161434	245706	1405421	806796	2133362	860648
广　西	1292837	968024	20973	32251	16275	255344	53194
海　南	825990	765343		195980	15552	44348	747
重　庆	2507537	1397971	141358	111593	162392	828399	118775
四　川	3784665	2990982	23152	145358	36132	549318	208233
贵　州	671276	505667	12459	33473	8229	142189	15191
云　南	1538750	1074266	10954	403709	65940	336370	62174
西　藏	36501	33245		9121		3256	
陕　西	909945	812096	27000	21836	12592	73315	11942
甘　肃	700615	559434	23369	1166	12194	127643	1344
青　海	125032	100685	300	53	112	23465	770
宁　夏	890970	595893	39212	20385	32736	246629	15712
新　疆	1046360	791525	38760	70562	17154	225028	12653

4-20 各地区按资质等级分的房地产开发企业商品房现房销售额

单位：万元

地 区	总 计	一 级	二 级	三 级	四 级	暂 定	其 他
全国总计	**110240076**	**8015003**	**18689686**	**32308698**	**18346316**	**28449140**	**4431233**
北 京	6242950	1286705	977786	1158424	2355239	309890	154906
天 津	3303197	396078	551423	802959	1094532	443281	14924
河 北	3103530	211152	445880	998585	1101104	272522	74287
山 西	862428	20197	124972	257604	399738	59917	
内蒙古	4713553	150161	717826	893028	1713737	1153851	84950
辽 宁	8884051	371340	1273244	3060460	159610	3629884	389513
吉 林	2782883	85430	419487	938644	777998	532922	28402
黑龙江	2437903	33430	553886	1346576	181756	275183	47072
上 海	7739467	210472	1208849	1559950	272158	4084767	403271
江 苏	9508437	997466	3094239	2294894	135444	2517181	469213
浙 江	4559079	363884	830435	1640168	544218	946501	233873
安 徽	2371202	88547	367492	785560	224429	898496	6678
福 建	2049046	285848	181952	740547	532488	296221	11990
江 西	2547754	3816	642251	1078819	303422	452715	66731
山 东	8910736	253729	847323	2019041	1848256	3562409	379978
河 南	4388199	137551	709202	946659	568340	1901107	125340
湖 北	3875072	265156	791121	1287320	657019	836081	38375
湖 南	3667871	22922	335075	1694009	379898	1139684	96283
广 东	13962240	2102583	1262556	4091859	3000479	2033668	1471095
广 西	1292837	34651	35623	353459	166649	671345	31110
海 南	825990		62957	115920	137855	412320	96938
重 庆	2507537	265606	634561	588350	448409	569279	1332
四 川	3784665	96080	1086323	2002775	75821	405868	117798
贵 州	671276	17199	51797	218041	160505	211513	12221
云 南	1538750	26878	567222	264553	288744	370793	20560
西 藏	36501		6389	16687	8147	5278	
陕 西	909945	46553	194501	255797	343105	46677	23312
甘 肃	700615	3784	106815	294543	126865	154708	13900
青 海	125032	13770	65432	19603	6828	19399	
宁 夏	890970	123330	339917	234333	117197	63567	12626
新 疆	1046360	100685	203150	349531	216326	172113	4555

4-21 各地区按用途分的房地产开发企业商品房期房销售额

单位：万元

地区	期房销售额	住宅	#经济适用房屋	#别墅、高档公寓	办公楼	商业营业用房	其他
全国总计	**416972341**	**360854428**	**4542621**	**36034965**	**15947534**	**33953768**	**6216611**
北京	22910685	16997969	196427	3360158	3824711	1905706	182299
天津	9161578	8086556	590912	604535	78202	655787	341033
河北	13396505	12249615	120853	307288	158951	836424	151515
山西	3254684	2907632	11317	5053	32266	307112	7674
内蒙古	6051990	4249652	80710	202618	132725	1498994	170619
辽宁	21749121	18831505	49473	717374	391474	1887539	638603
吉林	5905143	5145071	5070	594963	20279	629722	110071
黑龙江	7681579	6663395	39666	226185	11097	762752	244335
上海	22070607	18588354		6355907	2049573	1084865	347815
江苏	45894752	38858018	344062	3932688	1199948	5445161	391625
浙江	40031350	33583696	254476	3065696	2464614	3293902	689138
安徽	15097977	12541515	48759	429826	471384	2024120	60958
福建	14064196	11742820	86819	716105	639606	1353778	327992
江西	5216304	4564842	25199	106446	63500	516834	71128
山东	27740470	24791670	477273	1116216	354767	2261864	332169
河南	12199669	10955692	332877	139491	437845	728309	77823
湖北	9256885	8436150	153815	514305	23375	631836	165524
湖南	10395999	9611625	65269	521392	56768	642133	85473
广东	40845430	35736802	12108	4874146	1677493	2696612	734523
广西	8659023	7848997	145886	265229	129133	500050	180843
海南	6640130	6575623	145013	3723863	19729	40875	3903
重庆	15961859	14708473	477768	1524334	434647	726211	92528
四川	22688731	20317475	113713	1027076	705473	1281133	384650
贵州	5138812	4510616	342847	93201	129098	425393	73705
云南	7807229	6618920	14082	890943	78783	848386	261140
西藏	19338	18556		348		782	
陕西	8826907	8254729	262898	344233	208312	323309	40557
甘肃	1600773	1473778	37059	1529	9325	106528	11142
青海	719384	670314		1683	2071	46499	500
宁夏	2201199	1941753	26579	72243	48517	193027	17902
新疆	3784032	3372615	81691	299891	93868	298125	19424

4-22 各地区按资质等级分的房地产开发企业商品房期房销售额

单位：万元

地 区	总 计	一 级	二 级	三 级	四 级	暂 定	其 他
全国总计	**416972341**	**29286977**	**81589208**	**100106602**	**41851823**	**149047685**	**15090046**
北 京	22910685	3388462	3249538	4049081	6363116	5431233	429255
天 津	9161578	678180	1400026	955146	2384223	3744003	
河 北	13396505	1445952	2598305	3190700	3328480	2523336	309732
山 西	3254684	258358	297211	658718	1656281	380104	4012
内蒙古	6051990	520546	1000732	1385725	1574661	1488989	81337
辽 宁	21749121	862737	2019973	5677280	255976	11764169	1168986
吉 林	5905143	72308	1136620	1859108	692675	2138828	5604
黑龙江	7681579	334249	1971049	3530380	354355	1346299	145247
上 海	22070607	375010	2373287	2113597		16800334	408379
江 苏	45894752	2586241	17900843	8440796	138499	15469494	1358879
浙 江	40031350	3092845	7173692	9259575	2027568	14421196	4056474
安 徽	15097977	390001	2380675	3611074	605942	7811576	298709
福 建	14064196	1303527	2864479	4564390	1356777	3943679	31344
江 西	5216304	98600	898526	1750481	563234	1773055	132408
山 东	27740470	1276231	2864939	5627344	3622973	13217135	1131848
河 南	12199669	684361	2576100	1993752	433905	6341967	169584
湖 北	9256885	1477152	2681156	1815425	936348	2278535	68269
湖 南	10395999	186911	858829	4417142	488175	4229825	215117
广 东	40845430	3758112	4466668	10925544	6622649	11469862	3602595
广 西	8659023	120050	897018	2380206	881925	4173649	206175
海 南	6640130	7322	348437	1245052	625434	4199149	214736
重 庆	15961859	1376876	6810876	3119309	81066	4543212	30520
四 川	22688731	1594005	6914273	10638068	512807	2405418	624160
贵 州	5138812	84622	923360	1001877	1306303	1804170	18480
云 南	7807229	1027161	1389809	1163435	1969148	2167759	89917
西 藏	19338		4052	13606	1680		
陕 西	8826907	1193495	1582359	2510152	2110375	1223085	207441
甘 肃	1600773	52224	293675	548389	278781	400234	27470
青 海	719384	32611	435620	76209	43179	131765	
宁 夏	2201199	439151	680695	461714	199949	394660	25030
新 疆	3784032	569677	596386	1123327	435339	1030965	28338

4-23 各地区按资质等级分的房地产开发企业商品住宅销售额

单位：万元

地区	总计	一级	二级	三级	四级	暂定	其他
全国总计	**441206524**	**31208447**	**84983555**	**110587483**	**49293449**	**148321889**	**16811701**
北京	20605172	3894112	3175623	2607747	5762600	4643368	521722
天津	10343174	881506	1291267	1550067	2960002	3645408	14924
河北	14887836	1553448	2746494	3775332	3945859	2517167	349536
山西	3573679	266702	324259	758042	1819584	401080	4012
内蒙古	7664741	460033	1288374	1670319	2539497	1614669	91849
辽宁	25876571	927428	2790846	7606749	320952	12854713	1375883
吉林	7359079	136765	1298874	2352085	1206261	2332127	32967
黑龙江	8330469	319309	2160771	3946159	384492	1365913	153825
上海	24162390	442806	3169315	3156223	250512	16648293	495241
江苏	45366278	3143654	17444456	8723420	200000	14339905	1514843
浙江	35774857	2923043	6532579	8488916	2088247	11999600	3742472
安徽	14200561	342899	2110414	3609432	663884	7199382	274550
福建	13001297	1037038	2608893	4487700	1361599	3473932	32135
江西	6703400	90749	1368476	2469141	710693	1890414	173927
山东	32180220	1433943	3465911	6817911	4773765	14305071	1383619
河南	14545695	757941	2791446	2611531	907360	7234104	243313
湖北	11349409	1539045	3066824	2776989	1409926	2449981	106644
湖南	12476480	199675	1081702	5400311	689870	4804837	300085
广东	45898236	4575929	4766840	12061132	8276975	11826491	4390869
广西	8817021	138329	879551	2389304	925086	4256527	228224
海南	7340966	7322	409041	1351685	732600	4532959	307359
重庆	16106444	1370563	6611249	3259620	147176	4688530	29306
四川	23308457	1540736	7046547	11262565	490525	2335142	632942
贵州	5016283	90214	930124	1053068	1261045	1657773	24059
云南	7693186	846186	1633562	1189165	1906555	2045066	72652
西藏	51801		9701	27415	9827	4858	
陕西	9066825	1162088	1610942	2538978	2324119	1214945	215753
甘肃	2033212	56008	362356	729113	358015	486350	41370
青海	770999	44330	460529	81943	46084	138113	
宁夏	2537646	468414	840898	552311	268493	372896	34634
新疆	4164140	558232	705691	1283110	551846	1042275	22986

4-24 各地区按资质等级分的房地产开发企业 90平方米以下住宅销售额

单位：万元

地区	总计	一级	二级	三级	四级	暂定	其他
全国总计	**129258813**	**9049109**	**23804900**	**32385873**	**13493911**	**44216206**	**6308814**
北京	5988775	1379477	900080	754280	1189160	1579413	186365
天津	4235726	258468	413218	613606	1428354	1522080	
河北	5713466	724420	1086104	1478063	1250714	1034821	139344
山西	562651	85008	66071	160408	197760	53094	310
内蒙古	2450338	54488	379477	374632	1016151	591039	34551
辽宁	12417573	266692	1216909	3387513	208803	6601269	736387
吉林	3812237	24447	486810	1318602	907408	1073022	1948
黑龙江	4286464	238955	1029118	2069730	344220	511147	93294
上海	6986518	101445	1191659	627537		5011136	54741
江苏	8166530	757888	3081788	1551379	34291	2393846	347338
浙江	8305272	645429	1462166	1751734	453508	2842576	1149859
安徽	3648714	109727	568255	918271	145901	1870953	35607
福建	3189322	227818	652954	1045198	322471	927795	13086
江西	1371779	38856	379980	518128	87202	325914	21699
山东	8135232	353406	818199	1794645	1208105	3583959	376918
河南	4007601	336155	826295	687948	181021	1943460	32722
湖北	2699714	379037	1078542	560836	211957	446498	22844
湖南	2394663	27303	224409	980981	83379	1027725	50866
广东	13217889	1333565	1583492	3075472	1700894	3149850	2374616
广西	2306345	47827	206999	638740	181523	1117525	113731
海南	3092198	7322	61714	607795	351894	1954552	108921
重庆	6586084	637532	2487666	1169627	42254	2239674	9331
四川	8254402	440320	2273310	4057539	200230	993357	289646
贵州	699219	15449	113234	117381	189516	262906	733
云南	1461456	74259	300751	297837	402882	381293	4434
西藏	17435		4096	9117	744	3478	
陕西	2702213	239789	434361	957315	704240	303741	62767
甘肃	563707	8333	49827	281380	119412	76585	28170
青海	68911	5145	27769	15171	8743	12083	
宁夏	501629	53891	132513	131284	85774	84984	13183
新疆	1414750	176658	267134	433724	235400	296431	5403

4-25 各地区按资质等级分的房地产开发企业经济适用房销售额

单位：万元

地区	总计	一级	二级	三级	四级	暂定	其他
全国总计	**6859544**	**477413**	**1253084**	**1875758**	**1231537**	**1618107**	**403645**
北京	223559	39622	155172	3392	22601		2772
天津	789768	52250	82271	117564	471938	65745	
河北	178680		43178	64024	53128	9132	9218
山西	44471		2924	5008	36539		
内蒙古	128960		18161	15811	53998	32450	8540
辽宁	205561	11769	5110	67606		58744	62332
吉林	19839	14	1844	10024	5397	2560	
黑龙江	100942	611	21603	66110	9031	3587	
上海							
江苏	771831	33498	109991	235717	2790	97062	292773
浙江	291834	461	52993	88333	18763	126715	4569
安徽	67135	2120	16561	37714	4119	6621	
福建	128055	11750	34497	39480	9432	32896	
江西	163526		98098	46418	2870	10557	5583
山东	662307	62843	14643	131622	130272	322675	252
河南	423665	93847	123143	95609	26330	84115	621
湖北	238604	97930	47500	62220	14934	15120	900
湖南	177920	311	49350	98745	8520	18107	2887
广东	257814		2600	147	4369	247023	3675
广西	166859	23424	2292	32217	92190	10267	6469
海南	145013			145013			
重庆	619126	535	175151	134001		309439	
四川	136865	17706	59045	17596	35851	5655	1012
贵州	355306		74235	118077	53785	108551	658
云南	25036	7362	3228	4844	5722	3880	
西藏							
陕西	289898	6702	22409	163563	91165	4983	1076
甘肃	60428		10134	25664	18530	6100	
青海	300		300				
宁夏	65791	1010	17524	13039	33910		308
新疆	120451	13648	9127	36200	25353	36123	

4-26 各地区按资质等级分的房地产开发企业别墅、高档公寓销售额

单位：万元

地区	总计	一级	二级	三级	四级	暂定	其他
全国总计	**46131111**	**2705876**	**7985669**	**9287446**	**5699709**	**19369267**	**1083144**
北京	5045563	743545	727358	730877	2081929	605916	155938
天津	1105557	162011	47055	127595	513224	255672	
河北	369432	27030	58889	75526	43055	164932	
山西	5998			4491	562	945	
内蒙古	284961		54106	52761	146954	31140	
辽宁	990832	18243	11546	189379	8258	761617	1789
吉林	681260		293870	129972	5028	252390	
黑龙江	318940		142436	147014		29490	
上海	8526157	82707	867167	860921	250512	6198820	266030
江苏	5337511	261515	1751585	940259	800	2219721	163631
浙江	3409722	204689	850125	854199	230521	1196211	73977
安徽	492209		53830	62681	55606	248331	71761
福建	936136	27482	135605	368258	131159	270955	2677
江西	154965		22902	58481	4971	67661	950
山东	1290838	134073	152853	135721	106540	654271	107380
河南	205540	2214	104245	19377	3712	75992	
湖北	640003	90225	269725	158728	13863	107462	
湖南	765860		56979	303361	12012	389829	3679
广东	6279567	538121	519164	1901899	1215878	1945846	158659
广西	297480		47858	76994	51861	120767	
海南	3919843		250931	681718	394571	2551424	41199
重庆	1635927	215073	586690	305870		528294	
四川	1172434	50146	180018	656619	84475	184793	16383
贵州	126674	22998	20258	6666	19279	57256	217
云南	1294652	102264	555464	99111	257558	274278	5977
西藏	9469			2689	6780		
陕西	366069	8245	175368	155314	24086	3056	
甘肃	2695			2695			
青海	1736		53	1683			
宁夏	92628	3375	6217	35467		47569	
新疆	370453	11920	43372	141120	36515	124629	12897

4-27　各地区按资质等级分的房地产开发企业办公楼销售额

单位：万元

地　区	总　计	一　级	二　级	三　级	四　级	暂　定	其　他
全国总计	**21557063**	**2053832**	**3586182**	**4901252**	**2619200**	**7740957**	**655640**
北　京	4873249	305370	669355	1560440	1700008	600391	37685
天　津	488963	115757	60580	50972	175848	85806	
河　北	183437	11126	40163	77166	34949	20033	
山　西	59072	856	19200	22353	16663		
内蒙古	186109	37438	16990	62710	33934	35037	
辽　宁	524527	51008	11938	101182	2464	351188	6747
吉　林	25393		11510	5405	2378	5500	600
黑龙江	35809		1964	30485	1293	2067	
上　海	3076748	28731	134748	133756	21646	2611355	146512
江　苏	1671073	56324	652523	252408	1720	666925	41173
浙　江	3002171	205459	509702	612393	64289	1421543	188785
安　徽	541871	21732	222989	55174	3150	238826	
福　建	717772	277260	69596	27233	167531	165738	10414
江　西	157001	380	38157	30420	3120	83124	1800
山　东	544782	13381	57421	149743	83322	238706	2209
河　南	503130	1411	89656	60206	2871	313933	35053
湖　北	133870	25940	55774	35652	5832	10672	
湖　南	109533		15137	65584	2527	26285	
广　东	2484289	751652	178914	1028205	134708	280480	110330
广　西	145408			12829	39320	93259	
海　南	35281				15552	19729	
重　庆	597039	51401	362246	111507	2174	69711	
四　川	741605	2493	178770	274420	14827	197586	73509
贵　州	137327		5974	13728	15433	101369	823
云　南	144723		65544	14412	38971	25796	
西　藏							
陕　西	220904	31622	97779	67487	24016		
甘　肃	21519		74	13769	1758	5918	
青　海	2183		2183				
宁　夏	81253	19185	14690	15141	1858	30379	
新　疆	111022	45306	2605	16472	7038	39601	

4-28 各地区按资质等级分的房地产开发企业商业营业用房销售额

单位：万元

地　区	总　计	一　级	二　级	三　级	四　级	暂　定	其　他
全国总计	**54188156**	**3098726**	**9787531**	**14284000**	**6754833**	**18494035**	**1769031**
北　京	3189855	393050	345459	951821	1020107	470534	8884
天　津	1093065	75877	573981	156044	153220	133943	
河　北	1182904	78369	223752	270762	355924	244289	9808
山　西	455317	10997	76782	128574	202308	36656	
内蒙古	2530058	170038	345511	484916	571494	887164	70935
辽　宁	3328874	158039	412304	883510	87317	1656223	131481
吉　林	1113287	19553	216131	365614	226115	285435	439
黑龙江	1367963	40657	218422	738068	121079	221703	28034
上　海	1984033	95818	191472	353329		1247531	95883
江　苏	7799022	353938	2708681	1618879	69895	2785060	262569
浙　江	4880875	229371	748765	1452840	357521	1755416	336962
安　徽	2609759	108069	401600	703552	154643	1211388	30507
福　建	1805651	218080	222230	622729	258155	483737	720
江　西	805870	6243	126968	280039	128935	241358	22327
山　东	3465120	53490	147510	582346	545004	2020643	116127
河　南	1370866	56901	336498	239685	81497	641494	14791
湖　北	1422152	176170	325191	255533	159402	505856	
湖　南	1307889	6974	80739	543180	161294	505124	10578
广　东	4829974	361653	459199	1377850	864615	1251227	515430
广　西	755394	10557	36144	225459	56534	417642	9058
海　南	85223		2353	8988	15137	54430	4315
重　庆	1554610	193152	386881	278052	375459	318584	2482
四　川	1830451	96183	566799	882755	63669	192966	28079
贵　州	567582	4643	35443	142360	161395	218700	5041
云　南	1184756	36129	214816	200146	282392	414621	36652
西　藏	4038		740	2878		420	
陕　西	396624	35439	60487	140967	97817	46914	15000
甘　肃	234171		37654	94435	42303	59779	
青　海	69964	1281	37840	13869	3923	13051	
宁　夏	439656	58505	157444	121656	46351	52678	3022
新　疆	523153	49550	89735	163164	91328	119469	9907

4-29 各地区按用途分的房地产开发企业商品住宅销售套数

单位：套

地　区	住　宅	#90平方米以下住宅	#经济适用房	#别墅、高档公寓
全国总计	**8817526**	**3687359**	**325939**	**223596**
北　京	112952	65406	6891	8109
天　津	136240	74316	21659	10396
河　北	425199	192538	8353	4899
山　西	91799	23010	3072	81
内蒙古	246872	119384	8377	2307
辽　宁	660120	429965	9337	5764
吉　林	234398	170214	1147	4665
黑龙江	280682	215443	7485	4010
上　海	168310	94454		22309
江　苏	711398	201848	37533	20832
浙　江	314080	119153	11086	9734
安　徽	349327	112621	4164	3690
福　建	200452	84167	6376	3516
江　西	202754	58963	13860	1165
山　东	778765	263890	30597	6347
河　南	459287	144349	23205	2499
湖　北	292733	81369	11952	4967
湖　南	351485	89498	12952	6124
广　东	573840	230752	9155	33314
广　西	239496	79745	8744	2818
海　南	95751	66337	3736	18219
重　庆	425168	227306	32628	15060
四　川	575367	248754	8039	5833
贵　州	136621	27000	12086	760
云　南	204683	55815	1657	16298
西　藏	1526	801		135
陕　西	238529	91394	14399	2870
甘　肃	66610	24810	3517	19
青　海	22682	3285	30	8
宁　夏	75749	24647	5207	602
新　疆	144651	66125	8695	6246

4-30 各地区按资质等级分的房地产开发企业商品住宅销售套数

单位：套

地区	总计	一级	二级	三级	四级	暂定	其他
全国总计	**8817526**	**444418**	**1550601**	**2544055**	**1236814**	**2765965**	**275673**
北京	112952	27680	17150	12342	26326	26819	2635
天津	136240	11971	16519	21937	43289	42312	212
河北	425199	31604	61400	114707	133428	73944	10116
山西	91799	5653	10494	22907	39986	12655	104
内蒙古	246872	9013	33631	51276	96185	51803	4964
辽宁	660120	17418	61799	210445	12472	321742	36244
吉林	234398	2125	31501	73296	64722	62134	620
黑龙江	280682	7796	53611	149108	25020	38895	6252
上海	168310	1862	34723	21344	969	107935	1477
江苏	711398	46453	256051	162419	6508	206670	33297
浙江	314080	18174	52980	78552	28667	109132	26575
安徽	349327	9507	45606	97862	24071	166877	5404
福建	200452	8225	30691	73507	21792	65581	656
江西	202754	3065	39968	79231	24688	49452	6350
山东	778765	26425	73139	180785	142939	325073	30404
河南	459287	19257	78216	91305	40316	218808	11385
湖北	292733	28646	61193	80244	55124	64729	2797
湖南	351485	3650	31365	155632	31900	118430	10508
广东	573840	34246	40448	151177	140393	164070	43506
广西	239496	3810	17102	64816	28254	118696	6818
海南	95751	226	2522	20830	12287	53810	6076
重庆	425168	28409	160257	109773	6285	119174	1270
四川	575367	30033	174661	292292	13350	52071	12960
贵州	136621	1357	21009	33811	37435	42015	994
云南	204683	19505	34761	30817	57266	59498	2836
西藏	1526		237	813	223	253	
陕西	238529	19638	40684	70766	69402	32367	5672
甘肃	66610	659	10038	21864	16087	14647	3315
青海	22682	934	12648	2950	1608	4542	
宁夏	75749	11555	23029	18654	10726	10141	1644
新疆	144651	15522	23168	48593	25096	31690	582

4-31　各地区按用途分的房地产开发企业商品住宅现房销售套数

单位：套

地　区	住　宅	#90平方米以下住宅	#经济适用房	#别墅、高档公寓
全国总计	**2068317**	**897536**	**125229**	**43078**
北　京	17866	9953	743	2287
天　津	31419	18519	6738	2987
河　北	87306	38825	2877	850
山　西	26668	8631	2258	29
内蒙古	131713	75031	3463	1053
辽　宁	218472	151912	6310	1512
吉　林	93805	75984	848	489
黑龙江	77934	65646	4934	443
上　海	43160	22057		3190
江　苏	125310	41858	19007	5272
浙　江	31109	10667	1799	891
安　徽	51163	13476	1445	562
福　建	17702	8520	2046	654
江　西	72065	25252	11954	425
山　东	201009	56218	10687	674
河　南	149187	38472	5760	942
湖　北	95357	22549	5228	690
湖　南	98096	21929	8625	1456
广　东	161332	56695	8163	8874
广　西	32948	11130	1157	265
海　南	13884	8615		1381
重　庆	46528	24978	7907	1699
四　川	96369	38021	2042	876
贵　州	14399	1309	648	202
云　南	24648	5002	548	3517
西　藏	1001	623		133
陕　西	28268	9781	1893	298
甘　肃	20859	8435	1557	6
青　海	3563	685	30	1
宁　夏	22530	10165	3455	154
新　疆	32647	16598	3107	1266

4-32 各地区按用途分的房地产开发企业商品住宅期房销售套数

单位：套

地区	住宅	#90平方米以下住宅	#经济适用房	#别墅、高档公寓
全国总计	**6749209**	**2789823**	**200710**	**180518**
北京	95086	55453	6148	5822
天津	104821	55797	14921	7409
河北	337893	153713	5476	4049
山西	65131	14379	814	52
内蒙古	115159	44353	4914	1254
辽宁	441648	278053	3027	4252
吉林	140593	94230	299	4176
黑龙江	202748	149797	2551	3567
上海	125150	72397		19119
江苏	586088	159990	18526	15560
浙江	282971	108486	9287	8843
安徽	298164	99145	2719	3128
福建	182750	75647	4330	2862
江西	130689	33711	1906	740
山东	577756	207672	19910	5673
河南	310100	105877	17445	1557
湖北	197376	58820	6724	4277
湖南	253389	67569	4327	4668
广东	412508	174057	992	24440
广西	206548	68615	7587	2553
海南	81867	57722	3736	16838
重庆	378640	202328	24721	13361
四川	478998	210733	5997	4957
贵州	122222	25691	11438	558
云南	180035	50813	1109	12781
西藏	525	178		2
陕西	210261	81613	12506	2572
甘肃	45751	16375	1960	13
青海	19119	2600		7
宁夏	53219	14482	1752	448
新疆	112004	49527	5588	4980

4-33　各地区按资质等级分的房地产开发企业 90平方米以下住宅销售套数

单位：套

地　区	总　计	一　级	二　级	三　级	四　级	暂　定	其　他
全国总计	**3687359**	**191133**	**634687**	**1073523**	**486343**	**1167075**	**134598**
北　京	65406	18564	10548	6660	14305	13573	1756
天　津	74316	4957	8690	12031	24341	24297	
河　北	192538	17121	30832	55554	49573	34558	4900
山　西	23010	1914	3133	5706	9858	2359	40
内蒙古	119384	1980	15994	18980	54085	25942	2403
辽　宁	429965	7216	37303	136276	9076	214900	25194
吉　林	170214	591	19064	55241	55087	40076	155
黑龙江	215443	6734	37056	115298	23419	27763	5173
上　海	94454	640	20770	8533		64157	354
江　苏	201848	20984	68556	42215	1846	54762	13485
浙　江	119153	7218	20747	27347	10579	42372	10890
安　徽	112621	3634	15342	30270	6651	55603	1121
福　建	84167	3638	14563	28393	9497	27727	349
江　西	58963	1458	17563	22290	3993	12380	1279
山　东	263890	9123	25379	63040	45948	109424	10976
河　南	144349	9966	29394	27909	9861	65086	2133
湖　北	81369	11939	24291	19184	10900	14597	458
湖　南	89498	753	8877	38808	5385	33899	1776
广　东	230752	14516	17171	56125	44281	68438	30221
广　西	79745	2279	5407	21358	7036	40139	3526
海　南	66337	226	1192	14854	8984	37584	3497
重　庆	227306	16670	82444	51167	2180	74333	512
四　川	248754	11889	70499	124239	7200	26723	8204
贵　州	27000	405	3648	6426	7631	8831	59
云　南	55815	1266	11170	12088	15011	15953	327
西　藏	801		169	379	35	218	
陕　西	91394	6859	14313	33841	24841	9789	1751
甘　肃	24810	135	1766	9944	6446	3578	2941
青　海	3285	184	1091	699	456	855	
宁　夏	24647	1882	6811	6785	4973	3359	837
新　疆	66125	6392	10904	21883	12865	13800	281

4-34 各地区按资质等级分的房地产开发企业经济适用房销售套数

单位：套

地 区	总 计	一 级	二 级	三 级	四 级	暂 定	其 他
全国总计	**325939**	**19507**	**66129**	**92935**	**54327**	**74361**	**18680**
北 京	6891	1115	4753	105	833		85
天 津	21659	1832	2843	3427	11638	1919	
河 北	8353		1910	3151	2681	371	240
山 西	3072		350	318	2404		
内蒙古	8377		835	924	3974	2169	475
辽 宁	9337	806	163	4039		2164	2165
吉 林	1147	1	108	551	378	109	
黑龙江	7485	30	1077	5069	1010	299	
上 海							
江 苏	37533	1602	5199	11860	96	5231	13545
浙 江	11086	23	1976	3203	817	4834	233
安 徽	4164	134	1290	2055	170	515	
福 建	6376	492	1609	1864	611	1800	
江 西	13860		8169	3976	315	760	640
山 东	30597	1174	855	7266	8045	13236	21
河 南	23205	3764	7341	5429	1583	5025	63
湖 北	11952	4012	2391	3138	1264	1063	84
湖 南	12952	14	3246	6914	800	1775	203
广 东	9155		252	14	223	8321	345
广 西	8744	1498	224	1541	4496	602	383
海 南	3736			3736			
重 庆	32628	22	9627	6811		16168	
四 川	8039	1224	4101	1550	592	516	56
贵 州	12086		2426	3704	1822	4080	54
云 南	1657	397	205	349	504	202	
西 藏							
陕 西	14399	343	1805	7300	4647	232	72
甘 肃	3517		574	1334	1289	320	
青 海	30		30				
宁 夏	5207	50	2207	705	2229		16
新 疆	8695	974	563	2602	1906	2650	

4-35　各地区按资质等级分的房地产开发企业别墅、高档公寓销售套数

单位：套

地　区	总　计	一　级	二　级	三　级	四　级	暂　定	其　他
全国总计	**223596**	**14692**	**38090**	**50562**	**30544**	**86285**	**3423**
北　京	8109	2255	553	843	2558	1675	225
天　津	10396	1156	122	670	6751	1697	
河　北	4899	521	490	848	255	2785	
山　西	81			42	10	29	
内蒙古	2307		737	378	786	406	
辽　宁	5764	108	217	1015	61	4351	12
吉　林	4665		1421	1183	12	2049	
黑龙江	4010		604	3265		141	
上　海	22309	134	2803	1915	969	15861	627
江　苏	20832	647	6759	4562	12	8158	694
浙　江	9734	924	1396	2746	815	3691	162
安　徽	3690		481	582	648	1888	91
福　建	3516	37	330	1337	372	1414	26
江　西	1165		114	596	118	318	19
山　东	6347	721	743	843	844	2848	348
河　南	2499	44	1090	201	110	1054	
湖　北	4967	475	1831	1371	85	1205	
湖　南	6124		319	2027	189	3568	21
广　东	33314	2220	3041	10572	6830	9958	693
广　西	2818		149	998	425	1246	
海　南	18219		613	3424	3022	10851	309
重　庆	15060	2158	4084	3118		5700	
四　川	5833	139	982	3100	618	964	30
贵　州	760	199	113	38	133	274	3
云　南	16298	2561	6111	1066	3636	2871	53
西　藏	135			14	121		
陕　西	2870	50	2178	479	137	26	
甘　肃	19			19			
青　海	8		1	7			
宁　夏	602	32	33	313		224	
新　疆	6246	311	775	2990	1027	1033	110

4-36 各地区按用途分的房地产开发企业商品房平均销售价格

单位：元/平方米

地区	商品房平均销售价格	住宅	#经济适用房屋	#别墅、高档公寓	办公楼	商业营业用房	其他
全国总计	**5032**	**4725**	**2495**	**10934**	**11406**	**7747**	**4099**
北京	17782	17151	4520	28680	23413	22452	5520
天津	8230	7940	4754	9962	13855	10546	7394
河北	3539	3442	2323	7028	4680	5657	2772
山西	3487	3338	1546	2960	5489	5397	1947
内蒙古	3521	2983	1837	6168	6229	7161	3685
辽宁	4505	4303	3064	10648	8106	6527	4256
吉林	3647	3495	1977	10031	3278	5053	3905
黑龙江	3719	3492	1952	6154	4274	5828	4181
上海	14464	14290		24952	18888	15779	7200
江苏	5841	5592	2449	10191	7962	7892	3239
浙江	9258	9332	3379	12507	11033	10627	3710
安徽	4205	3899	1781	5950	6208	6699	3296
福建	6256	6077	2440	11277	8732	10239	3310
江西	3144	2959	1594	5252	8256	5342	2863
山东	3944	3809	2702	9280	6606	5703	2964
河南	3042	2856	1991	4997	8276	5563	3203
湖北	3743	3506	2398	6659	5534	7712	3588
湖南	3146	3014	1626	6062	3742	5277	3221
广东	7486	7004	3718	8656	15238	12987	6817
广西	3562	3382	1807	6493	7828	6981	3901
海南	8735	8800	3465	18040	6446	6124	4043
重庆	4281	4040	2451	7337	9537	8003	2967
四川	4138	3985	1865	8750	8845	6221	3498
贵州	3357	3142	2590	6937	5228	7015	3268
云南	3158	2893	1757	3547	6732	6490	3355
西藏	2896	2761		3936		7740	
陕西	3759	3668	2246	7812	5516	6260	3541
甘肃	3042	2938	1840	3626	3795	4382	2343
青海	3005	2894	1045	5764	2193	5296	3113
宁夏	3304	3107	1388	5321	5278	4888	2426
新疆	3087	2872	1566	4299	8989	5541	3957

注：商品房平均销售价格由报告期内新建商品房销售额除以销售面积计算而成。不同时期的商品房平均销售价格可能会受商品房区域、房屋类型等各种因素的影响(以下相关各表同)。

4-37 各地区按资质等级分的房地产开发企业商品房平均销售价格

单位：元/平方米

地 区	总 计	一 级	二 级	三 级	四 级	暂 定	其 他
全国总计	**5032**	**6919**	**5422**	**4431**	**4044**	**5383**	**6230**
北 京	17782	14261	17528	21641	18656	17400	17910
天 津	8230	8389	10013	7298	7954	8199	5632
河 北	3539	5350	4339	3398	2954	3479	3348
山 西	3487	4330	3286	3109	3881	2716	3220
内蒙古	3521	5217	4138	3431	2963	3900	2693
辽 宁	4505	5777	4897	4081	3194	4679	4407
吉 林	3647	5902	4475	3658	2446	4214	4502
黑龙江	3719	5068	4473	3451	2397	4166	3331
上 海	14464	18614	10077	13168	15517	15645	19054
江 苏	5841	6765	6143	4996	2798	6216	4599
浙 江	9258	12298	9846	8629	5946	9188	12110
安 徽	4205	4103	4855	3867	2849	4405	4636
福 建	6256	10870	7522	5739	5951	5480	4936
江 西	3144	3390	3489	2896	2697	3599	2454
山 东	3944	4779	4298	3624	3199	4267	4225
河 南	3042	4200	3602	2707	2035	3141	2088
湖 北	3743	5694	4914	3167	2374	3817	3652
湖 南	3146	4565	3051	3080	1961	3631	2447
广 东	7486	12696	10705	7362	5292	6696	11278
广 西	3562	3936	4675	3535	2969	3573	3275
海 南	8735	4933	16830	7557	7437	9384	5703
重 庆	4281	5485	4583	3197	5687	4547	2374
四 川	4138	4873	4129	3906	3959	4779	5322
贵 州	3357	5399	3860	2844	3140	3673	2129
云 南	3158	2951	3995	3476	2814	2953	2793
西 藏	2896		3890	2858	2847	2072	
陕 西	3759	5160	3829	3774	3364	3516	3697
甘 肃	3042	8143	3310	3300	2285	3217	1786
青 海	3005	4208	3054	2751	2800	2838	
宁 夏	3304	3579	3483	3105	2773	3540	2119
新 疆	3087	3803	3216	2857	2453	3433	3911

4-38 各地区按资质等级分的房地产开发企业 90平方米以下住宅平均销售价格

单位：元/平方米

地区	总计	一级	二级	三级	四级	暂定	其他
全国总计	**4598**	**6115**	**4896**	**3966**	**3592**	**5004**	**6239**
北京	11910	9222	11729	14480	11037	14626	21386
天津	7291	6972	6163	6728	7211	8116	
河北	3671	5390	4183	3328	3097	3776	3447
山西	2923	5280	2538	3348	2388	2729	1423
内蒙古	2523	3307	2830	2399	2363	2768	1664
辽宁	3893	4747	4290	3326	2910	4196	3950
吉林	2890	4740	3265	2965	2196	3510	1526
黑龙江	2729	4640	3591	2508	2049	2532	2504
上海	9587	20514	7343	9478		10182	17479
江苏	5159	4430	5713	4826	2144	5580	3272
浙江	9172	11598	9206	8554	5791	8879	13105
安徽	4123	3613	4650	3914	2843	4271	4214
福建	5427	8290	6654	5175	4942	4838	4305
江西	3007	3506	2898	2991	2766	3286	2149
山东	3866	4692	4043	3593	3276	4133	4129
河南	3622	4467	3881	3209	2164	3841	2308
湖北	4239	3941	5816	3712	2480	3884	6151
湖南	3544	4282	3485	3425	1990	3917	3576
广东	7829	12695	12680	7390	5215	6309	10950
广西	3884	2852	5008	3963	3469	3793	4116
海南	6992	4933	8388	6068	6220	7675	4956
重庆	4039	5645	4182	3178	2483	4199	2127
四川	4226	4632	4108	4130	3770	4704	4984
贵州	3424	4756	4174	2542	3395	3683	1494
云南	3691	7142	4026	3338	3791	3363	2201
西藏	2981		4077	3323	2400	1943	
陕西	3852	4856	3837	3770	3701	3809	4173
甘肃	2802	7743	3472	3317	2243	2655	1494
青海	2627	4359	3266	2576	2220	1797	
宁夏	2603	3791	2414	2519	2221	3199	2085
新疆	2711	3614	3106	2560	2239	2696	2233

4-39　各地区按资质等级分的房地产开发企业经济适用房平均销售价格

单位：元/平方米

地　区	总　计	一　级	二　级	三　级	四　级	暂　定	其　他
全国总计	**2495**	**2906**	**2300**	**2418**	**2527**	**2640**	**2464**
北　京	4520	4742	4497	3669	4482		4369
天　津	4754	3915	4379	5133	4998	3944	
河　北	2323		2229	2396	2167	2815	3000
山　西	1546		1335	1643	1553		
内蒙古	1837		2430	1858	1591	2025	2003
辽　宁	3064	2026	2775	2441		3165	4731
吉　林	1977	1795	2028	2175	1664	2019	
黑龙江	1952	1990	2669	1870	1531	1754	
上　海							
江　苏	2449	2731	2618	2506	2500	2299	2371
浙　江	3379	2787	3295	3733	2112	3555	2375
安　徽	1781	1356	1628	1988	2324	1271	
福　建	2440	3086	2870	2412	1900	2146	
江　西	1594		1658	1581	1107	1597	1152
山　东	2702	6000	1875	2642	1998	2891	1496
河　南	1991	2470	1891	1912	1864	1867	1442
湖　北	2398	3383	2280	2284	1345	1462	893
湖　南	1626	2504	2216	1626	1177	1103	1081
广　东	3718		1511	1383	1877	3965	1278
广　西	1807	2116	1951	2160	1693	1385	1938
海　南	3465			3465			
重　庆	2451	2177	2271	2452		2566	
四　川	1865	1377	1662	1375	4500	1562	1596
贵　州	2590		2570	2630	2682	2532	1440
云　南	1757	2154	1739	1366	1781	1750	
西　藏							
陕　西	2246	1589	1402	2669	2037	2339	1575
甘　肃	1840		1281	2346	1620	2386	
青　海	1045		1045				
宁　夏	1388	1507	871	1980	1705		2399
新　疆	1566	1583	1624	1499	1626	1575	

4-40 各地区按资质等级分的房地产开发企业别墅、高档公寓平均销售价格

单位：元/平方米

地区	总计	一级	二级	三级	四级	暂定	其他
全国总计	**10934**	**10203**	**10410**	**9356**	**10375**	**12329**	**14687**
北京	28680	22693	39481	34281	28880	22894	32094
天津	9962	11860	16067	12989	9179	8925	
河北	7028	7046	9636	5050	11488	6896	
山西	2960			3388	2758	1902	
内蒙古	6168		5509	6261	7376	3880	
辽宁	10648	8734	5172	11646	6055	10758	5678
吉林	10031		11431	8585	10797	9486	
黑龙江	6154		8756	4597		8243	
上海	24952	39671	23917	24169	15720	25646	26328
江苏	10191	15219	10058	8194	3690	11154	8873
浙江	12507	15944	19962	11921	10249	10105	15769
安徽	5950		6027	4699	4328	5718	17188
福建	11277	25706	14019	11655	11217	9747	2272
江西	5252		6967	3596	2175	9347	2209
山东	9280	6554	7418	7485	7532	11386	12942
河南	4997	1949	6721	2993	1779	4771	
湖北	6659	8322	7980	6631	5368	4307	
湖南	6062		6985	6298	3120	5971	4202
广东	8656	10667	9332	8253	7937	8679	13788
广西	6493		11461	4255	5963	8133	
海南	18040		33735	15461	14204	18962	12037
重庆	7337	6524	7976	7391		7039	
四川	8750	18029	8568	8912	6188	8534	13540
贵州	6937	5955	8420	5760	6689	7243	4493
云南	3547	2038	4311	3682	3116	3660	4115
西藏	3936			6063	3456		
陕西	7812	3764	6637	11265	6256	5000	
甘肃	3626			3626			
青海	5764		4173	5834			
宁夏	5321	4119	5872	5403		5305	
新疆	4299	2988	3590	3928	2844	6703	4708

4-41　各地区按用途分的房地产开发企业商品房待售面积

单位：平方米

地　　区	商品房待售面积	住　　宅	#经济适用房　　屋	#别　　墅、高档公寓	办公楼	商业营业用房	其　　他
全国总计	**215667577**	**124498133**	**4519404**	**11593646**	**11102336**	**52683072**	**27384036**
北　　京	14826517	5118680	602312	1386363	2239048	3875550	3593239
天　　津	1662942	915584	80032	250337	174730	393706	178922
河　　北	4267241	3494970	112609	193201	79440	487922	204909
山　　西	5269398	4176200	176526	82844	82555	768192	242451
内 蒙 古	5896701	4323910	644750	411972	245285	1039762	287744
辽　　宁	16726187	11185428	351945	708220	419389	3829492	1291878
吉　　林	5342794	3637361	239590	242882	122923	1260381	322129
黑 龙 江	11706879	7944293	213985	266445	118448	2842271	801867
上　　海	11625986	4496067		1297606	2069357	2282239	2778323
江　　苏	15928838	7861445	285181	1609334	913916	5897966	1255511
浙　　江	10195428	3231870	251589	448201	851639	4023177	2088742
安　　徽	5092428	2902552	120596	257001	181807	1559515	448554
福　　建	5871984	2186836	98787	265955	549102	1484354	1651692
江　　西	3579863	2671023	113242	177961	49215	693192	166433
山　　东	9686416	6728758	53874	277787	519930	1856188	581540
河　　南	11611403	9523736	238761	209364	137989	1618458	331220
湖　　北	10256870	7391770	101809	291428	220745	1750638	893717
湖　　南	7296646	4722989	140197	534377	145757	1683515	744385
广　　东	20007666	11428521	59133	1716723	715421	4375239	3488485
广　　西	2924866	1810164	4023	41169	32714	703969	378019
海　　南	681613	462492	489	49691	65969	83642	69510
重　　庆	8032155	2269905	191063	122671	346568	3103007	2312675
四　　川	11884527	7326086	20467	160097	370830	2268031	1919580
贵　　州	2272769	982959	7082	114353	88679	906706	294425
云　　南	2194331	1128886	13885	134100	17976	614355	433114
西　　藏	114727	96258		32620		18469	
陕　　西	989495	662831	23167	56216	12093	243814	70757
甘　　肃	1508399	935623	8433		54722	444337	73717
青　　海	707522	469097		2010	16476	168060	53889
宁　　夏	4015173	2457119	126666	44803	64019	1341438	152597
新　　疆	3489813	1954720	239211	207915	195594	1065487	274012

4-42 各地区按资质等级分的房地产开发企业商品房待售面积

单位：平方米

地　区	总　计	一　级	二　级	三　级	四　级	暂　定	其　他
全国总计	**215667577**	**12578971**	**39230178**	**72853885**	**34088261**	**49504318**	**7411964**
北　京	14826517	2728199	3072550	2224074	4758127	818418	1225149
天　津	1662942	167135	247757	311711	728563	197258	10518
河　北	4267241	199738	525463	993377	1799411	588459	160793
山　西	5269398	91669	655541	2175348	1711781	635059	
内蒙古	5896701	146213	1117137	1310119	1855901	1411497	55834
辽　宁	16726187	776928	2221355	6934115	412144	5696008	685637
吉　林	5342794	162816	646350	1947045	1634200	944655	7728
黑龙江	11706879	99567	2291334	6717813	780885	1595460	221820
上　海	11625986	595414	2006982	2657037	6931	5267139	1092483
江　苏	15928838	1373739	5496388	4386796	173142	4102673	396100
浙　江	10195428	618116	1922853	3745869	1331790	2268707	308093
安　徽	5092428	171694	901469	1514475	578694	1866556	59540
福　建	5871984	593506	522093	2549203	1006636	1178930	21616
江　西	3579863	2721	841434	1683666	328149	620391	103502
山　东	9686416	259187	939433	2610162	2317901	3280366	279367
河　南	11611403	284867	1618278	2571905	1175035	5803969	157349
湖　北	10256870	518655	1967103	3363348	2436671	1929989	41104
湖　南	7296646	53559	661057	3764080	547821	2147011	123118
广　东	20007666	824455	1870324	6723491	5191864	3583429	1814103
广　西	2924866	90714	133918	884809	667443	1113723	34259
海　南	681613		2323	123586	83392	426913	45399
重　庆	8032155	1010718	3014272	2065806	636098	1273978	31283
四　川	11884527	658396	3178507	6756185	297961	744473	249005
贵　州	2272769	997	286109	952330	782263	245002	6068
云　南	2194331	173723	188061	380349	989919	431826	30453
西　藏	114727	35978		69029	5472	4248	
陕　西	989495	10802	285754	345964	257369	50903	38703
甘　肃	1508399	10461	406584	647630	174742	221566	47416
青　海	707522	40054	456209	138019	40822	32418	
宁　夏	4015173	413864	1293866	1296146	626261	245811	139225
新　疆	3489813	465086	459674	1010398	750873	777483	26299

4-43　各地区按用途分的房地产开发企业商品房待售1-3年面积

单位：平方米

地　区	待售1-3年面　积	住　宅	#经济适用房　屋	#别　墅、高档公寓	办公楼	商业营业用房	其　他
全国总计	**100020302**	**55765433**	**1733562**	**5692330**	**5304003**	**25685109**	**13265757**
北　京	4324832	1359102	78386	277580	878198	967969	1119563
天　津	1258335	709722	65712	205187	133474	268944	146195
河　北	1663199	1352636	41889	143291	9512	239478	61573
山　西	2489006	2077523	62357	45496	11816	339115	60552
内蒙古	1982003	1406422	201672	84482	59438	329096	187047
辽　宁	9182552	6474689	179922	425232	207929	1905848	594086
吉　林	2381480	1583579	36810	121038	35139	616110	146652
黑龙江	5048347	3357734	150091	196461	81296	1117114	492203
上　海	4591206	1676553		429141	770813	1160536	983304
江　苏	9856551	4954024	136567	1015075	590179	3550166	762182
浙　江	5847431	1931539	167747	217503	452588	2232958	1230346
安　徽	2923905	1690364	69048	127090	136148	847024	250369
福　建	2390558	914069	62676	139302	310858	545314	620317
江　西	1875007	1419047	60697	115227	17970	317302	120688
山　东	5257444	3614201	39907	169982	273584	1040483	329176
河　南	2290027	1636805	10519	42074	51342	478723	123157
湖　北	4827247	2930290	63014	236518	157680	1091563	647714
湖　南	4541708	2712341	62123	228483	107733	1205307	516327
广　东	10901840	6313476	42934	948947	397973	2242750	1947641
广　西	1193200	499184	4023	20370	23471	414153	256392
海　南	350786	227078		28260	29424	54988	39296
重　庆	3845307	945537	58947	91834	180208	1530194	1189368
四　川	3903847	2158641	6449	81252	137670	917520	690016
贵　州	1214153	463864	2924	63311	50861	535793	163635
云　南	1262258	674951	3053	81216	12784	295877	278646
西　藏	78867	64006		30540		14861	
陕　西	512242	298048	650	40262	12033	156456	45705
甘　肃	670876	438469	8000		10366	175785	46256
青　海	287988	195787		2010	5162	75122	11917
宁　夏	1764470	1026585	43414	19962	35934	642637	59314
新　疆	1303630	659167	74031	65204	122420	375923	146120

4-44 各地区按资质等级分的房地产开发企业商品房待售1-3年面积

单位：平方米

地　区	总 计	一 级	二 级	三 级	四 级	暂 定	其 他
全国总计	**100020302**	**5564717**	**19669772**	**35034242**	**15978586**	**21127692**	**2645293**
北　京	4324832	808338	972461	718885	1401229	182030	241889
天　津	1258335	134763	224336	240174	523502	125042	10518
河　北	1663199	155533	205947	390332	680591	167407	63389
山　西	2489006	63596	451264	1175523	691490	107133	
内蒙古	1982003	52132	127718	489801	895098	383594	33660
辽　宁	9182552	247010	1565360	3496803	303318	3212589	357472
吉　林	2381480	33381	329148	878812	871696	266030	2413
黑龙江	5048347	12218	1245650	2748108	490397	551974	
上　海	4591206	119504	808881	1243086	283	2119192	300260
江　苏	9856551	1079605	3565504	2328921	141371	2575428	165722
浙　江	5847431	380358	1131019	2091155	845486	1187008	212405
安　徽	2923905	86531	487817	966577	342966	986154	53860
福　建	2390558	340666	233396	1034410	382652	386719	12715
江　西	1875007	2721	411924	928833	158851	339615	33063
山　东	5257444	104472	496135	1260611	1608293	1617576	170357
河　南	2290027	106584	408570	713601	246529	814103	640
湖　北	4827247	167877	1243796	1422499	1054211	923715	15149
湖　南	4541708	15519	482679	2600895	318861	1046287	77467
广　东	10901840	452323	969192	3926337	2819317	2028827	705844
广　西	1193200	90289	107029	435526	146326	410087	3943
海　南	350786		2104	47963	73121	224849	2749
重　庆	3845307	374796	1697040	1124961	70354	572224	5932
四　川	3903847	110056	882227	2523381	88025	202981	97177
贵　州	1214153	997	200150	456634	487578	63534	5260
云　南	1262258	171923	104007	247908	544057	172612	21751
西　藏	78867	35978		33341	5300	4248	
陕　西	512242		174580	180485	89001	43433	24743
甘　肃	670876		219747	267043	55365	116455	12266
青　海	287988	18657	194191	63025	1495	10620	
宁　夏	1764470	115596	518287	620414	318494	177030	14649
新　疆	1303630	283294	209613	378198	323329	109196	

4-45 各地区按用途分的房地产开发企业商品房待售3年以上面积

单位：平方米

地区	待售3年以上面积	住宅	#经济适用房屋	#别墅、高档公寓	办公楼	商业营业用房	其他
全国总计	**16992227**	**4891475**	**129758**	**1204665**	**1335734**	**7275932**	**3489086**
北京	2397248	736180	2653	375101	220280	882498	558290
天津	176941	86246	6317	45150	4830	53138	32727
河北	17533	17012		3473		428	93
山西	89728	66307	1800		1034	21737	650
内蒙古	51798	26262	13944	4170	2837	22486	213
辽宁	1013540	554019	1999	48998	39815	356143	63563
吉林	387709	109260	36959	8133	56721	154619	67109
黑龙江	928540	271637	29956	25484	9004	573311	74588
上海	1823444	591730		240801	269882	313462	648370
江苏	931788	210863		82406	40155	559026	121744
浙江	1139043	250507	3452	41396	34250	509533	344753
安徽	145624	43033			5564	89582	7445
福建	837538	153156	1261	16886	139303	389362	155717
江西	177446	38871		5264	2000	131068	5507
山东	485827	187964		22541	31348	214816	51699
河南	138603	18502		8322	5092	87113	27896
湖北	143466	63891			17386	39351	22838
湖南	230788	70687		36280	22600	112441	25060
广东	2899960	970311		189492	215405	1020575	693669
广西	95513	23436		6247	1314	35010	35753
海南	2338	962	489			311	1065
重庆	1237574	123721	16073	26340	114324	647448	352081
四川	486742	53658		9876	33044	322737	77303
贵州	168384	29165			11717	111763	15739
云南	101344	37473	8405		929	40830	22112
西藏	5860	2252		2080		3608	
陕西	35982	22263				13368	351
甘肃	207700	56367	433		27344	106354	17635
青海	35029	1341			2622	10321	20745
宁夏	182221	26096		752	10076	145139	910
新疆	416976	48303	6017	5473	16858	308354	43461

4-46 各地区按资质等级分的房地产开发企业商品房待售3年以上面积

单位：平方米

地　区	总　计	一　级	二　级	三　级	四　级	暂　定	其　他
全国总计	**16992227**	**1431217**	**3529376**	**6016253**	**2447303**	**2080652**	**1487426**
北　京	2397248	389155	366991	510806	661330	106387	362579
天　津	176941	32372	12876	40627	91066		
河　北	17533		228		16955	350	
山　西	89728		1640	54867	33221		
内蒙古	51798		530	7214	7990	36064	
辽　宁	1013540	53793	163282	565458	3073	152726	75208
吉　林	387709	78799	60979	118038	115284	14609	
黑龙江	928540	71186	340094	464317	3812		49131
上　海	1823444	130109	345650	352495	407	695092	299691
江　苏	931788	44083	345596	415068	3899	74873	48269
浙　江	1139043	88382	287798	431019	183904	118366	29574
安　徽	145624		74876	61584	747	8417	
福　建	837538	118718	35758	390341	133407	153450	5864
江　西	177446		112238	51848	13360		
山　东	485827	107682	12900	143378	88133	94717	39017
河　南	138603		104067	11670	11576	11290	
湖　北	143466	14890	8613	72468	42281	5214	
湖　南	230788	7164	23402	163583	22795	13844	
广　东	2899960	82042	336000	942394	713344	301889	524291
广　西	95513		21013	54589	10795	7295	1821
海　南	2338			2104		234	
重　庆	1237574	98892	531194	380009	20752	181376	25351
四　川	486742	14704	165140	242740	27577	22496	14085
贵　州	168384		18610	60941	86169	1856	808
云　南	101344	1800	1627	52367	26075	19475	
西　藏	5860			5688	172		
陕　西	35982		5527	24144	6311		
甘　肃	207700		18721	174133	5405	9441	
青　海	35029	21397	7815	5817			
宁　夏	182221	22439	48855	67572	42650	705	
新　疆	416976	53610	77356	148974	74813	50486	11737

4-47　各地区房地产开发企业90平方米以下住宅待售情况

单位：平方米

地　区	待售面积		
		待售1-3年	待售3年以上
全国总计	**30856731**	**13824247**	**693824**
北　京	1419630	302433	101059
天　津	169483	153827	4573
河　北	812746	285723	12884
山　西	643143	246580	3293
内蒙古	1799028	605876	7837
辽　宁	5429564	3218661	84768
吉　林	1823445	845004	35725
黑龙江	4836303	2098770	53134
上　海	673588	279901	69713
江　苏	990208	628794	9319
浙　江	634536	387910	35294
安　徽	441369	248728	1541
福　建	450257	215953	19027
江　西	506882	293544	15699
山　东	1366494	650101	15179
河　南	1497019	211193	1230
湖　北	1115911	373921	3422
湖　南	514707	261821	3389
广　东	1714168	1053799	165881
广　西	153693	50452	844
海　南	159470	87884	280
重　庆	493002	187185	20156
四　川	1283666	278190	8794
贵　州	43605	16452	5450
云　南	80874	30903	5242
西　藏	15215	15215	
陕　西	98861	23585	2988
甘　肃	239449	181689	2773
青　海	22813	15260	
宁　夏	715737	338660	1405
新　疆	711865	236233	2925

第五章

土地开发与购置（2010）

5-1　各地区房地产开发企业土地开发及其购置情况

地　区	待开发土地面积（平方米）	本年购置土地面积（平方米）	本年土地成交价款（万元）
全国总计	**314579531**	**399530986**	**82067143**
北　京	4013328	8587483	10406270
天　津	6171560	6524601	1733281
河　北	6303619	30241508	4629262
山　西	5887831	8743529	858157
内蒙古	6139554	19930041	1640338
辽　宁	14152972	31345866	4878841
吉　林	978424	8612512	1087926
黑龙江	1724407	11743040	878063
上　海	3153959	4324365	2578465
江　苏	37987935	20557117	6138496
浙　江	14888834	19599138	9798991
安　徽	12351357	24510223	3523100
福　建	15773748	15404226	8464871
江　西	9833892	7771503	935375
山　东	22067652	28500889	4209397
河　南	12221264	28643227	2695663
湖　北	12832392	14220606	1561746
湖　南	13181239	10959666	1444249
广　东	46438218	17263149	4349983
广　西	8233239	11986621	1567466
海　南	1162911	5164587	299286
重　庆	20257472	13549272	2321560
四　川	11910123	10430469	2394080
贵　州	10580393	10045826	732318
云　南	4074755	10313903	1084124
西　藏	269909	29144	10600
陕　西	3877630	5524125	897624
甘　肃	1199019	2867149	245675
青　海	387309	1072190	95669
宁　夏	1540066	5488116	245886
新　疆	4984520	5576895	360381

5-2 各地区按资质等级分的房地产开发企业待开发土地面积

单位：平方米

地　区	总　计	一　级	二　级	三　级	四　级	暂　定	其　他
全国总计	**314579531**	**14297487**	**46300434**	**65782176**	**27055072**	**141092922**	**20051440**
北　京	4013328	247008	762040	192550	1224872	994316	592542
天　津	6171560		1052935	267206	836804	4014615	
河　北	6303619	89945	97108	1344356	2059974	2452518	259718
山　西	5887831	24000	726416	696508	2332002	2108905	
内蒙古	6139554		83642	702081	630787	4647114	75930
辽　宁	14152972	1271725	389585	2298978	23498	8621239	1547947
吉　林	978424		110025	369167	72058	427174	
黑龙江	1724407	4580	553537	944239	37031	185020	
上　海	3153959		475548	98200		2580211	
江　苏	37987935	3164245	13804897	6567374	48651	12416936	1985832
浙　江	14888834	489024	1662088	4078155	1272335	5996349	1390883
安　徽	12351357	352147	619895	2516500	1044581	7501198	317036
福　建	15773748	736499	1502748	4162671	1190616	8123172	58042
江　西	9833892	98421	1883066	1763289	486523	3886992	1715601
山　东	22067652	889251	2661504	4018611	2745311	11423484	329491
河　南	12221264	1478695	1650448	900876	314417	7647573	229255
湖　北	12832392	965386	2600146	3541088	841219	4867288	17265
湖　南	13181239	140359	338895	4481222	750536	7387705	82522
广　东	46438218	1003997	1597607	11637850	6605510	15803802	9789452
广　西	8233239	206740	983901	2428946	1098070	3493076	22506
海　南	1162911			313096	69289	751559	28967
重　庆	20257472	1629872	5357945	1550850	158377	11197687	362741
四　川	11910123	528017	4884954	3900021	48649	1915575	632907
贵　州	10580393	59500	218135	2226959	1200336	6584962	290501
云　南	4074755		204649	1428552	840248	1598240	3066
西　藏	269909		132966	43943	93000		
陕　西	3877630	518669	679843	1255147	468352	753050	202569
甘　肃	1199019		49076	481733	86653	581557	
青　海	387309		143532	138518		105259	
宁　夏	1540066		318182	19938	25096	1136850	40000
新　疆	4984520	399407	755121	1413552	450277	1889496	76667

5-3 各地区按资质等级分的房地产开发企业土地购置面积

单位：平方米

地　区	总　计	一　级	二　级	三　级	四　级	暂　定	其　他
全国总计	**399530986**	**14804200**	**51440747**	**80430929**	**45189951**	**192545114**	**15120045**
北　京	8587483	1591746	938448	209689	525562	4357206	964832
天　津	6524601		740000	964772	83681	4736148	
河　北	30241508	586645	1895829	5704332	7433481	14006331	614890
山　西	8743529	381568	1077716	1364485	2995672	2767504	156584
内蒙古	19930041	1132402	1338647	3331301	7144049	6537679	445963
辽　宁	31345866	720642	2695456	7421475	316748	17163438	3028107
吉　林	8612512		1026072	2318543	1758827	3358413	150657
黑龙江	11743040	394699	3056025	5154783	1023937	1998298	115298
上　海	4324365		1106805	302667		2914893	
江　苏	20557117	965904	7126013	4370895	229983	7468740	395582
浙　江	19599138	1314391	2569291	4820725	1516994	7363514	2014223
安　徽	24510223	440752	2541937	3089116	1356339	16000566	1081513
福　建	15404226	933906	1199853	3544982	648409	9013284	63792
江　西	7771503	79133	980678	2019865	769961	3162100	759766
山　东	28500889	1691269	2923565	4947402	2568979	15250592	1119082
河　南	28643227	1031581	4427167	3972024	1896163	16640337	675955
湖　北	14220606	184798	1307624	3226703	2540244	6813372	147865
湖　南	10959666	28420	1239387	2969573	761563	5857439	103284
广　东	17263149	359744	497793	2068462	3337912	10609414	389824
广　西	11986621	13870	348803	2399942	772922	8237660	213424
海　南	5164587	168493		985807	157678	3200512	652097
重　庆	13549272	802331	4621433	2327172	68159	5361865	368312
四　川	10430469	713220	2464036	4559580	137846	1981457	574330
贵　州	10045826	39592	1680210	903248	1266819	5508282	647675
云　南	10313903	342669	660056	1978918	2398078	4707523	226659
西　藏	29144		20000	9144			
陕　西	5524125	186480	676530	1169288	1600890	1820431	70506
甘　肃	2867149		279755	1143433	516851	899880	27230
青　海	1072190	7314	406370	336023	83164	239319	
宁　夏	5488116	273224	897581	1154965	314520	2847826	
新　疆	5576895	419407	697667	1661615	964520	1721091	112595

5-4 各地区按资质等级分的房地产开发企业土地成交价款

单位：万元

地区	总计	一级	二级	三级	四级	暂定	其他
全国总计	**82067143**	**6151507**	**11604343**	**14001771**	**5017842**	**40171748**	**5119932**
北京	10406270	1294999	833069	286305	597124	5495803	1898970
天津	1733281		50000	290032	22508	1370741	
河北	4629262	176507	428357	668620	820165	2415775	119838
山西	858157	23848	98537	161089	281549	235931	57203
内蒙古	1640338	138925	143616	219473	525665	580040	32619
辽宁	4878841	82696	295429	1187003	46893	2766383	500437
吉林	1087926		169776	264739	61373	571803	20235
黑龙江	878063	31580	374455	316446	43168	104194	8220
上海	2578465		437072	170779		1970614	
江苏	6138496	432008	2026226	1349916	30738	2229969	69639
浙江	9798991	1591802	1745956	1953741	276570	3028656	1202266
安徽	3523100	180479	451658	438916	94579	2105027	252441
福建	8464871	1042715	1453584	1978684	292030	3655968	41890
江西	935375	27079	161012	159084	89946	451477	46777
山东	4209397	184142	426509	695823	215465	2546041	141417
河南	2695663	150729	288734	341115	91307	1757491	66287
湖北	1561746	16294	347520	299383	176556	703165	18828
湖南	1444249	2560	121307	272155	52901	981588	13738
广东	4349983	253854	128890	780521	521880	2526541	138297
广西	1567466	740	50564	340914	54309	1079276	41663
海南	299286	13896		57213	5238	183506	39433
重庆	2321560	311999	513268	217044	8942	1247957	22350
四川	2394080	69123	635727	811666	17663	611359	248542
贵州	732318	7540	77357	90748	88020	374823	93830
云南	1084124	22586	56229	223642	261717	488266	31684
西藏	10600		2400	8200			
陕西	897624	15180	120356	148298	254717	351903	7170
甘肃	245675		28621	95025	32796	88620	613
青海	95669	2750	52144	20783	4138	15854	
宁夏	245886	32976	54320	61048	8794	88748	
新疆	360381	44500	31650	93366	41091	144229	5545

第六章

房地产开发企业经营状况（2010）

6-1 各地区房地产开发企业主要财务指标

单位：万元

地　区	资产总计	负债合计	所有者权益合计	主营业务收入	土地转让收入
全国总计	**2244671365**	**1672974144**	**571701165**	**429964803**	**5191917**
北　京	262210307	207452186	54757725	29070330	1396976
天　津	102014313	73238406	28780248	9337798	303255
河　北	48112569	39429000	8683569	11998595	32116
山　西	19437490	16060453	3377037	2862544	18457
内蒙古	39951121	33790127	6160994	8265854	170813
辽　宁	99361714	75265531	24096183	20597959	73968
吉　林	20202121	15702694	4499427	5638464	751
黑龙江	25874201	18398317	7475884	6755674	11039
上　海	261218258	176487924	84730335	32657715	736495
江　苏	197913237	142338146	55575092	53846951	142151
浙　江	188183323	147402267	40781056	31999421	91579
安　徽	54306465	40794981	13511484	13159252	81646
福　建	77949275	55337283	22611992	12618188	132043
江　西	22717358	15776362	6940996	6664907	16304
山　东	111112788	85668959	25443830	27515233	123619
河　南	45243820	32685619	12558201	12005594	37385
湖　北	54650015	37217507	17432509	11059416	140615
湖　南	43290186	31345812	11944374	11158117	111431
广　东	250531555	190439825	60091731	41680716	401260
广　西	31506531	22726862	8779668	6433110	45917
海　南	20174758	16269851	3904907	4037038	40062
重　庆	69379522	47600719	21778803	14732183	254129
四　川	77325223	56869467	20455756	21881800	532166
贵　州	27917638	21797315	6120323	9332098	31039
云　南	32174639	25819988	6354651	7339052	116326
西　藏	763183	398490	364693	137672	5555
陕　西	27991029	21040486	6950544	8894520	100999
甘　肃	8668444	6392939	2275505	1906820	11367
青　海	3527813	2950036	577778	474894	
宁　夏	8370883	6854150	1516732	1783476	13426
新　疆	12591584	9422446	3169138	4119413	19029

6-1 续表 1

单位：万元

地　区	商品房销售收入	房屋出租收入	其他收入	主营业务成本	主营业务税金及附加
全国总计	**405853326**	**7429162**	**11490398**	**300236563**	**34646621**
北　京	24630376	1609828	1433151	17887430	3104377
天　津	8590620	137545	306378	6383579	764713
河　北	11801726	22595	142158	8848278	924133
山　西	2630110	16600	197376	2294317	210422
内蒙古	7974483	10144	110414	6191609	551508
辽　宁	20159693	135406	228891	15828963	1421464
吉　林	5595358	17483	24873	4434502	321525
黑龙江	6653499	14	91121	5322608	422980
上　海	26604410	2411879	2904932	18723151	3002617
江　苏	52807695	286779	610326	38227766	4139934
浙　江	31264911	168590	474342	21651885	2739727
安　徽	12728494	85698	263415	9672918	972275
福　建	12059390	165502	261252	8546208	1229895
江　西	6500893	29509	118201	4783636	512332
山　东	26753838	59403	578373	20470227	1932247
河　南	11676405	137383	154421	8588058	895513
湖　北	10355159	112269	451373	7875897	891009
湖　南	10812686	46327	187673	8481827	759661
广　东	38914477	970631	1394349	26715834	3990860
广　西	6193192	40871	153131	4479568	518861
海　南	3957353	5985	33638	2467990	346886
重　庆	13792490	250326	435239	11040168	967134
四　川	20413157	457159	479317	16006678	1604482
贵　州	9247127	22554	31379	6504328	699270
云　南	6996460	89994	136272	5535410	561269
西　藏	82342	21939	27837	84203	8196
陕　西	8605496	26308	161718	6857827	574253
甘　肃	1808878	39027	47548	1476537	137796
青　海	471337	2624	933	399031	26123
宁　夏	1748783	9450	11817	1415394	120150
新　疆	4022490	39343	38550	3040741	295011

6-1 续表 2

单位：万元

地　区	主营业务利润	其他业务收入	其他业务利润	销售费用	管理费用
全国总计	**88944022**	**3243999**	**2514901**	**12805970**	**21618581**
北　京	8138579	587082	350886	1049195	2125426
天　津	1858795	167834	174003	330711	541497
河　北	1916358	27959	32125	490930	567377
山　西	338703	24463	20390	79776	200162
内蒙古	1533974	19090	19773	120310	297691
辽　宁	3290468	151707	127600	595581	897504
吉　林	798832	46853	18448	93950	346105
黑龙江	1030522	15002	8632	109396	260926
上　海	10843476	539055	404542	1046017	1955956
江　苏	10322233	189634	180701	1317159	1840165
浙　江	7228028	286188	262786	829471	1683230
安　徽	2429996	71450	36267	326424	539211
福　建	2696027	68360	51935	288657	568326
江　西	1177272	19136	6526	147473	249599
山　东	4499522	103394	82349	599660	1179675
河　南	2292859	38298	75474	351271	698001
湖　北	2172069	46275	52773	366938	607144
湖　南	1699488	32022	36359	283841	527451
广　东	10307462	341409	222771	1378991	2296748
广　西	1227089	40506	32465	227080	424689
海　南	1190820	4508	14625	181322	203834
重　庆	2535941	91377	68003	417121	579663
四　川	3548266	160314	105083	927501	1131435
贵　州	2097721	20809	20114	566998	707714
云　南	1048823	60540	39767	208437	408850
西　藏	44502	1430	2580	4017	11345
陕　西	1397208	13923	15298	259348	293058
甘　肃	285875	21744	15145	51772	117508
青　海	51204	1057	1057	12232	24128
宁　夏	204676	12150	7836	43498	108445
新　疆	737233	40430	28592	100896	225718

6-1 续表 3

单位：万元

地　区	财务费用	营业利润	营业外收入	营业外支出
全国总计	**7630925**	**61114831**	**2404609**	**2484576**
北　京	1073869	5459061	205057	264594
天　津	314205	1416488	277414	82277
河　北	181785	1017906	48794	48834
山　西	48381	49686	4827	19776
内蒙古	88293	1160089	89243	40761
辽　宁	254289	1988299	119565	85039
吉　林	52525	403000	15795	24930
黑龙江	56956	670838	19199	22779
上　海	940159	9737396	280980	175971
江　苏	459222	7939124	150798	233294
浙　江	451073	5451929	339461	249194
安　徽	166466	1534464	53350	49689
福　建	164179	1939631	56452	97348
江　西	110872	764484	17526	28610
山　东	421500	3107508	76240	87194
河　南	210039	1351703	23323	57513
湖　北	193437	1230269	60518	34305
湖　南	199283	957388	24535	45295
广　东	939607	6763129	246537	443919
广　西	76087	709231	35971	39892
海　南	14715	834129	12439	46481
重　庆	246009	1643370	95613	94591
四　川	548126	2148715	60820	70768
贵　州	60417	810242	29425	33061
云　南	172247	480775	30389	48860
西　藏	985	34106	783	181
陕　西	69582	854824	9913	17446
甘　肃	52540	111205	3597	6141
青　海	4520	12003	824	6303
宁　夏	27871	76169	2765	14621
新　疆	31687	457670	12460	14909

6-1 续表 4　　　　单位：万元

地　　区	利润总额	应交所得税	劳动、失业保险费	住房公积金及住房补贴	本年应付工资总额	本年应付福利费总额
全国总计	**62357654**	**13588212**	**713322**	**295785**	**9524638**	**732967**
北　京	5702532	1562260	128988	46691	808762	50545
天　津	1611625	399025	23074	10118	234447	10069
河　北	1017819	284301	4995	1616	239716	15829
山　西	34737	71500	1615	947	139653	7180
内蒙古	1220959	199347	3744	9840	190897	14975
辽　宁	1865672	506477	37431	24373	306346	23239
吉　林	447115	109340	5178	2348	157154	14512
黑龙江	649961	135319	5317	1901	98536	11080
上　海	9891186	1819842	12905	32516	687531	59329
江　苏	7856628	1506600	49485	23414	716832	64181
浙　江	5572421	1190161	69820	22639	597969	47508
安　徽	1334732	270076	31454	21436	265540	22332
福　建	1961884	449803	18668	6082	271505	19452
江　西	728261	169856	2678	1662	131838	14745
山　东	3066369	598839	49163	17004	540351	60846
河　南	1328860	338039	9255	2735	312670	28954
湖　北	1253102	354687	43548	4949	253979	23631
湖　南	928016	164988	7612	5154	272558	27534
广　东	7550637	1691871	104894	27965	1012236	71853
广　西	689065	152080	9072	3132	179857	17174
海　南	767235	112765	3934	1638	302870	7067
重　庆	1588098	357829	20854	4261	467677	26490
四　川	2196251	522636	29667	8279	681186	43274
贵　州	821473	122449	16375	4600	169926	8873
云　南	629572	182881	5929	2896	155148	11575
西　藏	7475	830	483	511	11037	634
陕　西	1002702	141417	3821	2986	144844	13838
甘　肃	100949	20873	2256	451	55734	4521
青　海	-75	3290	196	82	10018	966
宁　夏	77578	34723	3091	1281	35292	3756
新　疆	454814	114109	7821	2278	72530	7005

6-2 各地区按登记注册类型分的房地产开发企业资产总计

单位：万元

地　区	总　计	内　资					
			国　有	集　体	股份合作	国有联营	集体联营
全国总计	**2244671365**	**1903538771**	**204993711**	**16788215**	**4925193**	**8848998**	**445680**
北　京	262210307	221141808	11251808	1192754	31494		
天　津	102014313	93268284	36868879	963763	327616	47628	2141
河　北	48112569	46781098	995979	328029	111949		
山　西	19437490	18799273	1121945	75191	30007		6080
内蒙古	39951121	39808150	197494	30560	11470		
辽　宁	99361714	74705474	3481766	175146	226424	71651	
吉　林	20202121	18845058	174172	18306	3634		
黑龙江	25874201	24391958	2304406	26333	7413		30881
上　海	261218258	207965891	53246054	2920165	201434	7582883	305833
江　苏	197913237	168271951	22738528	1810111	536855	48926	24143
浙　江	188183323	167606213	5697763	774911	172863	610398	
安　徽	54306465	49692858	2808767	64772	90245	26000	
福　建	77949275	58875205	11982567	422569	149406	145886	12548
江　西	22717358	19114144	2131782	61078	134077		8785
山　东	111112788	100267942	8722568	2512028	710047	6228	18545
河　南	45243820	40238013	772427	120077	137497	700	
湖　北	54650015	48999921	6416200	369201	267267		
湖　南	43290186	40844347	2595501	96496	329083	155248	5235
广　东	250531555	179963934	8635404	3649563	433465	96331	12462
广　西	31506531	28942758	2147085	121517	88955		
海　南	20174758	15703376	535365	16967	320681		
重　庆	69379522	59836587	10266885	87464	8886		
四　川	77325223	64624439	3189212	280634	335450	55387	30
贵　州	27917638	26940342	703191	63812	39174		12037
云　南	32174639	30135765	1622151	384318	26380	876	
西　藏	763183	763183	210435	656	38202		
陕　西	27991029	25002473	2439586	159139	86468		3214
甘　肃	8668444	8080496	749844	51782	26228		
青　海	3527813	3381661	274104	3736	41656	857	
宁　夏	8370883	8021204	164354	6007			3745
新　疆	12591584	12524971	547492	1134	869		

6-2 续表 1　　　　单位：万元

地　区	内资						
	国有与集体联营	其他联营	国有独资公司	其他有限责任公司	股份有限公司	私营独资	私营合伙
全国总计	**842163**	**905108**	**80798208**	**842243928**	**128306244**	**21747977**	**5015371**
北　京			11164272	155776531	21567066	15183	17915
天　津			7055650	25234663	3456191	1226343	401446
河　北		3555	347805	20911285	3474483	1033232	64126
山　西			40567	6534238	1162758	278589	38803
内蒙古			38256	13607983	542862	339875	34332
辽　宁		1914	1071355	26492568	5533980	1381860	127736
吉　林			459014	9603944	2422132	161490	19062
黑龙江			641531	11117748	1539727	486783	219756
上　海	724850	228003	14728897	67802997	10851791	2423106	226733
江　苏	10679	2101	2589747	64567527	7553759	4709600	648831
浙　江	31118	5818	5661137	82075074	9655332	1493340	217221
安　徽	36160	79714	4207320	26029990	2298636	637727	252797
福　建	7613	11470	4525607	21301049	1644837	236314	174061
江　西			199880	8492482	1851004	282587	260345
山　东		54191	2417920	43792064	7872709	1037954	194230
河　南		7541	248560	24169503	2686082	471200	132767
湖　北	17525		2760544	19706197	4687481	700328	84394
湖　南	683	39776	1308033	20105425	2037239	378713	324080
广　东		441054	5405952	80392316	24370750	1706147	132150
广　西		15255	2392877	7664339	1044568	485905	62458
海　南	2398	5885	3176128	7416684	1059735	358936	69035
重　庆			4256660	19046017	2150664	95555	112647
四　川			2611517	29237580	5200160	572535	70618
贵　州		1600	366393	12948250	929778	145452	34846
云　南			921807	13179860	1214922	352322	75892
西　藏				105262	53255	29968	9704
陕　西	2072	7231	674917	14098776	903686	486554	63351
甘　肃			45355	3891458	297404	77173	7963
青　海	9066		311114	1131862	69292	56404	28002
宁　夏			754807	1417120		36713	21827
新　疆			414590	4393137	173962	50086	888246

6-2 续表 2

单位：万元

地　　区	内资			港澳台商投　　资		
	私营有限责任公司	私营股份有限公司	其他内资企　　业		合资经营	合作经营
全国总计	**532872011**	**38980006**	**15825960**	**212208559**	**71915548**	**30749862**
北　　京	19446539	678245		26367472	5450262	9985264
天　　津	16649149	693896	340921	3853258	1873678	59070
河　　北	15354422	3488667	667568	564082	370078	
山　　西	8717529	553930	239637	356001	269437	22463
内 蒙 古	24695420	177455	132444	68181	68181	
辽　　宁	33988635	1498997	653442	13696553	7230721	343111
吉　　林	5604905	329211	49188	1111711	504673	4430
黑 龙 江	7370962	528851	117566	410998	231065	1000
上　　海	41780867	3666740	1275540	33073836	14025624	994501
江　　苏	55457306	4191039	3382799	17071001	7153046	730178
浙　　江	57874896	2453302	883042	8303308	3470974	102968
安　　徽	11217007	1163088	780635	2628428	1135132	48966
福　　建	16815420	1266001	179858	15247690	4046987	637261
江　　西	4679363	826689	186072	2684427	1131348	11068
山　　东	28813869	2576300	1539290	7175587	4019956	469370
河　　南	10470491	512144	509023	2040746	728601	235951
湖　　北	11879442	1583619	527725	3293184	1291468	9411
湖　　南	11918666	1284610	265560	1404554	920583	29267
广　　东	47103069	6055326	1529946	50973094	9680156	16524311
广　　西	13885881	835396	198523	1525092	772905	113880
海　　南	2327219	66775	347569	3933950	1745826	
重　　庆	22519111	1081247	211452	6119151	2367277	282666
四　　川	21153063	912640	1005613	5659076	1524205	36870
贵　　州	11078977	599476	17355	601076	269624	
云　　南	11519112	615167	222960	1938903	800738	5582
西　　藏	140426	1480	173796			
陕　　西	5277988	459066	340425	1573932	345379	102272
甘　　肃	2787106	112404	33778	408671	364356	
青　　海	1127300	318723	9547	64375	63047	
宁　　夏	5414975	201656				
新　　疆	5802900	247869	4687	60221	60221	

6-2 续表 3　　　　单位：万元

地　区	港澳台商投资		外商投资				
	独　资	股份有限		合资经营	合作经营	独　资	股份有限
全国总计	**103305359**	**6237791**	**128924035**	**40215242**	**16202669**	**67472859**	**5033266**
北　京	10931947		14701027	5679879	3873204	2646042	2501903
天　津	1920510		4892771	2297054	422623	1989861	183234
河　北	194004		767389	89968	41505	634702	1215
山　西	64101		282216	157916		124300	
内蒙古			74790	34655		40135	
辽　宁	6000643	122077	10959688	4028962	1203033	5718501	9192
吉　林	580388	22220	245352	124042	106519	14792	
黑龙江	139146	39786	1071245	441366	71784	558095	
上　海	17863851	189860	20178532	4774592	1169712	13265123	969105
江　苏	8700825	486952	12570285	4347463	879194	7273270	70358
浙　江	4518381	210985	12273803	3459657	1633	8489755	322758
安　徽	1399498	44831	1985179	764605		1208805	11769
福　建	9373791	1189651	3826381	1320624	32045	2413182	60530
江　西	1516618	25393	918788	687289		170041	61458
山　东	2633794	52468	3669259	2285549	355249	1023991	4469
河　南	940624	135570	2965061	979383		1715669	270010
湖　北	1438987	553317	2356910	897237	414658	961474	83542
湖　南	451874	2831	1041285	533705	1522	502906	3153
广　东	23428598	1340029	19594528	2342297	5514858	11507058	230314
广　西	586773	51534	1038681	559050	158003	321627	
海　南	442522	1745602	537432	178053		109122	250256
重　庆	3468501	708	3423784	1178961	608825	1635999	
四　川	4074375	23626	7041709	2035107	597281	4409321	
贵　州	331101	351	376220	160593	182179	33447	
云　南	1132583		99971	99971			
西　藏							
陕　西	1126281		1414624	430362	568842	415421	
甘　肃	44316		179277	166306		12971	
青　海	1329		81777	81777			
宁　夏			349679	72430		277249	
新　疆			6392	6392			

6-3 各地区按资质等级分的房地产开发企业资产总计

单位：万元

地　区	总　计	一　级	二　级	三　级	四　级	暂　定	其　他
全国总计	**2244671365**	**241397693**	**469585386**	**460195415**	**238569531**	**690802990**	**144120351**
北　京	262210307	55851839	43903549	28866464	65599607	47152984	20835865
天　津	102014313	6719468	20719264	9060323	20825311	44619948	69999
河　北	48112569	6690768	9621399	11936129	10446395	8618875	799003
山　西	19437490	888735	2894788	4611448	7246048	3443252	353220
内蒙古	39951121	1852894	5333727	5397886	22707917	4296939	361757
辽　宁	99361714	6642999	11248996	27380014	834168	47199327	6056211
吉　林	20202121	897257	4073709	4541982	1884498	8737531	67144
黑龙江	25874201	810674	9073024	10555455	429554	4630062	375432
上　海	261218258	26421571	52854686	23750564	815217	131021466	26354755
江　苏	197913237	17597614	82799443	32653815	528440	57641848	6692076
浙　江	188183323	26152292	34588405	47662614	7882850	52719829	19177334
安　徽	54306465	1414258	9808455	13792857	1954587	25330211	2006098
福　建	77949275	8453712	13636535	21412681	12200362	20598354	1647631
江　西	22717358	709108	6447977	7214440	1527716	5973837	844280
山　东	111112788	7226479	13957559	24668992	12866743	45719887	6673128
河　南	45243820	2658933	10644559	8354518	1920517	20993314	671980
湖　北	54650015	6872554	17913723	11994843	3635296	13645075	588524
湖　南	43290186	596534	4537553	21431582	1562594	14293130	868794
广　东	250531555	34715102	32882763	59905666	29133091	52089538	41805395
广　西	31506531	542166	3318260	7551956	2886829	16254909	952411
海　南	20174758	38706	2873824	5412270	1529295	9383643	937020
重　庆	69379522	9059158	28431256	11643273	412930	19711056	121848
四　川	77325223	5892327	21739873	32705579	1481769	11834194	3671482
贵　州	27917638	525785	3913250	4934253	11550784	6606243	387323
云　南	32174639	3366777	7687522	5165914	7819650	7462408	672368
西　藏	763183	16162	460600	148580	76007	13182	48651
陕　西	27991029	4762682	5906598	8226154	5357551	3326121	411923
甘　肃	8668444	138697	1991843	3447344	1062059	1898258	130243
青　海	3527813	442204	1418862	621237	273113	761579	10819
宁　夏	8370883	1449474	2766542	1520183	691130	1671755	271800
新　疆	12591584	1990765	2136845	3626400	1427504	3154235	255836

6-4　各地区按登记注册类型分的房地产开发企业负债合计

单位：万元

地　区	总　计	内　资					
			国　有	集　体	股份合作	国有联营	集体联营
全国总计	**1672974144**	**1442247273**	**145076987**	**13446348**	**3784250**	**6802016**	**376435**
北　京	207452186	176407515	9076385	997382	30437		
天　津	73238406	67398268	26340383	701595	271214	40826	304
河　北	39429000	38412783	883460	275174	85122		
山　西	16060453	15540768	1000773	62154	25536		5120
内蒙古	33790127	33693656	160101	29321	3636		
辽　宁	75265531	60069753	2832295	147251	164833	39925	
吉　林	15702694	14621484	117396	10611	1831		
黑龙江	18398317	17369346	1927465	8599	2921		28241
上　海	176487924	145739419	34465579	2327531	157133	6147924	280120
江　苏	142338146	124074722	14951918	1484110	460322	16869	17161
浙　江	147402267	132468726	4263845	653473	151704	178626	
安　徽	40794981	37464123	2032960	48391	81847	16000	
福　建	55337283	41642222	9399261	347953	89312	108747	9949
江　西	15776362	13023604	1191418	24245	86801		7013
山　东	85668959	77961558	6587724	2128054	470260	3079	8811
河　南	32685619	28724914	621710	84328	78812		
湖　北	37217507	33464495	4672235	281131	189854		
湖　南	31345812	29563341	1983864	72206	256259	143465	2951
广　东	190439825	139962797	6691126	2723609	291743	80597	4503
广　西	22726862	20978623	1550994	105051	73004		
海　南	16269851	12792378	464856	12937	283069		
重　庆	47600719	41454977	6260719	60519	3674		
四　川	56869467	49904213	2317087	263136	263885	24970	28
贵　州	21797315	21035027	585860	58448	107287		8639
云　南	25819988	24633042	1292049	378790	19119	362	
西　藏	398490	398490	80086	580	19316		
陕　西	21040486	18752096	1947934	119245	64564		1507
甘　肃	6392939	5970612	562817	33231	21380		
青　海	2950036	2829987	222058	2462	28839	625	
宁　夏	6854150	6525619	169993	4224			2088
新　疆	9422446	9368719	422636	610	541		

6-4 续表 1

单位：万元

地区	内资						
	国有与集体联营	其他联营	国有独资公司	其他有限责任公司	股份有限公司	私营独资	私营合伙
全国总计	**653486**	**726340**	**55808603**	**655935023**	**90035285**	**15791462**	**3405281**
北京			9138205	126884049	13977496	14636	5451
天津			5073546	18264247	2506615	874302	316000
河北		1739	339397	17083092	2929154	814210	45166
山西			31345	5605492	869885	186316	26817
内蒙古			24091	9754918	374657	233298	17225
辽宁		1003	943290	21332739	4318685	1132853	102348
吉林			349395	7627448	1988515	96970	7325
黑龙江			504833	7784073	1041215	363458	148537
上海	578263	218332	8496172	50165819	6510750	2015520	136569
江苏	5581	1164	1623224	48892649	5882220	2808823	532774
浙江	14612	4181	4314472	65541131	7259446	1182761	171591
安徽	25107	61371	2720964	20008995	1768647	484847	169675
福建	6555	3715	2658261	15012694	1012515	170681	131913
江西			138290	6008731	1324863	167586	188906
山东		26785	1795432	34978244	6149751	793419	129303
河南		3985	186009	17285458	1582111	328291	69147
湖北	13869		2223430	13252940	3079067	431757	39933
湖南		33204	879753	15429582	1481233	253776	193092
广东		352204	3453372	65501607	15944960	1378585	118399
广西		11887	1255053	5850491	776524	360317	41950
海南	1800	655	2711749	5909347	835765	314170	64037
重庆			2491673	14242848	1442283	69888	93484
四川			1689706	22771452	4186260	449434	41869
贵州			332216	10876060	664305	106749	30964
云南			679577	10653704	1044322	268845	45832
西藏				57476	40100	18785	8123
陕西	66	6114	551592	10852288	689680	313178	52551
甘肃			34944	2858049	217571	48478	2740
青海	7633		289853	928447	61356	45252	18136
宁夏			604824	1134842		31256	17365
新疆			273937	3386111	75335	33020	438059

6-4 续表 2　　　　　　　　　　　　　　　　　　　　　　单位：万元

地　区	内资					
	私营有限责任公司	私营股份有限公司	其他内资企　业	港澳台商投　资	合资经营	合作经营
全国总计	**409260709**	**29530776**	**11614273**	**142839680**	**47955317**	**22857615**
北　京	15724987	558486		19987881	3828486	7590449
天　津	12179996	604750	224491	2768415	1391463	37127
河　北	12406677	2921209	628383	453884	284744	
山　西	7076001	451898	199433	271608	207986	21893
内蒙古	22840326	140842	115241	40661	40661	
辽　宁	27306941	1140975	606618	8967940	5475764	161558
吉　林	4145435	232203	44355	877338	386100	3430
黑龙江	5145102	316495	98407	204608	107282	
上　海	30713548	2659816	866344	18949482	6938014	599115
江　苏	42072637	3280744	2044526	10515570	5042677	452721
浙　江	46054610	1956623	721651	5491745	2489973	93139
安　徽	8556915	883564	604840	1877329	785986	48843
福　建	11625059	909298	156308	10877908	2820016	544852
江　西	3160749	596633	128369	2072027	853695	7493
山　东	21855954	1945696	1089047	4912708	2772745	369459
河　南	7858029	288822	338211	1512827	476618	166875
湖　北	7914465	1058194	307620	2078639	852215	677
湖　南	7791501	868076	174380	985613	630475	19081
广　东	37698125	4481534	1242433	35698933	6430941	12294231
广　西	10210123	602789	140439	949377	465859	82876
海　南	1848712	41854	303426	3035524	1524099	
重　庆	15876308	755453	158128	3969193	1777313	269961
四　川	16347854	702088	846444	3005679	1034748	26749
贵　州	7793326	455591	15582	402084	182717	
云　南	9514856	553754	181832	1128732	482152	
西　藏	96268	898	76859			
陕　西	3514974	374352	264051	1400317	302704	67088
甘　肃	2083989	80668	26745	301789	269140	
青　海	930791	288642	5895	52773	51649	
宁　夏	4397919	163108				
新　疆	4518533	215722	4215	49095	49095	

6-4 续表 3 单位：万元

地　区	港澳台商投资		外商投资				
	独　资	股份有限		合资经营	合作经营	独　资	股份有限
全国总计	**68061068**	**3965680**	**87887192**	**28005886**	**11938907**	**44132323**	**3810077**
北　京	8568947		11056790	4371109	2930739	1867305	1887637
天　津	1339825		3071723	1511495	310565	1110355	139307
河　北	169140		562333	61221	41366	458717	1030
山　西	41729		248077	164480		83597	
内蒙古			55810	14349		41461	
辽　宁	3234924	95694	6227838	2573731	774217	2878771	1120
吉　林	481901	5907	203872	91646	101240	10987	
黑龙江	70896	26430	824362	344715	71518	408129	
上　海	11258999	153355	11799023	2618008	557853	7941392	681770
江　苏	4835754	184418	7747853	2882159	603603	4217968	44124
浙　江	2766816	141818	9441796	2551803	1555	6619011	269427
安　徽	1036149	6351	1453529	651426		790909	11194
福　建	6616987	896053	2817154	1071682	8672	1715420	21380
江　西	1188500	22339	680732	505046		126409	49278
山　东	1749088	21417	2794692	1821270	244362	725558	3502
河　南	807005	62329	2447878	675509		1511329	261041
湖　北	784287	441460	1674373	690202	386382	545224	52565
湖　南	335390	668	796858	440578	78	354216	1986
广　东	16308732	665029	14778096	1815733	4544932	8256250	161181
广　西	357156	43486	798863	456709	108287	233867	
海　南	326367	1185058	441949	150715		67698	223537
重　庆	1921912	7	2176549	792567	309405	1074577	
四　川	1930556	13626	3959575	1087990	307710	2563875	
贵　州	219130	236	360204	156907	179768	23529	
云　南	646580		58214	58214			
西　藏							
陕　西	1030526		888073	203662	456655	227755	
甘　肃	32649		120538	108617		11921	
青　海	1124		67275	67275			
宁　夏			328531	62436		266095	
新　疆			4632	4632			

6-5　各地区按资质等级分的房地产开发企业负债合计

单位：万元

地　区	总　计	一　级	二　级	三　级	四　级	暂　定	其　他
全国总计	**1672974144**	**181844152**	**353633826**	**348061254**	**186189390**	**500635124**	**102610398**
北　京	207452186	43511949	35920126	23414323	52185534	37871991	14548263
天　津	73238406	4693357	15780779	6602643	15555777	30556237	49612
河　北	39429000	5689488	8248546	9576632	8336725	6905929	671680
山　西	16060453	733504	2549611	4055710	5852405	2653728	215494
内蒙古	33790127	1585469	3663336	4206479	20811518	3304998	218328
辽　宁	75265531	5283981	8887397	21694873	720591	34715779	3962910
吉　林	15702694	748111	3341389	3530075	1268243	6768612	46265
黑龙江	18398317	660428	6828256	7052108	232886	3322371	302267
上　海	176487924	18697345	36270584	16583132	412152	86828692	17696020
江　苏	142338146	13036288	59126504	24105095	387334	40494524	5188401
浙　江	147402267	20695610	27475589	37533156	6040958	41372041	14284913
安　徽	40794981	1044833	7540452	10503607	1453366	18899331	1353393
福　建	55337283	6507553	10368585	15265112	8826727	13318641	1050666
江　西	15776362	655569	4307189	4992724	956647	4257109	607125
山　东	85668959	5480319	11139066	19370036	9300248	35541309	4837980
河　南	32685619	2204497	7846928	5724622	1323566	15192213	393792
湖　北	37217507	4700039	13455057	8080165	2259139	8364281	358825
湖　南	31345812	439865	3506101	15208060	998784	10570582	622421
广　东	190439825	24549800	25269566	46306486	22967855	40495380	30850738
广　西	22726862	346950	2553307	5489028	2201712	11521064	614802
海　南	16269851	35706	2272915	4467442	1085493	7666659	741636
重　庆	47600719	6076725	19818112	8208390	265925	13149398	82169
四　川	56869467	4363179	16954452	24557576	1032851	7644750	2316659
贵　州	21797315	375707	3401250	4079561	8429743	5277298	233756
云　南	25819988	3008990	5802103	4289708	6490382	5786329	442477
西　藏	398490	9413	203853	87713	61549	3292	32670
陕　西	21040486	3850044	4460795	5838670	4077284	2435404	378290
甘　肃	6392939	84689	1559582	2622705	723608	1342615	59740
青　海	2950036	384726	1200756	484860	219036	651739	8918
宁　夏	6854150	1225479	2247634	1263731	554486	1302894	259925
新　疆	9422446	1164540	1634006	2866836	1156864	2419936	180264

6-6 各地区按登记注册类型分的房地产开发企业所有者权益

单位：万元

地　区	总　计	内　资					
			国　有	集　体	股份合作	国有联营	集体联营
全国总计	**571701165**	**461295443**	**59916725**	**3341868**	**1140943**	**2046982**	**69245**
北　京	54757725	44733896	2175423	195372	1057		
天　津	28780248	25874357	10528496	262168	56402	6801	1837
河　北	8683569	8368315	112519	52855	26827		
山　西	3377037	3258505	121172	13037	4471		960
内蒙古	6160994	6114494	37393	1239	7835		
辽　宁	24096183	14635720	649471	27895	61591	31726	
吉　林	4499427	4223574	56776	7695	1804		
黑龙江	7475884	7022611	376941	17734	4492		2640
上　海	84730335	62226472	18780475	592635	44300	1434959	25713
江　苏	55575092	44197229	7786609	326001	76533	32057	6983
浙　江	40781056	35137487	1433918	121438	21160	431772	
安　徽	13511484	12228735	775807	16381	8399	10000	
福　建	22611992	17232983	2583306	74615	60094	37139	2599
江　西	6940996	6090540	940364	36832	47276		1772
山　东	25443830	22306384	2134844	383975	239787	3149	9734
河　南	12558201	11513099	150717	35749	58685	700	
湖　北	17432509	15535426	1743965	88070	77413		
湖　南	11944374	11281006	611636	24290	72824	11783	2284
广　东	60091731	40001137	1944278	925955	141722	15734	7958
广　西	8779668	7964136	596091	16466	15951		
海　南	3904907	2910999	70510	4030	37613		
重　庆	21778803	18381610	4006166	26945	5212		
四　川	20455756	14720226	872125	17498	71566	30417	2
贵　州	6120323	5905315	117331	5364	-68113		3399
云　南	6354651	5502723	330102	5528	7261	514	
西　藏	364693	364693	130349	76	18886		
陕　西	6950544	6250377	491653	39894	21904		1707
甘　肃	2275505	2109883	187026	18552	4849		
青　海	577778	551674	52046	1274	12817	232	
宁　夏	1516732	1495585	-5639	1783			1657
新　疆	3169138	3156252	124856	524	328		

6-6 续表 1

单位：万元

地　区	内资						
	国有与集体联　营	其他联营	国有独资公　司	其他有限责任公司	股份有限公　司	私营独资	私营合伙
全国总计	**188677**	**178768**	**24989605**	**186308507**	**38270960**	**5956515**	**1610090**
北　京			2026067	28892085	7589571	547	12464
天　津			1982104	6970416	949577	352042	85446
河　北		1816	8408	3828194	545329	219022	18960
山　西			9222	928746	292873	92273	11987
内蒙古			14165	3853065	168205	106577	17107
辽　宁		911	128066	5159829	1215294	249008	25389
吉　林			109619	1976496	433616	64520	11737
黑龙江			136699	3333675	498512	123324	71219
上　海	146587	9671	6232725	17637177	4341042	407586	90164
江　苏	5098	937	966523	15674878	1671540	1900777	116057
浙　江	16506	1637	1346664	16533943	2395885	310579	45630
安　徽	11053	18343	1486355	6020996	529989	152880	83122
福　建	1057	7755	1867347	6288355	632322	65633	42148
江　西			61590	2483751	526141	115002	71438
山　东		27406	622488	8813820	1722958	244535	64928
河　南		3556	62551	6884045	1103971	142909	63619
湖　北	3656		537114	6453257	1608414	268571	44462
湖　南	683	6572	428280	4675843	556006	124937	130988
广　东		88850	1952579	14890709	8425790	327562	13751
广　西		3368	1137825	1813848	268044	125588	20509
海　南	598	5229	464379	1507336	223971	44766	4998
重　庆			1764987	4803169	708381	25667	19162
四　川			921810	6466129	1013900	123101	28748
贵　州		1600	34177	2072190	265473	38703	3882
云　南			242230	2526156	170601	83477	30060
西　藏				47785	13155	11183	1581
陕　西	2006	1116	123324	3246488	214007	173376	10800
甘　肃			10411	1033409	79833	28695	5223
青　海	1433		21262	203414	7936	11152	9866
宁　夏			149983	282278		5458	4462
新　疆			140653	1007025	98626	17067	450187

6-6 续表 2

单位：万元

地　区	内资			港澳台商投资		
	私营有限责任公司	私营股份有限公司	其他内资企业		合资经营	合作经营
全国总计	**123615643**	**9449230**	**4211687**	**69368879**	**23960231**	**7892247**
北　京	3721552	119759		6379591	1621776	2394815
天　津	4473494	89146	116430	1084843	482214	21943
河　北	2947744	567458	39185	110199	85334	
山　西	1641529	102032	40205	84393	61451	571
内蒙古	1855094	36613	17202	27520	27520	
辽　宁	6681694	358023	46824	4728613	1754958	181553
吉　林	1459470	97008	4833	234373	118573	1000
黑龙江	2225860	212356	19160	206390	123783	1000
上　海	11067319	1006924	409196	14124354	7087611	395387
江　苏	13384669	910295	1338272	6555431	2110369	277457
浙　江	11820286	496679	161391	2811562	981001	9829
安　徽	2660091	279524	175796	751099	349146	123
福　建	5190361	356703	23549	4369782	1226971	92409
江　西	1518614	230056	57703	612401	277653	3575
山　东	6957914	630604	450243	2262879	1247211	99911
河　南	2612462	223322	170812	527920	251983	69076
湖　北	3964976	525425	220105	1214545	439253	8734
湖　南	4127165	416534	91180	418941	290109	10186
广　东	9404944	1573793	287513	15274162	3249215	4230080
广　西	3675757	232607	58083	575715	307046	31004
海　南	478507	24920	44143	898426	221728	
重　庆	6642803	325794	53324	2149958	589964	12705
四　川	4805210	210552	159168	2653397	489457	10121
贵　州	3285652	143885	1773	198993	86907	
云　南	2004256	61413	41127	810171	318586	5582
西　藏	44158	582	96937			
陕　西	1763014	84714	76374	173615	42676	35185
甘　肃	703117	31736	7033	106883	95216	
青　海	196509	30081	3653	11602	11397	
宁　夏	1017056	38548				
新　疆	1284367	32147	472	11126	11126	

6-6 续表 3　　　　　　　　　　　　　　　　　　　　　　　　　　单位：万元

地　区	港澳台商投资		外商投资				
	独　资	股份有限		合资经营	合作经营	独　资	股份有限
全国总计	**35244290**	**2272111**	**41036843**	**12209356**	**4263762**	**23340536**	**1223189**
北　京	2363000		3644238	1308770	942465	778737	614266
天　津	580686		1821048	785559	112057	879506	43926
河　北	24864		205056	28748	139	175985	185
山　西	22372		34139	-6564		40704	
内蒙古			18980	20306		-1326	
辽　宁	2765719	26383	4731850	1455231	428817	2839730	8072
吉　林	98487	16313	41480	32396	5279	3805	
黑龙江	68250	13357	246883	96651	266	149967	
上　海	6604852	36505	8379509	2156585	611858	5323731	287335
江　苏	3865071	302534	4822432	1465304	275591	3055303	26234
浙　江	1751566	69167	2832007	907854	78	1870743	53332
安　徽	363349	38480	531651	113179		417896	576
福　建	2756804	293599	1009227	248941	23374	697762	39150
江　西	328118	3055	238055	182243		43632	12181
山　东	884706	31051	874567	464279	110887	298433	967
河　南	133619	73241	517183	303874		204340	8969
湖　北	654700	111857	682537	207035	28276	416250	30977
湖　南	116484	2163	244427	93127	1444	148689	1167
广　东	7119866	675000	4816432	526564	969926	3250808	69133
广　西	229617	8049	239818	102341	49717	87760	
海　南	116155	560543	95483	27339		41425	26719
重　庆	1546589	701	1247235	386394	299420	561422	
四　川	2143819	10000	3082134	947117	289571	1845446	
贵　州	111970	115	16016	3686	2412	9918	
云　南	486003		41757	41757			
西　藏							
陕　西	95755		526552	226699	112186	187666	
甘　肃	11667		58740	57689		1051	
青　海	205		14502	14502			
宁　夏			21147	9994		11154	
新　疆			1760	1760			

6-7 各地区按资质等级分的房地产开发企业所有者权益

单位：万元

地区	总计	一级	二级	三级	四级	暂定	其他
全国总计	**571701165**	**59553541**	**115951560**	**112134161**	**52384481**	**190167469**	**41509953**
北京	54757725	12339890	7983422	5452141	13414073	9280596	6287602
天津	28780248	2026110	4938486	2457680	5273874	14063711	20388
河北	8683569	1001281	1372852	2359498	2109670	1712946	127323
山西	3377037	155230	345176	555738	1393643	789524	137726
内蒙古	6160994	267426	1670391	1191407	1896398	991941	143430
辽宁	24096183	1359018	2361598	5685141	113577	12483547	2093301
吉林	4499427	149147	732321	1011908	616255	1968919	20879
黑龙江	7475884	150245	2244768	3503347	196668	1307691	73166
上海	84730335	7724226	16584102	7167431	403066	44192774	8658735
江苏	55575092	4561326	23672940	8548720	141106	17147324	1503675
浙江	40781056	5456682	7112815	10129459	1841892	11347788	4892421
安徽	13511484	369426	2268003	3289250	501221	6430880	652705
福建	22611992	1946159	3267950	6147569	3373635	7279714	596965
江西	6940996	53539	2140789	2221716	571070	1716728	237155
山东	25443830	1746159	2818493	5298956	3566495	10178579	1835148
河南	12558201	454436	2797630	2629897	596951	5801100	278188
湖北	17432509	2172515	4458666	3914677	1376157	5280793	229699
湖南	11944374	156669	1031453	6223522	563809	3722548	246373
广东	60091731	10165303	7613196	13599180	6165236	11594159	10954657
广西	8779668	195216	764954	2062928	685117	4733845	337608
海南	3904907	3000	600909	944827	443802	1716985	195384
重庆	21778803	2982433	8613144	3434883	147006	6561658	39680
四川	20455756	1529148	4785421	8148003	448917	4189444	1354823
贵州	6120323	150078	512000	854691	3121041	1328945	153567
云南	6354651	357786	1885419	876206	1329268	1676080	229891
西藏	364693	6749	256747	60868	14459	9890	15981
陕西	6950544	912639	1445803	2387485	1280266	890718	33634
甘肃	2275505	54008	432261	824640	338451	555643	70503
青海	577778	57478	218106	136377	54077	109840	1901
宁夏	1516732	223994	518908	256451	136644	368861	11874
新疆	3169138	826225	502839	759565	270639	734298	75572

6-8 各地区按登记注册类型分的房地产开发企业营业利润

单位：万元

地 区	总 计	内 资					
			国 有	集 体	股份合作	国有联营	集体联营
全国总计	**61114831**	**49643769**	**3663772**	**413768**	**98103**	**143913**	**11326**
北 京	5459061	4075392	39431	29288	-1734		
天 津	1416488	1335549	390750	12932	8325	4572	23
河 北	1017906	990672	16884	-950	4653		
山 西	49686	42156	8745	228	57		-40
内蒙古	1160089	1155398	14183	-271	-396		
辽 宁	1988299	1445764	60579	4036	17092	-168	
吉 林	403000	346606	11854	5887	-317		
黑龙江	670838	624316	40711	2458	812		4290
上 海	9737396	7474912	1337102	58762	2020	102078	-335
江 苏	7939124	6460631	406224	24187	10022	2298	-90
浙 江	5451929	4719039	101363	526	1881	13872	
安 徽	1534464	1414395	50040	2362	-4098	-90	
福 建	1939631	1361658	202624	13476	-897	-275	-24
江 西	764484	636773	-8011	8830	3796		486
山 东	3107508	2831732	71766	86470	13983	-47	1454
河 南	1351703	1189855	9828	17060	6962	-5	
湖 北	1230269	1042484	139536	9484	4387		
湖 南	957388	867314	36777	2817	16691	6598	-217
广 东	6763129	4687332	303875	133529	-7160	13863	4991
广 西	709231	623176	49167	-564	693		
海 南	834129	681125	31094	-32	3925		
重 庆	1643370	1353350	75052	3282	-179		
四 川	2148715	1660041	124745	1082	18972	1071	
贵 州	810242	821359	3414	-349	-5776		126
云 南	480775	327186	38960	-2167	461	153	
西 藏	34106	34106	2926	-225	1168		
陕 西	854824	787097	85303	1647	3049		644
甘 肃	111205	104806	9069	-90	99		
青 海	12003	9873	-5756	-5	-333	-7	
宁 夏	76169	82506	-352	124			18
新 疆	457670	457167	15892	-44	-55		

6-8 续表 1 单位：万元

地　区	内资						
	国有与集体联营	其他联营	国有独资公司	其他有限责任公司	股份有限公司	私营独资	私营合伙
全国总计	**23967**	**18953**	**1020835**	**24992450**	**3653824**	**482656**	**313245**
北　京			121958	3234033	475491	-128	10420
天　津			-62483	594650	123527	35997	-90
河　北		-108	4565	495438	80794	24632	410
山　西			-46	-37715	85399	-2838	2148
内蒙古			-42419	679602	35892	11773	-647
辽　宁		81	-10712	604391	178025	45757	8259
吉　林			-1274	288626	-85982	20285	872
黑龙江			2847	289987	52719	5080	7154
上　海	22826	2131	533993	2959078	592149	16844	-1184
江　苏	-1	93	47881	2620240	260198	156086	13009
浙　江	627	-255	-705	2894466	392912	13631	-799
安　徽	173		38997	941322	85540	16353	6809
福　建	-11	-59	36311	713873	44929	-3720	2203
江　西			2112	340989	38607	14379	17217
山　东		985	36304	1272512	374514	34244	39374
河　南		928	18321	591250	106663	44552	10613
湖　北	83		11377	393336	108129	17319	1065
湖　南	-61	1285	-995	522005	14874	4297	20312
广　东		18782	140354	2462477	411682	1847	1583
广　西		-469	35842	119242	27484	1425	641
海　南	381	-4358	11832	367565	62744	784	401
重　庆			38377	592384	58609	-4028	2145
四　川			30844	809055	44967	-4542	94
贵　州			-2479	261479	34555	2054	-63
云　南			10433	266675	17028	15222	-3053
西　藏				3570	1079	2548	-292
陕　西	-42	-82	-4042	512201	15016	3379	-779
甘　肃			284	39624	1922	3442	972
青　海	-7		-278	5695	154	-2	8232
宁　夏			20700	7741		-214	-579
新　疆			2938	146660	14207	6198	166796

6-8 续表 2

单位：万元

地　区	内资			港澳台商投资		
	私营有限责任公司	私营股份有限公司	其他内资企业		合资经营	合作经营
全国总计	**12939313**	**1117100**	**750543**	**7452307**	**2761330**	**973123**
北　京	176071	-9437		823742	230687	158366
天　津	224734	-6997	9609	-481	30512	4100
河　北	215332	159654	-10633	-7454	-10605	
山　西	-9920	-6139	2277	15331	15175	-217
内蒙古	409305	13382	34993	5350	5350	
辽　宁	525892	12393	141	225575	119672	-2114
吉　林	98192	10103	-1640	52087	6350	-42
黑龙江	201667	12746	3847	1699	165	-3
上　海	1632891	124024	92534	1599437	743159	98745
江　苏	2542571	242372	135543	931339	286746	51054
浙　江	1255055	42449	4016	208568	47075	2804
安　徽	246038	16799	14150	84602	21856	-572
福　建	323023	24985	5220	460708	138464	-4895
江　西	183419	1722	33228	60609	12152	471
山　东	717579	75820	106774	223046	132353	65955
河　南	332882	21080	29722	83129	19610	19049
湖　北	261651	96115	2	143569	48718	27
湖　南	182643	43600	16687	22011	17073	-551
广　东	966966	155733	78812	1772931	485478	583684
广　西	375952	12195	1569	84953	76675	133
海　南	177952	-1017	29856	110749	159758	
重　庆	535637	39521	12551	158657	10100	-5096
四　川	478201	19990	135561	212188	36590	-462
贵　州	536814	-8213	-205	-4338	741	
云　南	-32465	6570	9369	154424	108515	
西　藏	24210		-878			
陕　西	151000	12897	6908	23361	13119	2686
甘　肃	49321	-538	701	2278	1597	
青　海	2899	-699	-18	3717	3724	
宁　夏	53367	1701				
新　疆	100436	4290	-151	520	520	

6-8 续表 3　　单位：万元

地　区	港澳台商投资		外商投资				
	独　资	股份有限		合资经营	合作经营	独　资	股份有限
全国总计	**3427434**	**290420**	**4018754**	**1338090**	**487267**	**2126671**	**66726**
北　京	434689		559926	364362	59823	110517	25224
天　津	-35094		81420	18733	-10582	60001	13268
河　北	3152		34688	8748	-373	26331	-18
山　西	372		-7801	-7051		-750	
内 蒙 古			-659	-339		-320	
辽　宁	108753	-738	316960	49034	62474	205961	-509
吉　林	44961	817	4307	1982	2289	36	
黑 龙 江	441	1095	44823	15161	-3139	32800	
上　海	757631	-98	663047	232056	24867	422028	-15903
江　苏	521587	71953	547153	158711	47183	340403	856
浙　江	152097	6593	524323	123437	-188	393161	7913
安　徽	63386	-68	35468	-2162		36556	1074
福　建	219812	107326	117265	28816	1236	85641	1573
江　西	48080	-93	67102	49684		17234	184
山　东	22925	1812	52731	26687	8721	17354	-32
河　南	42762	1708	78719	56467		19423	2829
湖　北	76841	17984	44216	51764	2994	-3679	-6863
湖　南	5412	77	68063	24220	-105	43935	13
广　东	577582	126188	302866	30927	52828	181408	37703
广　西	4733	3412	1103	-14350	12461	2992	
海　南	-624	-48384	42254	32858		9982	-586
重　庆	153701	-48	131364	-9855	108735	32483	
四　川	176121	-61	276486	75317	110973	90197	
贵　州	-6025	946	-6778	-4418	-1668	-693	
云　南	45909		-836	-836			
西　藏							
陕　西	7557		44365	26423	8739	9204	
甘　肃	680		4122	4314		-192	
青　海	-7		-1588	-1588			
宁　夏			-6337	-996		-5341	
新　疆			-17	-17			

6-9　各地区按资质等级分的房地产开发企业营业利润

单位：万元

地　区	总　计	一　级	二　级	三　级	四　级	暂　定	其　他
全国总计	**61114831**	**8902577**	**14010137**	**13170888**	**6592490**	**15806529**	**2632210**
北　京	5459061	1486250	927421	606804	2066116	193721	178749
天　津	1416488	211537	321571	218444	336183	333039	-4286
河　北	1017906	342323	53411	278350	224591	98844	20387
山　西	49686	31480	23744	2181	54847	-59921	-2643
内蒙古	1160089	44131	199788	328673	281301	299576	6620
辽　宁	1988299	203171	325614	707675	24488	660677	66675
吉　林	403000	9545	146341	138150	81076	17884	10005
黑龙江	670838	-2612	205108	304513	34270	106018	23541
上　海	9737396	1291742	2136826	1007552	116517	4461049	723711
江　苏	7939124	663196	3134109	1580828	22712	2318362	219917
浙　江	5451929	951403	1124927	1650839	190136	1134351	400273
安　徽	1534464	111918	443737	350821	53440	474623	99925
福　建	1939631	341192	476167	558632	330328	238423	-5110
江　西	764484	1343	204720	256687	136309	151852	13574
山　东	3107508	259236	303242	527319	439717	1420786	157209
河　南	1351703	94710	363137	275145	125307	489910	3493
湖　北	1230269	357536	452124	291408	82645	120602	-74045
湖　南	957388	17930	127698	420706	33892	353169	3994
广　东	6763129	1321036	946379	1495398	967909	1336464	695944
广　西	709231	27442	183479	297658	107625	93834	-807
海　南	834129	2376	91281	186739	58702	459587	35445
重　庆	1643370	379653	694627	167459	5998	390761	4874
四　川	2148715	234691	584358	1012779	68789	206602	41496
贵　州	810242	36577	29092	-12322	542351	217726	-3182
云　南	480775	81059	190971	128431	11738	64325	4251
西　藏	34106	-103	5432	19631	8901	832	-587
陕　西	854824	116059	175359	199593	160524	194876	8412
甘　肃	111205	4885	33098	41629	24078	2899	4617
青　海	12003	22	12987	4046	-2467	-2547	-39
宁　夏	76169	49616	27088	6438	13611	-17227	-3357
新　疆	457670	233233	66303	118685	-9142	45436	3155

6-10 各地区按登记注册类型分的房地产开发企业利润总额

单位：万元

地 区	总 计	内 资					
			国 有	集 体	股份合作	国有联营	集体联营
全国总计	**62357654**	**50924280**	**3979251**	**395577**	**98863**	**148368**	**10992**
北 京	5702532	4308990	123367	29432	-1734		
天 津	1611625	1529715	482347	12939	7822	4550	24
河 北	1017819	990005	16469	-1053	4871		
山 西	34737	27870	9552	228	52		-40
内蒙古	1220959	1216378	14048	-266	-396		
辽 宁	1865672	1323382	12591	4320	17094	-117	
吉 林	447115	391069	11883	5882	-317		
黑龙江	649961	610121	39691	2444	791		4290
上 海	9891186	7635295	1382576	59058	4966	106782	-22
江 苏	7856628	6456575	410854	24172	9765	2298	-93
浙 江	5572421	4806721	114539	584	-306	13940	
安 徽	1334732	1251627	36892	2238	-4054		
福 建	1961884	1394944	196750	11249	-983	-239	-24
江 西	728261	599612	1302	8516	3715		572
山 东	3066369	2814829	125706	84668	15271	-47	1435
河 南	1328860	1169431	2153	3960	6885	-5	
湖 北	1253102	1063225	148000	9425	3939		
湖 南	928016	843852	36827	3424	16975	6582	-216
广 东	7550637	5372942	340647	134857	-4297	13858	4912
广 西	689065	610061	58150	-408	26		
海 南	767235	618909	30701	-34	3386		
重 庆	1588098	1404982	96151	3491	-90		
四 川	2196251	1660034	147117	-2789	19856	620	
贵 州	821473	833017	5615	-298	-5794		126
云 南	629572	436033	39284	-1579	95	153	
西 藏	7475	7475	2721	-225	1211		
陕 西	1002702	939206	76546	1327	407		10
甘 肃	100949	77686	7161	-63	97		
青 海	-75	1878	-5765	-5	-336	-7	
宁 夏	77578	73286	-352	125			18
新 疆	454814	455133	15730	-42	-55		

6-10 续表 1 单位：万元

地　区	内资						
	国有与集体联营	其他联营	国有独资公司	其他有限责任公司	股份有限公司	私营独资	私营合伙
全国总计	**23850**	**22890**	**1133667**	**25306992**	**4354788**	**445907**	**283566**
北　京			112320	3306686	557102	-128	10204
天　津			23286	597408	125818	36295	-215
河　北		-113	4542	505617	80306	24560	39
山　西			-46	-41775	84461	-3685	2010
内蒙古			-42357	739997	35889	11214	-649
辽　宁		81	-10360	558967	206908	40019	5062
吉　林			-1354	280461	-85358	19840	868
黑龙江			6446	276988	45005	3903	7148
上　海	22772	2128	571202	3047309	580424	17512	-1263
江　苏	-1	59	47636	2667680	264145	157531	12284
浙　江	590	-255	1955	2922154	419060	14147	-823
安　徽	173		41025	839436	85010	15929	6763
福　建	-37	-53	36291	757577	51644	-3483	1922
江　西			984	325742	38776	12759	4242
山　东		985	36698	1223376	373593	31796	38565
河　南		928	19655	651654	88901	40706	2273
湖　北	91		14201	393727	113467	17086	1066
湖　南	-61	1285	-925	501040	15615	4022	20025
广　东		18460	151359	2773704	773421	-1353	1587
广　西		-478	1293	111996	24922	2859	776
海　南	371	-113	9539	351745	43852	-543	373
重　庆			44491	579756	57223	-3419	2035
四　川			32744	715965	50094	-6667	58
贵　州			-1629	265900	33155	1911	-65
云　南			10941	289920	24160	-153	-1759
西　藏				327	1137	708	-362
陕　西	-42	-22	-3557	483736	252913	6418	-785
甘　肃			548	25829	-636	1145	972
青　海	-7		-278	-60	160	-13	7935
宁　夏			21889	7695		-196	-715
新　疆			5128	146434	13624	5187	163996

6-10 续表 2

单位：万元

地　区	内资			港澳台商投资		
	私营有限责任公司	私营股份有限公司	其他内资企业		合资经营	合作经营
全国总计	**12887112**	**1103489**	**728968**	**7423673**	**2790018**	**974900**
北　京	182503	-10761		828986	229739	172285
天　津	236416	-6607	9631	-660	30389	4101
河　北	207423	157450	-10106	-7327	-10420	
山　西	-19009	-6225	2348	14948	15130	-218
内蒙古	410368	13541	34989	5257	5257	
辽　宁	472708	8929	7181	224307	116606	-2084
吉　林	150711	10105	-1651	51670	6173	-42
黑龙江	207874	12586	2955	1828	321	-3
上　海	1624800	122818	94235	1601110	744166	98690
江　苏	2483825	238862	137556	869729	236930	51039
浙　江	1285063	45011	-8938	239573	79259	2937
安　徽	194807	25729	7679	51125	23207	-572
福　建	314263	24827	5241	455762	136885	-4044
江　西	179156	-2832	26679	62200	12816	462
山　东	717028	59181	106574	213998	132345	65803
河　南	313106	18778	20438	81618	18780	19049
湖　北	266334	95688	201	145596	48683	27
湖　南	178993	44230	16035	19059	16773	-572
广　东	940815	145885	79088	1874488	517811	572223
广　西	377296	27296	6334	85854	78265	-585
海　南	152788	-1057	27902	107509	157017	
重　庆	570544	41860	12941	51278	12397	-5137
四　川	539109	25902	138025	214419	35845	-1093
贵　州	542487	-8184	-206	-4253	580	
云　南	57444	8548	8979	194693	113675	
西　藏	895		1063			
陕　西	110937	7798	3519	21770	12865	2634
甘　肃	42725	-565	471	19735	19113	
青　海	1034	-762	-18	-294	-288	
宁　夏	43401	1419				
新　疆	101268	4039	-174	-301	-301	

6-10 续表 3　　　　单位：万元

地　区	港澳台商投资		外商投资				
	独　资	股份有限		合资经营	合作经营	独　资	股份有限
全国总计	**3370848**	**287906**	**4009700**	**1361216**	**466034**	**2117428**	**65023**
北　京	426962		564556	372780	55020	111393	25363
天　津	-35150		82570	19220	-10271	60328	13294
河　北	3093		35142	8725	-371	26806	-18
山　西	35		-8081	-7331		-750	
内蒙古			-676	-339		-336	
辽　宁	110522	-738	317984	41023	63373	214078	-489
吉　林	44722	817	4376	1976	2289	111	
黑龙江	406	1104	38012	15105	-3170	26077	
上　海	758356	-102	654780	233459	25229	412798	-16705
江　苏	509925	71835	530324	154596	47806	327097	825
浙　江	150813	6564	526128	125467	-206	392973	7894
安　徽	28558	-68	31981	-3593		34500	1073
福　建	221712	101208	111178	28131	1236	80340	1471
江　西	49015	-93	66449	49606		16659	184
山　东	14136	1714	37542	12188	8809	16577	-32
河　南	42062	1728	77811	54966		20003	2842
湖　北	78879	18008	44281	51914	3003	-3773	-6863
湖　南	2780	77	65105	23228	-105	41969	13
广　东	654308	130146	303207	38882	45910	180337	38078
广　西	4756	3418	-6851	-12517	1027	4640	
海　南	-1573	-47935	40818	32810		9916	-1909
重　庆	44065	-48	131838	-10107	108697	33248	
四　川	179718	-51	321799	111226	111383	99190	
贵　州	-5155	323	-7290	-4419	-2106	-765	
云　南	81018		-1154	-1154			
西　藏							
陕　西	6271		41726	24399	8483	8844	
甘　肃	622		3529	3709		-180	
青　海	-7		-1658	-1658			
宁　夏			4293	-1057		5350	
新　疆			-17	-17			

6-11 各地区按资质等级分的房地产开发企业利润总额

单位：万元

地　区	总 计	一 级	二 级	三 级	四 级	暂 定	其 他
全国总计	**62357654**	**9225921**	**14858681**	**13081825**	**6607540**	**15456233**	**3127454**
北　京	5702532	1476768	1020252	641765	2172834	158036	232877
天　津	1611625	222962	426909	222086	363789	380030	-4151
河　北	1017819	338150	64461	272657	225506	96439	20606
山　西	34737	31366	20090	36	47858	-61964	-2650
内蒙古	1220959	46122	261191	325298	282103	299248	6996
辽　宁	1865672	208518	281780	720326	19659	574996	60394
吉　林	447115	8929	149455	128100	79606	70844	10180
黑龙江	649961	-4070	214116	289838	31551	96408	22117
上　海	9891186	1339605	2183810	1013138	111938	4518597	724099
江　苏	7856628	705409	3099001	1560270	22391	2247340	222217
浙　江	5572421	964998	1199540	1673490	191693	1140214	402486
安　徽	1334732	105521	442987	281414	55505	348867	100439
福　建	1961884	349619	485410	530836	344025	228291	23702
江　西	728261	1350	187199	264707	118037	148307	8661
山　东	3066369	257583	309189	531323	440271	1432584	95418
河　南	1328860	88982	477457	261152	82515	418891	-137
湖　北	1253102	366174	464130	295005	80447	121846	-74500
湖　南	928016	17558	118061	412016	35329	341044	4008
广　东	7550637	1482644	1084950	1509352	963946	1308678	1201067
广　西	689065	29995	176854	267502	103912	109283	1519
海　南	767235	379	104586	157693	55561	450429	-1412
重　庆	1588098	381771	714757	190333	5720	284308	11210
四　川	2196251	233741	553093	1047219	69940	235012	57247
贵　州	821473	36554	31574	-6844	537849	225121	-2779
云　南	629572	119705	244280	158090	12536	89862	5100
西　藏	7475	-24	5210	2133	366	377	-586
陕　西	1002702	124749	389756	171122	131717	185654	-297
甘　肃	100949	4701	45684	36528	15907	-5419	3548
青　海	-75	-340	1188	3011	-954	-2938	-42
宁　夏	77578	48919	35613	6146	12629	-22351	-3378
新　疆	454814	237585	66100	116085	-6647	38197	3494

6-12　各地区按登记注册类型分的房地产开发企业主营业务收入

单位：万元

地　区	总　计	内　资					
			国　有	集　体	股份合作	国有联营	集体联营
全国总计	**429964803**	**372306898**	**22464794**	**3423070**	**1226897**	**482199**	**92747**
北　京	29070330	23230824	619331	113246			
天　津	9337798	8414421	2689644	77099	22844	26057	356
河　北	11998595	11667386	219451	1038	22793		
山　西	2862544	2786613	226004	18683	2994		
内蒙古	8265854	8244685	68392	1434	14884		
辽　宁	20597959	16743070	844080	111168	141062	5600	
吉　林	5638464	5336463	138156	31709	9304		
黑龙江	6755674	6427089	683988	44450	6410		21451
上　海	32657715	24938655	3188267	479023	6406	281047	2584
江　苏	53846951	46183721	3268975	378321	94831	14101	0
浙　江	31999421	28890394	683833	55443	28118	74685	
安　徽	13159252	12307942	468640	31099	7192		
福　建	12618188	9366096	1097928	116896	1423	10077	2544
江　西	6664907	5907297	352266	34059	22533		11524
山　东	27515233	25597180	1322222	627329	201558	639	5856
河　南	12005594	11195385	219961	94916	73985		
湖　北	11059416	9825062	990844	115329	56546		
湖　南	11158117	10540699	592829	54948	224545	37632	
广　东	41680716	31244241	1400009	855203	48422	29970	44107
广　西	6433110	5923707	448199	18093	25738		
海　南	4037038	3238524	135899	8316	51180		
重　庆	14732183	12347547	628780	31969	841		
四　川	21881800	19621145	627669	46289	106965	2105	
贵　州	9332098	9252205	150385	3703	7998		191
云　南	7339052	6652357	349685	6605	9064	286	
西　藏	137672	137672	26543		6670		
陕　西	8894520	8191010	759962	56474	23505		3876
甘　肃	1906820	1759875	106780	7817	8591		
青　海	474894	445432	17394				
宁　夏	1783476	1782650		2107			257
新　疆	4119413	4107552	138681	306	500		

6-12 续表 1

单位：万元

地区	内资						
	国有与集体联营	其他联营	国有独资公司	其他有限责任公司	股份有限公司	私营独资	私营合伙
全国总计	**108848**	**150478**	**6055555**	**171490242**	**20798724**	**4888195**	**1680320**
北京			592957	18061895	1276757		25432
天津			197336	2838483	457038	182441	3465
河北			105086	4967927	710716	345803	14442
山西				796713	379270	19044	16478
内蒙古			112743	4257844	362247	202297	13246
辽宁		5037	449375	6619535	654905	376748	28972
吉林			13581	2558050	163824	113113	15523
黑龙江			46683	2767167	613990	81020	83418
上海	91956	8054	954269	10204748	1272667	229770	24427
江苏	91	4173	399519	17671556	1962328	1081675	159816
浙江	5214	27	357716	14900331	1150447	151957	7208
安徽	4248		151030	7289243	641444	157221	86109
福建	507	387	200418	4279600	324514	27192	32877
江西			17230	2718593	479049	123948	109049
山东		7785	479668	11593679	2533343	394981	198884
河南		4122	98791	6399200	836704	216354	27997
湖北	4778		139776	4461351	958540	143274	17876
湖南		10728	88933	5334731	583636	99641	156406
广东		109566	648390	15063995	2300702	306593	57846
广西		491	76898	1514899	254336	114008	19828
海南	2053		28015	1745646	408550	20688	6651
重庆			262078	4633409	342734	32256	37291
四川			208681	7939756	1242536	103279	16257
贵州			8353	2621103	240274	22533	2749
云南			93848	2924422	268313	117352	9507
西藏				29181	8745	18765	2898
陕西		108	71533	4712438	233995	111628	750
甘肃			9233	805873	51372	48326	12680
青海			13002	151095	16248	678	47952
宁夏			186873	242918		15173	646
新疆			43542	1384866	69502	30438	443641

6-12 续表 2　　单位：万元

地　　区	内资			港澳台商投　资	合资经营	合作经营
	私营有限责任公司	私营股份有限公司	其他内资企　业			
全国总计	**125788701**	**9384941**	**4271188**	**35725741**	**13480227**	**3943987**
北　京	2525025	16180		3497535	1306296	918978
天　津	1827789	21127	70743	319326	276106	15142
河　北	4244574	954556	81001	149182	123988	
山　西	1198572	102881	25974	75923	73267	
内蒙古	3005174	144874	61550	20530	20530	
辽　宁	6955477	478233	72879	1836052	855665	9966
吉　林	2130347	156618	6239	223218	40584	
黑龙江	1873398	169806	35309	32001	3745	
上　海	7516968	333777	344691	5031692	1826823	308260
江　苏	18929044	1496418	722874	4112097	1555121	235987
浙　江	10933571	420045	121799	1231099	497963	23918
安　徽	3058773	246530	166414	396263	174007	
福　建	2988520	198718	84497	2508415	782039	14010
江　西	1613762	290411	134873	542772	224709	1325
山　东	7196779	648131	386329	1428634	882232	228209
河　南	2852383	208894	162080	452356	184479	80800
湖　北	2440886	437897	57967	906828	373926	437
湖　南	2711684	472837	172151	396334	262225	15018
广　东	8903510	1065720	410209	7664751	1802157	2054657
广　西	3215945	175683	59589	342611	280213	2198
海　南	714561	11041	105926	597166	530097	
重　庆	5790499	484182	103508	1788640	466836	
四　川	8373055	321395	633160	1040624	302638	2394
贵　州	6096561	92915	5442	56079	22152	
云　南	2581507	141068	150700	684201	393416	
西　藏	29864		15007			
陕　西	2030107	113192	73443	273866	109331	32688
甘　肃	673538	31310	4356	76346	68484	
青　海	186042	13019		29462	29462	
宁　夏	1263038	71638				
新　疆	1927749	65847	2480	11739	11739	

6-12 续表 3

单位：万元

地　区	港澳台商投资		外商投资				
	独　资	股份有限		合资经营	合作经营	独　资	股份有限
全国总计	**17076954**	**1224573**	**21932165**	**7092084**	**2657043**	**11599816**	**583221**
北　京	1272261		2341971	1300207	488015	423941	129808
天　津	28079		604051	222148	3316	290130	88456
河　北	25194		182027	28006	3635	150359	28
山　西	2656		8	8			
内蒙古			640			640	
辽　宁	970233	188	2018837	449782	277376	1291680	
吉　林	172180	10454	78783	8318	67965	2500	
黑龙江	10424	17832	296584	81642		214942	
上　海	2890802	5807	2687369	815986	229426	1627642	14315
江　苏	2030963	290026	3551133	1117962	272058	2151557	9557
浙　江	676162	33057	1877928	513227	479	1280666	83556
安　徽	222256		455047	127019		319528	8500
福　建	1422931	289435	743676	204484	3295	523533	12363
江　西	311467	5270	214839	156222		57842	776
山　东	298523	19670	489418	295595	28918	164905	
河　南	177248	9829	357853	232601		102502	22750
湖　北	430035	102431	327526	202417	54298	40327	30484
湖　南	118543	548	221084	83995		136615	475
广　东	3416136	391801	2771725	322824	434899	1850878	163125
广　西	49875	10325	166792	62172	32514	72106	
海　南	30458	36610	201348	146685		35634	19028
重　庆	1321803		595996	46348	291258	258390	
四　川	735592		1220031	428578	258365	533088	
贵　州	32638	1289	23815	1056	22434	325	
云　南	290786		2495	2495			
西　藏							
陕　西	131848		429643	172476	188792	68376	
甘　肃	7862		70599	68886		1713	
青　海							
宁　夏			826	826			
新　疆			122	122			

6-13　各地区按资质等级分的房地产开发企业主营业务收入

单位：万元

地　区	总　计	一　级	二　级	三　级	四　级	暂　定	其　他
全国总计	**429964803**	**40388883**	**91538256**	**109122555**	**53409741**	**117725493**	**17779876**
北　京	29070330	6066041	5371143	3986142	10417501	2164278	1065226
天　津	9337798	960472	2025944	1649574	2297625	2398332	5851
河　北	11998595	1598981	2025622	3296399	3329048	1478431	270114
山　西	2862544	210070	439433	746605	1225238	234807	6391
内蒙古	8265854	375522	1483050	2006195	2360895	1975150	65042
辽　宁	20597959	1474356	2363528	6671627	234890	8982797	870762
吉　林	5638464	138719	1158268	1754691	1114838	1435822	36127
黑龙江	6755674	161828	1966150	3036091	460281	1026298	105026
上　海	32657715	1795525	5729743	4247942	335722	17075598	3473185
江　苏	53846951	4257020	20968824	10373900	228351	16387021	1631834
浙　江	31999421	3012735	6258147	10159794	1744915	8584336	2239495
安　徽	13159252	527473	3082436	3245352	684073	5207944	411975
福　建	12618188	1270816	2854108	4265034	1848191	2249885	130154
江　西	6664907	72678	1511742	2602984	884115	1439751	153638
山　东	27515233	2037782	3427054	6345098	3700601	10938652	1066047
河　南	12005594	769001	2685153	2219224	847437	5343818	140961
湖　北	11059416	1729626	3179325	2952557	1273509	1857353	67046
湖　南	11158117	208285	1108133	5230811	598663	3854656	157570
广　东	41680716	6065043	5005858	10607067	7203841	8192503	4606405
广　西	6433110	137561	835426	1935474	813640	2581797	129213
海　南	4037038	7322	412435	627961	425074	2357876	206371
重　庆	14732183	2031164	5829693	2579573	125282	4128553	37918
四　川	21881800	1809267	5501355	11718264	554009	1693685	605220
贵　州	9332098	149499	471936	767986	6188072	1706514	48092
云　南	7339052	644863	1876922	1388288	1509015	1809600	110364
西　藏	137672	569	53283	58369	16697	8564	191
陕　西	8894520	1554792	1900472	2119626	2068231	1202915	48483
甘　肃	1906820	61439	388425	762255	256900	390945	46857
青　海	474894	104445	205290	85522	25561	54076	
宁　夏	1783476	319935	683460	409854	204693	151127	14407
新　疆	4119413	836054	735900	1272298	432835	812411	29914

搜房
SouFun
www.soufun.com
搜房产业网
FDC.SOUFUN.COM
查数据 找报告 上搜房产业网
覆盖200城市的土地交易数据，50城市的住宅交易数据
几万份的房地产行业专业资料，搜房产业网一览无余！

第二部分

35 个大中城市篇

第七章　35 个大中城市房地产综合（2010）

7-1　35个大中城市按登记注册类型分的房地产开发企业个数

单位：个

地　区	总　计	内　资					
			国　有	集　体	股份合作	国有联营	集体联营
总　计	**33585**	**30119**	**1899**	**403**	**131**	**30**	**20**
北　京	3173	2888	83	23	2		
天　津	1279	1169	270	19	4	2	1
石家庄	526	505	13	4	2		
太　原	661	646	31	3	1		1
呼和浩特	238	234	2	1			
沈　阳	1384	1103	36	8	5		
大　连	981	899	21	6	7	2	
长　春	458	427	7	1			
哈尔滨	803	774	59	2			1
上　海	3247	2773	316	91	7	14	10
南　京	744	629	69	11	3		
杭　州	1398	1318	49	8			
宁　波	737	667	23	18			
合　肥	666	615	40	5	4		
福　州	662	456	45	17	1	1	
厦　门	629	456	59	9	2	4	
南　昌	524	444	46	4	4		
济　南	582	535	57	11	2	1	
青　岛	1074	976	45	38	8	1	3
郑　州	1049	979	21	6	3		
武　汉	1423	1313	81	23	9		
长　沙	910	870	52		12	1	
广　州	1261	890	73	29	5		
深　圳	618	485	28	3	9	2	1
南　宁	750	673	39	3	1		
海　口	189	169	11	1	3		
重　庆	2391	2275	101	10	5		
成　都	1559	1425	63	11	13	1	1
贵　阳	879	836	35	11			2
昆　明	883	851	28	6	5		
西　安	522	499	37	9	4		
兰　州	527	502	34	11	6		
西　宁	305	292	13	1	4	1	
银　川	206	204	1				
乌鲁木齐	347	342	11				

7-1 续表 1

单位：个

地　区	内			资			
	国有与集体联　营	其他联营	国有独资公　司	其他有限责任公司	股份有限公　司	私营独资	私营合伙
总　计	**20**	**24**	**393**	**12308**	**1113**	**443**	**116**
北　京			70	1877	99	1	1
天　津			12	387	39	23	5
石家庄			2	140	34	5	6
太　原			4	91	5	8	3
呼和浩特				88	2	9	1
沈　阳			5	355	54	50	4
大　连			1	244	17	17	2
长　春			8	233	19		
哈尔滨			3	347	39	4	3
上　海	11	3	66	958	50	39	9
南　京	1		6	226	36	14	2
杭　州	3	1	12	681	34	14	9
宁　波		1	16	175	14	13	
合　肥	1	1	7	321	22	7	4
福　州	1		3	167	16	6	8
厦　门		4	5	182	11	1	5
南　昌			5	232	43	11	4
济　南			4	237	48	7	2
青　岛			10	260	44	19	1
郑　州			7	566	46	15	7
武　汉	1		12	436	90	65	11
长　沙		1	11	525	40	10	3
广　州		2	17	323	19	6	1
深　圳		8	6	175	32	5	1
南　宁			2	115	12	4	1
海　口			4	92	9	1	1
重　庆		1	40	681	44	17	8
成　都		1	18	651	105	21	2
贵　阳			6	565	7	8	1
昆　明			6	263	27	11	2
西　安	1	1	3	280	13	14	2
兰　州				236	29	5	1
西　宁	1		6	94	12	7	4
银　川			8	38		1	
乌鲁木齐			8	67	2	5	2

7-1 续表 2

单位：个

地　区	内资			港澳台商投资		
	私营有限责任公司	私营股份有限公司	其他内资企业		合资经营	合作经营
总　计	**12259**	**732**	**228**	**2282**	**845**	**350**
北　京	705	27		174	67	79
天　津	371	17	19	58	27	2
石家庄	276	16	7	11	6	
太　原	464	32	3	10	7	
呼和浩特	128	2	1	1	1	
沈　阳	561	25		147	51	9
大　连	538	28	16	49	30	2
长　春	158	1		21	13	1
哈尔滨	292	22	2	15	11	
上　海	1119	60	20	305	128	19
南　京	247	13	1	73	39	
杭　州	476	15	16	53	22	2
宁　波	393	14		46	21	
合　肥	183	11	9	31	13	1
福　州	177	10	4	156	33	4
厦　门	158	16		140	26	13
南　昌	65	21	9	59	25	2
济　南	138	21	7	28	14	2
青　岛	519	25	3	54	27	7
郑　州	284	14	10	32	15	2
武　汉	536	30	19	73	30	1
长　沙	181	28	6	25	14	2
广　州	401	13	1	323	46	186
深　圳	205	8	2	100	28	5
南　宁	485	6	5	41	22	3
海　口	42	1	4	15	4	
重　庆	1242	107	19	77	34	2
成　都	483	36	19	68	29	3
贵　阳	173	25	3	28	14	
昆　明	464	30	9	30	19	1
西　安	116	9	10	11	4	2
兰　州	165	14	1	15	13	
西　宁	115	31	3	10	9	
银　川	156					
乌鲁木齐	243	4		3	3	

7-1 续表 3　　　　单位：个

地　区	港澳台商投资		外商投资				
	独　资	股份有限		合资经营	合作经营	独　资	股份有限
总　计	**1048**	**39**	**1184**	**499**	**133**	**522**	**30**
北　京	28		111	41	46	20	4
天　津	29		52	26	5	18	3
石家庄	5		10	6		4	
太　原	3		5	3		2	
呼和浩特			3	1		2	
沈　阳	82	5	134	52	15	67	
大　连	16	1	33	22		11	
长　春	7		10	7	1	2	
哈尔滨	4		14	7	2	5	
上　海	156	2	169	58	11	96	4
南　京	33	1	42	22	1	19	
杭　州	23	6	27	14		11	2
宁　波	25		24	10		13	1
合　肥	16	1	20	8		12	
福　州	114	5	50	14	1	34	1
厦　门	100	1	33	5	5	21	2
南　昌	29	3	21	12		7	2
济　南	12		19	13	3	3	
青　岛	18	2	44	24	7	12	1
郑　州	15		38	22		15	1
武　汉	38	4	37	14	1	20	2
长　沙	8	1	15	8		6	1
广　州	89	2	48	8	14	23	3
深　圳	63	4	33	12	6	15	
南　宁	16		36	19	2	15	
海　口	11		5	1		2	2
重　庆	40	1	39	18	2	19	
成　都	36		66	27	5	33	1
贵　阳	14		15	4	3	8	
昆　明	10		2	2			
西　安	5		12	5	3	4	
兰　州	2		10	8		2	
西　宁	1		3	3			
银　川			2	1		1	
乌鲁木齐			2	2			

7-2　35个大中城市按资质等级分的房地产开发企业个数

单位：个

地　区	总　计	一　级	二　级	三　级	四　级	暂　定	其　他
总　计	**33585**	**664**	**3662**	**8785**	**4657**	**11807**	**4010**
北　京	3173	120	247	319	1139	692	656
天　津	1279	20	105	143	522	480	9
石家庄	526	3	31	70	150	246	26
太　原	661	4	61	121	232	233	10
呼和浩特	238	1	34	51	110	40	2
沈　阳	1384	17	86	260	15	758	248
大　连	981	19	59	361	21	368	153
长　春	458	3	54	111	114	176	
哈尔滨	803	3	151	443	18	162	26
上　海	3247	44	275	416	8	1796	708
南　京	744	28	177	353	11	107	68
杭　州	1398	51	180	349	93	376	349
宁　波	737	20	66	261	70	234	86
合　肥	666	8	75	162	18	394	9
福　州	662	19	42	179	114	276	32
厦　门	629	17	31	77	239	117	148
南　昌	524	4	95	200	43	149	33
济　南	582	13	40	167	47	237	78
青　岛	1074	10	48	170	127	422	297
郑　州	1049	13	102	214	54	614	52
武　汉	1423	36	299	522	49	361	156
长　沙	910	9	54	465	24	334	24
广　州	1261	10	155	631	84	381	
深　圳	618	55	41	56	23	40	403
南　宁	750	2	36	147	98	404	63
海　口	189		6	27	17	120	19
重　庆	2391	41	477	892	129	831	21
成　都	1559	18	232	762	171	235	141
贵　阳	879	2	38	133	268	355	83
昆　明	883	13	88	134	295	297	56
西　安	522	39	78	144	172	75	14
兰　州	527	2	47	209	27	233	9
西　宁	305	5	71	96	62	63	8
银　川	206	9	45	53	34	52	13
乌鲁木齐	347	6	36	87	59	149	10

7-3 35个大中城市按登记注册类型分的房地产开发企业从业人数

单位：人

地区	总计	内资					
			国有	集体	股份合作	国有联营	集体联营
总计	**884079**	**761561**	**76742**	**8201**	**3530**	**748**	**360**
北京	89173	74046	3849	510	73		
天津	36717	33319	8993	486	160	41	30
石家庄	13891	12478	542	138	34		
太原	11931	11187	847	40	38		9
呼和浩特	6050	5885	154	15			
沈阳	18572	12601	285	84	211		
大连	22404	19747	333	58	106	28	
长春	10411	9596	167	11			
哈尔滨	15594	15150	1607	28			124
上海	91372	65790	7454	1421	86	408	119
南京	19141	15961	1569	96	45		
杭州	25802	23638	969	105			
宁波	13685	11985	311	226			
合肥	17988	16385	2140	166	55		
福州	14860	10522	1318	343	10		
厦门	11585	8105	2211	134	15	82	
南昌	13551	9425	1187	61	56		
济南	18338	16916	4025	601	21	15	
青岛	24707	21701	1159	800	250	20	32
郑州	24690	22046	608	82	57		
武汉	37019	34463	5367	989	137		
长沙	23708	22262	1398		240	74	
广州	35639	23927	3034	541	52		
深圳	38598	33013	1191	106	1231	47	26
南宁	16479	14572	1155	36	18		
海口	5894	5190	923	12	87		
重庆	91757	87142	14404	153	45		
成都	44507	39133	2269	121	273	30	
贵阳	16543	15596	967	74			20
昆明	18110	16930	763	94	57		
西安	25506	24143	3880	518	61		
兰州	11075	10256	1024	150	65		
西宁	2880	2716	235	2	47	3	
银川	6933	6843	23				
乌鲁木齐	8969	8892	381				

7-3 续表 1

单位：人

地区	内资						
	国有与集体联营	其他联营	国有独资公司	其他有限责任公司	股份有限公司	私营独资	私营合伙
总计	**367**	**464**	**14308**	**326619**	**43918**	**7836**	**2218**
北京			2838	51049	3478	10	42
天津			823	10444	1516	717	147
石家庄			13	2914	605	103	3
太原			33	1853	374	134	27
呼和浩特				2475	43	169	17
沈阳			254	5748	579	415	61
大连			1	5731	794	304	32
长春			188	5813	246		
哈尔滨			93	7181	660	60	27
上海	162	31	2064	25049	3833	800	126
南京	10		141	5654	1340	363	
杭州	88		271	13359	1089	196	58
宁波		11	436	3359	480	160	
合肥	57	27	211	8233	522	179	88
福州	10		49	4103	512	99	75
厦门		128	351	2984	109	8	22
南昌			207	4743	920	191	87
济南			123	6999	1280	137	43
青岛			425	6303	1816	365	22
郑州			275	12792	1186	282	71
武汉	21		441	10540	7508	882	218
长沙		20	277	13617	1142	168	253
广州		88	341	8136	853	115	41
深圳		134	358	17123	5091	283	32
南宁			44	2644	445	82	6
海口			259	2393	292	87	49
重庆			1338	26556	1756	341	261
成都			458	19884	2853	460	71
贵阳			114	10730	680	89	
昆明			542	6361	791	126	12
西安	16	25	181	12637	432	370	46
兰州				5156	439	46	2
西宁	3		111	1108	96	28	57
银川			528	1214		28	
乌鲁木齐			520	1734	158	39	222

7-3 续表 2

单位：人

地区	内资			港澳台商投资		
	私营有限责任公司	私营股份有限公司	其他内资企业		合资经营	合作经营
总计	**253749**	**17283**	**5218**	**71723**	**28806**	**9401**
北京	11651	546		8808	3044	3566
天津	9273	384	305	1748	707	89
石家庄	7446	409	271	350	236	
太原	7286	546		621	579	
呼和浩特	2972	21	19	47	47	
沈阳	4812	152		2885	1001	60
大连	11189	562	609	1511	833	19
长春	3150	21		575	318	10
哈尔滨	4858	443	69	156	132	
上海	22427	1447	363	11287	4853	779
南京	5164	1546	33	1750	933	
杭州	7019	278	206	1015	455	1
宁波	6746	256		1172	429	
合肥	4274	269	164	950	380	25
福州	3706	225	72	3161	671	114
厦门	1929	132		3000	496	254
南昌	1429	422	122	3430	2458	45
济南	2720	718	234	1025	569	54
青岛	9976	459	74	1689	909	114
郑州	6351	197	145	1120	512	117
武汉	7225	734	401	1514	637	15
长沙	4285	666	122	787	500	51
广州	9681	1037	8	8134	1378	3579
深圳	7020	286	85	4049	1211	191
南宁	9693	125	324	912	432	62
海口	952	24	112	505	36	
重庆	38744	3128	416	3265	1747	132
成都	11737	513	464	3200	1763	40
贵阳	2518	395	9	652	315	
昆明	7351	580	253	1108	398	21
西安	5367	284	326	603	184	63
兰州	3162	208	4	528	480	
西宁	883	135	8	93	90	
银川	5050					
乌鲁木齐	5703	135		73	73	

7-3 续表 3　　　　单位：人

地　　区	港澳台商投资		外商投资				
	独　　资	股份有限		合资经营	合作经营	独　　资	股份有限
总　　计	**32527**	**989**	**50795**	**16172**	**6327**	**26994**	**1302**
北　　京	2198		6319	1833	3055	987	444
天　　津	952		1650	614	134	848	54
石 家 庄	114		1063			1063	
太　　原	42		123	80		43	
呼和浩特			118	29		89	
沈　　阳	1807	17	3086	1000	391	1695	
大　　连	655	4	1146	752		394	
长　　春	247		240	117	86	37	
哈 尔 滨	24		288	98	64	126	
上　　海	5616	39	14295	3681	786	9515	313
南　　京	787	30	1430	474		956	
杭　　州	489	70	1149	247		858	44
宁　　波	743		528	176		293	59
合　　肥	536	9	653	275		378	
福　　州	2093	283	1177	450		704	23
厦　　门	2240	10	480	57	90	323	10
南　　昌	909	18	696	544		147	5
济　　南	402		397	281	68	48	
青　　岛	635	31	1317	652	274	376	15
郑　　州	491		1524	729		694	101
武　　汉	746	116	1042	328	125	538	51
长　　沙	236		659	220		433	6
广　　州	3059	118	3578	604	345	2572	57
深　　圳	2413	234	1536	307	316	913	
南　　宁	418		995	454	81	460	
海　　口	469		199	39		40	120
重　　庆	1376	10	1350	604	61	685	
成　　都	1397		2174	712	88	1374	
贵　　阳	337		295	139	55	101	
昆　　明	689		72	72			
西　　安	356		760	210	308	242	
兰　　州	48		291	264		27	
西　　宁	3		71	71			
银　　川			90	55		35	
乌鲁木齐			4	4			

7-4 35个大中城市按资质等级分的房地产开发企业从业人数

单位：人

地　区	总　计	一　级	二　级	三　级	四　级	暂　定	其　他
总　计	**884079**	**76269**	**188637**	**225645**	**95450**	**234659**	**63419**
北　京	89173	12912	16281	9864	28380	13467	8269
天　津	36717	2242	6354	4394	11661	11835	231
石家庄	13891	1158	3422	2279	3481	3389	162
太　原	11931	335	2039	2969	4077	2356	155
呼和浩特	6050	156	1135	1295	2540	899	25
沈　阳	18572	509	2050	4208	112	10479	1214
大　连	22404	1870	2172	8784	367	7370	1841
长　春	10411	208	2241	2825	1344	3793	
哈尔滨	15594	182	3974	7107	980	3082	269
上　海	91372	3201	17361	13329	178	39732	17571
南　京	19141	3237	6460	6641	78	2335	390
杭　州	25802	3216	5360	6716	916	6202	3392
宁　波	13685	878	2186	5089	866	3669	997
合　肥	17988	514	3058	4014	298	9919	185
福　州	14860	1161	2081	5073	2002	4301	242
厦　门	11585	1148	1082	2663	4510	1096	1086
南　昌	13551	644	3211	5906	433	3064	293
济　南	18338	927	3414	5575	1142	5768	1512
青　岛	24707	2126	2494	4682	2153	8925	4327
郑　州	24690	960	4570	4982	1083	12661	434
武　汉	37019	2428	12217	14237	764	6019	1354
长　沙	23708	451	1619	11956	444	8803	435
广　州	35639	2863	6501	18473	1881	5921	
深　圳	38598	16164	3694	2058	891	1452	14339
南　宁	16479	227	2193	3667	1680	8121	591
海　口	5894		300	1311	689	3216	378
重　庆	91757	5675	40936	23218	2121	19590	217
成　都	44507	1655	12646	19392	1690	7659	1465
贵　阳	16543	504	1949	3115	4910	5432	633
昆　明	18110	1509	3970	3277	5195	3708	451
西　安	25506	5380	4813	6417	6198	2155	543
兰　州	11075	188	1845	5239	209	3507	87
西　宁	2880	132	1161	878	231	460	18
银　川	6933	924	2172	1454	852	1406	125
乌鲁木齐	8969	585	1676	2558	1094	2868	188

7-5 35个大中城市房地产开发企业投资规模与完成情况

单位：万元

地区	计划总投资	本年完成投资额	#配套工程投资
总计	**1296489173**	**247309739**	**7965601**
北京	171406426	29010686	1351372
天津	56873474	8666424	843433
石家庄	19070636	5379994	17155
太原	12070708	2410946	105564
呼和浩特	8197440	2543537	13730
沈阳	63771543	14500794	114198
大连	40192542	7680202	454574
长春	17558257	5427566	47476
哈尔滨	13168022	3607358	101239
上海	128184819	19806787	949505
南京	38628849	7483481	232920
杭州	49455843	9561970	300223
宁波	19448880	5572683	232932
合肥	32246312	8190320	37270
福州	24232286	6706940	33766
厦门	25846410	3961254	114211
南昌	14686218	2301463	20850
济南	24194322	4845029	8604
青岛	29168414	6024387	69166
郑州	34340665	7751597	15155
武汉	50141397	10174008	1368729
长沙	37151515	6841031	95512
广州	81598865	9836582	260248
深圳	23682856	4584693	157531
南宁	15953624	3228232	74247
海口	5332227	1037915	55069
重庆	91844521	16202571	294820
成都	66509817	12783390	250826
贵阳	18878311	3104665	30745
昆明	20894006	4371365	68721
西安	36951039	8423447	203709
兰州	10333716	1182813	14069
西宁	3833584	954048	6
银川	6049160	1721281	16092
乌鲁木齐	4592469	1430280	11934

7-6 35个大中城市按用途分的房地产开发企业完成投资

单位：万元

地 区	本年完成投资额	住 宅	#经济适用房屋	#别 墅、高档公寓	办公楼	商业营业用房	其 他
总 计	**247309739**	**163575917**	**7159929**	**16614188**	**13786157**	**28020930**	**41926735**
北 京	29010686	15089501	489805	2607279	2590996	3362915	7967274
天 津	8666424	5653883	1267679	688989	771783	1273543	967215
石家庄	5379994	4122540	55492	211562	229234	816212	212008
太 原	2410946	1851642	139923	714	69499	201930	287875
呼和浩特	2543537	1926340	108084	89958	152317	379684	85196
沈 阳	14500794	10043386	278498	1093510	638972	2905312	913124
大 连	7680202	5756548	94446	665519	184125	943475	796054
长 春	5427566	4274573	355759	899280	116789	621581	414623
哈尔滨	3607358	2884105	12329	72353	38250	369904	315099
上 海	19806787	12298294	1175728	3736666	2244608	2447030	2816855
南 京	7483481	5703132	465262	400600	272386	795877	712086
杭 州	9561970	6762737	150922	553448	808391	692440	1298402
宁 波	5572683	3231195	50009	154868	513873	678590	1149025
合 肥	8190320	5616247	20	328775	491166	804731	1278176
福 州	6706940	3842829	76230	286904	249356	482384	2132371
厦 门	3961254	2074276	13036	57799	168819	362439	1355720
南 昌	2301463	1712677	34000	88258	74651	250587	263548
济 南	4845029	3645583	100	64294	199630	568475	431341
青 岛	6024387	4509890	143162	255882	203426	734368	576703
郑 州	7751597	5557442	273311	98718	495677	802908	895570
武 汉	10174008	5953250	305048	310416	264567	1024581	2931610
长 沙	6841031	5162153	188954	436497	71650	377893	1229335
广 州	9836582	5484464	176900	518163	815523	1790562	1746033
深 圳	4584693	3048878	27786	88749	378961	593593	563261
南 宁	3228232	2317067	56021	125922	68283	258704	584178
海 口	1037915	825674	5582	340028	59749	47357	105135
重 庆	16202571	10914854	589870	1044474	315305	1344039	3628373
成 都	12783390	8042936	4163	724970	504919	1003528	3232007
贵 阳	3104665	1650222	162915	38593	58402	210378	1185663
昆 明	4371365	3237167	94933	322279	180483	463481	490234
西 安	8423447	6704066	226086	215263	337207	809745	572429
兰 州	1182813	669976	88949	710	43574	95441	373822
西 宁	954048	641092	19340	1460	21472	147569	143915
银 川	1721281	1227212	11283	29288	74473	244980	174616
乌鲁木齐	1430280	1140086	18304	62000	77641	114694	97859

7-7　35个大中城市房地产开发企业资金来源情况

单位：万元

地　　区	本年资金来源合计	上年末结余资金	本年资金来源小计	国内贷款	#银行贷款
总　　计	**495498471**	**99555312**	**395943159**	**80507695**	**72105093**
北　　京	73343557	15437479	57906078	14390753	11513066
天　　津	21765785	5110357	16655428	5395902	5013198
石 家 庄	6690378	675713	6014665	539122	493422
太　　原	4331238	707296	3623942	496979	396968
呼和浩特	2494335	102843	2391492	102073	80700
沈　　阳	22248478	2450646	19797832	2563449	2393959
大　　连	15333805	2501943	12831862	2100344	1953435
长　　春	6219077	530126	5688951	473609	441175
哈 尔 滨	5413447	745644	4667803	355793	339008
上　　海	44438490	12145640	32292850	8195726	7699727
南　　京	16924360	3982594	12941766	3138128	2744626
杭　　州	27919333	6735283	21184050	4654324	4208225
宁　　波	6460907	1176613	5284294	1571939	1474886
合　　肥	12938041	2236062	10701979	1423036	1266891
福　　州	10359880	1276385	9083495	1471637	1471637
厦　　门	7878660	1675704	6202956	1428025	1313850
南　　昌	5577180	1925536	3651644	799246	778881
济　　南	7074516	948402	6126114	753209	693271
青　　岛	14415871	3293563	11122308	3207753	2932339
郑　　州	11616722	1862919	9753803	1164116	981336
武　　汉	16988715	2492120	14496595	2928811	2571887
长　　沙	13518728	2633368	10885360	2082931	1934863
广　　州	20646105	5617474	15028631	3750024	3589043
深　　圳	10447242	2716345	7730897	1998853	1777230
南　　宁	5759647	781779	4977868	773401	696201
海　　口	2767874	516440	2251434	408736	339150
重　　庆	34393672	5798408	28595264	5847160	5018129
成　　都	25226376	5489299	19737077	3141389	3020128
贵　　阳	7143452	1510364	5633088	963213	926335
昆　　明	10270706	2634476	7636230	1033426	889106
西　　安	15435198	2538734	12896464	1861610	1764173
兰　　州	2017606	371629	1645977	358622	300386
西　　宁	1239088	151771	1087317	268136	268136
银　　川	2861724	235809	2625915	450597	414309
乌鲁木齐	3338278	546548	2791730	415623	405417

7-7 续表 1

单位：万元

地　区	#非银行金融机构贷款	利用外资	#外商直接投资	自筹资金	#自有资金
总　计	**8402602**	**6024250**	**5305090**	**128444585**	**69360389**
北　京	2877687	139045	134145	17629655	9399252
天　津	382704	83370	57922	4577400	2555795
石家庄	45700	25000		3681612	1199985
太　原	100011			985488	655259
呼和浩特	21373			1640108	835056
沈　阳	169490	1015031	903721	10913103	6783491
大　连	146909	324559	285471	5052181	2541946
长　春	32434	400	400	2614509	1550121
哈尔滨	16785			2364445	1174148
上　海	495999	960514	655161	10708799	5186426
南　京	393502	196204	196204	2887647	1767689
杭　州	446099	105000	72500	3801706	1739936
宁　波	97053	38512	38512	1474158	417444
合　肥	156145	30154	25054	3956046	1242687
福　州		15161		3878462	2664383
厦　门	114175	87865	87865	2714835	2179335
南　昌	20365			958333	430276
济　南	59938	72832	61909	2546095	1210776
青　岛	275414	76302	70302	2588307	780099
郑　州	182780			3835436	1638514
武　汉	356924	967477	925497	4903480	2490574
长　沙	148068	9356		2977576	1713136
广　州	160981	467230	433985	3149228	2030301
深　圳	221623	103348	80795	2039742	1571785
南　宁	77200	45448	45448	1378281	1019186
海　口	69586			303783	147280
重　庆	829031	839265	835719	6849966	4454171
成　都	121261	331378	308678	7305073	4176518
贵　阳	36878	7004	7004	1446464	990916
昆　明	144320	4986		2714370	1243269
西　安	97437	55561	55550	4261600	1920637
兰　州	58236			662964	409763
西　宁		23248	23248	432093	353223
银　川	36288			651797	462332
乌鲁木齐	10206			559843	424680

7-7 续表 2

单位：万元

地区	其他资金来源	#定金及预收款	#个人按揭贷款	本年各项应付款合计	#工程款
总计	**180966629**	**107090093**	**49687229**	**39657935**	**19032621**
北京	25746625	16109570	5187860	596780	338027
天津	6598756	5349826	474831	3321481	783316
石家庄	1768931	887414	285609	660297	144437
太原	2141475	1420818	491814	591446	313870
呼和浩特	649311	379682	123809	416132	311466
沈阳	5306249	3684883	824236	1841251	940347
大连	5354778	3290222	1409160	2245364	966374
长春	2600433	1820839	627115	493161	493161
哈尔滨	1947565	1309054	364412	522325	164558
上海	12427811	8103939	2398781	4201046	2146144
南京	6719787	3662707	2263758	1059779	608052
杭州	12623020	7322592	4615222	1688132	869974
宁波	2199685	1468498	628635	662665	336889
合肥	5292743	2707861	1827498	1051826	593872
福州	3718235	1940461	1397141	462677	184639
厦门	1972231	538188	592066	15392	14161
南昌	1894065	1062026	569749	473119	272552
济南	2753978	1319127	666433	254929	164640
青岛	5249946	3572113	1179654	1802551	812098
郑州	4754251	2367143	1652336	967726	501862
武汉	5696827	3241793	1948072	2830104	1299589
长沙	5815497	3393829	1847372	2027241	846845
广州	7662149	4751354	1727142	646827	495918
深圳	3588954	1546714	1844361	655834	324908
南宁	2780738	1244995	1349329	541799	294810
海口	1538915	1083140	329757	257013	146822
重庆	15058873	7992171	5057536	4088261	1728015
成都	8959237	4577534	2716287	2005195	1035878
贵阳	3216407	1738831	971561	371613	207396
昆明	3883448	2411496	1060220	1244882	734793
西安	6717693	4148413	2030037	837605	505946
兰州	624391	418117	128752	372219	178766
西宁	363840	215099	59911	25402	18592
银川	1523521	926238	464471	276844	153949
乌鲁木齐	1816264	1083406	572302	149017	99955

7-8 35个大中城市按用途分的房地产开发企业房屋施工面积

单位：平方米

地区	房屋施工面积	住宅	#经济适用房屋	#别墅、高档公寓	办公楼	商业营业用房	其他
总计	**1725751591**	**1276602624**	**81737219**	**82416527**	**82611100**	**175663083**	**190874784**
北京	103008582	61760201	5726750	8299940	10548448	12293264	18406669
天津	71608389	51176931	15369238	3326229	3966058	10044712	6420688
石家庄	42514832	34733328	271047	886596	1296580	4747679	1737245
太原	23665160	19222118	1892839	94078	871539	2086580	1484923
呼和浩特	24611263	19011634	1614172	827673	992401	3353328	1253900
沈阳	88514480	66341859	1969816	4719893	3292224	14623334	4257063
大连	50605434	40102392	1566999	1940045	1065245	5258167	4179630
长春	30894201	24541139	2575118	2467977	834200	3303026	2215836
哈尔滨	29390427	24359373	305463	388230	283719	2590350	2156985
上海	112950262	73138469	6504511	15841099	11031807	12929623	15850363
南京	45704853	32078385	4402696	2255872	1945644	5517984	6162840
杭州	62270454	42491758	2686190	2175288	5636274	4645837	9496585
宁波	38207036	22357830	532029	597896	3343851	4176380	8328975
合肥	53386264	40058039	27181	2016791	3658081	5784782	3885362
福州	35994583	29085524	979483	1578444	954804	2276424	3677831
厦门	30891226	18907871	1081779	620315	2625953	2091396	7266006
南昌	21461797	17433310	812574	694441	804014	2050018	1174455
济南	23635330	18683703	28011	591607	723337	2686637	1541653
青岛	50583992	36027701	2205279	1503767	1669254	6616307	6270730
郑州	62552873	45825918	3432885	783891	4094508	6583347	6049100
武汉	50558615	38307975	2779132	2240548	1681892	4543795	6024953
长沙	66888669	54465909	2557171	2996372	936395	3899479	7586886
广州	64641230	39838384	525012	3244857	5251016	8661996	10889834
深圳	29399422	20251362	66411	333986	1823607	2986246	4338207
南宁	31831197	24081384	1348612	1053305	756726	2952181	4040906
海口	8742434	6749147	124204	2227462	296701	642472	1054114
重庆	171384954	137447848	10310299	8343597	2475637	15497663	15963806
成都	97789010	75503212	76587	4047308	3702918	6349844	12233036
贵阳	39859876	29698824	4260134	541003	978106	3187033	5995913
昆明	35137367	28100536	977346	2981578	1177228	2782458	3077145
西安	66973869	57777112	2158822	1720180	2054202	4272299	2870256
兰州	14672124	11194368	1859505	53000	402471	1571667	1503618
西宁	11460015	9340107	223811	81403	236071	1127037	756800
银川	18867776	14182457	187247	383029	653648	2325502	1706169
乌鲁木齐	15093595	12326516	298866	558827	546541	1204236	1016302

7-9　35个大中城市按用途分的房地产开发企业房屋新开工面积

单位：平方米

地　区	房屋新开工面　积	住　宅	#经济适用房　屋	#别　墅、高档公寓	办公楼	商业营业用房	其　他
总　计	**595149274**	**452329994**	**27660308**	**23140405**	**22201613**	**55125660**	**65492007**
北　京	29742441	20633978	1562859	1570871	2032909	2424152	4651402
天　津	29116685	20268934	8153440	1083067	2067338	4078286	2702127
石家庄	13080480	10724361	12000	450849	262187	1573118	520814
太　原	6948331	5612955	658035		297906	608918	428552
呼和浩特	12630021	9549750	692933	85632	607071	1821435	651765
沈　阳	36554412	29166554	932426	2293973	975025	4959398	1453435
大　连	18373030	14164619		296786	319128	2049918	1839365
长　春	12838916	10593624	828640	1301794	110183	1253691	881418
哈尔滨	16012106	13102157	272455	184363	183645	1487986	1238318
上　海	30305902	21111142	2292253	3898374	1473859	2980971	4739930
南　京	17406781	12638503	2036224	521631	689445	1495131	2583702
杭　州	19290832	12674260	480331	688152	1520744	1617255	3478573
宁　波	14060200	7769943	51303	182828	1652896	1356570	3280791
合　肥	17507019	13273448	1000	199787	1020006	1769955	1443610
福　州	14514797	11195424	137677	652645	543539	914225	1861609
厦　门	7224454	4215608		109087	945114	449811	1613921
南　昌	5090995	4166924	350	401521	315772	387335	220964
济　南	9723581	7594245		249161	292038	1259949	577349
青　岛	17123905	13190263	517639	355491	194334	1723136	2016172
郑　州	18117745	13151048	1317086	47188	1449253	1575942	1941502
武　汉	25398890	18665983	1005860	661979	586527	2635796	3510584
长　沙	23024098	18990171	1052904	999733	280611	1304345	2448971
广　州	19554944	13137621	138702	1047803	891059	1923751	3602513
深　圳	4709622	3551680	25664	175668	152555	386925	618462
南　宁	9887173	7851621	352935	230601	60606	614964	1359982
海　口	2406766	1674345		428320	102114	103927	526380
重　庆	63126419	52687570	2415609	1602800	571951	4336765	5530133
成　都	26982336	19800646		1221988	1195681	2148000	3838009
贵　阳	13503063	11061123	1162688	56395	153744	780194	1508002
昆　明	12900416	10089988	318028	1327682	426756	1054735	1328937
西　安	19840200	17436732	594636	629013	328968	1200564	873936
兰　州	4061859	3183786	282484	20000	56101	488749	333223
西　宁	5520569	4412625	135937		172221	491278	444445
银　川	11275757	8787622	105107	76910	169941	1334135	984059
乌鲁木齐	7294529	6200741	123103	88313	100386	534350	459052

7-10 35个大中城市按用途分的房地产开发企业房屋竣工面积

单位：平方米

地 区	房屋竣工面积	住 宅	#经济适用房屋	#别 墅、高档公寓	办公楼	商业营业用房	其 他
总 计	**299317440**	**228424922**	**18098271**	**15058774**	**11701907**	**29842033**	**29348578**
北 京	23867096	14984755	1446259	1832151	1984164	2719178	4178999
天 津	20985492	16036455	4888966	1184801	1024153	2352940	1571944
石家庄	5512196	4659533		269700	185037	423900	243726
太 原	1376317	1090658	259795	31872	53000	191426	41233
呼和浩特	4627792	3490882	612959	359194	165800	728364	242746
沈 阳	13932240	11077008	260300	732821	211244	2028619	615369
大 连	5709735	4612895	381320	266992	232500	553104	311236
长 春	9637298	7985357	1052419	429738	76252	994332	581357
哈尔滨	7498883	6420184	15782	227517	52566	656279	369854
上 海	19412468	13960521	130670	3280049	1506927	1764144	2180876
南 京	10395666	7374315	903401	473573	543631	1162014	1315706
杭 州	11001808	8022910	600613	445040	613358	965852	1399688
宁 波	6490448	3763076	19705	134803	612781	737382	1377209
合 肥	7946071	5793751		237322	353544	1207735	591041
福 州	3458081	2945671	76969	247272	13815	233714	264881
厦 门	6804085	4336252	217972	4200	251416	318784	1897633
南 昌	3991231	3140425	196999	34190	155347	514270	181189
济 南	2457508	2041034		38491	42101	179752	194621
青 岛	10205087	7327218	485585	379504	364120	1544981	968768
郑 州	9444167	7516649	286584	32179	358878	791980	776660
武 汉	9047926	7286439	367600	555716	303610	964404	493473
长 沙	13941287	11613433	763302	763209	175860	686650	1465344
广 州	10945891	7746888	279330	558536	648283	1314642	1236078
深 圳	3444341	2511058		60428	320502	252697	360084
南 宁	5192470	4331839	140535	79965	100663	259316	500652
海 口	1288480	839353		283891	181706	140144	127277
重 庆	26265897	21798062	2441806	936416	300340	2294436	1873059
成 都	15778647	13012102	76587	340210	261045	808415	1697085
贵 阳	5518429	4279525	931604	219345	89797	599972	549135
昆 明	5907785	4551892	293114	337505	88540	556865	710488
西 安	4636472	4124392	393970	166250	76296	238187	197597
兰 州	2069675	1558991	154313		40691	313684	156309
西 宁	1957475	1729917	193648	1600	38633	153223	35702
银 川	5948184	4427886	146525	68627	157882	910520	451896
乌鲁木齐	2620812	2033596	79639	45667	117425	280128	189663

7-11 35个大中城市按用途分的房地产开发企业房屋竣工价值

单位：万元

地区	房屋竣工价值	住宅	#经济适用房屋	#别墅、高档公寓	办公楼	商业营业用房	其他
总计	**79689069**	**58819156**	**3566055**	**5926708**	**4124508**	**9539897**	**7205508**
北京	5755919	3337245	237929	523697	556103	809311	1053260
天津	6706725	4866537	1195848	421602	468329	993444	378415
石家庄	1457929	1161657		61867	75741	129980	90551
太原	385465	288670	49385	8287	24539	60180	12076
呼和浩特	1226439	845658	100372	167572	53238	273614	53929
沈阳	2966605	2333207	47691	298867	43104	471873	118421
大连	1820349	1360481	85574	168271	103689	275008	81171
长春	1447466	1147850	152725	69904	14747	185670	99199
哈尔滨	1727503	1466042	1908	67168	17332	151983	92146
上海	7799265	5366591	46705	1782662	742332	871259	819083
南京	2971653	2026124	168687	185962	207584	378307	359638
杭州	2966946	2128177	112929	155346	202225	297997	338547
宁波	1921422	1089533	1837	40819	211285	232006	388598
合肥	2450186	1797810		73899	101022	409642	141712
福州	804127	658949	13326	62926	4201	80170	60807
厦门	987806	642259	37008	438	44727	59930	240890
南昌	696453	534918	29124	5875	34150	99283	28102
济南	749212	599070		22961	24288	76227	49627
青岛	2563024	1893571	100168	146425	94319	339394	235740
郑州	1993868	1552535	36847	11180	82354	192843	166136
武汉	2951307	2303687	93888	271673	128694	410762	108164
长沙	3379236	2817953	170514	207592	47916	181930	331437
广州	3556410	2516104	41899	149074	211665	458914	369727
深圳	2079563	1664986		135820	144368	151553	118656
南宁	733120	605489	22089	11591	14942	36406	76283
海口	502991	307946		123172	91584	55309	48152
重庆	6479763	5099661	414804	363028	132245	790244	457613
成都	3891703	3188308	14000	121916	74837	232493	396065
贵阳	954411	696792	137328	49075	17021	150116	90482
昆明	1777550	1348837	65596	117884	25396	212221	191096
西安	1456187	1286907	86067	54740	25986	94114	49180
兰州	383686	285967	25363		8786	56014	32919
西宁	400922	352465	45491	448	7086	32804	8567
银川	1208040	866891	20273	26383	46148	202963	92038
乌鲁木齐	535818	380279	10680	18584	42525	85933	27081

7-12 35个大中城市按资质等级分的房地产开发企业住宅竣工套数

单位：套

地 区	总 计	一 级	二 级	三 级	四 级	暂 定	其 他
总 计	**2253997**	**246959**	**540446**	**599148**	**222105**	**584621**	**60718**
北 京	152244	47786	23886	18667	35474	16761	9670
天 津	172604	22986	46678	21318	57464	24158	
石家庄	43373		5217	8209	21214	8473	260
太 原	10142		3532	1577	2548	2485	
呼和浩特	32914		7373	7911	11877	5753	
沈 阳	123444	5616	10794	25941	885	76882	3326
大 连	51917	6374	6902	20750	40	16132	1719
长 春	88267	1326	19094	26533	6120	35194	
哈尔滨	71599	369	22879	33077	4476	8721	2077
上 海	123869	2263	24407	20991	1003	72178	3027
南 京	69864	10680	22569	26047	907	9661	
杭 州	65697	2979	8873	26272	1345	17186	9042
宁 波	34302	6148	6651	10506	317	9174	1506
合 肥	53645	2660	21394	12957	1144	15490	
福 州	24901	725	5009	10272	4012	4883	
厦 门	42943	15249	5925	9713	12056		
南 昌	30228		7817	14262	2780	5369	
济 南	19300	742	3744	6630	81	7355	748
青 岛	74291	5455	6204	25121	4486	31963	1062
郑 州	77696	5367	24364	15142	3440	27807	1576
武 汉	70488	17681	21917	20781	405	8121	1583
长 沙	106867	1895	14841	44035	1011	44277	808
广 州	70487	10971	10038	35042	4165	10271	
深 圳	26098	4835	7213	2098	1457	2679	7816
南 宁	39532	1130	9949	5743	2280	20218	212
海 口	6736			1397	1073	3815	451
重 庆	231396	26243	85840	56579	6150	56584	
成 都	131863	16045	46512	47912	1980	12736	6678
贵 阳	33901	1319	7985	5440	9605	9390	162
昆 明	36028	11227	16188	1674	2715	3749	475
西 安	40953	3288	5533	11658	13869	2617	3988
兰 州	15123	1820	2344	6678	164	4117	
西 宁	17429	1936	9275	3512	590	2116	
银 川	43739	8540	11746	11734	3515	3994	4210
乌鲁木齐	20117	3304	7753	2969	1457	4312	322

7-13　35个大中城市按资质等级分的房地产开发企业经济适用房竣工套数

单位：套

地　区	总　计	一　级	二　级	三　级	四　级	暂　定	其　他
总　　计	**224664**	**26976**	**57612**	**47752**	**37705**	**50051**	**4568**
北　京	19795	13453	3277	449			2616
天　津	60787	1260	25679	2961	27420	3467	
石家庄							
太　原	2620		1647			973	
呼和浩特	8292			2500	2864	2928	
沈　阳	3432			1552		1880	
大　连	4947	1972	1345			1630	
长　春	16864	1326	2000	5475	842	7221	
哈尔滨	222			168		54	
上　海	1530			386		1144	
南　京	12374	1160	750	6917		3547	
杭　州	6438		1596	3264			1578
宁　波	260			260			
合　肥							
福　州	945			213		732	
厦　门	3256	1290	293		1673		
南　昌	2734			2717		17	
济　南							
青　岛	5749	1174		1360		3215	
郑　州	2747			1756	991		
武　汉	4722		1533	3046		143	
长　沙	9123	532	5494	1863		1234	
广　州	3988					3988	
深　圳							
南　宁	1731	528	991				212
海　口							
重　庆	29633		7966	7004		14663	
成　都	874			874			
贵　阳	7040		2643	1507	1233	1495	162
昆　明	3219	3219					
西　安	4250			2310	1940		
兰　州	1618			250		1368	
西　宁	2678		2398			280	
银　川	1619	45		840	734		
乌鲁木齐	1177	1017		80	8	72	

7-14　35个大中城市按资质等级分的房地产开发企业别墅、高档公寓竣工套数

单位：套

地区	总计	一级	二级	三级	四级	暂定	其他
总计	**78255**	**11517**	**15939**	**15520**	**9548**	**24082**	**1649**
北京	9328	3709	721	724	3403	363	408
天津	8679	2206	53	1607	2690	2123	
石家庄	1161			145	1016		
太原	90			90			
呼和浩特	2578		2485	93			
沈阳	3544		240	1021		2283	
大连	1669	27	529			1089	24
长春	2410		523	106		1781	
哈尔滨	1631		1049	582			
上海	17146	77	3906	2559	1003	9201	400
南京	1674	105	359	1027		183	
杭州	1597	503	80	663		287	64
宁波	329		169			113	47
合肥	887		574			313	
福州	902			320	566	16	
厦门	10			10			
南昌	151		14	100		37	
济南	257		257				
青岛	1673	651		355	39	628	
郑州	377	56				321	
武汉	2780	731	1174	775		100	
长沙	3364		78	866		2156	264
广州	1990	1236	100	576		78	
深圳	184		57				127
南宁	196		142		18	36	
海口	1891			915	169	500	307
重庆	6144	2050	1311	1037		1746	
成都	1282		73	938		271	
贵阳	1153	91	604		197	261	
昆明	1476	33	1081	268		86	8
西安	1233		360	426	447		
兰州							
西宁	4			4			
银川	355	42		313			
乌鲁木齐	110					110	

7-15　35个大中城市按用途分的房地产开发企业商品房销售面积

单位：平方米

地　区	商品房销售面积	住　宅	#经济适用房屋	#别墅、高档公寓	办公楼	商业营业用房	其　他
总　计	**372535896**	**327940818**	**13315874**	**20166963**	**13401270**	**19795112**	**11398696**
北　京	16395314	12013905	494613	1759232	2081455	1420719	879235
天　津	15145226	13026093	1661283	1109725	352926	1036447	729760
石家庄	4693070	4464262	36114	186896	81492	76397	70919
太　原	2588212	2354865	33164	728	40415	145538	47394
呼和浩特	4718846	3947527	198674	279190	87646	518047	165626
沈　阳	17465157	15160598	110700	484974	250667	1673116	380776
大　连	12153259	11266844	259646	244596	199638	506494	180283
长　春	8630779	7861859	2619	666944	40438	595485	132997
哈尔滨	8817489	8099117	187741	476940	25425	494676	198271
上　海	20609647	16908229		3417055	1628914	1257410	815094
南　京	8231696	7548150	1019053	615869	147810	435313	100423
杭　州	9883402	7975874	288875	450317	1023342	701927	182259
宁　波	6935602	4978089	285926	132680	673875	730693	552945
合　肥	10047024	8636454		160809	653026	632848	124696
福　州	5977981	5310986	132386	203137	179972	283593	203430
厦　门	4267681	2386830	4677	111413	547499	189131	1144221
南　昌	5208441	4893017	515483	47718	125720	162283	27421
济　南	5314886	4773087		72218	233759	137293	170747
青　岛	13606919	12098694	658389	476033	277962	895606	334657
郑　州	15587160	14286149	788479	143051	509364	596965	194682
武　汉	12117060	10952249	567354	600092	208808	505691	450312
长　沙	16802053	16240413	419814	962982	113852	326574	121214
广　州	14051327	11116560	525269	838191	1122758	1193287	618722
深　圳	4655909	4138036		41548	150014	218876	148983
南　宁	6694009	6047548	277010	107761	110639	174001	361821
海　口	2097607	1997000	92495	727799	54416	39304	6887
重　庆	43143929	39863119	2526003	2229570	626042	1942485	712283
成　都	25592806	22899170	76587	1146369	778989	717681	1196966
贵　阳	8015581	7335503	1091647	169372	230544	281740	167794
昆　明	12410065	10959543	34185	1614213	183125	535972	731425
西　安	15878076	15232412	798510	330782	354554	227959	63151
兰　州	2282139	2068056	72541	4193	37122	167219	9742
西　宁	2171039	2067794	2871	3012	9954	89211	4080
银　川	5900424	4979774	99880	168082	146047	657626	116977
乌鲁木齐	4446081	4053012	53886	183472	113061	227505	52503

7-16 35个大中城市按用途分的房地产开发企业商品房销售额

单位：万元

地　区	商品房销售额	住　宅	#经济适用房　屋	#别　墅、高档公寓	办公楼	商业营业用房	其　他
总　计	**270930673**	**223977499**	**4196236**	**27743658**	**18195166**	**22906452**	**5851556**
北　京	29153635	20605172	223559	5045563	4873249	3189855	485359
天　津	12464775	10343174	789768	1105557	488963	1093065	539573
石家庄	1821596	1699674	5406	112053	40262	55790	25870
太　原	1874939	1669221	6307	804	27876	164127	13715
呼和浩特	1937134	1440770	42257	199463	50627	370047	75690
沈　阳	9450487	7745478	30524	426524	173940	1303007	228062
大　连	8560369	7615516	109688	434055	284213	504471	156169
长　春	4469071	4007210	794	676464	18409	387068	56384
哈尔滨	4701947	4208234	51044	298271	16520	364228	112965
上　海	29810074	24162390		8526157	3076748	1984033	586903
南　京	7873760	6964459	270352	735153	190239	657336	61726
杭　州	13967706	11372940	95123	1215165	1549113	942025	103628
宁　波	7784651	5808984	129788	163100	743797	919273	312597
合　肥	5933121	4751432		152171	445946	693795	41948
福　州	5029944	4183336	41304	233347	296256	434322	116030
厦　门	3791176	2766253	1267	212288	380010	330358	314555
南　昌	2378018	2118999	94288	67032	121320	123317	14382
济　南	3326418	2911373		48072	174274	183265	57506
青　岛	8948417	7768273	312118	695758	230805	823167	126172
郑　州	7727032	6565471	201095	94943	475335	598778	87448
武　汉	6962900	6078919	176226	488706	119752	585382	178847
长　沙	7423313	7019177	91047	660850	51346	312462	40328
广　州	16749899	11800332	231249	1063134	1895486	2357569	696512
深　圳	8925533	7842987		182285	342807	550793	188946
南　宁	3437165	2988882	56438	117571	90899	190378	167006
海　口	1681226	1611380	30921	738798	35168	32045	2633
重　庆	18469396	16106444	619126	1635927	597039	1554610	211303
成　都	15193289	13343841	12000	1057824	722922	666974	459552
贵　阳	3534587	3104804	309336	122975	125160	251483	53140
昆　明	4542191	3731511	7362	664499	138643	419446	252591
西　安	7070016	6612683	203228	303092	212919	214649	29765
兰　州	965917	840760	19965	1529	16740	106108	2309
西　宁	722465	660954	300	1736	2183	58058	1270
银　川	2237168	1797734	22140	90197	79329	329478	30627
乌鲁木齐	2011338	1728732	12216	172595	106871	155690	20045

7-17 35个大中城市按用途分的房地产开发企业商品房平均销售价格

单位：元/平方米

地区	商品房平均销售价格	住宅	#经济适用房屋	#别墅、高档公寓	办公楼	商业营业用房	其他
总计	**7273**	**6830**	**3151**	**13757**	**13577**	**11572**	**5134**
北京	17782	17151	4520	28680	23413	22452	5520
天津	8230	7940	4754	9962	13855	10546	7394
石家庄	3881	3807	1497	5995	4941	7303	3648
太原	7244	7088	1902	11044	6897	11277	2894
呼和浩特	4105	3650	2127	7144	5776	7143	4570
沈阳	5411	5109	2757	8795	6939	7788	5989
大连	7044	6759	4225	17746	14236	9960	8662
长春	5178	5097	3032	10143	4552	6500	4239
哈尔滨	5333	5196	2719	6254	6498	7363	5698
上海	14464	14290		24952	18888	15779	7200
南京	9565	9227	2653	11937	12871	15100	6147
杭州	14132	14259	3293	26985	15138	13421	5686
宁波	11224	11669	4539	12293	11038	12581	5653
合肥	5905	5502		9463	6829	10963	3364
福州	8414	7877	3120	11487	16461	15315	5704
厦门	8883	11590	2709	19054	6941	17467	2749
南昌	4566	4331	1829	14048	9650	7599	5245
济南	6259	6100		6657	7455	13348	3368
青岛	6576	6421	4741	14616	8303	9191	3770
郑州	4957	4596	2550	6637	9332	10030	4492
武汉	5746	5550	3106	8144	5735	11576	3972
长沙	4418	4322	2169	6863	4510	9568	3327
广州	11921	10615	4402	12684	16882	19757	11257
深圳	19170	18953		43873	22852	25165	12682
南宁	5135	4942	2037	10910	8216	10941	4616
海口	8015	8069	3343	10151	6463	8153	3823
重庆	4281	4040	2451	7337	9537	8003	2967
成都	5937	5827	1567	9228	9280	9293	3839
贵阳	4410	4233	2834	7261	5429	8926	3167
昆明	3660	3405	2154	4117	7571	7826	3453
西安	4453	4341	2545	9163	6005	9416	4713
兰州	4233	4065	2752	3647	4509	6345	2370
西宁	3328	3196	1045	5764	2193	6508	3113
银川	3792	3610	2217	5366	5432	5010	2618
乌鲁木齐	4524	4265	2267	9407	9453	6843	3818

7-18 35个大中城市按用途分的房地产开发企业房屋出租面积

单位：平方米

地 区	房屋出租面 积	住 宅	#经济适用房 屋	#别 墅、高档公寓	办公楼	商业营业用房	其 他
总 计	**37814501**	**2137475**	**190244**	**1206796**	**11300689**	**18499901**	**5876436**
北 京	9707192	424838		289883	3648636	4701486	932232
天 津	799525	72502	1414	59020	27357	535092	164574
石家庄							
太 原	158150					148150	10000
呼和浩特	43635	1276		1275	25559	16800	
沈 阳	148560	4600			33125	110835	
大 连	412435	96152		26712	17332	298951	
长 春	365708	301			35483	328724	1200
哈尔滨	25385	10431				14954	
上 海	12624734	857203		761847	5161809	3733393	2872329
南 京	96896	3858			302	85225	7511
杭 州	252226	302			7239	192491	52194
宁 波	535465	3106			43721	475723	12915
合 肥	479650					441278	38372
福 州	342627	2110			33457	280336	26724
厦 门	661920	187588	185022		76855	188475	209002
南 昌	92692				8604	84088	
济 南	31204					31204	
青 岛	257849	3908			43885	109348	100708
郑 州	61531				14411	47120	
武 汉	421420	66458			34118	304131	16713
长 沙	138778	25000				108445	5333
广 州	3041852	146375		3247	706834	1665675	522968
深 圳	2137636	153579		64812	726824	934401	322832
南 宁	148374	861			52122	67391	28000
海 口	93013				20000	58783	14230
重 庆	2687269	40727	309		86062	2187801	372679
成 都	240946				50759	153690	36497
贵 阳	316582	6139	3499		28238	194991	87214
昆 明	230876	1993			43517	181950	3416
西 安	286016	7013			227781	51222	
兰 州	189179	205			52907	136027	40
西 宁	56648				10470	46178	
银 川	335254	14909			32912	274490	12943
乌鲁木齐	393274	6041			50370	311053	25810

7-19　35个大中城市按用途分的房地产开发企业商品房待售面积

单位：平方米

地　区	待售面积	住宅	#经济适用房屋	#别墅、高档公寓	办公楼	商业营业用房	其他
总　计	**90997111**	**43488489**	**2569553**	**6320130**	**8038979**	**22542495**	**16927148**
北　京	14826517	5118680	602312	1386363	2239048	3875550	3593239
天　津	1662942	915584	80032	250337	174730	393706	178922
石家庄	470820	442768		1008	20995	6487	570
太　原	532174	390709	54579	27964	52159	54663	34643
呼和浩特	3352574	2487525	579504	327477	234194	457813	173042
沈　阳	5725900	4046034	48056	610763	184382	1293320	202164
大　连	2354037	1324968	129875	53851	49821	598878	380370
长　春	2796076	1803215	155724	242882	84672	704850	203339
哈尔滨	4476128	2758039	87970	221945	41459	1190336	486294
上　海	11625986	4496067		1297606	2069357	2282239	2778323
南　京	1319085	652500	136294	91798	28641	441403	196541
杭　州	1575503	684377	117401	54389	71323	650631	169172
宁　波	1419873	278575	15704	5415	224024	475068	442206
合　肥	1247749	643160		67010	89710	307928	206951
福　州	733932	318537	56729	84919	39871	172756	202768
厦　门	1978188	449259	1562	21424	444379	346625	737925
南　昌	609931	481353	6328	25509	17881	68429	42268
济　南	503730	272161			108431	84421	38717
青　岛	1901544	985221	5025	56251	203530	468586	244207
郑　州	1562646	1173189	221	13206	27588	289919	71950
武　汉	2862590	1999241	19094	120860	132388	254772	476189
长　沙	3201030	2078298	97905	442389	93607	458542	570583
广　州	3425799	1356460		303202	317076	1000024	752239
深　圳	1343617	531511		27325	90041	518259	203806
南　宁	660597	163770	80	9847	18534	223329	254964
海　口	347219	181471	489	35649	51457	51093	63198
重　庆	8032155	2269905	191063	122671	346568	3103007	2312675
成　都	3412125	1617470		115547	212220	559375	1023060
贵　阳	860074	441851	7082	107514	57866	272740	87617
昆　明	690487	241436	50	47244	15951	129804	303296
西　安	343153	262250	10707	48160	9605	42390	28908
兰　州	775667	441321	433		52186	223301	58859
西　宁	662582	434476		2010	16476	157741	53889
银　川	2325481	1171075	70773	41544	51773	975095	127538
乌鲁木齐	1379200	576033	94561	56051	167036	409415	226716

7-20 35个大中城市房地产开发企业主要财务指标

单位：万元

地 区	资产总计	负债合计	所有者权益合计	主营业务收入	土地转让收入
总 计	**1493474851**	**1112481430**	**380997366**	**226833432**	**3574824**
北 京	262210307	207452186	54757725	29070330	1396976
天 津	102014313	73238406	28780248	9337798	303255
石家庄	9396983	8357457	1039526	1673994	5908
太 原	9121378	7631875	1489504	868997	17226
呼和浩特	6728871	5511243	1217628	1329783	2386
沈 阳	35526924	25220125	10306799	6057710	1264
大 连	35891829	28036775	7855054	6020790	1144
长 春	12228184	10004517	2223667	2060041	
哈尔滨	16501510	12296474	4205035	2318031	4470
上 海	261218258	176487924	84730335	32657715	736495
南 京	36685007	27652811	9032196	9008639	725
杭 州	72372416	56811235	15561182	11232766	4175
宁 波	33072618	25354323	7718296	6182586	16560
合 肥	19908292	15163135	4745157	5509340	17021
福 州	23157191	17855668	5301523	3506856	
厦 门	28109932	19598399	8511533	3513213	423
南 昌	11250530	8252208	2998321	1963023	43
济 南	19182580	15000223	4182357	3658302	30376
青 岛	33307181	26642349	6664831	5592838	1908
郑 州	22984164	17729512	5254652	4703965	511
武 汉	38320177	26419689	11900488	6348092	108849
长 沙	27087870	20520590	6567280	6016041	90069
广 州	85336821	65320058	20016763	10763910	70540
深 圳	65073409	47600772	17472637	8527034	5607
南 宁	12944433	9459526	3484907	2264520	8492
海 口	7893047	6407945	1485102	636562	34833
重 庆	69379522	47600719	21778803	14732183	254129
成 都	55874207	41224411	14649796	13295112	305228
贵 阳	15203343	12674678	2528665	2346552	7797
昆 明	21036675	16623180	4413495	4374980	60938
西 安	22619691	17359705	5259987	6854478	68506
兰 州	5480089	4192905	1287184	922536	5312
西 宁	3252946	2733754	519193	375341	
银 川	6479594	5393304	1086290	1182143	13248
乌鲁木齐	6624559	4653350	1971209	1927236	410

7-20 续表 1　　　　单位：万元

地　区	商品房销售收入	房屋出租收入	其他收入	主营业务成本	主营业务税金及附加
总　计	**208882298**	**6395942**	**7980367**	**150544906**	**19521859**
北　京	24630376	1609828	1433151	17887430	3104377
天　津	8590620	137545	306378	6383579	764713
石家庄	1602064	9168	56853	1307461	126908
太　原	803647	4707	43418	607347	77413
呼和浩特	1283598		43799	970873	77913
沈　阳	5975707	22208	58531	4443180	399498
大　连	5902529	71786	45331	4295435	495958
长　春	2044062	15979		1466375	140417
哈尔滨	2278238		35323	1760984	161697
上　海	26604410	2411879	2904932	18723151	3002617
南　京	8810409	1682	195824	6165553	699342
杭　州	10999749	60578	168264	7031360	986587
宁　波	6029687	38562	97777	4197050	524370
合　肥	5337907	45019	109394	3920380	407666
福　州	3460402	31254	15200	2269105	386911
厦　门	3184200	110183	218406	2199641	365505
南　昌	1892261	2547	68172	1491082	173006
济　南	3550739	5240	71947	2660777	248618
青　岛	5519724	6399	64807	3957437	447115
郑　州	4557487	91329	54638	3273644	406624
武　汉	5855990	67352	315901	4387250	545698
长　沙	5866155	28523	31295	4524617	403968
广　州	10060458	414416	218496	6406054	1030892
深　圳	7664350	396912	460166	4587062	1048591
南　宁	2129715	37130	89184	1420820	192593
海　口	576250	3113	22366	353610	57836
重　庆	13792490	250326	435239	11040168	967134
成　都	12445571	356991	187323	9432914	1005972
贵　阳	2305863	16057	16835	1680496	164354
昆　明	4194186	65708	54148	3197714	350092
西　安	6676455	21087	88429	5281915	462937
兰　州	849509	31832	35883	730057	62786
西　宁	372418	2532	391	313645	20517
银　川	1157252	9171	2472	911301	77690
乌鲁木齐	1877825	18904	30097	1265442	133549

7-20 续表 2

单位：万元

地　区	主营业务利润	其他业务收入	其他业务利润	销售费用	管理费用
总　计	**53868168**	**2477728**	**1912590**	**7484543**	**12699839**
北　京	8138579	587082	350886	1049195	2125426
天　津	1858795	167834	174003	330711	541497
石家庄	72454	6539	5582	196882	102359
太　原	175700	16722	13880	42656	73367
呼和浩特	248765	2042	4467	32233	69654
沈　阳	1127498	28253	25406	216035	287433
大　连	1276302	81496	72064	228094	310257
长　春	408843	44751	17319	56427	122648
哈尔滨	390377	9514	6892	52590	107878
上　海	10843476	539055	404542	1046017	1955956
南　京	1937381	23331	40097	184183	298511
杭　州	3047882	123596	88136	289919	543837
宁　波	1427526	62536	64067	137854	294760
合　肥	1162305	19663	15455	138301	180923
福　州	804974	13638	10823	92351	159208
厦　门	865444	45006	30343	84022	178392
南　昌	265444	7857	2939	54458	81110
济　南	687335	13885	24878	70768	161455
青　岛	1050071	43520	26120	167959	335014
郑　州	929886	21190	62590	146719	379426
武　汉	1374245	26710	29623	230028	353743
长　沙	966741	18369	21254	187413	262151
广　州	3242738	105026	92750	399097	679375
深　圳	2833619	101741	56203	280759	634799
南　宁	529202	24863	19666	101052	176785
海　口	218881	1225	13184	30170	65229
重　庆	2535941	91377	68003	417121	579663
成　都	2335291	122358	75151	696464	796654
贵　阳	488466	16370	14565	63481	137565
昆　明	714224	44767	31010	122194	210357
西　安	1069311	10828	14126	218721	211837
兰　州	146578	17517	12595	24335	73703
西　宁	41179	433	439	4418	19715
银　川	156803	11032	6612	36515	77770
乌鲁木齐	495914	27604	16924	55404	111383

7-20 续表 3　　单位：万元

地　区	财务费用	营业利润	营业外收入	营业外支出
总　计	**5139066**	**38853121**	**1608391**	**1419216**
北　京	1073869	5459061	205057	264594
天　津	314205	1416488	277414	82277
石家庄	43598	-97643	3456	4709
太　原	13700	68388	2365	9391
呼和浩特	15436	168141	2601	3550
沈　阳	62375	673980	11369	29348
大　连	114036	853809	58388	33508
长　春	19855	281530	4904	8082
哈尔滨	26613	237110	9128	5285
上　海	940159	9737396	280980	175971
南　京	86082	1661784	51657	49961
杭　州	137940	2740687	92059	114345
宁　波	85338	1052236	72780	31422
合　肥	73878	804752	4911	15022
福　州	32229	576597	15182	28575
厦　门	75172	706869	27503	40260
南　昌	26198	144879	7698	6489
济　南	61132	496111	23716	11664
青　岛	99038	699417	24046	24716
郑　州	73917	486446	9809	34580
武　汉	93835	821698	23318	15325
长　沙	94334	579820	17488	25396
广　州	341919	2180605	143216	94191
深　圳	293913	1744011	29638	60162
南　宁	27760	337919	17768	19519
海　口	6379	135335	6191	16857
重　庆	246009	1643370	95613	94591
成　都	409215	1420078	32000	29989
贵　阳	21492	290472	24679	22501
昆　明	121705	392671	12062	22954
西　安	41901	650395	8702	12480
兰　州	31868	37577	2249	4537
西　宁	4160	13495	769	6150
银　川	16713	68867	2418	12015
乌鲁木齐	13096	368771	7262	8800

7-20 续表 4

单位：万元

地　区	利润总额	应交所得税	劳动、失业保险费	住房公积金及住房补贴	本年应付工资总额	本年应付福利费总额
总　计	**40497880**	**9025545**	**483411**	**224770**	**5272321**	**371000**
北　京	5702532	1562260	128988	46691	808762	50545
天　津	1611625	399025	23074	10118	234447	10069
石家庄	-98817	27897	1219	501	46750	2939
太　原	61362	51197	1070	550	37439	2210
呼和浩特	167192	28435	1674	9150	22270	2668
沈　阳	643847	143927	10847	2927	80569	4941
大　连	933266	236912	20466	19163	129924	9074
长　春	278308	76037	3132	1631	53552	7498
哈尔滨	241880	64792	2847	847	40462	5030
上　海	9891186	1819842	12905	32516	687531	59329
南　京	1663479	339943	14464	6091	164164	12757
杭　州	2745517	508036	12673	9866	250827	16659
宁　波	1092536	279849	37871	3144	92382	5698
合　肥	688568	124386	21676	18486	79641	7802
福　州	564332	168996	4437	1002	62621	5515
厦　门	738493	129026	6404	3945	98803	4460
南　昌	137583	55987	1091	682	43384	5270
济　南	462395	83416	8449	3332	72169	7937
青　岛	698431	164129	10839	4216	105192	9482
郑　州	466280	178434	4998	1197	117479	8166
武　汉	829691	264484	5057	3965	135260	11600
长　沙	563282	113306	3147	1990	111341	7479
广　州	2229156	539272	25460	15019	274700	16671
深　圳	2509342	444358	54071	4103	241781	14812
南　宁	298575	77749	4274	1502	66767	5986
海　口	123060	28591	1868	265	20052	1589
重　庆	1588098	357829	20854	4261	467677	26490
成　都	1503574	367684	15619	6225	393266	19018
贵　阳	310605	47568	8943	4288	60173	4315
昆　明	508851	107053	3611	2330	76511	5634
西　安	851551	111552	2958	2367	99056	9595
兰　州	46944	13436	884	349	29537	2035
西　宁	7979	2835	173	82	7386	713
银　川	71819	28452	1679	1174	26944	2909
乌鲁木齐	365362	78854	5690	798	33504	4108

第三部分
省与城市篇

第八章　各省、自治区、直辖市房地产开发投资综合统计（2010）

8-1　北京市房地产开发综合统计

指　　标	2008年	2009年	2010年
一、房地产企业			
1.企业个数合计(个)	**3433**	**3172**	**3173**
#一级企业	117	125	120
#二级企业	272	251	247
#三级企业	345	347	319
2.资产负债(万元)			
资产总计	176743192	204007031	262210307
负债合计	137699559	159681918	207452186
所有者权益	39043633	44325113	54757725
资产负债率(%)	77.9	78.3	79.1
二、本年完成投资额(万元)			
合计	**19087387**	**23377124**	**29010686**
1.按构成分			
建筑安装工程	8295646	8415527	9108492
设备工器具购置	486324	457246	462805
其他费用	10305417	14504351	19439389
#土地购置费	6389509	5877068	12927472
2.按用途分			
住宅	9405586	9066168	15089501
#别墅、高档公寓	1784641	1632269	2607279
#经济适用房屋	359547	677612	489805
办公楼	1705010	1667239	2590996
商业营业用房	2403637	2007351	3362915
其他	5573154	10636366	7967274
3.商品房屋建设和土地开发			
#土地开发投资	239582	286833	
4.资金来源及构成			
本年资金来源小计	33218040	61297667	73343557
国内贷款	8893736	23677680	14390753
利用外资	388739	298168	139045
#外商直接投资	249296	249948	134145
自筹资金	9317891	10267966	17629655
其他资金来源	14617674	27053853	25746625
三、本年新增固定资产(万元)	**11591793**	**11545368**	**10477331**
四、土地开发及购置(平方米)			
本年完成开发土地面积	3515284	3640243	
待开发土地面积	19779058	11040110	4013328
本年购置土地面积	8234351	6250067	8587483

8-1 续表

指　　标	2008年	2009年	2010年
五、商品房屋建筑面积(平方米)			
1.施工房屋面积	**100143166**	**97190830**	**103008582**
住宅	55382293	55518813	61760201
#别墅、高档公寓	9547147	8408948	8299940
#经济适用房屋	5448638	5854413	5726750
办公楼	12871756	11321911	10548448
商业营业用房	14298361	13233772	12293264
其他	17590756	17116334	18406669
2.新开工房屋面积	**23372160**	**22466048**	**29742441**
住宅	15653005	13802756	20633978
#别墅、高档公寓	1808024	1293658	1570871
#经济适用房屋	2538457	1658357	1562859
办公楼	1597527	2559554	2032909
商业营业用房	2870666	2284514	2424152
其他	3250962	3819224	4651402
3.竣工房屋面积	**25579878**	**26785534**	**23867096**
住宅	13993037	16132296	14984755
#别墅、高档公寓	2329690	2136662	1832151
#经济适用房屋	1011490	990868	1446259
办公楼	3646023	3165911	1984164
商业营业用房	3131133	3224456	2719178
其他	4809685	4262871	4178999
六、商品房屋销售			
1.销售面积(平方米)	**13353664**	**23622539**	**16395314**
住宅	10314252	18804537	12013905
#别墅、高档公寓	1645290	3398406	1759232
#经济适用房屋	1083150	821530	494613
办公楼	1393695	2557681	2081455
商业营业用房	1124100	1570670	1420719
其他	521617	689651	879235
2.销售额(万元)	**16583129**	**32596624**	**29153635**
住宅	12013685	24867669	20605172
#别墅、高档公寓	3215143	6927786	5045563
#经济适用房屋	413030	344524	223559
办公楼	2307189	4311395	4873249
商业营业用房	1927582	2998566	3189855
其他	334673	418994	485359
3.平均销售价格(元/平方米)	**12418**	**13799**	**17782**
住宅	11648	13224	17151
办公楼	16554	16857	23413
商业营业用房	17148	19091	22452

8-2　天津市房地产开发投资综合统计

指　　标	2008年	2009年	2010年
一、房地产企业			
1.企业个数合计(个)	**1258**	**1178**	**1279**
#一级企业	16	17	20
#二级企业	87	94	105
#三级企业	177	170	143
2.资产负债(万元)			
资产总计	50143469	61547074	102014313
负债合计	35994049	44462141	73238406
所有者权益	14149420	17084933	28780248
资产负债率(%)	71.8	72.2	71.8
二、本年完成投资额(万元)			
合计	**6537248**	**7351836**	**8666424**
1.按构成分			
建筑安装工程	4289925	4852249	5780240
设备工器具购置	35192	53831	34761
其他费用	2212131	2445756	2851423
#土地购置费	1003355	883652	1340768
2.按用途分			
住宅	4593327	4948563	5653883
#别墅、高档公寓	351336	440182	688989
#经济适用房屋	1040259	1118927	1267679
办公楼	309731	328289	771783
商业营业用房	798714	973219	1273543
其他	835476	1101765	967215
3.商品房屋建设和土地开发			
#土地开发投资	808665	1054929	
4.资金来源及构成			
本年资金来源小计	9996447	14130655	21765785
国内贷款	2844882	3631766	5395902
利用外资	241005	114892	83370
#外商直接投资	129757	90496	57922
自筹资金	3197745	3321040	4577400
其他资金来源	3712815	7062957	6598756
三、本年新增固定资产(万元)	**5042883**	**6219763**	**7360631**
四、土地开发及购置(平方米)			
本年完成开发土地面积	9514553	3698089	
待开发土地面积	8628832	5940030	6171560
本年购置土地面积	5127590	4447789	6524601

8-2 续表

指　　标	2008年	2009年	2010年
五、商品房屋建筑面积(平方米)			
1.施工房屋面积	**57042684**	**60521584**	**71608389**
住宅	43063258	45178262	51176931
#别墅、高档公寓	2448615	2120554	3326229
#经济适用房屋	9086777	11299352	15369238
办公楼	3073714	3484568	3966058
商业营业用房	6017060	6823512	10044712
其他	4888652	5035242	6420688
2.新开工房屋面积	**24402403**	**25554988**	**29116685**
住宅	18892164	19044634	20268934
#别墅、高档公寓	716467	318700	1083067
#经济适用房屋	5611983	7721530	8153440
办公楼	1412536	1796341	2067338
商业营业用房	2105298	3151715	4078286
其他	1992405	1562298	2702127
3.竣工房屋面积	**17993746**	**19020597**	**20985492**
住宅	14925368	15808213	16036455
#别墅、高档公寓	900284	673845	1184801
#经济适用房屋	2483236	3804192	4888966
办公楼	481796	836675	1024153
商业营业用房	1877230	1158521	2352940
其他	709352	1217188	1571944
六、商品房屋销售			
1.销售面积(平方米)	**12520438**	**15900246**	**15145226**
住宅	11353520	14614657	13026093
#别墅、高档公寓	466209	884167	1109725
#经济适用房屋	1682600	640206	1661283
办公楼	293022	295464	352926
商业营业用房	748926	608468	1036447
其他	124970	381657	729760
2.销售额(万元)	**7531570**	**10948460**	**12464775**
住宅	6355728	9653564	10343174
#别墅、高档公寓	517832	802367	1105557
#经济适用房屋	600906	280804	789768
办公楼	286667	328966	488963
商业营业用房	774270	544880	1093065
其他	114905	421050	539573
3.平均销售价格(元/平方米)	**6015**	**6886**	**8230**
住宅	5598	6605	7940
办公楼	9783	11134	13855
商业营业用房	10338	8955	10546

8-3 河北房地产开发综合统计

指　　标	2008年	2009年	2010年
一、房地产企业			
1.企业个数合计(个)	**2564**	**2710**	**2997**
#一级企业	16	19	25
#二级企业	128	147	190
#三级企业	394	458	557
2.资产负债(万元)			
资产总计	25101857	30963940	48112569
负债合计	19397019	22594271	39429000
所有者权益	5704838	8369669	8683569
资产负债率(%)	77.3	73.0	82.0
二、本年完成投资额(万元)			
合计	**10844418**	**15200387**	**22649354**
1.按构成分			
建筑安装工程	7996507	11612927	16969874
设备工器具购置	169997	171274	272486
其他费用	2677914	3416186	5406994
#土地购置费	1755368	2178079	3682745
2.按用途分			
住宅	8585817	12192376	17857596
#别墅、高档公寓	353121	239016	395758
#经济适用房屋	380481	243713	273753
办公楼	201409	301054	512738
商业营业用房	814343	1502535	2760060
其他	1242849	1204422	1518960
3.商品房屋建设和土地开发			
#土地开发投资	769491	607912	
4.资金来源及构成			
本年资金来源小计	12331707	18547627	31219509
国内贷款	1664356	2651700	2888903
利用外资	35230		29980
#外商直接投资	34670		4980
自筹资金	5653559	8873571	14625782
其他资金来源	4978562	7022356	9564255
三、本年新增固定资产(万元)	**3354160**	**5536032**	**10645853**
四、土地开发及购置(平方米)			
本年完成开发土地面积	14029745	11186987	
待开发土地面积	8067807	5012389	6303619
本年购置土地面积	19476245	20227099	30241508

8-3 续表

指　　标	2008年	2009年	2010年
五、商品房屋建筑面积(平方米)			
1.施工房屋面积	**89580744**	**127529745**	**207000348**
住宅	77556969	108721184	171596032
#别墅、高档公寓	2382891	2229804	3053162
#经济适用房屋	5123301	3507285	3529880
办公楼	1751016	1979773	3843947
商业营业用房	6776556	10398181	19700759
其他	3496203	6430607	11859610
2.新开工房屋面积	**37688073**	**67859955**	**96291645**
住宅	33197733	57715849	78663957
#别墅、高档公寓	743280	747410	1133454
#经济适用房屋	2593010	1784292	1309033
办公楼	567551	987730	1474332
商业营业用房	2382085	5819455	9931353
其他	1540704	3336921	6222003
3.竣工房屋面积	**16635548**	**22117153**	**36146565**
住宅	15014182	19396999	31300870
#别墅、高档公寓	560354	631304	587806
#经济适用房屋	676609	726292	645535
办公楼	253709	133001	363011
商业营业用房	1093503	1572036	2981448
其他	274154	1015117	1501236
六、商品房屋销售			
1.销售面积(平方米)	**22318434**	**29666099**	**46620995**
住宅	21288631	28197731	43251179
#别墅、高档公寓	342657	560844	525653
#经济适用房屋	1682927	998004	769244
办公楼	26937	190507	391983
商业营业用房	787870	885026	2090930
其他	214996	392835	886903
2.销售额(万元)	**6202410**	**9680476**	**16500035**
住宅	5838850	9051453	14887836
#别墅、高档公寓	218436	329453	369432
#经济适用房屋	371533	205595	178680
办公楼	9944	78974	183437
商业营业用房	308416	459339	1182904
其他	45200	90710	245858
3.平均销售价格(元/平方米)	**2779**	**3263**	**3539**
住宅	2743	3210	3442
办公楼	3692	4145	4680
商业营业用房	3915	5190	5657

8-4　山西房地产开发投资综合统计

指　　标	2008年	2009年	2010年
一、房地产企业			
1.企业个数合计(个)	**1836**	**1899**	**1990**
#一级企业	8	9	9
#二级企业	100	110	113
#三级企业	309	353	359
2.资产负债(万元)			
资产总计	11448895	15582701	19437490
负债合计	8796071	12540039	16060453
所有者权益	2652824	3042662	3377037
资产负债率(%)	76.8	80.5	82.6
二、本年完成投资额(万元)			
合计	**3267856**	**4772748**	**5922376**
1.按构成分			
建筑安装工程	2315150	3657216	4467206
设备工器具购置	62778	41691	47251
其他费用	889928	1073841	1407919
#土地购置费	681328	756625	924680
2.按用途分			
住宅	2278066	3778904	4574340
#别墅、高档公寓	38383	23413	14579
#经济适用房屋	128573	131324	224824
办公楼	81888	106264	125367
商业营业用房	388889	437877	604588
其他	519013	449703	618081
3.商品房屋建设和土地开发			
#土地开发投资	358285	268254	
4.资金来源及构成			
本年资金来源小计	3645039	5711149	9651279
国内贷款	316016	887945	883267
利用外资	3451		
#外商直接投资	3161		
自筹资金	1765527	2470618	2917034
其他资金来源	1560045	2352586	4161196
三、本年新增固定资产(万元)	**1503693**	**1805474**	**2400863**
四、土地开发及购置(平方米)			
本年完成开发土地面积	5508278	8656718	
待开发土地面积	4439036	4626945	5887831
本年购置土地面积	7646087	6147448	8743529

8-4 续表

指　　标	2008年	2009年	2010年
五、商品房屋建筑面积(平方米)			
1.施工房屋面积	**38959471**	**54867456**	**75998460**
住宅	32746425	46220379	62544066
#别墅、高档公寓	532079	332047	467799
#经济适用房屋	2805209	2712436	3785691
办公楼	1029797	1112100	1813359
商业营业用房	4037839	4935065	7693594
其他	1145410	2599912	3947441
2.新开工房屋面积	**14147536**	**24440626**	**27820539**
住宅	12464493	21032778	22705185
#别墅、高档公寓	28056	73054	77240
#经济适用房屋	630940	1307123	1409956
办公楼	324070	325076	581001
商业营业用房	986138	1961292	2897581
其他	372835	1121480	1636772
3.竣工房屋面积	**9205159**	**8611021**	**12037309**
住宅	7812003	7436154	9913062
#别墅、高档公寓	134447	31375	65050
#经济适用房屋	587884	217077	672972
办公楼	73160	121118	207908
商业营业用房	1002659	672873	1368606
其他	317337	380876	547733
六、商品房屋销售			
1.销售面积(平方米)	**9947073**	**10342028**	**11805872**
住宅	8931029	9640489	10705378
#别墅、高档公寓	185650	42333	20263
#经济适用房屋	579228	385200	287688
办公楼	134471	83498	107626
商业营业用房	762639	532083	843667
其他	118934	85958	149201
2.销售额(万元)	**2342907**	**2799896**	**4117112**
住宅	2011783	2459822	3573679
#别墅、高档公寓	106579	19171	5998
#经济适用房屋	84900	63485	44471
办公楼	82233	42355	59072
商业营业用房	218623	282116	455317
其他	30268	15603	29044
3.平均销售价格(元/平方米)	**2355**	**2707**	**3487**
住宅	2253	2552	3338
办公楼	6115	5073	5489
商业营业用房	2867	5302	5397

8-5　内蒙古房地产开发投资综合统计

指　　标	2008年	2009年	2010年
一、房地产企业			
1.企业个数合计(个)	**2243**	**1893**	**2119**
#一级企业	12	17	17
#二级企业	136	136	151
#三级企业	389	357	396
2.资产负债(万元)			
资产总计	13608172	16030522	39951121
负债合计	9960054	11807570	33790127
所有者权益	3648118	4222952	6160994
资产负债率(%)	73.2	73.7	84.6
二、本年完成投资额(万元)			
合计	**7442976**	**8154562**	**11199875**
1.按构成分			
建筑安装工程	5983679	6587743	9348928
设备工器具购置	39362	97968	70278
其他费用	1419935	1468851	1780669
#土地购置费	1055384	1088787	1298632
2.按用途分			
住宅	5791929	5737815	7828029
#别墅、高档公寓	498042	380931	295353
#经济适用房屋	687640	538418	390935
办公楼	245480	384229	534421
商业营业用房	1002976	1482151	2024633
其他	402591	550367	812792
3.商品房屋建设和土地开发			
#土地开发投资	602258	655383	
4.资金来源及构成			
本年资金来源小计	7416240	8525857	11949714
国内贷款	304243	836524	459350
利用外资			1600
#外商直接投资			1600
自筹资金	6183499	6424626	9398468
其他资金来源	928498	1264707	1806019
三、本年新增固定资产(万元)	**3172587**	**4592340**	**5125639**
四、土地开发及购置(平方米)			
本年完成开发土地面积	12611321	6078437	
待开发土地面积	5702699	7492499	6139554
本年购置土地面积	17706303	11093345	19930041

8-5 续表

指　　标	2008年	2009年	2010年
五、商品房屋建筑面积(平方米)			
1.施工房屋面积	**70990836**	**82883634**	**115353460**
住宅	57843586	63072165	82728606
#别墅、高档公寓	4152457	3962053	2691005
#经济适用房屋	6578889	5502313	4171831
办公楼	2326591	2815572	4855415
商业营业用房	8300783	12774728	20278171
其他	2519876	4221169	7491268
2.新开工房屋面积	**38312587**	**43875976**	**62703423**
住宅	31081879	32122191	44733862
#别墅、高档公寓	1447381	1588981	892121
#经济适用房屋	4197662	2547359	1622356
办公楼	942488	1604771	2858344
商业营业用房	4708021	7768144	10950418
其他	1580199	2380870	4160799
3.竣工房屋面积	**19813976**	**23147552**	**22976513**
住宅	16703525	19587413	18684510
#别墅、高档公寓	614645	601302	462656
#经济适用房屋	1569006	1929538	962872
办公楼	508391	484961	290714
商业营业用房	2146439	2259942	3071162
其他	455621	815236	930127
六、商品房屋销售			
1.销售面积(平方米)	**23963742**	**25816781**	**30573828**
住宅	20933442	22539754	25698409
#别墅、高档公寓	960670	997405	461975
#经济适用房屋	2622478	2413290	702116
办公楼	396461	276135	298755
商业营业用房	2231965	2427217	3533007
其他	401874	573675	1043657
2.销售额(万元)	**5950600**	**7672360**	**10765543**
住宅	4741826	5970070	7664741
#别墅、高档公寓	394259	510392	284961
#经济适用房屋	443261	516581	128960
办公楼	191183	156903	186109
商业营业用房	910708	1390973	2530058
其他	106883	154414	384635
3.平均销售价格(元/平方米)	**2483**	**2972**	**3521**
住宅	2265	2649	2983
办公楼	4822	5682	6229
商业营业用房	4080	5731	7161

8-6　辽宁房地产开发投资综合统计

指　　标	2008年	2009年	2010年
一、房地产企业			
1.企业个数合计(个)	**4841**	**3920**	**4181**
#一级企业	63	53	55
#二级企业	244	231	246
#三级企业	1321	1221	1245
2.资产负债(万元)			
资产总计	60238752	72213546	99361714
负债合计	44967126	54876572	75265531
所有者权益	15271627	17336974	24096183
资产负债率(%)	74.6	76.0	75.7
二、本年完成投资额(万元)			
合计	**20607952**	**26405639**	**34657562**
1.按构成分			
建筑安装工程	15705901	20848847	26754213
设备工器具购置	351522	358489	543356
其他费用	4550529	5198303	7359993
#土地购置费	3002435	3606763	5080384
2.按用途分			
住宅	15792147	19339201	24813478
#别墅、高档公寓	1232710	1528912	1915220
#经济适用房屋	495296	637407	503756
办公楼	668581	867569	1029344
商业营业用房	3006798	4321470	5886469
其他	1140426	1877399	2928271
3.商品房屋建设和土地开发			
#土地开发投资	1254806	1316844	
4.资金来源及构成			
本年资金来源小计	22029829	32684449	56566283
国内贷款	2769112	4737260	6483457
利用外资	1140114	1149245	1742831
#外商直接投资	1052931	903704	1406882
自筹资金	11475416	15800648	27857536
其他资金来源	6645187	10997296	14624279
三、本年新增固定资产(万元)	**8588725**	**10547777**	**12692617**
四、土地开发及购置(平方米)			
本年完成开发土地面积	17965046	16925293	
待开发土地面积	17093049	11247989	14152972
本年购置土地面积	29538218	20868635	31345866

8-6 续表

指　　标	2008年	2009年	2010年
五、商品房屋建筑面积(平方米)			
1.施工房屋面积	**149045641**	**185790553**	**268310750**
住宅	117356274	145269008	206773310
#别墅、高档公寓	5305033	5390884	7997981
#经济适用房屋	5616830	6210652	6878527
办公楼	3164876	4286106	5829506
商业营业用房	20212509	26537654	39541371
其他	8311982	9697785	16166563
2.新开工房屋面积	**67618855**	**83054386**	**126478983**
住宅	55632668	66399003	98703698
#别墅、高档公寓	2109511	1418040	3105512
#经济适用房屋	2140202	2816489	2528444
办公楼	842648	1488730	2153628
商业营业用房	7774292	11279396	18348457
其他	3369247	3887257	7273200
3.竣工房屋面积	**38260795**	**40317450**	**44973796**
住宅	32646751	33947680	36913681
#别墅、高档公寓	778797	1349925	1269882
#经济适用房屋	1936709	1591959	1983941
办公楼	435103	373574	752925
商业营业用房	3573788	4395082	5385606
其他	1605153	1601114	1921584
六、商品房屋销售			
1.销售面积(平方米)	**40911584**	**53755176**	**68004530**
住宅	37311931	48642478	60135018
#别墅、高档公寓	1307188	1269797	930553
#经济适用房屋	1374881	1383279	670883
办公楼	358676	301379	647059
商业营业用房	2680152	3939630	5100338
其他	560825	871689	2122115
2.销售额(万元)	**15376463**	**21685950**	**30633172**
住宅	13338922	18834702	25876571
#别墅、高档公寓	949652	1140188	990832
#经济适用房屋	288019	300723	205561
办公楼	171558	187058	524527
商业营业用房	1647920	2356123	3328874
其他	218063	308067	903200
3.平均销售价格(元/平方米)	**3758**	**4034**	**4505**
住宅	3575	3872	4303
办公楼	4783	6207	8106
商业营业用房	6149	5981	6527

8-7　吉林房地产开发投资综合统计

指　　标	2008年	2009年	2010年
一、房地产企业			
1.企业个数合计(个)	**1361**	**1370**	**1352**
#一级企业	7	8	7
#二级企业	97	96	111
#三级企业	345	360	374
2.资产负债(万元)			
资产总计	10676068	12836606	20202121
负债合计	8029243.1	9908048	15702694
所有者权益	2646825	2928558	4499427
资产负债率(%)	75.2	77.2	77.7
二、本年完成投资额(万元)			
合计	**6410364**	**7566737**	**9210117**
1.按构成分			
建筑安装工程	5127793	6179246	7434156
设备工器具购置	63314	36572	14156
其他费用	1219257	1350919	1761805
#土地购置费	568656	712958	1252993
2.按用途分			
住宅	5300778	6053047	7317269
#别墅、高档公寓	606327	543449	907080
#经济适用房屋	220530	434696	362228
办公楼	93880	153008	138718
商业营业用房	707203	962807	1160245
其他	308503	397875	593885
3.商品房屋建设和土地开发			
#土地开发投资	220549	166425	
4.资金来源及构成			
本年资金来源小计	6268160	7951452	10143735
国内贷款	287116	547640	681586
利用外资	22506	9112	400
#外商直接投资		4112	400
自筹资金	4781075	5314512	5916347
其他资金来源	1177463	2080188	2973378
三、本年新增固定资产(万元)	**2802435**	**3220217**	**5865131**
四、土地开发及购置(平方米)			
本年完成开发土地面积	2086426	2128826	
待开发土地面积	1129366	247145	978424
本年购置土地面积	8079309	7238553	8612512

8-7 续表

指　　标	2008年	2009年	2010年
五、商品房屋建筑面积(平方米)			
1.施工房屋面积	**49650968**	**53694369**	**70694709**
住宅	41757475	44390103	57588659
#别墅、高档公寓	2494410	1779868	2529970
#经济适用房屋	2316175	2872860	2767427
办公楼	851454	972208	1046684
商业营业用房	5035669	5753849	8104733
其他	2006370	2578209	3954633
2.新开工房屋面积	**29237577**	**32624532**	**35253007**
住宅	24914824	27402844	28935171
#别墅、高档公寓	1161292	961895	1318122
#经济适用房屋	1074518	1856504	844702
办公楼	325083	322681	243800
商业营业用房	2883951	3476502	4207704
其他	1113719	1422505	1866332
3.竣工房屋面积	**15490556**	**14696419**	**20305160**
住宅	13505087	12935916	16949615
#别墅、高档公寓	965447	585853	438199
#经济适用房屋	516505	1030500	1063835
办公楼	238090	99233	127446
商业营业用房	1373126	1280236	2245284
其他	374253	381034	982815
六、商品房屋销售			
1.销售面积(平方米)	**15838707**	**19442978**	**23821025**
住宅	14357309	17583736	21053282
#别墅、高档公寓	673163	689718	679177
#经济适用房屋	722007	302127	100370
办公楼	156715	97054	77461
商业营业用房	1055241	1391315	2203046
其他	269442	370873	487236
2.销售额(万元)	**3971105**	**5671879**	**8688026**
住宅	3444370	4902250	7359079
#别墅、高档公寓	415686	448657	681260
#经济适用房屋	139492	57919	19839
办公楼	51033	29886	25393
商业营业用房	389117	623580	1113287
其他	86585	116163	190267
3.平均销售价格(元/平方米)	**2507**	**2917**	**3647**
住宅	2399	2788	3495
办公楼	3256	3079	3278
商业营业用房	3687	4482	5053

8-8 黑龙江房地产开发投资综合统计

指 标	2008年	2009年	2010年
一、房地产企业			
1.企业个数合计（个）	**1589**	**1576**	**1890**
#一级企业	15	15	14
#二级企业	214	234	269
#三级企业	974	958	1055
2.资产负债（万元）			
资产总计	14624206	18613889	25874201
负债合计	9494495	12677221	18398317
所有者权益	5129711	5936668	7475884
资产负债率(%)	64.9	68.1	71.1
二、本年完成投资额（万元）			
合计	**4398563**	**5639170**	**8431198**
1.按构成分			
建筑安装工程	3041451	4272536	6752877
设备工器具购置	57241	63859	88864
其他费用	1299871	1302775	1589457
#土地购置费	896126	743112	906816
2.按用途分			
住宅	3065870	4425157	6575367
#别墅、高档公寓	188622	93742	99469
#经济适用房屋	324518	302376	122816
办公楼	35325	91569	109197
商业营业用房	566332	699868	1053409
其他	731036	422576	693225
3.商品房屋建设和土地开发			
#土地开发投资	335141	258323	
4.资金来源及构成			
本年资金来源小计	4624827	6790435	11430442
国内贷款	294758	737899	488956
利用外资	13771	25877	15000
#外商直接投资	11071	25877	15000
自筹资金	3145679	3605959	6513529
其他资金来源	1170619	2420700	3486141
三、本年新增固定资产（万元）	**2052819**	**3657239**	**5517655**
四、土地开发及购置（平方米）			
本年完成开发土地面积	5686399	4711898	
待开发土地面积	3197363	2147237	1724407
本年购置土地面积	8709744	8333122	11743040

8-8 续表

指　　标	2008年	2009年	2010年
五、商品房屋建筑面积(平方米)			
1.施工房屋面积	**36111387**	**45213490**	**75328812**
住宅	29066535	36926884	61074452
#别墅、高档公寓	2612527	924073	683025
#经济适用房屋	2329182	2183697	1451231
办公楼	401381	586070	752647
商业营业用房	4528881	5078374	8622671
其他	2114590	2622162	4879042
2.新开工房屋面积	**22410734**	**29955500**	**50214326**
住宅	18398417	24380416	40835219
#别墅、高档公寓	334637	422693	346895
#经济适用房屋	1820327	1503406	1105054
办公楼	284076	414912	411633
商业营业用房	2552295	3529808	5770266
其他	1175946	1630364	3197208
3.竣工房屋面积	**14047031**	**18882802**	**26458267**
住宅	11600798	15754595	21989911
#别墅、高档公寓	242245	573418	279339
#经济适用房屋	1048582	1532751	670085
办公楼	126015	181325	242769
商业营业用房	1773934	1942761	3032968
其他	546284	1004121	1192619
六、商品房屋销售			
1.销售面积(平方米)	**14865665**	**20169765**	**27209459**
住宅	12866198	17512157	23856799
#别墅、高档公寓	258154	575101	518243
#经济适用房屋	748025	692975	517057
办公楼	89502	194221	83786
商业营业用房	1593543	1922128	2347388
其他	316422	541259	921486
2.销售额(万元)	**4209652**	**6536890**	**10119482**
住宅	3399086	5370482	8330469
#别墅、高档公寓	139762	323094	318940
#经济适用房屋	133547	131450	100942
办公楼	25092	80446	35809
商业营业用房	689934	875396	1367963
其他	95540	210566	385241
3.平均销售价格(元/平方米)	**2832**	**3241**	**3719**
住宅	2642	3067	3492
办公楼	2804	4142	4274
商业营业用房	4330	4554	5828

8-9　上海房地产开发投资综合统计

指　　标	2008年	2009年	2010年
一、房地产企业			
1.企业个数合计(个)	**3898**	**3306**	**3247**
#一级企业	77	73	44
#二级企业	313	298	275
#三级企业	457	403	416
2.资产负债(万元)			
资产总计	193184877	207994129	261218258
负债合计	124204390	137404215	176487924
所有者权益	68980487	70589914	84730334.7
资产负债率(%)	64.3	66.1	67.6
二、本年完成投资额(万元)			
合计	**14357349**	**14620724**	**19806787**
1.按构成分			
建筑安装工程	9665871	10327191	13044850
设备工器具购置	258590	224792	220433
其他费用	4432888	4068741	6541504
#土地购置费	2206409	2139245	4492749
2.按用途分			
住宅	8754607	9186847	12298294
#别墅、高档公寓	2481427	2465076	3736666
#经济适用房屋		391773	1175728
办公楼	1940838	1879260	2244608
商业营业用房	1767347	1846133	2447030
其他	1894557	1708484	2816855
3.商品房屋建设和土地开发			
#土地开发投资	641448	895120	
4.资金来源及构成			
本年资金来源小计	22012411	29248440	44438490
国内贷款	5727218	6371383	8195726
利用外资	720619	249044	960514
#外商直接投资	674804	227053	655161
自筹资金	6460226	6201648	10708799
其他资金来源	9104348	16426365	12427811
三、本年新增固定资产(万元)	**10147028**	**9322443**	**9642739**
四、土地开发及购置(平方米)			
本年完成开发土地面积	1375981	878501	
待开发土地面积	5250223	4140972	3153959
本年购置土地面积	3263623	1849181	4324365

8-9 续表

指　　标	2008年	2009年	2010年
五、商品房屋建筑面积(平方米)			
1.施工房屋面积	**107842299**	**99494536**	**112950262**
住宅	70897454	65507311	73138469
#别墅、高档公寓	13743088	13020394	15841099
#经济适用房屋		2459816	6504511
办公楼	11114724	9544505	11031807
商业营业用房	12353074	11068900	12929623
其他	13477047	13373820	15850363
2.新开工房屋面积	**27723654**	**24830459**	**30305902**
住宅	18810925	17210211	21111142
#别墅、高档公寓	3856470	3294379	3898374
#经济适用房屋		1274386	2292253
办公楼	2750256	1623945	1473859
商业营业用房	2518335	2017075	2980971
其他	3644138	3979228	4739930
3.竣工房屋面积	**25707435**	**21049798**	**19412468**
住宅	18014532	15088129	13960521
#别墅、高档公寓	2344532	2049967	3280049
#经济适用房屋			130670
办公楼	2137752	1350228	1506927
商业营业用房	2262490	2010480	1764144
其他	3292661	2600961	2180876
六、商品房屋销售			
1.销售面积(平方米)	**23392946**	**33724485**	**20609647**
住宅	20074792	29280400	16908229
#别墅、高档公寓	2655398	4504199	3417055
#经济适用房屋		1913	
办公楼	1469424	2030010	1628914
商业营业用房	1174022	1264855	1257410
其他	674708	1149220	815094
2.销售额(万元)	**19171177**	**43302240**	**29810074**
住宅	16290753	36202282	24162390
#别墅、高档公寓	3396706	9968034	8526157
#经济适用房屋		659	
办公楼	1731406	4384327	3076748
商业营业用房	775973	1927263	1984033
其他	373045	788368	586903
3.平均销售价格(元/平方米)	**8195**	**12840**	**14464**
住宅	8115	12364	14290
办公楼	11783	21598	18888
商业营业用房	6610	15237	15779

8-10　江苏房地产开发投资综合统计

指　　标	2008年	2009年	2010年
一、房地产企业			
1.企业个数合计(个)	**7005**	**5809**	**6070**
#一级企业	82	81	95
#二级企业	1250	1399	1596
#三级企业	2373	2076	1966
2.资产负债(万元)			
资产总计	126663763	146853351	197913237.1
负债合计	91214444	105788923	142338145.5
所有者权益	35449319	41064428	55575091.6
资产负债率(%)	72.0	72.0	71.9
二、本年完成投资额(万元)			
合计	**33045589**	**33384976**	**42993786**
1.按构成分			
建筑安装工程	22476795	24725170	28972068
设备工器具购置	346630	341374	410852
其他费用	10222165	8318432	13610866
#土地购置费	7700292	5605290	9604406
2.按用途分			
住宅	24593950	24237737	31584588
#别墅、高档公寓	2579913	2712718	3485066
#经济适用房屋	966352	1111615	989379
办公楼	1049511	1309243	1546111
商业营业用房	4680120	5107783	6110763
其他	2722008	2730213	3752324
3.商品房屋建设和土地开发			
#土地开发投资	2584119	948944	
4.资金来源及构成			
本年资金来源小计	47115762	64414711	98392388
国内贷款	10200620	12103881	15156571
利用外资	1124574	555366	927647
#外商直接投资	1051931	547165	866032
自筹资金	14698605	13730609	20313757
其他资金来源	21091963	38024855	43825352
三、本年新增固定资产(万元)	**20269631**	**24051092**	**27591540**
四、土地开发及购置(平方米)			
本年完成开发土地面积	32878566	16469727	
待开发土地面积	58951493	45240095	37987935
本年购置土地面积	32960390	18579284	20557117

8-10 续表

指　　标	2008年	2009年	2010年
五、商品房屋建筑面积(平方米)			
1.施工房屋面积	**289633346**	**299538863**	**351069042**
住宅	224693667	227943110	263471270
#别墅、高档公寓	18574641	18044544	20128107
#经济适用房屋	9916729	9689153	10125720
办公楼	8309270	9220934	11697951
商业营业用房	38675655	40801915	48675555
其他	17954754	21572904	27224266
2.新开工房屋面积	**107255341**	**92094620**	**137454238**
住宅	82856574	70977362	105863949
#别墅、高档公寓	6024840	3982538	6886454
#经济适用房屋	4400079	3346719	4515023
办公楼	2869150	2054637	3615734
商业营业用房	15318270	12422186	17422215
其他	6211347	6640435	10552340
3.竣工房屋面积	**82655302**	**84428028**	**86962784**
住宅	67535705	67314116	65535308
#别墅、高档公寓	5008564	5182219	4641520
#经济适用房屋	3738791	4133848	3019412
办公楼	1494448	1529379	3189106
商业营业用房	9441594	10339888	12177838
其他	4183555	5244645	6060532
六、商品房屋销售			
1.销售面积(平方米)	**60918637**	**102481985**	**94854729**
住宅	52828856	90346880	81123681
#别墅、高档公寓	3070535	6886804	5237482
#经济适用房屋	3142532	3206697	3151983
办公楼	1053420	1908116	2098847
商业营业用房	5965653	8679878	9882286
其他	1070708	1547111	1749915
2.销售额(万元)	**24666786**	**51063696**	**55403189**
住宅	20087788	43410260	45366278
#别墅、高档公寓	2373257	5748805	5337511
#经济适用房屋	603933	713565	771831
办公楼	622186	1315641	1671073
商业营业用房	3681950	5929104	7799022
其他	274862	408691	566816
3.平均销售价格(元/平方米)	**4049**	**4983**	**5841**
住宅	3802	4805	5592
办公楼	5906	6895	7962
商业营业用房	6172	6831	7892

8-11　浙江房地产开发投资综合统计

指　　标	2008年	2009年	2010年
一、房地产企业			
1.企业个数合计(个)	**5600**	**5335**	**5577**
#一级企业	116	117	128
#二级企业	539	549	570
#三级企业	1686	1670	1648
2.资产负债(万元)			
资产总计	115353961	146796427	188183323
负债合计	88377852	114665424	147402267
所有者权益	26976109	32131003	40781056
资产负债率(%)	76.6	78.1	78.3
二、本年完成投资额(万元)			
合计	**20231177**	**22542664**	**30254250**
1.按构成分			
建筑安装工程	11995167	13282754	16434616
设备工器具购置	244823	253561	302807
其他费用	7991187	9006349	13516827
#土地购置费	6043533	6971415	11380203
2.按用途分			
住宅	14265508	15813232	20581894
#别墅、高档公寓	1444881	1373868	1864013
#经济适用房屋	491452	556000	334342
办公楼	1374590	1472648	1929927
商业营业用房	2087399	2509853	3563613
其他	2503680	2746931	4178816
3.商品房屋建设和土地开发			
#土地开发投资	461715	389052	
4.资金来源及构成			
本年资金来源小计	29872224	45283076	69727920
国内贷款	6646244	8641190	10236013
利用外资	274651	154644	239592
#外商直接投资	274651	144212	191272
自筹资金	7566981	7829873	12888867
其他资金来源	15384348	28657369	31151562
三、本年新增固定资产(万元)	**11316600**	**10069785**	**13246205**
四、土地开发及购置(平方米)			
本年完成开发土地面积	12518811	10620784	
待开发土地面积	20594721	13108948	14888834
本年购置土地面积	18342911	13083337	19599138

8-11 续表

指　　标	2008年	2009年	2010年
五、商品房屋建筑面积(平方米)			
1.施工房屋面积	**192733308**	**199326869**	**237818597**
住宅	136884433	139459813	161383510
#别墅、高档公寓	9964961	10788007	11790189
#经济适用房屋	7700536	8198244	5217263
办公楼	11189236	11788549	14776538
商业营业用房	19963909	21137630	26195127
其他	24695730	26940877	35463422
2.新开工房屋面积	**52565209**	**56064488**	**78412744**
住宅	37089751	39477039	52239361
#别墅、高档公寓	2765775	3055053	3787924
#经济适用房屋	1105410	2092525	1104646
办公楼	3181442	3035253	4755395
商业营业用房	5653928	5894659	8569461
其他	6640088	7657537	12848527
3.竣工房屋面积	**44582633**	**38438207**	**41158344**
住宅	32608268	27832306	27984311
#别墅、高档公寓	1970255	1602621	2193779
#经济适用房屋	1952249	2547569	997580
办公楼	1927442	1588012	1997015
商业营业用房	4113671	3848801	5653505
其他	5933252	5169088	5523513
六、商品房屋销售			
1.销售面积(平方米)	**29921980**	**55381334**	**48165283**
住宅	24807376	47601161	38337391
#别墅、高档公寓	1593540	3563227	2726354
#经济适用房屋	1532444	1261584	863591
办公楼	1295521	2006463	2721145
商业营业用房	2397058	3608779	4592928
其他	1422025	2164931	2513819
2.销售额(万元)	**18736825**	**43339772**	**44590429**
住宅	15241113	37555286	35774857
#别墅、高档公寓	1501683	3669608	3409722
#经济适用房屋	473768	377052	291834
办公楼	1258668	1740487	3002171
商业营业用房	1784836	3265700	4880875
其他	452208	778299	932526
3.平均销售价格(元/平方米)	**6262**	**7826**	**9258**
住宅	6144	7890	9332
办公楼	9716	8674	11033
商业营业用房	7446	9049	10627

8-12　安徽房地产开发投资综合统计

指　　标	2008年	2009年	2010年
一、房地产企业			
1.企业个数合计(个)	**3277**	**3097**	**3281**
#一级企业	21	23	29
#二级企业	232	239	265
#三级企业	936	917	935
2.资产负债(万元)			
资产总计	31573303	41275462	54306465
负债合计	22491947	30755216	40794981
所有者权益	9081356	10520246	13511484
资产负债率(%)	71.2	74.5	75.1
二、本年完成投资额(万元)			
合计	**13626657**	**16698263**	**22518045**
1.按构成分			
建筑安装工程	9614342	12250677	15610189
设备工器具购置	212038	256639	249742
其他费用	3800277	4190947	6658114
#土地购置费	2698862	2919765	5171920
2.按用途分			
住宅	10115919	11755778	15954705
#别墅、高档公寓	307074	475665	765822
#经济适用房屋	235303	241184	280169
办公楼	378339	721124	656106
商业营业用房	1722382	2362832	2921646
其他	1410017	1858529	2985588
3.商品房屋建设和土地开发			
#土地开发投资	1300158	1191770	
4.资金来源及构成			
本年资金来源小计	14789981	22616131	32926163
国内贷款	1766385	2968570	3232498
利用外资	196425	158549	61827
#外商直接投资	175665	154549	55527
自筹资金	7525847	9301533	11965866
其他资金来源	5301324	10187479	13241093
三、本年新增固定资产(万元)	**4712756**	**6689861**	**8567022**
四、土地开发及购置(平方米)			
本年完成开发土地面积	15193358	8565017	
待开发土地面积	29245009	18280983	12351357
本年购置土地面积	22484700	19185913	24510223

8-12 续表

指　　标	2008年	2009年	2010年
五、商品房屋建筑面积(平方米)			
1.施工房屋面积	**117294307**	**141655175**	**176200083**
住宅	93942203	112855124	138385429
#别墅、高档公寓	2023439	4090385	4523534
#经济适用房屋	3720754	3718625	4869598
办公楼	3012751	4331840	5218255
商业营业用房	15281114	18207526	23072201
其他	5058239	6260685	9524198
2.新开工房屋面积	**45850381**	**53156240**	**73539529**
住宅	37325228	42139442	57975783
#别墅、高档公寓	1153632	641487	939749
#经济适用房屋	1590873	1708076	2195196
办公楼	783793	1634685	1633935
商业营业用房	6032124	6962057	9662980
其他	1709236	2420056	4266831
3.竣工房屋面积	**25411223**	**28612490**	**30266512**
住宅	21267127	23505895	24083232
#别墅、高档公寓	291980	642760	849520
#经济适用房屋	883640	806583	1026065
办公楼	415659	626468	498942
商业营业用房	2799411	3666114	4293683
其他	929026	814013	1390655
六、商品房屋销售			
1.销售面积(平方米)	**27858276**	**40309238**	**41542579**
住宅	25425982	36464362	36418827
#别墅、高档公寓	344533	775160	827266
#经济适用房屋	552003	732124	376864
办公楼	310187	495441	872828
商业营业用房	1921419	2990221	3895971
其他	200688	359214	354953
2.销售额(万元)	**8214869**	**13783861**	**17469179**
住宅	7140273	11796852	14200561
#别墅、高档公寓	139826	335226	492209
#经济适用房屋	95566	121348	67135
办公楼	142567	214381	541871
商业营业用房	889102	1677182	2609759
其他	42927	95446	116988
3.平均销售价格(元/平方米)	**2949**	**3420**	**4205**
住宅	2808	3235	3899
办公楼	4596	4327	6208
商业营业用房	4627	5609	6699

8-13　福建房地产开发投资综合统计

指　　标	2008年	2009年	2010年
一、房地产企业			
1.企业个数合计(个)	**3268**	**3316**	**3634**
#一级企业	25	29	40
#二级企业	133	153	157
#三级企业	767	826	882
2.资产负债(万元)			
资产总计	54495254	66370500	77949275
负债合计	39572042	47415837	55337283
所有者权益	14923212	18954663	22611992
资产负债率(%)	72.6	71.4	71.0
二、本年完成投资额(万元)			
合计	**11290921**	**11363495**	**18188570**
1.按构成分			
建筑安装工程	7474089	7314239	9316160
设备工器具购置	79072	70820	93941
其他费用	3737760	3978436	8778469
#土地购置费	2994035	3326875	7651682
2.按用途分			
住宅	7359284	7432742	9751349
#别墅、高档公寓	461774	436449	552610
#经济适用房屋	298515	185799	165019
办公楼	247388	378436	496714
商业营业用房	808708	872995	1623334
其他	2875541	2679322	6317173
3.商品房屋建设和土地开发			
#土地开发投资	399303	170014	
4.资金来源及构成			
本年资金来源小计	14265300	19376929	30936927
国内贷款	3135641	3946450	4324562
利用外资	410187	138556	181737
#外商直接投资	395350	135880	152290
自筹资金	4255030	4581714	10996403
其他资金来源	6464442	10710209	10810410
三、本年新增固定资产(万元)	**3754791**	**4376527**	**4808613**
四、土地开发及购置(平方米)			
本年完成开发土地面积	4752065	4650543	
待开发土地面积	15245057	8374872	15773748
本年购置土地面积	10762372	11206117	15404226

8-13 续表

指　　标	2008年	2009年	2010年
五、商品房屋建筑面积(平方米)			
1.施工房屋面积	**114597202**	**116681714**	**141897314**
住宅	86477116	88457537	105725306
#别墅、高档公寓	4774787	4616536	5495187
#经济适用房屋	3175016	3570799	3564059
办公楼	3526390	3146738	4528860
商业营业用房	9363197	10126386	12736561
其他	15230499	14951053	18906587
2.新开工房屋面积	**27977439**	**24233457**	**46795621**
住宅	22212929	18609910	33995342
#别墅、高档公寓	874907	877081	1985034
#经济适用房屋	1113522	1063670	340391
办公楼	452978	774402	1834633
商业营业用房	2191322	2481764	4545504
其他	3120210	2367381	6420142
3.竣工房屋面积	**19061506**	**22402641**	**22424724**
住宅	14228355	16908535	17158715
#别墅、高档公寓	830521	821753	582240
#经济适用房屋	214453	735318	587329
办公楼	976415	474384	352016
商业营业用房	1749769	2093233	1653889
其他	2106967	2926489	3260104
六、商品房屋销售			
1.销售面积(平方米)	**16256665**	**27232303**	**25756234**
住宅	12500005	24208299	21392617
#别墅、高档公寓	621832	1169913	830093
#经济适用房屋	838130	549376	524854
办公楼	665180	329408	822045
商业营业用房	943176	1212617	1763501
其他	2148304	1481979	1778071
2.销售额(万元)	**7126128**	**14778299**	**16113242**
住宅	5622613	12990871	13001297
#别墅、高档公寓	456049	925369	936136
#经济适用房屋	193833	148507	128055
办公楼	358234	206633	717772
商业营业用房	783078	1182149	1805651
其他	362203	398646	588522
3.平均销售价格(元/平方米)	**4384**	**5427**	**6256**
住宅	4498	5366	6077
办公楼	5386	6273	8732
商业营业用房	8303	9749	10239

8-14　江西房地产开发投资综合统计

指　　标	2008年	2009年	2010年
一、房地产企业			
1.企业个数合计(个)	**2410**	**2050**	**2141**
#一级企业	5	4	6
#二级企业	253	236	245
#三级企业	919	800	815
2.资产负债(万元)			
资产总计	17114720	21432392	22717358
负债合计	11462771	14468852	15776362
所有者权益	5651948	6963540	6940996
资产负债率(%)	67.0	67.5	69.4
二、本年完成投资额(万元)			
合计	**5476570**	**6345238**	**7068222**
1.按构成分			
建筑安装工程	4390350	5143389	5342927
设备工器具购置	49260	73628	135226
其他费用	1036960	1128221	1590069
#土地购置费	730371	664315	1098952
2.按用途分			
住宅	4464119	5091670	5447742
#别墅、高档公寓	102685	154728	181581
#经济适用房屋	199697	154825	113973
办公楼	46521	115995	110064
商业营业用房	507506	631837	781411
其他	458424	505736	729005
3.商品房屋建设和土地开发			
#土地开发投资	412377	282800	
4.资金来源及构成			
本年资金来源小计	6307606	8766713	13065368
国内贷款	959370	1239645	1464036
利用外资	56383	44553	28979
#外商直接投资	21290	37003	28979
自筹资金	2823583	3148617	3912925
其他资金来源	2468270	4333898	4675666
三、本年新增固定资产(万元)	**2601388**	**2836786**	**3898732**
四、土地开发及购置(平方米)			
本年完成开发土地面积	8228853	6499319	
待开发土地面积	16724528	8212962	9833892
本年购置土地面积	9918604	6944835	7771503

8-14 续表

指　　标	2008年	2009年	2010年
五、商品房屋建筑面积(平方米)			
1.施工房屋面积	**63447028**	**67555972**	**72299393**
住宅	53966589	57685636	60646175
#别墅、高档公寓	1297566	1523717	1825017
#经济适用房屋	3344540	2606068	1957105
办公楼	550571	652367	1142464
商业营业用房	6378053	6550947	7340913
其他	2551815	2667022	3169841
2.新开工房屋面积	**25299030**	**23009630**	**23449792**
住宅	22081362	19560160	19564677
#别墅、高档公寓	507360	272517	549548
#经济适用房屋	1536073	726078	383316
办公楼	207127	285180	418222
商业营业用房	2181437	2328032	2501321
其他	829104	836258	965572
3.竣工房屋面积	**15866976**	**16468025**	**18177356**
住宅	13463562	14375058	15504625
#别墅、高档公寓	228762	465057	303108
#经济适用房屋	871690	771369	865708
办公楼	160685	55221	234134
商业营业用房	1722386	1599426	1739742
其他	520343	438320	698855
六、商品房屋销售			
1.销售面积(平方米)	**17276001**	**22809083**	**24697318**
住宅	16048566	21080658	22657204
#别墅、高档公寓	284386	475889	295038
#经济适用房屋	1571528	896057	1025621
办公楼	49689	92108	190164
商业营业用房	952514	1207009	1508452
其他	225232	429308	341498
2.销售额(万元)	**3689630**	**6028009**	**7764058**
住宅	3244430	5305604	6703400
#别墅、高档公寓	89320	130726	154965
#经济适用房屋	172538	115257	163526
办公楼	14114	42056	157001
商业营业用房	384759	564459	805870
其他	46327	115890	97787
3.平均销售价格(元/平方米)	**2136**	**2643**	**3144**
住宅	2022	2517	2959
办公楼	2840	4566	8256
商业营业用房	4039	4677	5342

8-15　山东房地产开发投资综合统计

指　　标	2008年	2009年	2010年
一、房地产企业			
1.企业个数合计（个）	**5748**	**5483**	**5798**
#一级企业	76	74	68
#二级企业	213	247	281
#三级企业	997	1038	1095
2.资产负债（万元）			
资产总计	68584817	86066907	111112788
负债合计	50565280	65380779	85668959
所有者权益	18019538	20686129	25443830
资产负债率(%)	73.7	76.0	77.1
二、本年完成投资额（万元）			
合计	**20385338**	**24287324**	**32493686**
1.按构成分			
建筑安装工程	14861573	18353227	23450571
设备工器具购置	235380	285320	327597
其他费用	5288385	5648777	8715518
#土地购置费	3518295	3855494	6004114
2.按用途分			
住宅	16002624	18605150	25111721
#别墅、高档公寓	444693	527445	756982
#经济适用房屋	594970	574851	492080
办公楼	524064	610612	733963
商业营业用房	2334421	3276591	3788058
其他	1524229	1794971	2859944
3.商品房屋建设和土地开发			
#土地开发投资	2054518	1469960	
4.资金来源及构成			
本年资金来源小计	23939400	33754414	53140461
国内贷款	4653362	6355216	7548032
利用外资	242580	128802	188707
#外商直接投资	164477	101732	161784
自筹资金	10472066	12722698	17948789
其他资金来源	8571392	14547698	18834757
三、本年新增固定资产（万元）	**9661334**	**12354089**	**13454879**
四、土地开发及购置（平方米）			
本年完成开发土地面积	28348121	18276659	
待开发土地面积	48351674	23629829	22067652
本年购置土地面积	27620767	21786840	28500889

8-15 续表

指　　标	2008年	2009年	2010年
五、商品房屋建筑面积(平方米)			
1.施工房屋面积	**200986749**	**221251663**	**280811680**
住宅	165240158	181331099	227280889
#别墅、高档公寓	4441471	3831197	5730117
#经济适用房屋	6754997	6295121	6333283
办公楼	4563776	4444265	4781379
商业营业用房	22196392	24552054	32802474
其他	8986423	10924245	15946938
2.新开工房屋面积	**76623584**	**84917800**	**123302145**
住宅	65016291	70416432	102415467
#别墅、高档公寓	1028764	1005696	2353012
#经济适用房屋	3028453	2799136	2407544
办公楼	1072526	1426018	1616223
商业营业用房	7407345	8929354	12654731
其他	3127422	4145996	6615724
3.竣工房屋面积	**45351448**	**50158627**	**50743435**
住宅	39083970	43195690	42707978
#别墅、高档公寓	1102784	577348	1034792
#经济适用房屋	1739453	1446026	1662336
办公楼	733359	1197636	875489
商业营业用房	3913821	4256778	5099931
其他	1620298	1508523	2060037
六、商品房屋销售			
1.销售面积(平方米)	**55076382**	**70163516**	**92938813**
住宅	50394023	64782755	84482551
#别墅、高档公寓	930200	857057	1390984
#经济适用房屋	2016504	2453453	2450886
办公楼	566306	622105	824689
商业营业用房	3083579	3841228	6075904
其他	1032474	917428	1555669
2.销售额(万元)	**16357067**	**24591016**	**36651206**
住宅	14369329	21958458	32180220
#别墅、高档公寓	674915	753092	1290838
#经济适用房屋	368154	528660	662307
办公楼	317190	459025	544782
商业营业用房	1418655	1966221	3465120
其他	251893	207312	461084
3.平均销售价格(元/平方米)	**2970**	**3505**	**3944**
住宅	2851	3390	3809
办公楼	5601	7379	6606
商业营业用房	4601	5119	5703

8-16　河南房地产开发投资综合统计

指　　标	2008年	2009年	2010年
一、房地产企业			
1.企业个数合计(个)	**4146**	**3798**	**4176**
#一级企业	22	33	36
#二级企业	268	321	362
#三级企业	808	810	869
2.资产负债(万元)			
资产总计	26964335	33620940	45243820
负债合计	17873731	22812498	32685619
所有者权益	9090604	10808442	12558201
资产负债率(%)	66.3	67.9	72.2
二、本年完成投资额(万元)			
合计	**12067124**	**15537595**	**21140831**
1.按构成分			
建筑安装工程	9336119	12478505	16570626
设备工器具购置	120809	170198	253376
其他费用	2610196	2888892	4316829
#土地购置费	1953395	1980154	2932283
2.按用途分			
住宅	9708573	12352117	16852092
#别墅、高档公寓	281805	239825	190282
#经济适用房屋	373499	598515	618736
办公楼	303362	331346	567409
商业营业用房	1252808	1509643	1927733
其他	802381	1344489	1793597
3.商品房屋建设和土地开发			
#土地开发投资	187244	40896	
4.资金来源及构成			
本年资金来源小计	13652711	19270156	27617798
国内贷款	1331019	1995030	2444995
利用外资	161782	27503	17608
#外商直接投资	138256	23132	17108
自筹资金	7241532	9701354	13365693
其他资金来源	4918378	7546269	8859634
三、本年新增固定资产(万元)	**5344818**	**6460458**	**8616343**
四、土地开发及购置(平方米)			
本年完成开发土地面积	13945657	13511014	
待开发土地面积	12962062	9113789	12221264
本年购置土地面积	20945578	27015422	28643227

8-16 续表

指　　标	2008年	2009年	2010年
五、商品房屋建筑面积(平方米)			
1.施工房屋面积	**139061822**	**160714759**	**203939775**
住宅	116662052	134602373	169019893
#别墅、高档公寓	3512822	2622301	2032745
#经济适用房屋	7686515	7648874	8771016
办公楼	3843640	3703983	5108440
商业营业用房	13799733	15075633	19520760
其他	4756397	7332770	10290682
2.新开工房屋面积	**55512618**	**71156322**	**86105696**
住宅	48270884	61797767	72999440
#别墅、高档公寓	1090478	976413	403938
#经济适用房屋	3277133	3413677	3783953
办公楼	938468	890373	1710209
商业营业用房	4347989	5897975	7592897
其他	1955277	2570207	3803150
3.竣工房屋面积	**30260396**	**34009767**	**44269404**
住宅	25970308	29917889	38525991
#别墅、高档公寓	592571	558852	417250
#经济适用房屋	2334943	1435731	1438813
办公楼	668135	325930	561672
商业营业用房	2878230	2800539	3696306
其他	743723	965409	1485435
六、商品房屋销售			
1.销售面积(平方米)	**31919757**	**43350868**	**54522299**
住宅	29433568	40174514	50924903
#别墅、高档公寓	655482	852698	411363
#经济适用房屋	2045510	1570238	2127666
办公楼	431348	659415	607926
商业营业用房	1867639	2181431	2464383
其他	187202	335508	525087
2.销售额(万元)	**7464593**	**11558968**	**16587868**
住宅	6294019	10048884	14545695
#别墅、高档公寓	237149	296675	205540
#经济适用房屋	280542	263391	423665
办公楼	188354	297454	503130
商业营业用房	946036	1134834	1370866
其他	36184	77796	168177
3.平均销售价格(元/平方米)	**2339**	**2666**	**3042**
住宅	2138	2501	2856
办公楼	4367	4511	8276
商业营业用房	5065	5202	5563

8-17 湖北房地产开发投资综合统计

指　　标	2008年	2009年	2010年
一、房地产企业			
1.企业个数合计(个)	**3410**	**3460**	**3558**
#一级企业	16	31	44
#二级企业	363	378	421
#三级企业	932	998	996
2.资产负债(万元)			
资产总计	33774604	41681528	54650015
负债合计	22866089	28567767	37217507
所有者权益	10908515	13113761	17432509
资产负债率(%)	67.7	68.5	68.1
二、本年完成投资额(万元)			
合计	**8926684**	**12004443**	**16182357**
1.按构成分			
建筑安装工程	6681824	8286244	10592645
设备工器具购置	119153	185050	290666
其他费用	2125707	3533149	5299046
#土地购置费	1090097	1614571	2909857
2.按用途分			
住宅	6604803	8041595	10402450
#别墅、高档公寓	446676	381296	393853
#经济适用房屋	688735	743710	403312
办公楼	157411	228892	324359
商业营业用房	635821	1419912	1870824
其他	1528649	2314044	3584724
3.商品房屋建设和土地开发			
#土地开发投资	933692	1788109	
4.资金来源及构成			
本年资金来源小计	10423262	17147573	25601396
国内贷款	2273723	3884484	4154258
利用外资	103653	158329	972875
#外商直接投资	96983	151501	929155
自筹资金	4489901	5777614	7843897
其他资金来源	3555985	7327146	9223950
三、本年新增固定资产(万元)	**5446687**	**7029473**	**8103265**
四、土地开发及购置(平方米)			
本年完成开发土地面积	9544751	13616661	
待开发土地面积	16047064	14147376	12832392
本年购置土地面积	10061560	10000796	14220606

8-17 续表

指　　标	2008年	2009年	2010年
五、商品房屋建筑面积(平方米)			
1.施工房屋面积	**78004988**	**95465290**	**115894410**
住宅	66595337	77374558	91724313
#别墅、高档公寓	3001698	3215448	3461564
#经济适用房屋	8081533	6596965	3998617
办公楼	1527788	2095504	2395527
商业营业用房	6252005	10153463	12683496
其他	3629858	5841765	9091074
2.新开工房屋面积	**31129933**	**39758418**	**57257689**
住宅	26925977	32139205	44543586
#别墅、高档公寓	1260809	649960	1119220
#经济适用房屋	4585865	1739450	1414394
办公楼	478362	915997	1006234
商业营业用房	2097313	4195849	6569843
其他	1628281	2507367	5138026
3.竣工房屋面积	**20578810**	**23121085**	**25412068**
住宅	17957572	20073430	21293288
#别墅、高档公寓	502314	710110	833109
#经济适用房屋	2467863	1966648	901562
办公楼	290671	297167	508554
商业营业用房	1633229	1839324	2715720
其他	697338	911164	894506
六、商品房屋销售			
1.销售面积(平方米)	**19416187**	**27180473**	**35086148**
住宅	18213146	25763213	32368844
#别墅、高档公寓	585379	774252	961178
#经济适用房屋	2253760	1769881	994811
办公楼	115792	141038	241886
商业营业用房	788742	1066073	1844119
其他	298507	210149	631299
2.销售额(万元)	**5826143**	**9600307**	**13131957**
住宅	5278409	8792284	11349409
#别墅、高档公寓	362391	545520	640003
#经济适用房屋	428302	394039	238604
办公楼	59314	62320	133870
商业营业用房	383565	684692	1422152
其他	104855	61011	226526
3.平均销售价格(元/平方米)	**3001**	**3532**	**3743**
住宅	2898	3413	3506
办公楼	5122	4419	5534
商业营业用房	4863	6423	7712

8-18 湖南房地产开发综合统计

指　标	2008年	2009年	2010年
一、房地产企业			
1.企业个数合计(个)	**3596**	**3227**	**3437**
#一级企业	16	14	15
#二级企业	168	152	150
#三级企业	1869	1642	1672
2.资产负债(万元)			
资产总计	32973842	34856180	43290186
负债合计	23565910	24824126	31345812
所有者权益	9407932	10032054	11944374
资产负债率(%)	71.5	71.2	72.4
二、本年完成投资额(万元)			
合计	**9559153**	**10845775**	**14690734**
1.按构成分			
建筑安装工程	6835737	8237485	11185440
设备工器具购置	165928	204115	219642
其他费用	2557488	2404175	3285652
#土地购置费	1553645	1191598	1765612
2.按用途分			
住宅	7030758	8378977	11345626
#别墅、高档公寓	552417	421593	558213
#经济适用房屋	226069	378300	329915
办公楼	221931	154802	178057
商业营业用房	866144	1098890	1297368
其他	1440320	1213106	1869683
3.商品房屋建设和土地开发			
#土地开发投资	1169225	682182	
4.资金来源及构成			
本年资金来源小计	10934607	14297886	23650849
国内贷款	1888889	2328329	3140590
利用外资	80700	49988	43478
#外商直接投资	48485	19047	14333
自筹资金	5092609	5320515	6988716
其他资金来源	3872409	6599054	9851532
三、本年新增固定资产(万元)	**4147388**	**6431485**	**8203887**
四、土地开发及购置(平方米)			
本年完成开发土地面积	12587149	11196276	
待开发土地面积	25575451	18063553	13181239
本年购置土地面积	20404322	10015093	10959666

注：2004年以前的商品房销售为实际销售口径，2005年起商品房销售包括期房和现房，下表同。

8-18 续表

指　　标	2008年	2009年	2010年
五、商品房屋建筑面积(平方米)			
1.施工房屋面积	**107155422**	**137276917**	**168018632**
住宅	87401235	113013600	137725640
#别墅、高档公寓	6073699	5039041	4503798
#经济适用房屋	2943448	4225799	5083223
办公楼	1793507	1940324	2104342
商业营业用房	11633604	12659875	15500985
其他	6327076	9663118	12687665
2.新开工房屋面积	**42313586**	**53198172**	**64432968**
住宅	35799172	44178820	53659623
#别墅、高档公寓	2082758	886054	1359361
#经济适用房屋	1165669	2101043	2035681
办公楼	450711	580508	623630
商业营业用房	3594250	4934996	5575446
其他	2469453	3503848	4574269
3.竣工房屋面积	**23938442**	**29651735**	**33479081**
住宅	20402295	25005001	28288068
#别墅、高档公寓	1280280	1909950	969472
#经济适用房屋	961874	1272959	1364111
办公楼	210474	421381	347124
商业营业用房	2381747	2452375	2849469
其他	943926	1772978	1994420
六、商品房屋销售			
1.销售面积(平方米)	**26555051**	**35137170**	**44699775**
住宅	24136999	32623431	41400681
#别墅、高档公寓	1095654	1320986	1263296
#经济适用房屋	973455	1361241	1094550
办公楼	220830	235896	292690
商业营业用房	1874621	1811806	2478693
其他	322601	466037	527711
2.销售额(万元)	**6113306**	**9415971**	**14063870**
住宅	5101149	8260738	12476480
#别墅、高档公寓	439025	640152	765860
#经济适用房屋	135093	223335	177920
办公楼	93005	97683	109533
商业营业用房	855645	941610	1307889
其他	63507	115940	169968
3.平均销售价格(元/平方米)	**2302**	**2680**	**3146**
住宅	2113	2532	3014
办公楼	4212	4141	3742
商业营业用房	4564	5197	5277

8-19　广东房地产开发投资综合统计

指　　标	2008年	2009年	2010年
一、房地产企业			
1.企业个数合计(个)	**6651**	**6079**	**6527**
#一级企业	66	90	94
#二级企业	598	312	306
#三级企业	1050	1322	1348
2.资产负债(万元)			
资产总计	179612285	202033678	250531555
负债合计	132854424	152154503	190439825
所有者权益	46757861	49879175	60091731
资产负债率(%)	74.0	75.3	76.0
二、本年完成投资额(万元)			
合计	**29492536**	**29613189**	**36596946**
1.按构成分			
建筑安装工程	20872427	21650634	25829859
设备工器具购置	710878	394463	403438
其他费用	7909231	7568092	10363649
#土地购置费	5048818	4682300	6339904
2.按用途分			
住宅	21315812	20900933	25390280
#别墅、高档公寓	2882344	2679275	3466041
#经济适用房屋	80847	158206	246572
办公楼	995280	1276287	1445373
商业营业用房	2420649	2794723	3893136
其他	4760795	4641246	5868157
3.商品房屋建设和土地开发			
#土地开发投资	2024805	1610504	
4.资金来源及构成			
本年资金来源小计	38618729	50782766	74239976
国内贷款	9014609	10102854	12561143
利用外资	663511	652250	908533
#外商直接投资	560391	444222	727662
自筹资金	11731164	13344876	15808090
其他资金来源	17209445	26682786	28546814
三、本年新增固定资产(万元)	**17140078**	**16624549**	**19034687**
四、土地开发及购置(平方米)			
本年完成开发土地面积	21686385	14971461	
待开发土地面积	66060894	46535961	46438218
本年购置土地面积	26394240	22599034	17263149

8-19 续表

指　　标	2008年	2009年	2010年
五、商品房屋建筑面积(平方米)			
1.施工房屋面积	**236829505**	**248146884**	**293013601**
住宅	183546370	189941474	222537649
#别墅、高档公寓	20678850	20387437	25447828
#经济适用房屋	768674	1416108	1511536
办公楼	8218324	8405416	9463316
商业营业用房	21003273	22847219	26219171
其他	24085915	26952775	34793465
2.新开工房屋面积	**65571609**	**64798544**	**99043789**
住宅	51631626	50997286	78268024
#别墅、高档公寓	6202078	5020482	7755813
#经济适用房屋	333304	786558	370123
办公楼	1767458	1703780	1604703
商业营业用房	5310742	5190155	6886942
其他	6861783	6907323	12284120
3.竣工房屋面积	**50638544**	**50622474**	**56590972**
住宅	40326419	41115959	45892244
#别墅、高档公寓	4007039	3888658	5587309
#经济适用房屋	58722	158626	507428
办公楼	1644121	891387	1200738
商业营业用房	4287735	3810610	4747940
其他	4380269	4804518	4750050
六、商品房屋销售			
1.销售面积(平方米)	**48522785**	**70600279**	**73217555**
住宅	43604520	65674272	65528075
#别墅、高档公寓	4234277	6922631	7254325
#经济适用房屋	98877	402081	693374
办公楼	928713	943186	1630273
商业营业用房	2501459	2495000	3719114
其他	1488093	1487821	2340093
2.销售额(万元)	**28883504**	**45985280**	**54807670**
住宅	24956432	41766505	45898236
#别墅、高档公寓	2886401	5115042	6279567
#经济适用房屋	23533	120219	257814
办公楼	980134	1282883	2484289
商业营业用房	2158881	2256271	4829974
其他	788057	679621	1595171
3.平均销售价格(元/平方米)	**5953**	**6513**	**7486**
住宅	5723	6360	7004
办公楼	10554	13602	15238
商业营业用房	8630	9043	12987

8-20　广西房地产开发投资综合统计

指　　标	2008年	2009年	2010年
一、房地产企业			
1.企业个数合计(个)	**3115**	**3016**	**3212**
#一级企业	8	11	9
#二级企业	77	98	87
#三级企业	645	683	665
2.资产负债(万元)			
资产总计	21257559	26311759	31506531
负债合计	15387034	18689052	22726862
所有者权益	5870525	7622706	8779668
资产负债率(%)	72.4	71.0	72.1
二、本年完成投资额(万元)			
合计	**6273423**	**8136811**	**12062211**
1.按构成分			
建筑安装工程	4379873	5833754	9214844
设备工器具购置	118980	91999	124219
其他费用	1774570	2211058	2723148
#土地购置费	1007238	1164661	1505985
2.按用途分			
住宅	4128343	5771730	8788924
#别墅、高档公寓	211163	225943	312651
#经济适用房屋	76750	115901	218072
办公楼	50983	92636	151375
商业营业用房	555782	631026	928467
其他	1538315	1641419	2193445
3.商品房屋建设和土地开发			
#土地开发投资	299218	248999	
4.资金来源及构成			
本年资金来源小计	6963931	11272602	17616323
国内贷款	1363984	2291380	2485995
利用外资	53463	28735	85861
#外商直接投资	40919	24067	72441
自筹资金	2553463	3657864	5474152
其他资金来源	2993021	5294623	7339602
三、本年新增固定资产(万元)	**1862704**	**2688235**	**3164161**
四、土地开发及购置(平方米)			
本年完成开发土地面积	6077331	3832939	
待开发土地面积	9959570	7189257	8233239
本年购置土地面积	14454557	12871526	11986621

8-20 续表

指　　标	2008年	2009年	2010年
五、商品房屋建筑面积(平方米)			
1.施工房屋面积	**68769803**	**83460650**	**120487273**
住宅	55712207	67190765	97676352
#别墅、高档公寓	2321649	2068565	2070984
#经济适用房屋	1474264	1761176	4026445
办公楼	913168	1332463	1830427
商业营业用房	7477332	8556186	11100162
其他	4667096	6381236	9880332
2.新开工房屋面积	**22583889**	**30200222**	**47505675**
住宅	19091466	24708975	39058355
#别墅、高档公寓	489111	514782	595066
#经济适用房屋	733772	617082	1873530
办公楼	233176	395735	597498
商业营业用房	1997880	2838755	3948533
其他	1261367	2256757	3901289
3.竣工房屋面积	**12534715**	**14416303**	**15643065**
住宅	10499331	12204349	13428699
#别墅、高档公寓	583371	290319	162332
#经济适用房屋	437434	184999	463024
办公楼	94456	79280	130105
商业营业用房	1296602	1198017	1218905
其他	644326	934657	865356
六、商品房屋销售			
1.销售面积(平方米)	**17680418**	**23837614**	**27939228**
住宅	16379886	22497027	26071472
#别墅、高档公寓	474002	390308	458163
#经济适用房屋	474981	643730	923573
办公楼	103641	124459	185762
商业营业用房	886825	837543	1082109
其他	310066	378585	599885
2.销售额(万元)	**4996235**	**7771721**	**9951860**
住宅	4315247	7047622	8817021
#别墅、高档公寓	218103	239590	297480
#经济适用房屋	89287	128169	166859
办公楼	51394	78670	145408
商业营业用房	538882	533495	755394
其他	90712	111934	234037
3.平均销售价格(元/平方米)	**2826**	**3260**	**3562**
住宅	2634	3133	3382
办公楼	4959	6321	7828
商业营业用房	6077	6370	6981

8-21　海南房地产开发投资综合统计

指　　标	2008年	2009年	2010年
一、房地产企业			
1.企业个数合计(个)	**1563**	**405**	**545**
#一级企业	8	1	2
#二级企业	37	15	20
#三级企业	107	53	63
2.资产负债(万元)			
资产总计	14012658	11864826	20174758
负债合计	9054227	9127225	16269851
所有者权益	4958431	2737601	3904907
资产负债率(%)	64.6	76.9	80.6
二、本年完成投资额(万元)			
合计	**1994474**	**2879573**	**4678659**
1.按构成分			
建筑安装工程	1516039	2401166	3735389
设备工器具购置	42995	55755	195336
其他费用	435440	422652	747934
#土地购置费	243839	272222	488601
2.按用途分			
住宅	1723627	2618750	4171143
#别墅、高档公寓	788728	1132619	1887126
#经济适用房屋	21657	4801	40266
办公楼	29435	15038	70346
商业营业用房	94844	115693	205420
其他	146568	130092	231750
3.商品房屋建设和土地开发			
#土地开发投资	282351	176794	
4.资金来源及构成			
本年资金来源小计	2718614	4313015	9805265
国内贷款	314984	912855	1363482
利用外资	145953	302023	7100
#外商直接投资	140416	241994	7100
自筹资金	843585	1080550	1635756
其他资金来源	1414092	2017587	5066483
三、本年新增固定资产(万元)	**795680**	**1150023**	**1919456**
四、土地开发及购置(平方米)			
本年完成开发土地面积	2154762	3061162	
待开发土地面积	5198652	1924980	1162911
本年购置土地面积	9468405	2867233	5164587

8-21 续表

指　　标	2008年	2009年	2010年
五、商品房屋建筑面积(平方米)			
1.施工房屋面积	**15001046**	**19899111**	**26994597**
住宅	12935538	17590473	23234007
#别墅、高档公寓	4115901	4822469	6395037
#经济适用房屋	287640	111237	401901
办公楼	416610	199328	359350
商业营业用房	1095643	1257038	1809673
其他	553255	852272	1591567
2.新开工房屋面积	**5946873**	**8072633**	**11361165**
住宅	5187242	7284578	9806298
#别墅、高档公寓	1305869	1539758	1882895
#经济适用房屋	136852		277697
办公楼	270705	18987	140814
商业营业用房	303346	502937	666290
其他	185580	266131	747763
3.竣工房屋面积	**3088458**	**4316277**	**6091271**
住宅	2683135	4013578	5150738
#别墅、高档公寓	947573	699791	1273462
#经济适用房屋	23882	8667	
办公楼	34805	19372	192825
商业营业用房	229114	190327	443619
其他	141404	93000	304089
六、商品房屋销售			
1.销售面积(平方米)	**3724413**	**5613612**	**8547255**
住宅	3587164	5459075	8341872
#别墅、高档公寓	1082297	1431358	2172879
#经济适用房屋	82314	61837	418537
办公楼	13431	39470	54731
商业营业用房	116258	109173	139152
其他	7560	5894	11500
2.销售额(万元)	**2027094**	**3514587**	**7466120**
住宅	1951875	3434396	7340966
#别墅、高档公寓	980363	1541644	3919843
#经济适用房屋	13877	9585	145013
办公楼	7832	19539	35281
商业营业用房	63488	57184	85223
其他	3899	3468	4650
3.平均销售价格(元/平方米)	**5443**	**6261**	**8735**
住宅	5441	6291	8800
办公楼	5831	4950	6446
商业营业用房	5461	5238	6124

8-22　重庆房地产开发投资综合统计

指　　标	2008年	2009年	2010年
一、房地产企业			
1.企业个数合计(个)	**2280**	**2358**	**2391**
#一级企业	36	37	41
#二级企业	407	431	477
#三级企业	894	907	892
2.资产负债(万元)			
资产总计	40490907	53095024	69379522
负债合计	26950521	36094074	47600719
所有者权益	13540386	17000950	21778803
资产负债率(%)	66.6	68.0	68.6
二、本年完成投资额(万元)			
合计	**9909970**	**12389125**	**16202571**
1.按构成分			
建筑安装工程	6658441	8330265	10470871
设备工器具购置	129316	150970	138201
其他费用	3122213	3907890	5593499
#土地购置费	1787212	2381140	3714362
2.按用途分			
住宅	6195250	7890183	10914854
#别墅、高档公寓	706977	894443	1044474
#经济适用房屋	517201	655887	589870
办公楼	123327	220840	315305
商业营业用房	804351	1167561	1344039
其他	2787042	3110541	3628373
3.商品房屋建设和土地开发			
#土地开发投资	490171	469958	
4.资金来源及构成			
本年资金来源小计	12425935	18483048	34393672
国内贷款	2456174	3322374	5847160
利用外资	485334	370174	839265
#外商直接投资	408956	359155	835719
自筹资金	4033145	5403130	6849966
其他资金来源	5451282	9387370	15058873
三、本年新增固定资产(万元)	**4725585**	**6871780**	**7720489**
四、土地开发及购置(平方米)			
本年完成开发土地面积	8950651	10508778	
待开发土地面积	26316306	23388515	20257472
本年购置土地面积	11644097	12277918	13549272

8-22 续表

指　　标	2008年	2009年	2010年
五、商品房屋建筑面积(平方米)			
1.施工房屋面积	**116392710**	**130525976**	**171384954**
住宅	91662054	103381204	137447848
#别墅、高档公寓	5991103	6724656	8343597
#经济适用房屋	9355426	9740023	10310299
办公楼	2321834	2102887	2475637
商业营业用房	12486376	13444880	15497663
其他	9922446	11597005	15963806
2.新开工房屋面积	**35086162**	**38136817**	**63126419**
住宅	28576980	29897218	52687570
#别墅、高档公寓	1327939	1454117	1602800
#经济适用房屋	3161020	3846643	2415609
办公楼	223290	629813	571951
商业营业用房	3253703	4041505	4336765
其他	3032189	3568281	5530133
3.竣工房屋面积	**23679415**	**29070462**	**26265897**
住宅	19513454	23845130	21798062
#别墅、高档公寓	779821	604504	936416
#经济适用房屋	1854078	1540169	2441806
办公楼	451806	463647	300340
商业营业用房	2155618	2583994	2294436
其他	1558537	2177691	1873059
六、商品房屋销售			
1.销售面积(平方米)	**28721949**	**40028921**	**43143929**
住宅	26699338	37712236	39863119
#别墅、高档公寓	1173824	2712030	2229570
#经济适用房屋	3327902	1865042	2526003
办公楼	348715	291466	626042
商业营业用房	1265281	1571541	1942485
其他	408615	453678	712283
2.销售额(万元)	**8000006**	**13777615**	**18469396**
住宅	7048198	12317053	16106444
#别墅、高档公寓	742133	1659772	1635927
#经济适用房屋	582674	375546	619126
办公楼	162761	150847	597039
商业营业用房	687333	1122808	1554610
其他	101714	186907	211303
3.平均销售价格(元/平方米)	**2785**	**3442**	**4281**
住宅	2640	3266	4040
办公楼	4667	5175	9537
商业营业用房	5432	7145	8003

8-23 四川房地产开发投资综合统计

指　　标	2008年	2009年	2010年
一、房地产企业			
1.企业个数合计(个)	**3946**	**3769**	**3915**
#一级企业	37	41	46
#二级企业	543	550	619
#三级企业	2261	2258	2284
2.资产负债(万元)			
资产总计	58024294	62946472	77325223
负债合计	42445899	46417098	56869467
所有者权益	15578395	16529374	20455756
资产负债率(%)	73.2	73.7	73.5
二、本年完成投资额(万元)			
合计	**14516992**	**15883709**	**21946294**
1.按构成分			
建筑安装工程	9794962	11666331	15931732
设备工器具购置	171282	187299	179352
其他费用	4550748	4030079	5835210
#土地购置费	3098094	2438252	3689425
2.按用途分			
住宅	10359853	11500278	15352814
#别墅、高档公寓	566215	646700	887828
#经济适用房屋	111961	93914	60419
办公楼	257453	369672	553104
商业营业用房	1078516	1280258	1858770
其他	2821170	2733501	4181606
3.商品房屋建设和土地开发			
#土地开发投资	1319729	568821	
4.资金来源及构成			
本年资金来源小计	17022678	24151504	38062472
国内贷款	3023891	3323837	4368266
利用外资	634041	119268	333267
#外商直接投资	597473	90601	309887
自筹资金	6888416	8118720	12082591
其他资金来源	6476330	12589679	14696176
三、本年新增固定资产(万元)	**5994619**	**8920883**	**10066966**
四、土地开发及购置(平方米)			
本年完成开发土地面积	7398632	9876924	
待开发土地面积	18529697	12086273	11910123
本年购置土地面积	10002280	10468166	10430469

8-23 续表

指　　标	2008年	2009年	2010年
五、商品房屋建筑面积(平方米)			
1.施工房屋面积	**155893291**	**177313079**	**211584737**
住宅	129980085	147631201	172897351
#别墅、高档公寓	5789957	5787232	4935657
#经济适用房屋	3041846	2340813	1708834
办公楼	3068717	3385171	4132637
商业营业用房	12887291	13328209	15934732
其他	9957198	12968498	18620017
2.新开工房屋面积	**49620058**	**52358811**	**77316621**
住宅	42167513	44111280	62707948
#别墅、高档公寓	1240320	1275226	1355954
#经济适用房屋	1386628	438847	177358
办公楼	744912	1115112	1285293
商业营业用房	3399145	4053616	6346583
其他	3308488	3078803	6976797
3.竣工房屋面积	**33486000**	**42794606**	**39667659**
住宅	29048238	36806101	33900092
#别墅、高档公寓	1095400	1302975	365903
#经济适用房屋	647421	426558	386215
办公楼	367449	514890	351621
商业营业用房	2609901	2899681	2839358
其他	1460412	2573934	2576588
六、商品房屋销售			
1.销售面积(平方米)	**35012730**	**59676937**	**63969219**
住宅	32473224	55531254	58493425
#别墅、高档公寓	968737	1666139	1339868
#经济适用房屋	399164	314154	734005
办公楼	324444	629512	838440
商业营业用房	1777761	2563274	2942490
其他	437301	952897	1694864
2.销售额(万元)	**11054590**	**20940511**	**26473396**
住宅	9960224	19068845	23308457
#别墅、高档公寓	768588	1315877	1172434
#经济适用房屋	50530	54545	136865
办公楼	184547	351892	741605
商业营业用房	804978	1284854	1830451
其他	104841	234920	592883
3.平均销售价格(元/平方米)	**3157**	**3509**	**4138**
住宅	3067	3434	3985
办公楼	5688	5590	8845
商业营业用房	4528	5013	6221

8-24　贵州房地产开发投资综合统计

指　　标	2008年	2009年	2010年
一、房地产企业			
1.企业个数合计(个)	**1998**	**1840**	**1876**
#一级企业	6	3	3
#二级企业	77	78	83
#三级企业	388	353	372
2.资产负债(万元)			
资产总计	12930555	16901949	27917638
负债合计	10374125	13703102	21797315
所有者权益	2556430	3198847	6120323
资产负债率(%)	80.2	81.1	78.1
二、本年完成投资额(万元)			
合计	**3112556**	**3712507**	**5566872**
1.按构成分			
建筑安装工程	2207429	2825298	3886704
设备工器具购置	36620	43161	75224
其他费用	868507	844048	1604944
#土地购置费	341465	323784	609229
2.按用途分			
住宅	1954897	2494624	3286322
#别墅、高档公寓	53840	43723	45696
#经济适用房屋	224281	202165	201574
办公楼	49230	67326	87805
商业营业用房	285998	384770	570608
其他	822431	765787	1622137
3.商品房屋建设和土地开发			
#土地开发投资	127060	54609	
4.资金来源及构成			
本年资金来源小计	4183901	6707643	11345968
国内贷款	799785	1331075	1600977
利用外资	12002	2559	7186
#外商直接投资	9878	1500	7186
自筹资金	1603959	1682427	2677402
其他资金来源	1768155	3691582	4969384
三、本年新增固定资产(万元)	**1085295**	**2156576**	**2147922**
四、土地开发及购置(平方米)			
本年完成开发土地面积	2875766	1614287	
待开发土地面积	8530955	7136457	10580393
本年购置土地面积	5901610	3732605	10045826

8-24 续表

指　　标	2008年	2009年	2010年
五、商品房屋建筑面积(平方米)			
1.施工房屋面积	**52288710**	**61010489**	**79055339**
住宅	42099835	47152213	59708072
#别墅、高档公寓	721858	650198	641891
#经济适用房屋	4891013	4610178	5073976
办公楼	1122984	1238889	1493231
商业营业用房	5976164	7063269	9090402
其他	3089727	5556118	8763634
2.新开工房屋面积	**15935063**	**17552446**	**28711460**
住宅	13069402	13529158	22502934
#别墅、高档公寓	169234	119729	90038
#经济适用房屋	1023362	1033790	1456490
办公楼	235138	277849	292221
商业营业用房	1545767	2058021	3045855
其他	1084756	1687418	2870450
3.竣工房屋面积	**7207080**	**12235199**	**10479695**
住宅	5886149	10411642	8261264
#别墅、高档公寓	134039	98733	219975
#经济适用房屋	609041	1642652	1090186
办公楼	101772	183454	183596
商业营业用房	903569	1083486	1285852
其他	315590	556617	748983
六、商品房屋销售			
1.销售面积(平方米)	**9081991**	**16530471**	**17306871**
住宅	8481108	15419063	15963032
#别墅、高档公寓	130964	229574	182602
#经济适用房屋	1350365	708339	1371629
办公楼	102621	201213	262685
商业营业用房	466164	750382	809144
其他	32098	159813	272010
2.销售额(万元)	**2124650**	**4750718**	**5810088**
住宅	1799384	4073089	5016283
#别墅、高档公寓	62049	127877	126674
#经济适用房屋	260036	147964	355306
办公楼	37679	92664	137327
商业营业用房	278166	538472	567582
其他	9421	46493	88896
3.平均销售价格(元/平方米)	**2339**	**2874**	**3357**
住宅	2122	2642	3142
办公楼	3672	4605	5228
商业营业用房	5967	7176	7015

8-25　云南房地产开发投资综合统计

指　标	2008年	2009年	2010年
一、房地产企业			
1.企业个数合计(个)	**2208**	**2121**	**2344**
#一级企业	14	15	16
#二级企业	129	145	155
#三级企业	294	300	319
2.资产负债(万元)			
资产总计	21751346	25668121	32174639
负债合计	17289013	20712126	25819988
所有者权益	4462333	4955995	6354651
资产负债率(%)	79.5	80.7	80.2
二、本年完成投资额(万元)			
合计	**5576906**	**7374566**	**9004408**
1.按构成分			
建筑安装工程	4071234	5298001	6729093
设备工器具购置	56101	69937	101244
其他费用	1449571	2006628	2174071
#土地购置费	1020608	1324850	1212651
2.按用途分			
住宅	4240234	5529587	6546742
#别墅、高档公寓	607554	629218	767064
#经济适用房屋	210471	196293	124725
办公楼	121372	189107	222129
商业营业用房	574245	805186	978839
其他	641055	850686	1256698
3.商品房屋建设和土地开发			
#土地开发投资	623022	501120	
4.资金来源及构成			
本年资金来源小计	7066038	10005916	16685916
国内贷款	960171	1395190	1608168
利用外资	42993	3977	8486
#外商直接投资	42978	3977	
自筹资金	2619221	2967894	4612184
其他资金来源	3443653	5638855	6777791
三、本年新增固定资产(万元)	**2056600**	**4206198**	**5063499**
四、土地开发及购置(平方米)			
本年完成开发土地面积	8664841	8259888	
待开发土地面积	11122426	7987409	4074755
本年购置土地面积	14442193	12698188	10313903

8-25 续表

指　　标	2008年	2009年	2010年
五、商品房屋建筑面积(平方米)			
1.施工房屋面积	**53676381**	**68378788**	**87849739**
住宅	44699058	55355203	70463749
#别墅、高档公寓	6211611	6983885	8616152
#经济适用房屋	2316882	2081201	1926879
办公楼	854766	1050757	1547721
商业营业用房	5636609	8007516	9347942
其他	2485948	3965312	6490327
2.新开工房屋面积	**21671097**	**28208360**	**37027593**
住宅	17989036	22310676	29608079
#别墅、高档公寓	2252130	2262066	3119293
#经济适用房屋	1216358	572219	633288
办公楼	388893	456961	558737
商业营业用房	2285237	3632489	3916762
其他	1007931	1808234	2944015
3.竣工房屋面积	**10516544**	**16805586**	**15359892**
住宅	8836056	14080280	12584374
#别墅、高档公寓	769909	1554418	1961023
#经济适用房屋	438039	679078	435648
办公楼	169809	343512	167251
商业营业用房	964849	1714376	1577153
其他	545830	667418	1031114
六、商品房屋销售			
1.销售面积(平方米)	**16430769**	**22299516**	**29594290**
住宅	14782537	20403292	26589872
#别墅、高档公寓	1862921	2184877	3649814
#经济适用房屋	1048138	990369	142514
办公楼	220717	229709	214985
商业营业用房	1169705	1320865	1825646
其他	257810	345650	963787
2.销售额(万元)	**4403093**	**6535287**	**9345979**
住宅	3607721	5555833	7693186
#别墅、高档公寓	601798	749261	1294652
#经济适用房屋	151040	191863	25036
办公楼	107275	125694	144723
商业营业用房	608548	730722	1184756
其他	79549	123038	323314
3.平均销售价格(元/平方米)	**2680**	**2931**	**3158**
住宅	2441	2723	2893
办公楼	4860	5472	6732
商业营业用房	5203	5532	6490

8-26　西藏房地产开发投资综合统计

指　　标	2008年	2009年	2010年
一、房地产企业			
1.企业个数合计(个)	**53**	**53**	**61**
#一级企业	2	2	2
#二级企业	7	7	11
#三级企业	13	21	24
2.资产负债(万元)			
资产总计	364453	447102	763183
负债合计	218302	294366	398490
所有者权益	146151	152737	364693
资产负债率(%)	59.9	65.8	52.2
二、本年完成投资额(万元)			
合计	**137388**	**157480**	**89634**
1.按构成分			
建筑安装工程	118313	135576	65872
设备工器具购置	2916	4645	1889
其他费用	16159	17259	21873
#土地购置费	12347	2860	17233
2.按用途分			
住宅	119545	113798	69870
#别墅、高档公寓	11025	4240	10403
#经济适用房屋	30509	5240	574
办公楼	2315	3211	650
商业营业用房	11692	14391	18604
其他	3836	26080	510
3.商品房屋建设和土地开发			
#土地开发投资	25614	10337	
4.资金来源及构成			
本年资金来源小计	133141	310418	162692
国内贷款	19391	18600	783
利用外资			
#外商直接投资			
自筹资金	43014	118125	107545
其他资金来源	70736	173693	41883
三、本年新增固定资产(万元)	**138414**	**83747**	**53755**
四、土地开发及购置(平方米)			
本年完成开发土地面积	714641	169592	
待开发土地面积	621435	285387	269909
本年购置土地面积	204555	52310	29144

8-26 续表

指　　标	2008年	2009年	2010年
五、商品房屋建筑面积(平方米)			
1.施工房屋面积	**1446050**	**1406221**	**752580**
住宅	1290823	1220489	684041
#别墅、高档公寓	183888	61280	82810
#经济适用房屋	398751	160535	5186
办公楼	33170	69165	13117
商业营业用房	116748	103662	46122
其他	5309	12905	9300
2.新开工房屋面积	**601186**	**373515**	**169220**
住宅	529842	318380	152963
#别墅、高档公寓	63659	43680	24830
#经济适用房屋	192795	59968	1686
办公楼	32770	4200	5717
商业营业用房	36967	44234	10540
其他	1607	6701	
3.竣工房屋面积	**545709**	**459833**	**121793**
住宅	474223	423757	115050
#别墅、高档公寓	121429	17600	2830
#经济适用房屋	102010	50000	
办公楼	10110	10536	
商业营业用房	57674	19336	6743
其他	3702	6204	
六、商品房屋销售			
1.销售面积(平方米)	**664924**	**632568**	**192808**
住宅	620751	614180	187591
#别墅、高档公寓	162825	130895	24055
#经济适用房屋	75498	43535	
办公楼	414		
商业营业用房	43484	18388	5217
其他	275		
2.销售额(万元)	**212894**	**155127**	**55839**
住宅	192646	146887	51801
#别墅、高档公寓	57750	50366	9469
#经济适用房屋	16105	10751	
办公楼	414		
商业营业用房	19801	8240	4038
其他	33		
3.平均销售价格(元/平方米)	**3202**	**2452**	**2896**
住宅	3103	2392	2761
办公楼	10000		
商业营业用房	4554	4481	7740

8-27　陕西房地产开发投资综合统计

指　　标	2008年	2009年	2010年
一、房地产企业			
1.企业个数合计(个)	**1366**	**1194**	**1274**
#一级企业	19	47	48
#二级企业	164	143	156
#三级企业	436	366	370
2.资产负债(万元)			
资产总计	17962629	20009766	27991029
负债合计	13291195	15142419	21040486
所有者权益	4671435	4867347	6950544
资产负债率(%)	74.0	75.7	75.2
二、本年完成投资额(万元)			
合计	**7622281**	**9416321**	**11594683**
1.按构成分			
建筑安装工程	5968297	8015339	9498916
设备工器具购置	115560	159653	241881
其他费用	1538424	1241329	1853886
#土地购置费	889553	731608	1074455
2.按用途分			
住宅	6037546	7808278	9381543
#别墅、高档公寓	195358	224320	231964
#经济适用房屋	270901	413138	336796
办公楼	303434	273401	365708
商业营业用房	732567	824776	1064058
其他	548734	509866	783374
3.商品房屋建设和土地开发			
#土地开发投资	835364	449572	
4.资金来源及构成			
本年资金来源小计	7979200	13142172	19783068
国内贷款	1245909	2134055	2151693
利用外资	24075	52276	56173
#外商直接投资	23001	52276	56162
自筹资金	4078767	5854803	6428028
其他资金来源	2630449	5101038	8201575
三、本年新增固定资产(万元)	**1889832**	**2703112**	**2694613**
四、土地开发及购置(平方米)			
本年完成开发土地面积	4175506	5081492	
待开发土地面积	7089174	2629165	3877630
本年购置土地面积	5397842	4079737	5524125

8-27 续表

指　　标	2008年	2009年	2010年
五、商品房屋建筑面积(平方米)			
1.施工房屋面积	**57800846**	**82355559**	**99478897**
住宅	49802405	70880677	85805492
#别墅、高档公寓	1319764	1112848	1880613
#经济适用房屋	4395196	4756660	3789608
办公楼	2102468	2606217	2296311
商业营业用房	4399806	5799435	7074483
其他	1496167	3069230	4302611
2.新开工房屋面积	**20512367**	**27962704**	**32703239**
住宅	17818304	24283160	28595078
#别墅、高档公寓	488668	515811	757756
#经济适用房屋	1319262	1036108	1089060
办公楼	629615	432074	380800
商业营业用房	1467929	1986020	2293409
其他	596519	1261450	1433952
3.竣工房屋面积	**8756854**	**9169696**	**9001212**
住宅	8086909	7909396	7991496
#别墅、高档公寓	317622	211214	184973
#经济适用房屋	965240	367905	584617
办公楼	129012	277042	117890
商业营业用房	445776	815023	616495
其他	95157	168235	275331
六、商品房屋销售			
1.销售面积(平方米)	**15130075**	**20869165**	**25901796**
住宅	14260646	19956743	24719492
#别墅、高档公寓	388511	241179	468627
#经济适用房屋	1501254	1471129	1290553
办公楼	305095	197172	400443
商业营业用房	509081	653732	633601
其他	55253	61518	148260
2.销售额(万元)	**4467140**	**6727127**	**9736852**
住宅	4022400	6212775	9066825
#别墅、高档公寓	217154	129476	366069
#经济适用房屋	253898	306759	289898
办公楼	169972	101012	220904
商业营业用房	257371	394490	396624
其他	17397	18850	52499
3.平均销售价格(元/平方米)	**2952**	**3223**	**3759**
住宅	2821	3113	3668
办公楼	5571	5123	5516
商业营业用房	5056	6034	6260

8-28 甘肃省房地产开发综合统计

指 标	2008年	2009年	2010年
一、房地产企业			
1.企业个数合计(个)	**1058**	**1110**	**1185**
#一级企业	1	2	2
#二级企业	81	84	83
#三级企业	361	369	382
2.资产负债(万元)			
资产总计	5405710	6251062	8668444
负债合计	3834949	4443952	6392939
所有者权益	1570761	1807110	2275505
资产负债率(%)	70.9	71.1	73.7
二、本年完成投资额(万元)			
合计	**1858089**	**2041378**	**2664105**
1.按构成分			
建筑安装工程	1419117	1518200	2080626
设备工器具购置	23618	10754	18607
其他费用	415354	512424	564872
#土地购置费	242252	245873	292833
2.按用途分			
住宅	1375149	1382630	1879296
#别墅、高档公寓	2353	5417	968
#经济适用房屋	192283	208430	173720
办公楼	49578	29022	56079
商业营业用房	176288	215014	270195
其他	257074	414712	458535
3.商品房屋建设和土地开发			
#土地开发投资	174704	79027	
4.资金来源及构成			
本年资金来源小计	1965377	2455426	3807853
国内贷款	376267	397174	565959
利用外资	4430		
#外商直接投资	3150		
自筹资金	793761	936462	1327955
其他资金来源	790919	1121790	1281689
三、本年新增固定资产(万元)	**818585**	**987174**	**1433456**
四、土地开发及购置(平方米)			
本年完成开发土地面积	3546001	1701316	
待开发土地面积	2064078	1214291	1199019
本年购置土地面积	4124123	3356939	2867149

8-28 续表

指　　标	2008年	2009年	2010年
五、商品房屋建筑面积(平方米)			
1.施工房屋面积	**23102532**	**25363238**	**31303958**
住宅	19021115	21082662	25576988
#别墅、高档公寓	48195	42898	56240
#经济适用房屋	3263227	3489317	2873814
办公楼	456798	509636	509589
商业营业用房	2579242	2601636	3321526
其他	1045377	1169304	1895855
2.新开工房屋面积	**9860932**	**10469205**	**13959754**
住宅	8688744	8863347	11690978
#别墅、高档公寓		1307	23240
#经济适用房屋	1468110	1399967	671852
办公楼	52794	141566	115276
商业营业用房	783191	1018811	1605169
其他	336203	445481	548331
3.竣工房屋面积	**5465173**	**5405551**	**5986587**
住宅	4804703	4617760	5010491
#别墅、高档公寓	7068	1307	3240
#经济适用房屋	579663	872228	393774
办公楼	103974	118479	79398
商业营业用房	453696	541787	604178
其他	102800	127525	292520
六、商品房屋销售			
1.销售面积(平方米)	**6246578**	**6988232**	**7565122**
住宅	5886314	6593847	6920685
#别墅、高档公寓	6488	4399	7433
#经济适用房屋	932646	1051672	328471
办公楼	36347	64801	56704
商业营业用房	285361	308209	534444
其他	38556	21375	53289
2.销售额(万元)	**1222879**	**1735339**	**2301388**
住宅	1089747	1579952	2033212
#别墅、高档公寓	1351	1471	2695
#经济适用房屋	117855	157203	60428
办公楼	10536	29494	21519
商业营业用房	114370	121718	234171
其他	8226	4175	12486
3.平均销售价格(元/平方米)	**1958**	**2483**	**3042**
住宅	1851	2396	2938
办公楼	2899	4551	3795
商业营业用房	4008	3949	4382

8-29　青海房地产开发投资综合统计

指　　标	2008年	2009年	2010年
一、房地产企业			
1.企业个数合计(个)	**370**	**383**	**395**
#一级企业	5	5	5
#二级企业	71	74	79
#三级企业	117	120	123
2.资产负债(万元)			
资产总计	2255968	2813512	3527813
负债合计	1555976	1951678	2950036
所有者权益	699992	861834	577778
资产负债率(%)	69.0	69.4	83.6
二、本年完成投资额(万元)			
合计	**511881**	**728499**	**1081887**
1.按构成分			
建筑安装工程	412599	514972	962998
设备工器具购置	2313	2505	755
其他费用	96969	211022	118134
#土地购置费	66558	181112	98749
2.按用途分			
住宅	428812	545720	752005
#别墅、高档公寓	33340	1162	1460
#经济适用房屋	25848	6144	19540
办公楼	5227	7221	21522
商业营业用房	38627	40297	158326
其他	39215	135261	150034
3.商品房屋建设和土地开发			
#土地开发投资	82309	23086	
4.资金来源及构成			
本年资金来源小计	599312	887388	1402830
国内贷款	102594	131286	269021
利用外资			23248
#外商直接投资			23248
自筹资金	410936	470715	567846
其他资金来源	85782	285387	388259
三、本年新增固定资产(万元)	**364959**	**287015**	**502932**
四、土地开发及购置(平方米)			
本年完成开发土地面积	1196984	1429683	
待开发土地面积	484487	405177	387309
本年购置土地面积	1112446	1781574	1072190

8-29 续表

指　标	2008年	2009年	2010年
五、商品房屋建筑面积(平方米)			
1.施工房屋面积	**6982109**	**9003879**	**14242268**
住宅	6199995	7659948	11794106
#别墅、高档公寓	365904	113032	81403
#经济适用房屋	345325	89935	223811
办公楼	83413	80782	236411
商业营业用房	581667	912897	1420806
其他	117034	350252	790945
2.新开工房屋面积	**2991224**	**5051325**	**7006673**
住宅	2749696	4236097	5689076
#别墅、高档公寓	45608	4200	
#经济适用房屋	218675	10000	135937
办公楼	14010	35329	172561
商业营业用房	194506	572791	694781
其他	33012	207108	450255
3.竣工房屋面积	**2253028**	**1819827**	**2676734**
住宅	2051851	1604032	2421214
#别墅、高档公寓	230977		1600
#经济适用房屋	135824	32103	193648
办公楼		15432	38633
商业营业用房	159648	178077	181185
其他	41529	22286	35702
六、商品房屋销售			
1.销售面积(平方米)	**1478916**	**2168212**	**2810435**
住宅	1412316	2080154	2664287
#别墅、高档公寓	78683	50153	3012
#经济适用房屋	11669	68000	2871
办公楼	9426	13820	9954
商业营业用房	55414	66348	132114
其他	1760	7890	4080
2.销售额(万元)	**363745**	**545761**	**844416**
住宅	336669	508048	770999
#别墅、高档公寓	21783	12729	1736
#经济适用房屋	1417	8000	300
办公楼	3083	4949	2183
商业营业用房	23531	31882	69964
其他	462	882	1270
3.平均销售价格(元/平方米)	**2460**	**2517**	**3005**
住宅	2384	2442	2894
办公楼	3271	3581	2193
商业营业用房	4246	4805	5296

8-30　宁夏房地产开发投资综合统计

指　　标	2008年	2009年	2010年
一、房地产企业			
1.企业个数合计(个)	**341**	**321**	**360**
#一级企业	11	11	9
#二级企业	60	62	67
#三级企业	91	82	85
2.资产负债(万元)			
资产总计	4022778	5875983	8370883
负债合计	3223567	4656307	6854150
所有者权益	799211	1219676	1516732
资产负债率(%)	80.1	79.2	81.9
二、本年完成投资额(万元)			
合计	**1175853**	**1627417**	**2543715**
1.按构成分			
建筑安装工程	1015608	1385691	2207961
设备工器具购置	17447	5735	10342
其他费用	142798	235991	325412
#土地购置费	75707	170665	215897
2.按用途分			
住宅	878549	1260821	1872939
#别墅、高档公寓	13427	26896	39470
#经济适用房屋	70359	98751	41779
办公楼	42458	44795	81655
商业营业用房	198260	227233	355621
其他	56586	94568	233500
3.商品房屋建设和土地开发			
#土地开发投资	23265	18052	
4.资金来源及构成			
本年资金来源小计	1245870	1979352	3898917
国内贷款	169049	288147	560709
利用外资			2500
#外商直接投资			2500
自筹资金	413443	545291	1033182
其他资金来源	663378	1145914	1994963
三、本年新增固定资产(万元)	**911591**	**1137205**	**1963689**
四、土地开发及购置(平方米)			
本年完成开发土地面积	1721159	1801426	
待开发土地面积	1126995	1067923	1540066
本年购置土地面积	1588627	3742947	5488116

8-30 续表

指　标	2008年	2009年	2010年
五、商品房屋建筑面积(平方米)			
1.施工房屋面积	**15806877**	**19520169**	**29405345**
住宅	11957467	15067906	22855638
#别墅、高档公寓	154429	279279	455956
#经济适用房屋	1183228	1432690	759772
办公楼	551683	710841	741687
商业营业用房	2708148	2587774	3609924
其他	589579	1153648	2198096
2.新开工房屋面积	**8673923**	**11602640**	**18087265**
住宅	7289554	9208535	14448589
#别墅、高档公寓	67116	213546	106127
#经济适用房屋	1011340	867016	279119
办公楼	204887	367102	212513
商业营业用房	932300	1295497	2145499
其他	247182	731506	1280664
3.竣工房屋面积	**6342321**	**7412308**	**9368600**
住宅	4964055	6031025	7463150
#别墅、高档公寓	74765	16411	72825
#经济适用房屋	143045	591748	493945
办公楼	178683	129535	173370
商业营业用房	1001163	1026787	1225035
其他	198420	224961	507045
六、商品房屋销售			
1.销售面积(平方米)	**5148108**	**7752888**	**9359844**
住宅	4532613	6779837	8167870
#别墅、高档公寓	80923	135098	174087
#经济适用房屋	208474	181077	473947
办公楼	66217	117963	153953
商业营业用房	518740	787341	899445
其他	30538	67747	138576
2.销售额(万元)	**1253781**	**2395310**	**3092169**
住宅	1004196	1914733	2537646
#别墅、高档公寓	43250	49393	92628
#经济适用房屋	30166	34835	65791
办公楼	24672	60275	81253
商业营业用房	220119	405062	439656
其他	4794	15240	33614
3.平均销售价格(元/平方米)	**2435**	**3090**	**3304**
住宅	2215	2824	3107
办公楼	3726	5110	5278
商业营业用房	4243	5145	4888

8-31　新疆房地产开发投资综合统计

指　　标	2008年	2009年	2010年
一、房地产企业			
1.企业个数合计(个)	**1130**	**1159**	**1233**
#一级企业	17	19	19
#二级企业	69	83	88
#三级企业	283	312	320
2.资产负债(万元)			
资产总计	6976239	8879986	12591584
负债合计	4811785	6409943	9422446
所有者权益	2164454	2470043	3169138
资产负债率(%)	69.0	72.2	74.8
二、本年完成投资额(万元)			
合计	**2286267**	**2358805**	**3477185**
1.按构成分			
建筑安装工程	1854782	1992905	2904194
设备工器具购置	15341	17931	51777
其他费用	416144	347969	521214
#土地购置费	281418	202045	313568
2.按用途分			
住宅	1937460	1882530	2815620
#别墅、高档公寓	94256	148916	194136
#经济适用房屋	164559	160840	99339
办公楼	56358	81926	102895
商业营业用房	221418	281946	380275
其他	71031	112403	178395
3.商品房屋建设和土地开发			
#土地开发投资	178679	112950	
4.资金来源及构成			
本年资金来源小计	2427323	3683795	6193430
国内贷款	253427	453692	684191
利用外资		50	
#外商直接投资			
自筹资金	961343	915219	1397982
其他资金来源	1212553	2314834	3298566
三、本年新增固定资产(万元)	**1526627**	**1744542**	**1800214**
四、土地开发及购置(平方米)			
本年完成开发土地面积	7644769	6754020	
待开发土地面积	7521568	6246917	4984520
本年购置土地面积	7516608	4293459	5576895

8-31 续表

指　　标	2008年	2009年	2010年
五、商品房屋建筑面积(平方米)			
1.施工房屋面积	**26390601**	**30644134**	**39807970**
住宅	22478004	25606655	33176752
#别墅、高档公寓	1301771	2165761	2406525
#经济适用房屋	2541262	2317651	1680220
办公楼	774419	843069	902917
商业营业用房	2597804	3058052	4109618
其他	540374	1136358	1618683
2.新开工房屋面积	**17038641**	**17181677**	**21772439**
住宅	15007479	14828628	18528791
#别墅、高档公寓	723559	1067663	676815
#经济适用房屋	1606937	1418492	705451
办公楼	441059	308319	231584
商业营业用房	1291104	1580722	2145048
其他	298999	464008	867016
3.竣工房屋面积	**10492949**	**10327214**	**10129038**
住宅	9434045	9008742	8599228
#别墅、高档公寓	139579	414442	667100
#经济适用房屋	1208989	967654	700464
办公楼	183034	217280	158689
商业营业用房	672998	762811	983981
其他	202872	338381	387140
六、商品房屋销售			
1.销售面积(平方米)	**9543469**	**14065536**	**15649040**
住宅	8863484	13266723	14500246
#别墅、高档公寓	332094	563869	861678
#经济适用房屋	1340067	1348317	769144
办公楼	83591	75618	123514
商业营业用房	512184	658081	944214
其他	84210	65114	81066
2.销售额(万元)	**2137859**	**3662638**	**4830392**
住宅	1861169	3271682	4164140
#别墅、高档公寓	122342	190789	370453
#经济适用房屋	178631	195205	120451
办公楼	43331	50144	111022
商业营业用房	212861	317310	523153
其他	20498	23502	32077
3.平均销售价格(元/平方米)	**2240**	**2604**	**3087**
住宅	2100	2466	2872
办公楼	5184	6631	8989
商业营业用房	4156	4822	5541

第九章

35个大中城市分城市房地产开发投资综合统计（2010）

9-1　北京市房地产开发投资综合统计

指　　标	2008年	2009年	2010年
一、本年完成投资额(万元)	**19087387**	**23377124**	**29010686**
1.按用途分			
住宅	9405586	9066168	15089501
#别墅、高档公寓	1784641	1632269	2607279
#经济适用房屋	359547	677612	489805
办公楼	1705010	1667239	2590996
商业营业用房	2403637	2007351	3362915
其他	5573154	10636366	7967274
2.资金状况			
本年资金来源合计	43983928	70658013	73343557
#上年末节余资金	10765888	9360346	15437479
#本年资金来源小计	33218040	61297667	57906078
本年各项应付款合计	673548	450148	596780
3.资金来源及构成			
本年资金来源小计	33218040	61297667	57906078
国内贷款	8893736	23677680	14390753
利用外资	388739	298168	139045
#外商直接投资	249296	249948	134145
自筹资金	9317891	10267966	17629655
其他资金来源	14617674	27053853	25746625
二、房地产开发企业(单位)情况			
1.企业个数合计(个)	**3433**	**3172**	**3173**
#一级企业	117	125	120
#二级企业	272	251	247
#三级企业	345	347	319
2.从业人数合计(人)	**97153**	**86417**	**89173**
#一级企业	11849	10967	12912
#二级企业	17559	16437	16281
#三级企业	11985	11546	9864
3.资产合计(万元)		**204007031**	**262210307**
4.负债合计(万元)		**159681918**	**207452186**
5.资产负债率(%)		**78**	**79**
三、土地开发及购置			
本年完成土地开发投资(万元)	239582	286833	

9-1 续表

指　　标	2008年	2009年	2010年
四、商品房屋开发面积(平方米)			
1.施工房屋面积	**100143166**	**97190830**	**103008582**
住宅	55382293	55518813	61760201
#别墅、高档公寓	9547147	8408948	8299940
#经济适用房屋	5448638	5854413	5726750
办公楼	12871756	11321911	10548448
商业营业用房	14298361	13233772	12293264
其他	17590756	17116334	18406669
2.新开工房屋面积	**23372160**	**22466048**	**29742441**
住宅	15653005	13802756	20633978
#别墅、高档公寓	1808024	1293658	1570871
#经济适用房屋	2538457	1658357	1562859
办公楼	1597527	2559554	2032909
商业营业用房	2870666	2284514	2424152
其他	3250962	3819224	4651402
3.竣工房屋面积	**25579878**	**26785534**	**23867096**
住宅	13993037	16132296	14984755
#别墅、高档公寓	2329690	2136662	1832151
#经济适用房屋	1011490	990868	1446259
办公楼	3646023	3165911	1984164
商业营业用房	3131133	3224456	2719178
其他	4809685	4262871	4178999
4.待售房屋面积	**14382941**	**13510888**	**14826517**
住宅	5227168	4267249	5118680
#别墅、高档公寓	1711372	1536280	1386363
#经济适用房屋	382184	377560	602312
办公楼	2445852	2465457	2239048
商业营业用房	3799108	3538505	3875550
其他	2910813	3239677	3593239
五、商品房屋销售			
1.销售面积(平方米)	**13353664**	**23622539**	**16395314**
住宅	10314252	18804537	12013905
#别墅、高档公寓	1645290	3398406	1759232
#经济适用房屋	1083150	821530	494613
办公楼	1393695	2557681	2081455
商业营业用房	1124100	1570670	1420719
其他	521617	689651	879235
2.销售额(万元)	**16583129**	**32596624**	**29153635**
住宅	12013685	24867669	20605172
#别墅、高档公寓	3215143	6927786	5045563
#经济适用房屋	413030	344524	223559
办公楼	2307189	4311395	4873249
商业营业用房	1927582	2998566	3189855
其他	334673	418994	485359
3.平均销售价格(元/平方米)	**12418**	**13799**	**17782**
住宅	11648	13224	17151
办公楼	16554	16857	23413
商业营业用房	17148	19091	22452
4.出租面积(平方米)	**7009465**	**8457424**	**9707192**
住宅	439641	514936	424838
#别墅、高档公寓	300703	281751	289883
#经济适用房屋			
办公楼	2811631	3210673	3648636
商业营业用房	3106167	3767810	4701486
其他	652026	964005	932232

9-2　天津市房地产开发投资综合统计

指　　标	2008年	2009年	2010年
一、本年完成投资额(万元)	**6537248**	**7351836**	**8666424**
1.按用途分			
住宅	4593327	4948563	5653883
#别墅、高档公寓	351336	440182	688989
#经济适用房屋	1040259	1118927	1267679
办公楼	309731	328289	771783
商业营业用房	798714	973219	1273543
其他	835476	1101765	967215
2.资金状况			
本年资金来源合计	13435099	18498739	21765785
#上年末节余资金	3438652	4368084	5110357
#本年资金来源小计	9996447	14130655	16655428
本年各项应付款合计	2178390	2382445	3321481
3.资金来源及构成			
本年资金来源小计	9996447	14130655	16655428
国内贷款	2844882	3631766	5395902
利用外资	241005	114892	83370
#外商直接投资	129757	90496	57922
自筹资金	3197745	3321040	4577400
其他资金来源	3712815	7062957	6598756
二、房地产开发企业(单位)情况			
1.企业个数合计(个)	**1258**	**1178**	**1279**
#一级企业	16	17	20
#二级企业	87	94	105
#三级企业	177	170	143
2.从业人数合计(人)	**33527**	**31283**	**36717**
#一级企业	1615	1570	2242
#二级企业	6070	6444	6354
#三级企业	6883	5831	4394
3.资产合计(万元)		**61547074**	**102014313**
4.负债合计(万元)		**44462141**	**73238406**
5.资产负债率(%)		**72**	**72**
三、土地开发及购置			
本年完成土地开发投资(万元)	808665	1054929	

9-2 续表

指　　标	2008年	2009年	2010年
四、商品房屋开发面积(平方米)			
1.施工房屋面积	**57042684**	**60521584**	**71608389**
住宅	43063258	45178262	51176931
#别墅、高档公寓	2448615	2120554	3326229
#经济适用房屋	9086777	11299352	15369238
办公楼	3073714	3484568	3966058
商业营业用房	6017060	6823512	10044712
其他	4888652	5035242	6420688
2.新开工房屋面积	**24402403**	**25554988**	**29116685**
住宅	18892164	19044634	20268934
#别墅、高档公寓	716467	318700	1083067
#经济适用房屋	5611983	7721530	8153440
办公楼	1412536	1796341	2067338
商业营业用房	2105298	3151715	4078286
其他	1992405	1562298	2702127
3.竣工房屋面积	**17993746**	**19020597**	**20985492**
住宅	14925368	15808213	16036455
#别墅、高档公寓	900284	673845	1184801
#经济适用房屋	2483236	3804192	4888966
办公楼	481796	836675	1024153
商业营业用房	1877230	1158521	2352940
其他	709352	1217188	1571944
4.待售房屋面积	**2807788**	**1720788**	**1662942**
住宅	1985089	908430	915584
#别墅、高档公寓	91907	292801	250337
#经济适用房屋	59465	82689	80032
办公楼	149342	142960	174730
商业营业用房	325792	498382	393706
其他	347565	171016	178922
五、商品房屋销售			
1.销售面积(平方米)	**12520438**	**15900246**	**15145226**
住宅	11353520	14614657	13026093
#别墅、高档公寓	466209	884167	1109725
#经济适用房屋	1682600	640206	1661283
办公楼	293022	295464	352926
商业营业用房	748926	608468	1036447
其他	124970	381657	729760
2.销售额(万元)	**7531570**	**10948460**	**12464775**
住宅	6355728	9653564	10343174
#别墅、高档公寓	517832	802367	1105557
#经济适用房屋	600906	280804	789768
办公楼	286667	328966	488963
商业营业用房	774270	544880	1093065
其他	114905	421050	539573
3.平均销售价格(元/平方米)	**6015**	**6886**	**8230**
住宅	5598	6605	7940
办公楼	9783	11134	13855
商业营业用房	10338	8955	10546
4.出租面积(平方米)	**802194**	**477262**	**799525**
住宅	1483	1403	72502
#别墅、高档公寓			59020
#经济适用房屋			1414
办公楼	22874	15108	27357
商业营业用房	159680	424924	535092
其他	618157	35827	164574

9-3 石家庄市房地产开发投资综合统计

指　　标	2008年	2009年	2010年
一、本年完成投资额(万元)	**2803979**	**3782171**	**5379994**
1.按用途分			
住宅	1980845	2873252	4122540
#别墅、高档公寓	49278	76289	211562
#经济适用房屋	114877	37905	55492
办公楼	128930	166302	229234
商业营业用房	215877	391799	816212
其他	478327	350818	212008
2.资金状况			
本年资金来源合计	3281032	4733235	6690378
#上年末节余资金	294856	563455	675713
#本年资金来源小计	2986176	4169780	6014665
本年各项应付款合计	387222	350278	660297
3.资金来源及构成			
本年资金来源小计	2986176	4169780	6014665
国内贷款	395109	660492	539122
利用外资	500		25000
#外商直接投资			
自筹资金	1808103	2073672	3681612
其他资金来源	782464	1435616	1768931
二、房地产开发企业(单位)情况			
1.企业个数合计(个)	**474**	**508**	**526**
#一级企业	3	3	3
#二级企业	19	22	31
#三级企业	63	70	70
2.从业人数合计(人)	**14002**	**11727**	**13891**
#一级企业	620	504	1158
#二级企业	3440	3438	3422
#三级企业	2657	2218	2279
3.资产合计(万元)		**5331155**	**9396983**
4.负债合计(万元)		**4219838**	**8357457**
5.资产负债率(%)		**79**	**89**
三、土地开发及购置			
本年完成土地开发投资(万元)	222475	209169	

9-3 续表

指　　标	2008年	2009年	2010年
四、商品房屋开发面积(平方米)			
1.施工房屋面积	**15714678**	**23453331**	**42514832**
住宅	12079767	19094738	34733328
#别墅、高档公寓	289302	555060	886596
#经济适用房屋	956895	256296	271047
办公楼	1080019	641401	1296580
商业营业用房	1742036	2486984	4747679
其他	812856	1230208	1737245
2.新开工房屋面积	**4969393**	**13675793**	**13080480**
住宅	4278961	11219771	10724361
#别墅、高档公寓	6541	228976	450849
#经济适用房屋	544402	78200	12000
办公楼	243454	339487	262187
商业营业用房	354407	1393066	1573118
其他	92571	723469	520814
3.竣工房屋面积	**2913407**	**2915042**	**5512196**
住宅	2473111	2366261	4659533
#别墅、高档公寓		192138	269700
#经济适用房屋	298702		
办公楼	168658	27287	185037
商业营业用房	261006	176468	423900
其他	10632	345026	243726
4.待售房屋面积	**1135505**	**394178**	**470820**
住宅	795012	382801	442768
#别墅、高档公寓		20007	1008
#经济适用房屋	13172		
办公楼	166614		20995
商业营业用房	167021	10377	6487
其他	6858	1000	570
五、商品房屋销售			
1.销售面积(平方米)	**3388600**	**3497562**	**4693070**
住宅	3263955	3291428	4464262
#别墅、高档公寓	4406	101521	186896
#经济适用房屋	285530	86487	36114
办公楼	4784	27853	81492
商业营业用房	116302	84840	76397
其他	3559	93441	70919
2.销售额(万元)	**884441**	**1316831**	**1821596**
住宅	858369	1213869	1699674
#别墅、高档公寓	3345	46038	112053
#经济适用房屋	73202	21858	5406
办公楼	3071	13861	40262
商业营业用房	22616	63509	55790
其他	385	25592	25870
3.平均销售价格(元/平方米)	**2610**	**3765**	**3881**
住宅	2630	3688	3807
办公楼	6419	4976	4941
商业营业用房	1945	7486	7303
4.出租面积(平方米)	**44408**	**14786**	
住宅	2500		
#别墅、高档公寓			
#经济适用房屋			
办公楼	5100		
商业营业用房	36808	14786	
其他			

9-4　太原市房地产开发投资综合统计

指　　标	2008年	2009年	2010年
一、本年完成投资额(万元)	**1211730**	**1650122**	**2410946**
1.按用途分			
住宅	729390	1151346	1851642
#别墅、高档公寓	31372	7423	714
#经济适用房屋	32230	48059	139923
办公楼	37298	35189	69499
商业营业用房	144953	141235	201930
其他	300089	322352	287875
2.资金状况			
本年资金来源合计	1632448	2734084	4331238
#上年末节余资金	337269	456512	707296
#本年资金来源小计	1295179	2277572	3623942
本年各项应付款合计	238466	423514	591446
3.资金来源及构成			
本年资金来源小计	1295179	2277572	3623942
国内贷款	92617	349691	496979
利用外资			
#外商直接投资			
自筹资金	720762	1007869	985488
其他资金来源	481800	920012	2141475
二、房地产开发企业(单位)情况			
1.企业个数合计(个)	**618**	**638**	**661**
#一级企业	3	4	4
#二级企业	57	64	61
#三级企业	112	123	121
2.从业人数合计(人)	**13536**	**13324**	**11931**
#一级企业	312	323	335
#二级企业	2975	3304	2039
#三级企业	3184	3203	2969
3.资产合计(万元)		**7804551**	**9121378**
4.负债合计(万元)		**6386251**	**7631875**
5.资产负债率(%)		**82**	**84**
三、土地开发及购置			
本年完成土地开发投资(万元)	149981	131778	

9-4 续表

指　标	2008年	2009年	2010年
四、商品房屋开发面积(平方米)			
1.施工房屋面积	**13101449**	**17726959**	**23665160**
住宅	10539863	14607861	19222118
#别墅、高档公寓	388111	102908	94078
#经济适用房屋	972241	1464352	1892839
办公楼	507565	469079	871539
商业营业用房	1626872	1375174	2086580
其他	427149	1274845	1484923
2.新开工房屋面积	**2441179**	**5050578**	**6948331**
住宅	2195800	4188081	5612955
#别墅、高档公寓	5010		
#经济适用房屋	66438	459760	658035
办公楼	58944	101601	297906
商业营业用房	140883	258188	608918
其他	45552	502708	428552
3.竣工房屋面积	**1793479**	**1766654**	**1376317**
住宅	1584490	1430137	1090658
#别墅、高档公寓	93951	13702	31872
#经济适用房屋	48838	66188	259795
办公楼	25325	51518	53000
商业营业用房	95659	193914	191426
其他	88005	91085	41233
4.待售房屋面积	**461188**	**895225**	**532174**
住宅	149424	686990	390709
#别墅、高档公寓	26209	5008	27964
#经济适用房屋		42750	54579
办公楼	23458	20263	52159
商业营业用房	268239	98654	54663
其他	20067	89318	34643
五、商品房屋销售			
1.销售面积(平方米)	**1829384**	**1837952**	**2588212**
住宅	1621115	1688349	2354865
#别墅、高档公寓	154859	18100	728
#经济适用房屋	1334	23438	33164
办公楼	96297	54224	40415
商业营业用房	61940	94867	145538
其他	50032	512	47394
2.销售额(万元)	**734084**	**887812**	**1874939**
住宅	606856	759605	1669221
#别墅、高档公寓	97229	13278	804
#经济适用房屋	400	3073	6307
办公楼	65553	36644	27876
商业营业用房	43918	91142	164127
其他	17757	421	13715
3.平均销售价格(元/平方米)	**4013**	**4830**	**7244**
住宅	3743	4499	7088
办公楼	6807	6758	6897
商业营业用房	7090	9607	11277
4.出租面积(平方米)	**93502**	**51173**	**158150**
住宅			
#别墅、高档公寓			
#经济适用房屋			
办公楼	69654	5775	
商业营业用房	23848	45398	148150
其他			10000

9-5　呼和浩特市房地产开发投资综合统计

指　　标	2008年	2009年	2010年
一、本年完成投资额(万元)	**1770684**	**1789909**	**2543537**
1.按用途分			
住宅	1394940	1274357	1926340
#别墅、高档公寓	131782	105712	89958
#经济适用房屋	167116	158961	108084
办公楼	107290	73919	152317
商业营业用房	212324	352620	379684
其他	56130	89013	85196
2.资金状况			
本年资金来源合计	1624299	1526920	2494335
#上年末节余资金	33280	54086	102843
#本年资金来源小计	1591019	1472834	2391492
本年各项应付款合计	196842	376822	416132
3.资金来源及构成			
本年资金来源小计	1591019	1472834	2391492
国内贷款	47069	87683	102073
利用外资			
#外商直接投资			
自筹资金	1278860	1020220	1640108
其他资金来源	265090	364931	649311
二、房地产开发企业(单位)情况			
1.企业个数合计(个)	**427**	**246**	**238**
#一级企业	1	1	1
#二级企业	39	36	34
#三级企业	60	52	51
2.从业人数合计(人)	**6645**	**5388**	**6050**
#一级企业	75	118	156
#二级企业	1198	1112	1135
#三级企业	1265	1248	1295
3.资产合计(万元)		**5004326**	**6728871**
4.负债合计(万元)		**4022496**	**5511243**
5.资产负债率(%)		**80**	**82**
三、土地开发及购置			
本年完成土地开发投资(万元)	18043	4486	

9-5 续表

指　　标	2008年	2009年	2010年
四、商品房屋开发面积(平方米)			
1.施工房屋面积	**17871181**	**18377618**	**24611263**
住宅	14621852	14558985	19011634
#别墅、高档公寓	1046201	1171095	827673
#经济适用房屋	1556369	1822163	1614172
办公楼	1004543	723614	992401
商业营业用房	1481130	2065185	3353328
其他	763656	1029834	1253900
2.新开工房屋面积	**5785160**	**4879908**	**12630021**
住宅	5170087	3679129	9549750
#别墅、高档公寓	20831	392790	85632
#经济适用房屋	993867	431734	692933
办公楼	259755	126164	607071
商业营业用房	161125	746092	1821435
其他	194193	328523	651765
3.竣工房屋面积	**2527877**	**4610912**	**4627792**
住宅	2246013	3728417	3490882
#别墅、高档公寓	58315	283368	359194
#经济适用房屋	147470	205000	612959
办公楼	62558	303186	165800
商业营业用房	161628	346507	728364
其他	57678	232802	242746
4.待售房屋面积	**1823079**	**2157958**	**3352574**
住宅	1365382	1660717	2487525
#别墅、高档公寓	160366	56119	327477
#经济适用房屋	120	144537	579504
办公楼	171130	195520	234194
商业营业用房	265510	190875	457813
其他	21057	110846	173042
五、商品房屋销售			
1.销售面积(平方米)	**3318906**	**3795811**	**4718846**
住宅	3081359	3125961	3947527
#别墅、高档公寓	323530	357985	279190
#经济适用房屋	308194	131634	198674
办公楼	43499	88556	87646
商业营业用房	163277	512142	518047
其他	30771	69152	165626
2.销售额(万元)	**906282**	**1475358**	**1937134**
住宅	773821	1015359	1440770
#别墅、高档公寓	145009	234330	199463
#经济适用房屋	27133	24415	42257
办公楼	16787	42449	50627
商业营业用房	106383	388649	370047
其他	9291	28901	75690
3.平均销售价格(元/平方米)	**2731**	**3887**	**4105**
住宅	2511	3248	3650
办公楼	3859	4793	5776
商业营业用房	6515	7589	7143
4.出租面积(平方米)	**200264**	**202113**	**43635**
住宅	83275	83276	1276
#别墅、高档公寓	1275	1276	1275
#经济适用房屋			
办公楼	80468	79870	25559
商业营业用房	33021	25887	16800
其他	3500	13080	

9-6 沈阳市房地产开发投资综合统计

指　　标	2008年	2009年	2010年
一、本年完成投资额(万元)	**10109145**	**11887007**	**14500794**
1.按用途分			
住宅	7294950	8021159	10043386
#别墅、高档公寓	751606	710853	1093510
#经济适用房屋	240516	264240	278498
办公楼	463198	612897	638972
商业营业用房	1746732	2629408	2905312
其他	604265	623543	913124
2.资金状况			
本年资金来源合计	12082135	14962704	22248478
#上年末节余资金	1428145	1269854	2450646
#本年资金来源小计	10653990	13692850	19797832
本年各项应付款合计	1040470	1610857	1841251
3.资金来源及构成			
本年资金来源小计	10653990	13692850	19797832
国内贷款	843387	1832383	2563449
利用外资	763534	836404	1015031
#外商直接投资	738234	680353	903721
自筹资金	6008799	7443418	10913103
其他资金来源	3038270	3580645	5306249
二、房地产开发企业(单位)情况			
1.企业个数合计(个)	**1463**	**1326**	**1384**
#一级企业	16	15	17
#二级企业	81	77	86
#三级企业	260	252	260
2.从业人数合计(人)	**20426**	**16909**	**18572**
#一级企业	455	394	509
#二级企业	2438	1850	2050
#三级企业	3914	3549	4208
3.资产合计(万元)		**29422125**	**35526924**
4.负债合计(万元)		**20787068**	**25220125**
5.资产负债率(%)		**71**	**71**
三、土地开发及购置			
本年完成土地开发投资(万元)	271287	190520	

9-6 续表

指　　标	2008年	2009年	2010年
四、商品房屋开发面积（平方米）			
1.施工房屋面积	**58485113**	**68478891**	**88514480**
住宅	44103375	50684929	66341859
#别墅、高档公寓	2759648	2947023	4719893
#经济适用房屋	2604902	1405308	1969816
办公楼	1942891	2559350	3292224
商业营业用房	8797170	12224087	14623334
其他	3641677	3010525	4257063
2.新开工房屋面积	**23648160**	**24510982**	**36554412**
住宅	18792886	18797455	29166554
#别墅、高档公寓	1516428	803237	2293973
#经济适用房屋	1502954	1105296	932426
办公楼	338392	990995	975025
商业营业用房	3225956	3954559	4959398
其他	1290926	767973	1453435
3.竣工房屋面积	**12916451**	**12935453**	**13932240**
住宅	10776354	10757450	11077008
#别墅、高档公寓	262010	971978	732821
#经济适用房屋	1028691	210418	260300
办公楼	265837	154175	211244
商业营业用房	1273063	1647741	2028619
其他	601197	376087	615369
4.待售房屋面积	**5404792**	**6160188**	**5725900**
住宅	3606541	4139038	4046034
#别墅、高档公寓	203517	424837	610763
#经济适用房屋		48056	48056
办公楼	346701	291465	184382
商业营业用房	1210737	1444216	1293320
其他	240813	285469	202164
五、商品房屋销售			
1.销售面积（平方米）	**14650525**	**15329347**	**17465157**
住宅	13071830	13693094	15160598
#别墅、高档公寓	586272	590534	484974
#经济适用房屋	319552	257153	110700
办公楼	156683	154049	250667
商业营业用房	1214049	1212666	1673116
其他	207963	269538	380776
2.销售额（万元）	**6046946**	**6843606**	**9450487**
住宅	5040746	5745882	7745478
#别墅、高档公寓	324588	392474	426524
#经济适用房屋	62371	65888	30524
办公楼	103752	117675	173940
商业营业用房	811051	862519	1303007
其他	91397	117530	228062
3.平均销售价格（元/平方米）	**4127**	**4464**	**5411**
住宅	3856	4196	5109
办公楼	6622	7639	6939
商业营业用房	6681	7113	7788
4.出租面积（平方米）	**143051**	**132450**	**148560**
住宅			4600
#别墅、高档公寓			
#经济适用房屋			
办公楼	7333	5954	33125
商业营业用房	135718	126496	110835
其他			

9-7　长春市房地产开发投资综合统计

指　　标	2008年	2009年	2010年
一、本年完成投资额(万元)	**3528921**	**4439252**	**5427566**
1.按用途分			
住宅	2897935	3473917	4274573
#别墅、高档公寓	591239	538427	899280
#经济适用房屋	171033	367968	355759
办公楼	64550	123271	116789
商业营业用房	406378	557435	621581
其他	160058	284629	414623
2.资金状况			
本年资金来源合计	3578063	5153019	6219077
#上年末节余资金	175977	312510	530126
#本年资金来源小计	3402086	4840509	5688951
本年各项应付款合计	451252	401478	493161
3.资金来源及构成			
本年资金来源小计	3402086	4840509	5688951
国内贷款	135662	415029	473609
利用外资	20506	4112	400
#外商直接投资		4112	400
自筹资金	2370408	2688084	2614509
其他资金来源	875510	1733284	2600433
二、房地产开发企业(单位)情况			
1.企业个数合计(个)	**435**	**439**	**458**
#一级企业	5	4	3
#二级企业	48	49	54
#三级企业	106	111	111
2.从业人数合计(人)	**10105**	**9511**	**10411**
#一级企业	205	195	208
#二级企业	1832	1797	2241
#三级企业	3256	2819	2825
3.资产合计(万元)		**8476536**	**12228184**
4.负债合计(万元)		**6765137**	**10004517**
5.资产负债率(%)		**80**	**82**
三、土地开发及购置			
本年完成土地开发投资(万元)			

9-7 续表

指　　标	2008年	2009年	2010年
四、商品房屋开发面积(平方米)			
1.施工房屋面积	**22023415**	**23770962**	**30894201**
住宅	17988433	18957578	24541139
#别墅、高档公寓	2257241	1731244	2467977
#经济适用房屋	1686159	2469687	2575118
办公楼	535822	754053	834200
商业营业用房	2438539	2536985	3303026
其他	1060621	1522346	2215836
2.新开工房屋面积	**11162553**	**12172939**	**12838916**
住宅	9374182	9726106	10593624
#别墅、高档公寓	1144257	921732	1301794
#经济适用房屋	744973	1841504	828640
办公楼	127257	219961	110183
商业营业用房	1163439	1379168	1253691
其他	497675	847704	881418
3.竣工房屋面积	**4824151**	**5806626**	**9637298**
住宅	4143424	5037592	7985357
#别墅、高档公寓	910151	585853	429738
#经济适用房屋	391295	864636	1052419
办公楼	132007	52936	76252
商业营业用房	409124	501938	994332
其他	139596	214160	581357
4.待售房屋面积	**2705731**	**3440008**	**2796076**
住宅	1703507	2323372	1803215
#别墅、高档公寓	101654	281675	242882
#经济适用房屋	177223	160170	155724
办公楼	109951	88111	84672
商业营业用房	685320	751564	704850
其他	206953	276961	203339
五、商品房屋销售			
1.销售面积(平方米)	**5706425**	**7157171**	**8630779**
住宅	5166534	6539056	7861859
#别墅、高档公寓	624735	681257	666944
#经济适用房屋	436511	73219	2619
办公楼	72912	44202	40438
商业营业用房	353151	462257	595485
其他	113828	111656	132997
2.销售额(万元)	**1991198**	**2964176**	**4469071**
住宅	1727571	2623616	4007210
#别墅、高档公寓	395406	447746	676464
#经济适用房屋	97298	17600	794
办公楼	33758	18631	18409
商业营业用房	186367	280746	387068
其他	43502	41183	56384
3.平均销售价格(元/平方米)	**3489**	**4142**	**5178**
住宅	3344	4012	5097
办公楼	4630	4215	4552
商业营业用房	5277	6073	6500
4.出租面积(平方米)	**232264**	**343310**	**365708**
住宅			301
#别墅、高档公寓			
#经济适用房屋			
办公楼	36573	35483	35483
商业营业用房	195691	306627	328724
其他		1200	1200

9-8　哈尔滨市房地产开发投资综合统计

指　　标	2008年	2009年	2010年
一、本年完成投资额(万元)	**2157614**	**2792251**	**3607358**
1.按用途分			
住宅	1336328	2206164	2884105
#别墅、高档公寓	164241	76433	72353
#经济适用房屋	95175	115676	12329
办公楼	15116	40676	38250
商业营业用房	298860	344616	369904
其他	507310	200795	315099
2.资金状况			
本年资金来源合计	2567810	3833050	5413447
#上年末节余资金	217749	331983	745644
#本年资金来源小计	2350061	3501067	4667803
本年各项应付款合计	446446	339879	522325
3.资金来源及构成			
本年资金来源小计	2350061	3501067	4667803
国内贷款	201024	578712	355793
利用外资	11071	11047	
#外商直接投资	11071	11047	
自筹资金	1485856	1535463	2364445
其他资金来源	652110	1375845	1947565
二、房地产开发企业(单位)情况			
1.企业个数合计(个)	**697**	**737**	**803**
#一级企业	6	5	3
#二级企业	134	144	151
#三级企业	437	448	443
2.从业人数合计(人)	**13332**	**15392**	**15594**
#一级企业	274	207	182
#二级企业	3385	3986	3974
#三级企业	7568	8133	7107
3.资产合计(万元)		**11989757**	**16501510**
4.负债合计(万元)		**8238192**	**12296474**
5.资产负债率(%)		**69**	**75**
三、土地开发及购置			
本年完成土地开发投资(万元)	155928	169042	

9-8 续表

指　　标	2008年	2009年	2010年
四、商品房屋开发面积(平方米)			
1.施工房屋面积	**16107552**	**19266322**	**29390427**
住宅	12884866	16091074	24359373
#别墅、高档公寓	2495130	715164	388230
#经济适用房屋	959651	737242	305463
办公楼	218671	158257	283719
商业营业用房	1942252	1853314	2590350
其他	1061763	1163677	2156985
2.新开工房屋面积	**8339873**	**11557298**	**16012106**
住宅	6809689	9605263	13102157
#别墅、高档公寓	233020	313367	184363
#经济适用房屋	689328	170781	272455
办公楼	191091	91635	183645
商业营业用房	913142	1152976	1487986
其他	425951	707424	1238318
3.竣工房屋面积	**4672770**	**5293197**	**7498883**
住宅	3944094	4481516	6420184
#别墅、高档公寓	224561	511297	227517
#经济适用房屋	327229	544007	15782
办公楼	27410	38780	52566
商业营业用房	507217	512274	656279
其他	194049	260627	369854
4.待售房屋面积	**4861869**	**4285521**	**4476128**
住宅	2994824	2528765	2758039
#别墅、高档公寓	273094	287217	221945
#经济适用房屋	245105	210661	87970
办公楼	189637	54137	41459
商业营业用房	1207648	1258461	1190336
其他	469760	444158	486294
五、商品房屋销售			
1.销售面积(平方米)	**5870762**	**7052784**	**8817489**
住宅	5045643	6278163	8099117
#别墅、高档公寓	218127	452149	476940
#经济适用房屋	346696	328862	187741
办公楼	28918	128288	25425
商业营业用房	668702	494613	494676
其他	127499	151720	198271
2.销售额(万元)	**2226860**	**2980269**	**4701947**
住宅	1773745	2603165	4208234
#别墅、高档公寓	129569	286597	298271
#经济适用房屋	79137	80435	51044
办公楼	10438	59434	16520
商业营业用房	396184	251837	364228
其他	46493	65833	112965
3.平均销售价格(元/平方米)	**3793**	**4226**	**5333**
住宅	3515	4146	5196
办公楼	3610	4633	6498
商业营业用房	5925	5092	7363
4.出租面积(平方米)	**179399**	**181474**	**25385**
住宅		2423	10431
#别墅、高档公寓			
#经济适用房屋			
办公楼	1500		
商业营业用房	167899	179051	14954
其他	10000		

9-9　上海市房地产开发投资综合统计

指　　标	2008年	2009年	2010年
一、本年完成投资额(万元)	**14357349**	**14620724**	**19806787**
1.按用途分			
住宅	8754607	9186847	12298294
#别墅、高档公寓	2481427	2465076	3736666
#经济适用房屋		391773	1175728
办公楼	1940838	1879260	2244608
商业营业用房	1767347	1846133	2447030
其他	1894557	1708484	2816855
2.资金状况			
本年资金来源合计	29743603	36066966	44438490
#上年末节余资金	7731192	6818526	12145640
#本年资金来源小计	22012411	29248440	32292850
本年各项应付款合计	5058816	4553072	4201046
3.资金来源及构成			
本年资金来源小计	22012411	29248440	32292850
国内贷款	5727218	6371383	8195726
利用外资	720619	249044	960514
#外商直接投资	674804	227053	655161
自筹资金	6460226	6201648	10708799
其他资金来源	9104348	16426365	12427811
二、房地产开发企业(单位)情况			
1.企业个数合计(个)	**3898**	**3306**	**3247**
#一级企业	77	73	44
#二级企业	313	298	275
#三级企业	457	403	416
2.从业人数合计(人)	**92555**	**93216**	**91372**
#一级企业	6901	6262	3201
#二级企业	14849	15572	17361
#三级企业	11036	10542	13329
3.资产合计(万元)		**207994129**	**261218258**
4.负债合计(万元)		**137404215**	**176487924**
5.资产负债率(%)		**66**	**68**
三、土地开发及购置			
本年完成土地开发投资(万元)	641448	895120	

9-9 续表

指　标	2008年	2009年	2010年
四、商品房屋开发面积(平方米)			
1.施工房屋面积	**107842299**	**99494536**	**112950262**
住宅	70897454	65507311	73138469
#别墅、高档公寓	13743088	13020394	15841099
#经济适用房屋		2459816	6504511
办公楼	11114724	9544505	11031807
商业营业用房	12353074	11068900	12929623
其他	13477047	13373820	15850363
2.新开工房屋面积	**27723654**	**24830459**	**30305902**
住宅	18810925	17210211	21111142
#别墅、高档公寓	3856470	3294379	3898374
#经济适用房屋		1274386	2292253
办公楼	2750256	1623945	1473859
商业营业用房	2518335	2017075	2980971
其他	3644138	3979228	4739930
3.竣工房屋面积	**25707435**	**21049798**	**19412468**
住宅	18014532	15088129	13960521
#别墅、高档公寓	2344532	2049967	3280049
#经济适用房屋			130670
办公楼	2137752	1350228	1506927
商业营业用房	2262490	2010480	1764144
其他	3292661	2600961	2180876
4.待售房屋面积	**11336608**	**11348032**	**11625986**
住宅	5030176	4607384	4496067
#别墅、高档公寓	1133553	1272759	1297606
#经济适用房屋		54092	
办公楼	1289507	1909503	2069357
商业营业用房	2332227	2301839	2282239
其他	2684698	2529306	2778323
五、商品房屋销售			
1.销售面积(平方米)	**23392946**	**33724485**	**20609647**
住宅	20074792	29280400	16908229
#别墅、高档公寓	2655398	4504199	3417055
#经济适用房屋		1913	
办公楼	1469424	2030010	1628914
商业营业用房	1174022	1264855	1257410
其他	674708	1149220	815094
2.销售额(万元)	**19171177**	**43302240**	**29810074**
住宅	16290753	36202282	24162390
#别墅、高档公寓	3396706	9968034	8526157
#经济适用房屋		659	
办公楼	1731406	4384327	3076748
商业营业用房	775973	1927263	1984033
其他	373045	788368	586903
3.平均销售价格(元/平方米)	**8195**	**12840**	**14464**
住宅	8115	12364	14290
办公楼	11783	21598	18888
商业营业用房	6610	15237	15779
4.出租面积(平方米)	**11482826**	**12229082**	**12624734**
住宅	927374	1026268	857203
#别墅、高档公寓	737898	743635	761847
#经济适用房屋			
办公楼	3555692	4255513	5161809
商业营业用房	3180474	3499060	3733393
其他	3819286	3448241	2872329

9-10 南京市房地产开发投资综合统计

指　　标	2008年	2009年	2010年
一、本年完成投资额(万元)	**5081669**	**5956796**	**7483481**
1.按用途分			
住宅	4100261	4394100	5703132
#别墅、高档公寓	364407	412167	400600
#经济适用房屋	404189	430280	465262
办公楼	223067	283450	272386
商业营业用房	367646	678619	795877
其他	390695	600627	712086
2.资金状况			
本年资金来源合计	8950778	13145286	16924360
#上年末节余资金	1873779	1478828	3982594
#本年资金来源小计	7076999	11666458	12941766
本年各项应付款合计	2524470	880869	1059779
3.资金来源及构成			
本年资金来源小计	7076999	11666458	12941766
国内贷款	2430697	2960778	3138128
利用外资	6278	95107	196204
#外商直接投资	4573	95107	196204
自筹资金	1610865	1886777	2887647
其他资金来源	3029159	6723796	6719787
二、房地产开发企业(单位)情况			
1.企业个数合计(个)	**678**	**698**	**744**
#一级企业	26	23	28
#二级企业	154	170	177
#三级企业	331	338	353
2.从业人数合计(人)	**18685**	**17423**	**19141**
#一级企业	2288	2029	3237
#二级企业	7059	6327	6460
#三级企业	6705	6143	6641
3.资产合计(万元)		**27771287**	**36685007**
4.负债合计(万元)		**21309877**	**27652811**
5.资产负债率(%)		**77**	**75**
三、土地开发及购置			
本年完成土地开发投资(万元)	144578	59190	

9-10 续表

指　　标	2008年	2009年	2010年
四、商品房屋开发面积(平方米)			
1.施工房屋面积	**40977160**	**43660651**	**45704853**
住宅	31796532	31881820	32078385
#别墅、高档公寓	2798302	2678284	2255872
#经济适用房屋	3937790	3982016	4402696
办公楼	1508991	1376203	1945644
商业营业用房	3955859	5252036	5517984
其他	3715778	5150592	6162840
2.新开工房屋面积	**9399583**	**11574566**	**17406781**
住宅	7548021	8034524	12638503
#别墅、高档公寓	775756	577416	521631
#经济适用房屋	1054088	1054834	2036224
办公楼	185416	165429	689445
商业营业用房	774917	1591906	1495131
其他	891229	1782707	2583702
3.竣工房屋面积	**10622624**	**15162779**	**10395666**
住宅	8929125	12278452	7374315
#别墅、高档公寓	965819	1159318	473573
#经济适用房屋	1356290	1835004	903401
办公楼	280242	240711	543631
商业营业用房	743423	1258871	1162014
其他	669834	1384745	1315706
4.待售房屋面积	**971436**	**1133331**	**1319085**
住宅	713438	652270	652500
#别墅、高档公寓	101283	96341	91798
#经济适用房屋	230041	61930	136294
办公楼	12945	28822	28641
商业营业用房	206738	321742	441403
其他	38315	130497	196541
五、商品房屋销售			
1.销售面积(平方米)	**7035476**	**11869439**	**8231696**
住宅	6591150	11140311	7548150
#别墅、高档公寓	288651	957404	615869
#经济适用房屋	1724354	1214901	1019053
办公楼	155081	235306	147810
商业营业用房	240328	415709	435313
其他	48917	78113	100423
2.销售额(万元)	**3594607**	**8528119**	**7873760**
住宅	3169273	7678990	6964459
#别墅、高档公寓	301295	925715	735153
#经济适用房屋	336322	306069	270352
办公楼	200557	295330	190239
商业营业用房	201963	508578	657336
其他	22814	45221	61726
3.平均销售价格(元/平方米)	**5109**	**7185**	**9565**
住宅	4808	6893	9227
办公楼	12932	12551	12871
商业营业用房	8404	12234	15100
4.出租面积(平方米)	**439317**	**99435**	**96896**
住宅	13969		3858
#别墅、高档公寓	13519		
#经济适用房屋			
办公楼	29946		302
商业营业用房	395042	98668	85225
其他	360	767	7511

9-11　杭州市房地产开发投资综合统计

指　　标	2008年	2009年	2010年
一、本年完成投资额(万元)	**6154060**	**7046752**	**9561970**
1.按用途分			
住宅	4562170	5096425	6762737
#别墅、高档公寓	516432	370732	553448
#经济适用房屋	298079	276366	150922
办公楼	541986	722468	808391
商业营业用房	400707	499939	692440
其他	649197	727920	1298402
2.资金状况			
本年资金来源合计	15965277	23460415	27919333
#上年末节余资金	3600851	3689713	6735283
#本年资金来源小计	12364426	19770702	21184050
本年各项应付款合计	1315941	1759713	1688132
3.资金来源及构成			
本年资金来源小计	12364426	19770702	21184050
国内贷款	3562261	4298962	4654324
利用外资	50701	62265	105000
#外商直接投资	50701	62265	72500
自筹资金	2440313	2639770	3801706
其他资金来源	6311151	12769705	12623020
二、房地产开发企业(单位)情况			
1.企业个数合计(个)	**1315**	**1298**	**1398**
#一级企业	49	46	51
#二级企业	182	178	180
#三级企业	337	338	349
2.从业人数合计(人)	**25007**	**24310**	**25802**
#一级企业	3296	3148	3216
#二级企业	5959	5641	5360
#三级企业	6377	6159	6716
3.资产合计(万元)		**56611308**	**72372416**
4.负债合计(万元)		**44643733**	**56811235**
5.资产负债率(%)		**79**	**78**
三、土地开发及购置			
本年完成土地开发投资(万元)	96251	18215	

9-11 续表

指　　标	2008年	2009年	2010年
四、商品房屋开发面积(平方米)			
1.施工房屋面积	**49873868**	**51408011**	**62270454**
住宅	36234148	36664544	42491758
#别墅、高档公寓	2498284	2205200	2175288
#经济适用房屋	4080125	4552615	2686190
办公楼	4165221	4623424	5636274
商业营业用房	3675637	3689561	4645837
其他	5798862	6430482	9496585
2.新开工房屋面积	**13125143**	**10811822**	**19290832**
住宅	9639352	7603676	12674260
#别墅、高档公寓	811806	279349	688152
#经济适用房屋	628662	845178	480331
办公楼	1188863	1056297	1520744
商业营业用房	950059	781509	1617255
其他	1346869	1370340	3478573
3.竣工房屋面积	**10306294**	**8369511**	**11001808**
住宅	7726779	6266383	8022910
#别墅、高档公寓	580420	98847	445040
#经济适用房屋	873291	1336857	600613
办公楼	589523	401848	613358
商业营业用房	574259	675690	965852
其他	1415733	1025590	1399688
4.待售房屋面积	**1370694**	**1459814**	**1575503**
住宅	753176	615589	684377
#别墅、高档公寓	50074	615589	54389
#经济适用房屋	29356	42576	117401
办公楼	34287	66724	71323
商业营业用房	433977	635002	650631
其他	149254	142499	169172
五、商品房屋销售			
1.销售面积(平方米)	**7750198**	**14563831**	**9883402**
住宅	6769852	13143763	7975874
#别墅、高档公寓	332919	595335	450317
#经济适用房屋	1168529	649087	288875
办公楼	553039	730466	1023342
商业营业用房	314300	535699	701927
其他	113007	153903	182259
2.销售额(万元)	**6517463**	**15372226**	**13967706**
住宅	5559079	13949554	11372940
#别墅、高档公寓	577584	1194891	1215165
#经济适用房屋	387119	220114	95123
办公楼	630510	792242	1549113
商业营业用房	261865	554713	942025
其他	66009	75717	103628
3.平均销售价格(元/平方米)	**8409**	**10555**	**14132**
住宅	8212	10613	14259
办公楼	11401	10846	15138
商业营业用房	8332	10355	13421
4.出租面积(平方米)	**788954**	**346452**	**252226**
住宅	57300	76174	302
#别墅、高档公寓			
#经济适用房屋			
办公楼	150509	8121	7239
商业营业用房	327487	44061	192491
其他	253658	218096	52194

9-12　合肥市房地产开发投资综合统计

指　标	2008年	2009年	2010年
一、本年完成投资额(万元)	**5671624**	**6703559**	**8190320**
1.按用途分			
住宅	4363402	4681890	5616247
#别墅、高档公寓	105944	161018	328775
#经济适用房屋	49356	17096	20
办公楼	309048	595086	491166
商业营业用房	493292	708282	804731
其他	505882	718301	1278176
2.资金状况			
本年资金来源合计	6760259	11038088	12938041
#上年末节余资金	926645	1264488	2236062
#本年资金来源小计	5833614	9773600	10701979
本年各项应付款合计	686886	998960	1051826
3.资金来源及构成			
本年资金来源小计	5833614	9773600	10701979
国内贷款	632165	1421425	1423036
利用外资	103096	154628	30154
#外商直接投资	84926	150628	25054
自筹资金	2913598	4083839	3956046
其他资金来源	2184755	4113708	5292743
二、房地产开发企业(单位)情况			
1.企业个数合计(个)	**786**	**738**	**666**
#一级企业	7	7	8
#二级企业	73	71	75
#三级企业	174	174	162
2.从业人数合计(人)	**18358**	**17050**	**17988**
#一级企业	272	413	514
#二级企业	3429	3068	3058
#三级企业	4482	4101	4014
3.资产合计(万元)		**16401173**	**19908292**
4.负债合计(万元)		**12747507**	**15163135**
5.资产负债率(%)		**78**	**76**
三、土地开发及购置			
本年完成土地开发投资(万元)	389650	478621	

9-12 续表

指　　标	2008年	2009年	2010年
四、商品房屋开发面积(平方米)			
1.施工房屋面积	**40203926**	**47512891**	**53386264**
住宅	32187810	36794249	40058039
#别墅、高档公寓	271763	1776415	2016791
#经济适用房屋	170024	140713	27181
办公楼	2186057	3028884	3658081
商业营业用房	3430130	4774831	5784782
其他	2399929	2914927	3885362
2.新开工房屋面积	**11362228**	**14770854**	**17507019**
住宅	9170267	10974055	13273448
#别墅、高档公寓	202018	110881	199787
#经济适用房屋	130000	26181	1000
办公楼	487452	1052760	1020006
商业营业用房	1077041	1710941	1769955
其他	627468	1033098	1443610
3.竣工房屋面积	**5601315**	**6005528**	**7946071**
住宅	4634228	4776596	5793751
#别墅、高档公寓	10500	21450	237322
#经济适用房屋	39992		
办公楼	240556	423497	353544
商业营业用房	289200	569507	1207735
其他	437331	235928	591041
4.待售房屋面积	**933251**	**1278501**	**1247749**
住宅	504887	807915	643160
#别墅、高档公寓	3458	22817	67010
#经济适用房屋	102		
办公楼	62357	64480	89710
商业营业用房	241488	228592	307928
其他	124519	177514	206951
五、商品房屋销售			
1.销售面积(平方米)	**9331268**	**12979511**	**10047024**
住宅	8673522	11803324	8636454
#别墅、高档公寓	83360	78315	160809
#经济适用房屋	252	55110	
办公楼	231487	401613	653026
商业营业用房	363289	574390	632848
其他	62970	200184	124696
2.销售额(万元)	**3351378**	**5487654**	**5933121**
住宅	2971059	4833797	4751432
#别墅、高档公寓	44902	56260	152171
#经济适用房屋	46	15747	
办公楼	118992	186945	445946
商业营业用房	243954	412172	693795
其他	17373	54740	41948
3.平均销售价格(元/平方米)	**3592**	**4228**	**5905**
住宅	3425	4095	5502
办公楼	5140	4655	6829
商业营业用房	6715	7176	10963
4.出租面积(平方米)	**499470**	**285154**	**479650**
住宅	203555	91	
#别墅、高档公寓			
#经济适用房屋			
办公楼	90939	13817	
商业营业用房	137996	195541	441278
其他	66980	75705	38372

9-13　福州市房地产开发投资综合统计

指　　标	2008年	2009年	2010年
一、本年完成投资额(万元)	**3136079**	**3617991**	**6706940**
1.按用途分			
住宅	2239851	2521901	3842829
#别墅、高档公寓	128735	150295	286904
#经济适用房屋	135377	46849	76230
办公楼	28085	39777	249356
商业营业用房	158889	203354	482384
其他	709254	852959	2132371
2.资金状况			
本年资金来源合计	5367202	6585001	10359880
#上年末节余资金	1098713	823053	1276385
#本年资金来源小计	4268489	5761948	9083495
本年各项应付款合计	249972	346701	462677
3.资金来源及构成			
本年资金来源小计	4268489	5761948	9083495
国内贷款	1054111	1095345	1471637
利用外资	116257	94439	15161
#外商直接投资	116257	94439	
自筹资金	940695	1286740	3878462
其他资金来源	2157426	3285424	3718235
二、房地产开发企业(单位)情况			
1.企业个数合计(个)	**638**	**643**	**662**
#一级企业	10	12	19
#二级企业	43	46	42
#三级企业	171	177	179
2.从业人数合计(人)	**15325**	**14417**	**14860**
#一级企业	786	1011	1161
#二级企业	2344	2525	2081
#三级企业	4525	5131	5073
3.资产合计(万元)		**17531628**	**23157191**
4.负债合计(万元)		**13570958**	**17855668**
5.资产负债率(%)		**77**	**77**
三、土地开发及购置			
本年完成土地开发投资(万元)	63925	30793	

9-13 续表

指　　标	2008年	2009年	2010年
四、商品房屋开发面积(平方米)			
1.施工房屋面积	**25203891**	**26267217**	**35994583**
住宅	21550194	22368364	29085524
#别墅、高档公寓	1224293	1225436	1578444
#经济适用房屋	972357	770504	979483
办公楼	281774	296906	954804
商业营业用房	1454765	1557734	2276424
其他	1917158	2044213	3677831
2.新开工房屋面积	**5307314**	**5531378**	**14514797**
住宅	4350273	4800467	11195424
#别墅、高档公寓	242023	339874	652645
#经济适用房屋	262015	64700	137677
办公楼	81875	28795	543539
商业营业用房	420708	236702	914225
其他	454458	465414	1861609
3.竣工房屋面积	**3291524**	**4858977**	**3458081**
住宅	2946823	4235903	2945671
#别墅、高档公寓	277257	185091	247272
#经济适用房屋			76969
办公楼	21805	49977	13815
商业营业用房	117640	173341	233714
其他	205256	399756	264881
4.待售房屋面积	**647803**	**955184**	**733932**
住宅	280083	510697	318537
#别墅、高档公寓	61937	130485	84919
#经济适用房屋			56729
办公楼	57006	55260	39871
商业营业用房	206296	248054	172756
其他	104418	141173	202768
五、商品房屋销售			
1.销售面积(平方米)	**3706633**	**6901333**	**5977981**
住宅	3414405	6482762	5310986
#别墅、高档公寓	140742	257561	203137
#经济适用房屋	373844	149596	132386
办公楼	29604	35497	179972
商业营业用房	154842	219958	283593
其他	107782	163116	203430
2.销售额(万元)	**2044541**	**4572176**	**5029944**
住宅	1790644	4175460	4183336
#别墅、高档公寓	116966	204566	233347
#经济适用房屋	114363	47849	41304
办公楼	22054	24408	296256
商业营业用房	190531	305879	434322
其他	41312	66429	116030
3.平均销售价格(元/平方米)	**5516**	**6625**	**8414**
住宅	5244	6441	7877
办公楼	7450	6876	16461
商业营业用房	12305	13906	15315
4.出租面积(平方米)	**470235**	**263632**	**342627**
住宅	39088	7890	2110
#别墅、高档公寓			
#经济适用房屋			
办公楼	67976	30146	33457
商业营业用房	336360	195627	280336
其他	26811	29969	26724

9-14　南昌市房地产开发投资综合统计

指　　标	2008年	2009年	2010年
一、本年完成投资额(万元)	**1633040**	**1982468**	**2301463**
1.按用途分			
住宅	1366080	1586647	1712677
#别墅、高档公寓	46934	54202	88258
#经济适用房屋	73282	51992	34000
办公楼	24793	83366	74651
商业营业用房	154261	210192	250587
其他	87906	102263	263548
2.资金状况			
本年资金来源合计	2847704	3983003	5577180
#上年末节余资金	859761	680420	1925536
#本年资金来源小计	1987943	3302583	3651644
本年各项应付款合计	167406	348913	473119
3.资金来源及构成			
本年资金来源小计	1987943	3302583	3651644
国内贷款	475347	612814	799246
利用外资	31228	26810	
#外商直接投资	10550	26810	
自筹资金	477050	680438	958333
其他资金来源	1004318	1982521	1894065
二、房地产开发企业(单位)情况			
1.企业个数合计(个)	**489**	**508**	**524**
#一级企业	3	3	4
#二级企业	90	92	95
#三级企业	198	199	200
2.从业人数合计(人)	**12033**	**13373**	**13551**
#一级企业	504	654	644
#二级企业	3136	3401	3211
#三级企业	5472	6005	5906
3.资产合计(万元)		**10536656**	**11250530**
4.负债合计(万元)		**7522229**	**8252208**
5.资产负债率(%)		**71**	**73**
三、土地开发及购置			
本年完成土地开发投资(万元)	41154	25440	

9-14 续表

指　　标	2008年	2009年	2010年
四、商品房屋开发面积（平方米）			
1.施工房屋面积	**18259316**	**17820255**	**21461797**
住宅	15413965	14839854	17433310
#别墅、高档公寓	461707	370518	694441
#经济适用房屋	1261881	1136391	812574
办公楼	200317	384964	804014
商业营业用房	1531694	1737627	2050018
其他	1113340	857810	1174455
2.新开工房屋面积	**5179202**	**3598739**	**5090995**
住宅	4678377	2795854	4166924
#别墅、高档公寓	238451	24451	401521
#经济适用房屋	280319	204612	350
办公楼	21613	208720	315772
商业营业用房	307167	446303	387335
其他	172045	147862	220964
3.竣工房屋面积	**3310593**	**3652067**	**3991231**
住宅	2970862	3266146	3140425
#别墅、高档公寓	27000	99006	34190
#经济适用房屋	212697	413077	196999
办公楼	25796	771	155347
商业营业用房	245285	321958	514270
其他	68650	63192	181189
4.待售房屋面积	**217185**	**399225**	**609931**
住宅	107318	338029	481353
#别墅、高档公寓		9395	25509
#经济适用房屋		3972	6328
办公楼	7014		17881
商业营业用房	97530	59028	68429
其他	5323	2168	42268
五、商品房屋销售			
1.销售面积（平方米）	**3354785**	**4946856**	**5208441**
住宅	3264593	4636258	4893017
#别墅、高档公寓	32200	34111	47718
#经济适用房屋	393132	214728	515483
办公楼	6557	57857	125720
商业营业用房	74463	198376	162283
其他	9172	54365	27421
2.销售额（万元）	**1161101**	**1867205**	**2378018**
住宅	1097149	1686391	2118999
#别墅、高档公寓	19761	20204	67032
#经济适用房屋	58332	41008	94288
办公楼	4657	32896	121320
商业营业用房	57877	126338	123317
其他	1418	21580	14382
3.平均销售价格（元/平方米）	**3461**	**3775**	**4566**
住宅	3361	3637	4331
办公楼	7102	5686	9650
商业营业用房	7773	6369	7599
4.出租面积（平方米）	**80714**	**133660**	**92692**
住宅		8604	
#别墅、高档公寓			
#经济适用房屋			
办公楼			8604
商业营业用房	80714	125056	84088
其他			

9-15　济南市房地产开发投资综合统计

指　　标	2008年	2009年	2010年
一、本年完成投资额(万元)	**2741166**	**3325576**	**4845029**
1.按用途分			
住宅	2226497	2555230	3645583
#别墅、高档公寓	87740	84077	64294
#经济适用房屋	31919	937	100
办公楼	82122	137757	199630
商业营业用房	337394	497079	568475
其他	95153	135510	431341
2.资金状况			
本年资金来源合计	3620225	5258438	7074516
#上年末节余资金	579379	664736	948402
#本年资金来源小计	3040846	4593702	6126114
本年各项应付款合计	175333	208508	254929
3.资金来源及构成			
本年资金来源小计	3040846	4593702	6126114
国内贷款	362129	952299	753209
利用外资	42176	40708	72832
#外商直接投资	42176	37858	61909
自筹资金	1732655	1751484	2546095
其他资金来源	903886	1849211	2753978
二、房地产开发企业(单位)情况			
1.企业个数合计(个)	**555**	**565**	**582**
#一级企业	13	13	13
#二级企业	39	39	40
#三级企业	164	166	167
2.从业人数合计(人)	**17025**	**17674**	**18338**
#一级企业	1081	1355	927
#二级企业	3325	3406	3414
#三级企业	5253	5619	5575
3.资产合计(万元)		**14536573**	**19182580**
4.负债合计(万元)		**11565291**	**15000223**
5.资产负债率(%)		**80**	**78**
三、土地开发及购置			
本年完成土地开发投资(万元)	85526	29746	

9-15 续表

指　　标	2008年	2009年	2010年
四、商品房屋开发面积(平方米)			
1.施工房屋面积	**16169439**	**21317497**	**23635330**
住宅	13435530	17616668	18683703
#别墅、高档公寓	481201	274686	591607
#经济适用房屋	283290	28011	28011
办公楼	885652	971881	723337
商业营业用房	1130180	1612954	2686637
其他	718077	1115994	1541653
2.新开工房屋面积	**4940025**	**5057679**	**9723581**
住宅	3914691	3714256	7594245
#别墅、高档公寓	194272	77250	249161
#经济适用房屋	13387		
办公楼	195501	278899	292038
商业营业用房	618327	542714	1259949
其他	211506	521810	577349
3.竣工房屋面积	**2498962**	**4672152**	**2457508**
住宅	2321266	3740061	2041034
#别墅、高档公寓	152427	50623	38491
#经济适用房屋	138973		
办公楼	91798	523185	42101
商业营业用房	57754	218655	179752
其他	28144	190251	194621
4.待售房屋面积	**504484**	**646998**	**503730**
住宅	419799	423038	272161
#别墅、高档公寓	5005	25889	
#经济适用房屋	32720		
办公楼	8046	82060	108431
商业营业用房	63711	93756	84421
其他	12928	48144	38717
五、商品房屋销售			
1.销售面积(平方米)	**3711606**	**4410629**	**5314886**
住宅	3300406	4043052	4773087
#别墅、高档公寓	150439	58866	72218
#经济适用房屋	10920		
办公楼	195580	85068	233759
商业营业用房	81235	120848	137293
其他	134385	161661	170747
2.销售额(万元)	**1551066**	**2159821**	**3326418**
住宅	1371164	1936555	2911373
#别墅、高档公寓	119769	27763	48072
#经济适用房屋	2448		
办公楼	104053	41857	174274
商业营业用房	53766	130861	183265
其他	22083	50548	57506
3.平均销售价格(元/平方米)	**4179**	**4897**	**6259**
住宅	4155	4790	6100
办公楼	5320	4920	7455
商业营业用房	6619	10829	13348
4.出租面积(平方米)	**85568**	**31914**	**31204**
住宅	58991	2000	
#别墅、高档公寓			
#经济适用房屋			
办公楼	10150		
商业营业用房	15578	29914	31204
其他	849		

9-16　郑州市房地产开发投资综合统计

指　　标	2008年	2009年	2010年
一、本年完成投资额(万元)	**4349566**	**5123150**	**7751597**
1.按用途分			
住宅	3417894	3923449	5557442
#别墅、高档公寓	97278	73435	98718
#经济适用房屋	155877	261999	273311
办公楼	240460	219287	495677
商业营业用房	357186	508213	802908
其他	334026	472201	895570
2.资金状况			
本年资金来源合计	6501307	8866881	11616722
#上年末节余资金	1163403	1080168	1862919
#本年资金来源小计	5337904	7786713	9753803
本年各项应付款合计	450676	803688	967726
3.资金来源及构成			
本年资金来源小计	5337904	7786713	9753803
国内贷款	659103	1057130	1164116
利用外资	130414		
#外商直接投资	118462		
自筹资金	2313788	2344947	3835436
其他资金来源	2234599	4384636	4754251
二、房地产开发企业(单位)情况			
1.企业个数合计(个)	**1070**	**1047**	**1049**
#一级企业	12	15	13
#二级企业	88	92	102
#三级企业	203	201	214
2.从业人数合计(人)	**24072**	**24326**	**24690**
#一级企业	823	724	960
#二级企业	4423	4590	4570
#三级企业	5703	5222	4982
3.资产合计(万元)		**17834374**	**22984164**
4.负债合计(万元)		**12642554**	**17729512**
5.资产负债率(%)		**71**	**77**
三、土地开发及购置			
本年完成土地开发投资(万元)	23994	2885	

9-16 续表

指　　标	2008年	2009年	2010年
四、商品房屋开发面积(平方米)			
1.施工房屋面积	**48551789**	**51964970**	**62552873**
住宅	37541549	39297812	45825918
#别墅、高档公寓	1119985	961030	783891
#经济适用房屋	2512780	2832982	3432885
办公楼	2959811	2705144	4094508
商业营业用房	5215668	5635702	6583347
其他	2834761	4326312	6049100
2.新开工房屋面积	**13553428**	**14340813**	**18117745**
住宅	10570415	11499042	13151048
#别墅、高档公寓	173061	164738	47188
#经济适用房屋	736744	951074	1317086
办公楼	691496	470841	1449253
商业营业用房	1210152	1175035	1575942
其他	1081365	1195895	1941502
3.竣工房屋面积	**7547842**	**6429727**	**9444167**
住宅	6269661	5301942	7516649
#别墅、高档公寓	98750	207518	32179
#经济适用房屋	498110	329169	286584
办公楼	428571	170614	358878
商业营业用房	575045	598301	791980
其他	274565	358870	776660
4.待售房屋面积	**1255137**	**1336731**	**1562646**
住宅	808771	904042	1173189
#别墅、高档公寓	29919	19246	13206
#经济适用房屋		22825	221
办公楼	55620	85385	27588
商业营业用房	357722	281329	289919
其他	33024	65975	71950
五、商品房屋销售			
1.销售面积(平方米)	**7368498**	**11971020**	**15587160**
住宅	6584871	10833296	14286149
#别墅、高档公寓	148575	195350	143051
#经济适用房屋	462943	433168	788479
办公楼	316035	542450	509364
商业营业用房	422246	553928	596965
其他	45346	41346	194682
2.销售额(万元)	**2894559**	**5144972**	**7727032**
住宅	2369076	4395575	6565471
#别墅、高档公寓	92210	114376	94943
#经济适用房屋	83610	100223	201095
办公楼	161595	267410	475335
商业营业用房	350920	466283	598778
其他	12968	15704	87448
3.平均销售价格(元/平方米)	**3928**	**4298**	**4957**
住宅	3598	4057	4596
办公楼	5113	4930	9332
商业营业用房	8311	8418	10030
4.出租面积(平方米)	**317348**	**49120**	**61531**
住宅			
#别墅、高档公寓			
#经济适用房屋			
办公楼	53640	19583	14411
商业营业用房	261008	29537	47120
其他	2700		

9-17　武汉市房地产开发投资综合统计

指　　标	2008年	2009年	2010年
一、本年完成投资额(万元)	**5603605**	**7785946**	**10174008**
1.按用途分			
住宅	4149687	4980414	5953250
#别墅、高档公寓	309173	318087	310416
#经济适用房屋	492856	594676	305048
办公楼	122092	193372	264567
商业营业用房	310565	770064	1024581
其他	1021261	1842096	2931610
2.资金状况			
本年资金来源合计	8642873	13368634	16988715
#上年末节余资金	1765286	1391405	2492120
#本年资金来源小计	6877587	11977229	14496595
本年各项应付款合计	1144277	1548645	2830104
3.资金来源及构成			
本年资金来源小计	6877587	11977229	14496595
国内贷款	1800792	3132899	2928811
利用外资	101079	152031	967477
#外商直接投资	94409	150301	925497
自筹资金	2521060	3365424	4903480
其他资金来源	2454656	5326875	5696827
二、房地产开发企业(单位)情况			
1.企业个数合计(个)	**1381**	**1372**	**1423**
#一级企业	12	22	36
#二级企业	253	262	299
#三级企业	487	513	522
2.从业人数合计(人)	**38343**	**41257**	**37019**
#一级企业	4848	3779	2428
#二级企业	11190	11919	12217
#三级企业	9727	12635	14237
3.资产合计(万元)		**29913935**	**38320177**
4.负债合计(万元)		**20924810**	**26419689**
5.资产负债率(%)		**70**	**69**
三、土地开发及购置			
本年完成土地开发投资(万元)	643705	1510425	

9-17 续表

指　　标	2008年	2009年	2010年
四、商品房屋开发面积(平方米)			
1.施工房屋面积	**37982995**	**44873782**	**50558615**
住宅	32223341	35809934	38307975
#别墅、高档公寓	1778134	1928938	2240548
#经济适用房屋	4820373	4777729	2779132
办公楼	1157806	1595030	1681892
商业营业用房	2081919	3545252	4543795
其他	2519929	3923566	6024953
2.新开工房屋面积	**14472809**	**16511659**	**25398890**
住宅	12329762	12476064	18665983
#别墅、高档公寓	701945	516376	661979
#经济适用房屋	2997705	862658	1005860
办公楼	352843	777549	586527
商业营业用房	578792	1636538	2635796
其他	1211412	1621508	3510584
3.竣工房屋面积	**8698312**	**9450537**	**9047926**
住宅	7682345	8245815	7286439
#别墅、高档公寓	349577	314371	555716
#经济适用房屋	1222690	1336636	367600
办公楼	205134	175346	303610
商业营业用房	439250	405767	964404
其他	371583	623609	493473
4.待售房屋面积	**2154267**	**2141398**	**2862590**
住宅	1350871	1371012	1999241
#别墅、高档公寓	155911	262978	120860
#经济适用房屋	22150	74363	19094
办公楼	166670	63541	132388
商业营业用房	544209	449954	254772
其他	92517	256891	476189
五、商品房屋销售			
1.销售面积(平方米)	**7320744**	**10869854**	**12117060**
住宅	6832436	10413878	10952249
#别墅、高档公寓	285889	426951	600092
#经济适用房屋	923885	1029213	567354
办公楼	78065	96127	208808
商业营业用房	206909	255725	505691
其他	203334	104124	450312
2.销售额(万元)	**3500120**	**5792169**	**6962900**
住宅	3197933	5413695	6078919
#别墅、高档公寓	254776	415928	488706
#经济适用房屋	256769	289460	176226
办公楼	49121	50325	119752
商业营业用房	167583	285403	585382
其他	85483	42746	178847
3.平均销售价格(元/平方米)	**4781**	**5329**	**5746**
住宅	4681	5199	5550
办公楼	6292	5235	5735
商业营业用房	8099	11161	11576
4.出租面积(平方米)	**356713**	**412566**	**421420**
住宅	103586	88000	66458
#别墅、高档公寓			
#经济适用房屋			
办公楼	50458	91619	34118
商业营业用房	197688	211699	304131
其他	4981	21248	16713

9-18　长沙市房地产开发投资综合统计

指　　标	2008年	2009年	2010年
一、本年完成投资额(万元)	**4932729**	**4973492**	**6841031**
1.按用途分			
住宅	3847890	3928940	5162153
#别墅、高档公寓	421833	323785	436497
#经济适用房屋	120452	132216	188954
办公楼	123983	89843	71650
商业营业用房	277104	331495	377893
其他	683752	623214	1229335
2.资金状况			
本年资金来源合计	7303966	9177113	13518728
#上年末节余资金	1503277	1195983	2633368
#本年资金来源小计	5800689	7981130	10885360
本年各项应付款合计	1116447	1299428	2027241
3.资金来源及构成			
本年资金来源小计	5800689	7981130	10885360
国内贷款	1166897	1416895	2082931
利用外资	60899	18506	9356
#外商直接投资	32282	4000	
自筹资金	2406623	2262955	2977576
其他资金来源	2166270	4282774	5815497
二、房地产开发企业(单位)情况			
1.企业个数合计(个)	**1104**	**887**	**910**
#一级企业	11	9	9
#二级企业	68	58	54
#三级企业	579	493	465
2.从业人数合计(人)	**26095**	**21520**	**23708**
#一级企业	649	519	451
#二级企业	2898	2629	1619
#三级企业	15899	11470	11956
3.资产合计(万元)		**22117352**	**27087870**
4.负债合计(万元)		**16598564**	**20520590**
5.资产负债率(%)		**75**	**76**
三、土地开发及购置			
本年完成土地开发投资(万元)	635963	337439	

9-18 续表

指　　标	2008年	2009年	2010年
四、商品房屋开发面积(平方米)			
1.施工房屋面积	**43213217**	**61672874**	**66888669**
住宅	35778730	50984814	54465909
#别墅、高档公寓	4119870	3676966	2996372
#经济适用房屋	926947	1729963	2557171
办公楼	927986	1057445	936395
商业营业用房	2768932	3440221	3899479
其他	3737569	6190394	7586886
2.新开工房屋面积	**17145910**	**17872961**	**23024098**
住宅	14759436	14708999	18990171
#别墅、高档公寓	1365774	520875	999733
#经济适用房屋	447743	799480	1052904
办公楼	126477	228844	280611
商业营业用房	735834	924170	1304345
其他	1524163	2010948	2448971
3.竣工房屋面积	**7560422**	**13147051**	**13941287**
住宅	6428933	11046449	11613433
#别墅、高档公寓	899172	1455670	763209
#经济适用房屋	288031	406257	763302
办公楼	107406	283408	175860
商业营业用房	555756	692820	686650
其他	468327	1124374	1465344
4.待售房屋面积	**1114896**	**1843422**	**3201030**
住宅	558459	1118276	2078298
#别墅、高档公寓	105270	265430	442389
#经济适用房屋	1103	28085	97905
办公楼	32677	86204	93607
商业营业用房	250358	302999	458542
其他	273402	335943	570583
五、商品房屋销售			
1.销售面积(平方米)	**8587375**	**14065796**	**16802053**
住宅	8022720	13579547	16240413
#别墅、高档公寓	659877	938963	962982
#经济适用房屋	327228	559341	419814
办公楼	87371	109866	113852
商业营业用房	400675	283346	326574
其他	76609	93037	121214
2.销售额(万元)	**2823397**	**5130956**	**7423313**
住宅	2539320	4798171	7019177
#别墅、高档公寓	337685	535395	660850
#经济适用房屋	65506	118452	91047
办公楼	44688	62151	51346
商业营业用房	221479	242842	312462
其他	17910	27792	40328
3.平均销售价格(元/平方米)	**3288**	**3648**	**4418**
住宅	3165	3533	4322
办公楼	5115	5657	4510
商业营业用房	5528	8571	9568
4.出租面积(平方米)	**389140**	**235955**	**138778**
住宅	14885	464	25000
#别墅、高档公寓	464		
#经济适用房屋			
办公楼	29630	24873	
商业营业用房	315824	184571	108445
其他	28801	26047	5333

9-19　广州市房地产开发投资综合统计

指　　标	2008年	2009年	2010年
一、本年完成投资额(万元)	**7635376**	**8173449**	**9836582**
1.按用途分			
住宅	5164449	5017195	5484464
#别墅、高档公寓	397226	516215	518163
#经济适用房屋	36507	66000	176900
办公楼	534879	744763	815523
商业营业用房	840010	1121778	1790562
其他	1096038	1289713	1746033
2.资金状况			
本年资金来源合计	14062980	18434826	20646105
#上年末节余资金	3992207	4261641	5617474
#本年资金来源小计	10070773	14173185	15028631
本年各项应付款合计	1056969	671882	646827
3.资金来源及构成			
本年资金来源小计	10070773	14173185	15028631
国内贷款	2093065	3103595	3750024
利用外资	245878	139106	467230
#外商直接投资	187835	80010	433985
自筹资金	2272644	3120649	3149228
其他资金来源	5459186	7809835	7662149
二、房地产开发企业(单位)情况			
1.企业个数合计(个)	**1353**	**1318**	**1261**
#一级企业	5	23	10
#二级企业	433	167	155
#三级企业	373	655	631
2.从业人数合计(人)	**46193**	**42099**	**35639**
#一级企业	2404	4518	2863
#二级企业	15613	7177	6501
#三级企业	15976	23011	18473
3.资产合计(万元)		**72360105**	**85336821**
4.负债合计(万元)		**54975240**	**65320058**
5.资产负债率(%)		**76**	**77**
三、土地开发及购置			
本年完成土地开发投资(万元)	573604	461059	

9-19 续表

指　　标	2008年	2009年	2010年
四、商品房屋开发面积(平方米)			
1.施工房屋面积	**55431616**	**55519076**	**64641230**
住宅	36885099	34532618	39838384
#别墅、高档公寓	2578483	2980953	3244857
#经济适用房屋	90263	457535	525012
办公楼	4564387	4812128	5251016
商业营业用房	6219458	7590690	8661996
其他	7762672	8583640	10889834
2.新开工房屋面积	**11937857**	**10974947**	**19554944**
住宅	7563186	6973860	13137621
#别墅、高档公寓	710085	780311	1047803
#经济适用房屋	39367	418168	138702
办公楼	945882	1001966	891059
商业营业用房	1495314	964403	1923751
其他	1933475	2034718	3602513
3.竣工房屋面积	**10579846**	**10787228**	**10945891**
住宅	7546493	7936878	7746888
#别墅、高档公寓	544744	794895	558536
#经济适用房屋	33824		279330
办公楼	961110	402961	648283
商业营业用房	765634	1066460	1314642
其他	1306609	1380929	1236078
4.待售房屋面积	**4060494**	**3513253**	**3425799**
住宅	1801400	1427584	1356460
#别墅、高档公寓	220389	231268	303202
#经济适用房屋	301		
办公楼	306746	329360	317076
商业营业用房	1143742	1004217	1000024
其他	808606	752092	752239
五、商品房屋销售			
1.销售面积(平方米)	**10249563**	**13754242**	**14051327**
住宅	8794784	12536013	11116560
#别墅、高档公寓	695523	950222	838191
#经济适用房屋	403	233403	525269
办公楼	574401	472624	1122758
商业营业用房	455121	538169	1193287
其他	425257	207436	618722
2.销售额(万元)	**9350727**	**12861506**	**16749899**
住宅	7722492	11267970	11800332
#别墅、高档公寓	600882	964995	1063134
#经济适用房屋	189	84392	231249
办公楼	720386	712692	1895486
商业营业用房	582458	720908	2357569
其他	325391	159936	696512
3.平均销售价格(元/平方米)	**9123**	**9351**	**11921**
住宅	8781	8988	10615
办公楼	12542	15079	16882
商业营业用房	12798	13396	19757
4.出租面积(平方米)	**2712740**	**2974231**	**3041852**
住宅	151793	164064	146375
#别墅、高档公寓	4688		3247
#经济适用房屋			
办公楼	810030	590452	706834
商业营业用房	1444649	1508732	1665675
其他	306268	710983	522968

9-20　南宁市房地产开发投资综合统计

指　　标	2008年	2009年	2010年
一、本年完成投资额(万元)	**2024577**	**2267250**	**3228232**
1.按用途分			
住宅	1316926	1584649	2317067
#别墅、高档公寓	112329	128704	125922
#经济适用房屋	51056	46259	56021
办公楼	29211	54408	68283
商业营业用房	180861	176436	258704
其他	497579	451757	584178
2.资金状况			
本年资金来源合计	2586477	3675396	5759647
#上年末节余资金	385175	454714	781779
#本年资金来源小计	2201302	3220682	4977868
本年各项应付款合计	156537	303266	541799
3.资金来源及构成			
本年资金来源小计	2201302	3220682	4977868
国内贷款	556042	498789	773401
利用外资	20822	1964	45448
#外商直接投资	20822	1964	45448
自筹资金	570102	760359	1378281
其他资金来源	1054336	1959570	2780738
二、房地产开发企业(单位)情况			
1.企业个数合计(个)	**734**	**782**	**750**
#一级企业	2	5	2
#二级企业	31	45	36
#三级企业	138	163	147
2.从业人数合计(人)	**15223**	**15428**	**16479**
#一级企业	259	260	227
#二级企业	1941	1672	2193
#三级企业	3775	3386	3667
3.资产合计(万元)		**9772029**	**12944433**
4.负债合计(万元)		**7408026**	**9459526**
5.资产负债率(%)		**76**	**73**
三、土地开发及购置			
本年完成土地开发投资(万元)	74800	80289	

9-20 续表

指　　标	2008年	2009年	2010年
四、商品房屋开发面积(平方米)			
1.施工房屋面积	**22318609**	**26202172**	**31831197**
住宅	17017258	19528254	24081384
#别墅、高档公寓	1579057	1129683	1053305
#经济适用房屋	960271	881183	1348612
办公楼	482569	757451	756726
商业营业用房	2234599	2727169	2952181
其他	2584183	3189298	4040906
2.新开工房屋面积	**5584928**	**7018583**	**9887173**
住宅	4299525	5153886	7851621
#别墅、高档公寓	239719	151314	230601
#经济适用房屋	313943	89793	352935
办公楼	67550	206367	60606
商业营业用房	610500	736000	614964
其他	607353	922330	1359982
3.竣工房屋面积	**4561295**	**4397078**	**5192470**
住宅	3712024	3610330	4331839
#别墅、高档公寓	444564	116020	79965
#经济适用房屋	382659	60048	140535
办公楼	66358	47837	100663
商业营业用房	373901	216600	259316
其他	409012	522311	500652
4.待售房屋面积	**887838**	**786252**	**660597**
住宅	217632	235559	163770
#别墅、高档公寓	9326	14218	9847
#经济适用房屋			80
办公楼	19140	11255	18534
商业营业用房	389360	315280	223329
其他	261706	224158	254964
五、商品房屋销售			
1.销售面积(平方米)	**4972329**	**7317440**	**6694009**
住宅	4546551	6850780	6047548
#别墅、高档公寓	261828	170856	107761
#经济适用房屋	280091	331335	277010
办公楼	50091	47262	110639
商业营业用房	184100	209609	174001
其他	191587	209789	361821
2.销售额(万元)	**1965277**	**3334479**	**3437165**
住宅	1693895	3057481	2988882
#别墅、高档公寓	141869	146682	117571
#经济适用房屋	49631	70655	56438
办公楼	28276	30376	90899
商业营业用房	182598	180846	190378
其他	60508	65776	167006
3.平均销售价格(元/平方米)	**3952**	**4557**	**5135**
住宅	3726	4463	4942
办公楼	5645	6427	8216
商业营业用房	9918	8628	10941
4.出租面积(平方米)	**139434**	**81412**	**148374**
住宅	35071	11124	861
#别墅、高档公寓			
#经济适用房屋			
办公楼	4281	4586	52122
商业营业用房	87588	57739	67391
其他	12494	7963	28000

9-21　海口市房地产开发投资综合统计

指　　标	2008年	2009年	2010年
一、本年完成投资额(万元)	**761741**	**784406**	**1037915**
1.按用途分			
住宅	567611	683409	825674
#别墅、高档公寓	218640	235049	340028
#经济适用房屋	2053		5582
办公楼	26976	12586	59749
商业营业用房	57454	42820	47357
其他	109700	45591	105135
2.资金状况			
本年资金来源合计	1372134	1496409	2767874
#上年末节余资金	264403	239275	516440
#本年资金来源小计	1107731	1257134	2251434
本年各项应付款合计	268755	151325	257013
3.资金来源及构成			
本年资金来源小计	1107731	1257134	2251434
国内贷款	151324	271702	408736
利用外资	41372	341	
#外商直接投资	41372	341	
自筹资金	291483	229646	303783
其他资金来源	623552	755445	1538915
二、房地产开发企业(单位)情况			
1.企业个数合计(个)	**910**	**153**	**189**
#一级企业	4		
#二级企业	24	5	6
#三级企业	64	26	27
2.从业人数合计(人)	**12007**	**4755**	**5894**
#一级企业	24		
#二级企业	464	92	300
#三级企业	1687	1821	1311
3.资产合计(万元)		**5617898**	**7893047**
4.负债合计(万元)		**4417686**	**6407945**
5.资产负债率(%)		**79**	**81**
三、土地开发及购置			
本年完成土地开发投资(万元)	119369	55144	

9-21 续表

指　　标	2008年	2009年	2010年
四、商品房屋开发面积(平方米)			
1.施工房屋面积	**6877258**	**6756076**	**8742434**
住宅	5281464	5588371	6749147
#别墅、高档公寓	1755896	1869782	2227462
#经济适用房屋	123893		124204
办公楼	386837	145643	296701
商业营业用房	799811	575328	642472
其他	409146	446734	1054114
2.新开工房屋面积	**2155603**	**2071199**	**2406766**
住宅	1625038	1756737	1674345
#别墅、高档公寓	673423	445890	428320
#经济适用房屋			
办公楼	245060	6875	102114
商业营业用房	156129	171557	103927
其他	129376	136030	526380
3.竣工房屋面积	**1173767**	**1189098**	**1288480**
住宅	914834	1063090	839353
#别墅、高档公寓	274476	264844	283891
#经济适用房屋			
办公楼	29507		181706
商业营业用房	124208	76503	140144
其他	105218	49505	127277
4.待售房屋面积	**182477**	**248199**	**347219**
住宅	95739	177911	181471
#别墅、高档公寓	38168	72036	35649
#经济适用房屋	14019		489
办公楼	8682	9295	51457
商业营业用房	54354	38759	51093
其他	23702	22234	63198
五、商品房屋销售			
1.销售面积(平方米)	**1762937**	**1917773**	**2097607**
住宅	1684249	1833940	1997000
#别墅、高档公寓	440213	475684	727799
#经济适用房屋	18632		92495
办公楼	13431	32208	54416
商业营业用房	60598	47620	39304
其他	4659	4005	6887
2.销售额(万元)	**799120**	**1024795**	**1681226**
住宅	746992	970735	1611380
#别墅、高档公寓	278915	348407	738798
#经济适用房屋	4562		30921
办公楼	7832	15986	35168
商业营业用房	42588	35571	32045
其他	1708	2503	2633
3.平均销售价格(元/平方米)	**4533**	**5344**	**8015**
住宅	4435	5293	8069
办公楼	5831	4963	6463
商业营业用房	7028	7470	8153
4.出租面积(平方米)	**300370**	**15645**	**93013**
住宅	132986	15645	
#别墅、高档公寓			
#经济适用房屋			
办公楼	10097		20000
商业营业用房	153388		58783
其他	3899		14230

9-22　重庆市房地产开发投资综合统计

指　　标	2008年	2009年	2010年
一、本年完成投资额(万元)	**9909970**	**12389125**	**16202571**
1.按用途分			
住宅	6195250	7890183	10914854
#别墅、高档公寓	706977	894443	1044474
#经济适用房屋	517201	655887	589870
办公楼	123327	220840	315305
商业营业用房	804351	1167561	1344039
其他	2787042	3110541	3628373
2.资金状况			
本年资金来源合计	15595334	22026661	34393672
#上年末节余资金	3169399	3543613	5798408
#本年资金来源小计	12425935	18483048	28595264
本年各项应付款合计	2282438	3014942	4088261
3.资金来源及构成			
本年资金来源小计	12425935	18483048	28595264
国内贷款	2456174	3322374	5847160
利用外资	485334	370174	839265
#外商直接投资	408956	359155	835719
自筹资金	4033145	5403130	6849966
其他资金来源	5451282	9387370	15058873
二、房地产开发企业(单位)情况			
1.企业个数合计(个)	**2280**	**2359**	**2391**
#一级企业	36	37	41
#二级企业	407	431	477
#三级企业	894	908	892
2.从业人数合计(人)	**85998**	**80979**	**91757**
#一级企业	5399	6043	5675
#二级企业	27291	27729	40936
#三级企业	29679	25067	23218
3.资产合计(万元)		**53095024**	**69379522**
4.负债合计(万元)		**36094074**	**47600719**
5.资产负债率(%)		**68**	**69**
三、土地开发及购置			
本年完成土地开发投资(万元)	490171	469958	

9-22 续表

指　　标	2008年	2009年	2010年
四、商品房屋开发面积(平方米)			
1.施工房屋面积	**116392710**	**130525976**	**171384954**
住宅	91662054	103381204	137447848
#别墅、高档公寓	5991103	6724656	8343597
#经济适用房屋	9355426	9740023	10310299
办公楼	2321834	2102887	2475637
商业营业用房	12486376	13444880	15497663
其他	9922446	11597005	15963806
2.新开工房屋面积	**35086162**	**38136817**	**63126419**
住宅	28576980	29897218	52687570
#别墅、高档公寓	1327939	1454117	1602800
#经济适用房屋	3161020	3846643	2415609
办公楼	223290	629813	571951
商业营业用房	3253703	4041505	4336765
其他	3032189	3568281	5530133
3.竣工房屋面积	**23679415**	**29070462**	**26265897**
住宅	19513454	23845130	21798062
#别墅、高档公寓	779821	604504	936416
#经济适用房屋	1854078	1540169	2441806
办公楼	451806	463647	300340
商业营业用房	2155618	2583994	2294436
其他	1558537	2177691	1873059
4.待售房屋面积	**6074343**	**6623874**	**8032155**
住宅	1373172	1646030	2269905
#别墅、高档公寓	71010	149353	122671
#经济适用房屋	52355	103283	191063
办公楼	392795	415593	346568
商业营业用房	2761173	2860230	3103007
其他	1547203	1702021	2312675
五、商品房屋销售			
1.销售面积(平方米)	**28721949**	**40028921**	**43143929**
住宅	26699338	37712236	39863119
#别墅、高档公寓	1173824	2712030	2229570
#经济适用房屋	3327902	1865042	2526003
办公楼	348715	291466	626042
商业营业用房	1265281	1571541	1942485
其他	408615	453678	712283
2.销售额(万元)	**8000006**	**13777615**	**18469396**
住宅	7048198	12317053	16106444
#别墅、高档公寓	742133	1659772	1635927
#经济适用房屋	582674	375546	619126
办公楼	162761	150847	597039
商业营业用房	687333	1122808	1554610
其他	101714	186907	211303
3.平均销售价格(元/平方米)	**2785**	**3442**	**4281**
住宅	2640	3266	4040
办公楼	4667	5175	9537
商业营业用房	5432	7145	8003
4.出租面积(平方米)	**2268338**	**2419270**	**2687269**
住宅	42126	44157	40727
#别墅、高档公寓	352		
#经济适用房屋	309	309	309
办公楼	136940	69145	86062
商业营业用房	1812104	2041975	2187801
其他	277168	263993	372679

9-23　成都市房地产开发投资综合统计

指　　标	2008年	2009年	2010年
一、本年完成投资额(万元)	**9235118**	**9451356**	**12783390**
1.按用途分			
住宅	6108431	6348234	8042936
#别墅、高档公寓	506205	538248	724970
#经济适用房屋	42040	22247	4163
办公楼	222464	309293	504919
商业营业用房	618451	696467	1003528
其他	2285772	2097362	3232007
2.资金状况			
本年资金来源合计	14549828	18676549	25226376
#上年末节余资金	3049095	2403339	5489299
#本年资金来源小计	11500733	16273210	19737077
本年各项应付款合计	2602527	1444219	2005195
3.资金来源及构成			
本年资金来源小计	11500733	16273210	19737077
国内贷款	2434791	2500705	3141389
利用外资	597385	119268	331378
#外商直接投资	562997	90601	308678
自筹资金	3925785	4534096	7305073
其他资金来源	4542772	9119141	8959237
二、房地产开发企业(单位)情况			
1.企业个数合计(个)	**1656**	**1475**	**1559**
#一级企业	16	17	18
#二级企业	242	212	232
#三级企业	757	739	762
2.从业人数合计(人)	**47317**	**41687**	**44507**
#一级企业	2586	2171	1655
#二级企业	11744	10899	12646
#三级企业	21014	18745	19392
3.资产合计(万元)		**45478620**	**55874207**
4.负债合计(万元)		**34563063**	**41224411**
5.资产负债率(%)		**76**	**74**
三、土地开发及购置			
本年完成土地开发投资(万元)	983095	236677	

9-23 续表

指　　标	2008年	2009年	2010年
四、商品房屋开发面积(平方米)			
1.施工房屋面积	**75551456**	**84056440**	**97789010**
住宅	60209214	67368222	75503212
#别墅、高档公寓	4511088	4843268	4047308
#经济适用房屋	1187697	173902	76587
办公楼	2503058	2681189	3702918
商业营业用房	5927484	5229804	6349844
其他	6911700	8777225	12233036
2.新开工房屋面积	**21457182**	**15863391**	**26982336**
住宅	17280228	12710635	19800646
#别墅、高档公寓	1003107	948094	1221988
#经济适用房屋	824707		
办公楼	623789	846321	1195681
商业营业用房	1369501	899009	2148000
其他	2183664	1407426	3838009
3.竣工房屋面积	**12082878**	**17406133**	**15778647**
住宅	10265381	14627130	13012102
#别墅、高档公寓	878054	1213693	340210
#经济适用房屋	283702	4066	76587
办公楼	268296	375398	261045
商业营业用房	681706	680110	808415
其他	867495	1723495	1697085
4.待售房屋面积	**2538829**	**3932059**	**3412125**
住宅	1397844	1858602	1617470
#别墅、高档公寓	126369	338071	115547
#经济适用房屋	145		
办公楼	148280	426626	212220
商业营业用房	615514	673660	559375
其他	377191	973171	1023060
五、商品房屋销售			
1.销售面积(平方米)	**14594964**	**27087614**	**25592806**
住宅	13574265	25475937	22899170
#别墅、高档公寓	816625	1340276	1146369
#经济适用房屋	37406	65268	76587
办公楼	247652	578600	778989
商业营业用房	568811	532270	717681
其他	204236	500807	1196966
2.销售额(万元)	**7088197**	**13339938**	**15193289**
住宅	6486065	12392530	13343841
#别墅、高档公寓	739055	1169495	1057824
#经济适用房屋	6935	22102	12000
办公楼	168117	340274	722922
商业营业用房	373245	466287	666974
其他	60770	140847	459552
3.平均销售价格(元/平方米)	**4857**	**4925**	**5937**
住宅	4778	4864	5827
办公楼	6788	5881	9280
商业营业用房	6562	8760	9293
4.出租面积(平方米)	**786960**	**247470**	**240946**
住宅	31035	1020	
#别墅、高档公寓	4290		
#经济适用房屋			
办公楼	292257	40271	50759
商业营业用房	344701	180125	153690
其他	118967	26054	36497

9-24　贵阳市房地产开发投资综合统计

指　　标	2008年	2009年	2010年
一、本年完成投资额(万元)	**1701116**	**2103225**	**3104665**
1.按用途分			
住宅	966751	1364636	1650222
#别墅、高档公寓	46856	35206	38593
#经济适用房屋	201230	165441	162915
办公楼	28675	54876	58402
商业营业用房	104036	150161	210378
其他	601654	533552	1185663
2.资金状况			
本年资金来源合计	3234057	5164168	7143452
#上年末节余资金	731774	696532	1510364
#本年资金来源小计	2502283	4467636	5633088
本年各项应付款合计	159731	291547	371613
3.资金来源及构成			
本年资金来源小计	2502283	4467636	5633088
国内贷款	433568	806732	963213
利用外资	11375	1059	7004
#外商直接投资	9251		7004
自筹资金	905119	1046633	1446464
其他资金来源	1152221	2613212	3216407
二、房地产开发企业(单位)情况			
1.企业个数合计(个)	**908**	**881**	**879**
#一级企业	2	2	2
#二级企业	35	34	38
#三级企业	134	132	133
2.从业人数合计(人)	**16868**	**16374**	**16543**
#一级企业	574	859	504
#二级企业	1897	1689	1949
#三级企业	3618	3143	3115
3.资产合计(万元)		**11282625**	**15203343**
4.负债合计(万元)		**9436689**	**12674678**
5.资产负债率(%)			**83**
三、土地开发及购置			
本年完成土地开发投资(万元)	21589	13795	

9-24 续表

指　　标	2008年	2009年	2010年
四、商品房屋开发面积(平方米)			
1.施工房屋面积	**24819933**	**30942028**	**39859876**
住宅	19994038	23612575	29698824
#别墅、高档公寓	576638	550386	541003
#经济适用房屋	4416021	4024053	4260134
办公楼	688059	886120	978106
商业营业用房	2193443	2769634	3187033
其他	1944393	3673699	5995913
2.新开工房屋面积	**7794352**	**7248468**	**13503063**
住宅	6373626	5582849	11061123
#别墅、高档公寓	116334	59650	56395
#经济适用房屋	868430	721310	1162688
办公楼	117937	188050	153744
商业营业用房	548648	633255	780194
其他	754141	844314	1508002
3.竣工房屋面积	**3244917**	**7397968**	**5518429**
住宅	2661880	6416302	4279525
#别墅、高档公寓	56365	70118	219345
#经济适用房屋	495912	1563825	931604
办公楼	48700	168760	89797
商业营业用房	316574	413856	599972
其他	217763	399050	549135
4.待售房屋面积	**510471**	**1016496**	**860074**
住宅	196380	562906	441851
#别墅、高档公寓	11502	92888	107514
#经济适用房屋	3223	19475	7082
办公楼	19521	25607	57866
商业营业用房	239782	341827	272740
其他	54788	86156	87617
五、商品房屋销售			
1.销售面积(平方米)	**4119305**	**8182242**	**8015581**
住宅	3895442	7604542	7335503
#别墅、高档公寓	92619	210797	169372
#经济适用房屋	1301442	531038	1091647
办公楼	67006	196923	230544
商业营业用房	145633	286824	281740
其他	11224	93953	167794
2.销售额(万元)	**1297338**	**3078103**	**3534587**
住宅	1116387	2658602	3104804
#别墅、高档公寓	54500	122843	122975
#经济适用房屋	255656	118456	309336
办公楼	30069	91427	125160
商业营业用房	146214	297474	251483
其他	4668	30600	53140
3.平均销售价格(元/平方米)	**3149**	**3762**	**4410**
住宅	2866	3496	4233
办公楼	4488	4643	5429
商业营业用房	10040	10371	8926
4.出租面积(平方米)	**488314**	**346532**	**316582**
住宅	12620	10109	6139
#别墅、高档公寓			
#经济适用房屋	3499	2499	3499
办公楼	43638	35715	28238
商业营业用房	306110	204153	194991
其他	125946	96555	87214

9-25　昆明市房地产开发投资综合统计

指　　标	2008年	2009年	2010年
一、本年完成投资额(万元)	**2742017**	**3821456**	**4371365**
1.按用途分			
住宅	2223144	3014563	3237167
#别墅、高档公寓	327397	322122	322279
#经济适用房屋	53284	77621	94933
办公楼	93824	153732	180483
商业营业用房	209589	336131	463481
其他	215460	317030	490234
2.资金状况			
本年资金来源合计	4862166	7195434	10270706
#上年末节余资金	1005834	1445284	2634476
#本年资金来源小计	3856332	5750150	7636230
本年各项应付款合计	992278	1136422	1244882
3.资金来源及构成			
本年资金来源小计	3856332	5750150	7636230
国内贷款	598644	999786	1033426
利用外资	42493	3977	4986
#外商直接投资	42478	3977	
自筹资金	1227997	1418195	2714370
其他资金来源	1987198	3328192	3883448
二、房地产开发企业(单位)情况			
1.企业个数合计(个)	**813**	**856**	**883**
#一级企业	13	13	13
#二级企业	69	78	88
#三级企业	127	134	134
2.从业人数合计(人)	**16568**	**15650**	**18110**
#一级企业	1020	1173	1509
#二级企业	3812	3826	3970
#三级企业	3516	3161	3277
3.资产合计(万元)		**16213705**	**21036675**
4.负债合计(万元)		**12762746**	**16623180**
5.资产负债率(%)			**79**
三、土地开发及购置			
本年完成土地开发投资(万元)	346193	267906	

9-25 续表

指　　标	2008年	2009年	2010年
四、商品房屋开发面积(平方米)			
1.施工房屋面积	**21772880**	**28775796**	**35137367**
住宅	18270215	23198209	28100536
#别墅、高档公寓	2877951	2863092	2981578
#经济适用房屋	345130	552587	977346
办公楼	584193	724237	1177228
商业营业用房	1492651	2832397	2782458
其他	1425821	2020953	3077145
2.新开工房屋面积	**6924900**	**11493795**	**12900416**
住宅	5763093	8595788	10089988
#别墅、高档公寓	1019528	643153	1327682
#经济适用房屋	219842	56627	318028
办公楼	250190	346620	426756
商业营业用房	417130	1581280	1054735
其他	494487	970107	1328937
3.竣工房屋面积	**4542132**	**7416432**	**5907785**
住宅	3771178	6304291	4551892
#别墅、高档公寓	282771	730759	337505
#经济适用房屋	15000	185670	293114
办公楼	132212	225524	88540
商业营业用房	289591	577775	556865
其他	349151	308842	710488
4.待售房屋面积	**722984**	**494683**	**690487**
住宅	477650	276511	241436
#别墅、高档公寓	29848	72734	47244
#经济适用房屋			50
办公楼	38839	31304	15951
商业营业用房	77821	106891	129804
其他	128674	79977	303296
五、商品房屋销售			
1.销售面积(平方米)	**5859172**	**8532696**	**12410065**
住宅	5214464	7825416	10959543
#别墅、高档公寓	760861	686037	1614213
#经济适用房屋	136367	415907	34185
办公楼	191479	198144	183125
商业营业用房	300859	314401	535972
其他	152370	194735	731425
2.销售额(万元)	**2197252**	**3248457**	**4542191**
住宅	1824706	2806540	3731511
#别墅、高档公寓	330290	377986	664499
#经济适用房屋	16592	97361	7362
办公楼	100797	116979	138643
商业营业用房	216707	250267	419446
其他	55042	74671	252591
3.平均销售价格(元/平方米)	**3750**	**3807**	**3660**
住宅	3499	3586	3405
办公楼	5264	5904	7571
商业营业用房	7203	7960	7826
4.出租面积(平方米)	**94039**	**244338**	**230876**
住宅		4723	1993
#别墅、高档公寓		623	
#经济适用房屋			
办公楼	7604	57450	43517
商业营业用房	78559	178709	181950
其他	7876	3456	3416

9-26　西安市房地产开发投资综合统计

指　　标	2008年	2009年	2010年
一、本年完成投资额(万元)	**5457103**	**6942341**	**8423447**
1.按用途分			
住宅	4211291	5667733	6704066
#别墅、高档公寓	193544	223421	215263
#经济适用房屋	169426	272778	226086
办公楼	273009	233406	337207
商业营业用房	536711	659285	809745
其他	436092	381917	572429
2.资金状况			
本年资金来源合计	7078129	11098780	15435198
#上年末节余资金	1082504	1236406	2538734
#本年资金来源小计	5995625	9862374	12896464
本年各项应付款合计	1391452	550382	837605
3.资金来源及构成			
本年资金来源小计	5995625	9862374	12896464
国内贷款	977467	1783486	1861610
利用外资	18120	51664	55561
#外商直接投资	18120	51664	55550
自筹资金	2998784	4155018	4261600
其他资金来源	2001254	3872206	6717693
二、房地产开发企业(单位)情况			
1.企业个数合计(个)	**614**	**493**	**522**
#一级企业	13	41	39
#二级企业	83	64	78
#三级企业	212	152	144
2.从业人数合计(人)	**27729**	**26530**	**25506**
#一级企业	2523	5280	5380
#二级企业	4445	3716	4813
#三级企业	9081	6534	6417
3.资产合计(万元)		**15691700**	**22619691**
4.负债合计(万元)		**12173638**	**17359705**
5.资产负债率(%)		**78**	**77**
三、土地开发及购置			
本年完成土地开发投资(万元)	553743	291981	

9-26 续表

指　　标	2008年	2009年	2010年
四、商品房屋开发面积(平方米)			
1.施工房屋面积	**36532409**	**56833144**	**66973869**
住宅	30928408	48831620	57777112
#别墅、高档公寓	1268560	1098758	1720180
#经济适用房屋	1735521	2371155	2158822
办公楼	1801682	2214633	2054202
商业营业用房	2687921	3639014	4272299
其他	1114398	2147877	2870256
2.新开工房屋面积	**10769900**	**16680691**	**19840200**
住宅	9154660	14486036	17436732
#别墅、高档公寓	478325	506444	629013
#经济适用房屋	641834	270937	594636
办公楼	448418	356407	328968
商业营业用房	785087	1105295	1200564
其他	381735	732953	873936
3.竣工房屋面积	**4439585**	**5428145**	**4636472**
住宅	4124612	4534926	4124392
#别墅、高档公寓	285684	211214	166250
#经济适用房屋	246185	98327	393970
办公楼	68568	240889	76296
商业营业用房	201408	547924	238187
其他	44997	104406	197597
4.待售房屋面积	**554012**	**406750**	**343153**
住宅	354024	287267	262250
#别墅、高档公寓	45547	24418	48160
#经济适用房屋	5000	12946	10707
办公楼	42222	15400	9605
商业营业用房	127190	83050	42390
其他	30576	21033	28908
五、商品房屋销售			
1.销售面积(平方米)	**7672266**	**12560212**	**15878076**
住宅	7222659	12021163	15232412
#别墅、高档公寓	382160	221365	330782
#经济适用房屋	338011	672650	798510
办公楼	237221	182271	354554
商业营业用房	189823	330144	227959
其他	22563	26634	63151
2.销售额(万元)	**2997050**	**4885458**	**7070016**
住宅	2721784	4507051	6612683
#别墅、高档公寓	214907	122439	303092
#经济适用房屋	92585	192632	203228
办公楼	135213	96185	212919
商业营业用房	130390	270725	214649
其他	9663	11497	29765
3.平均销售价格(元/平方米)	**3906**	**3890**	**4453**
住宅	3768	3749	4341
办公楼	5700	5277	6005
商业营业用房	6869	8200	9416
4.出租面积(平方米)	**349432**	**382331**	**286016**
住宅	45294	65549	7013
#别墅、高档公寓			
#经济适用房屋		917	
办公楼	53472	214378	227781
商业营业用房	159569	100368	51222
其他	91097	2036	

9-27　兰州市房地产开发投资综合统计

指　　标	2008年	2009年	2010年
一、本年完成投资额(万元)	**924272**	**990776**	**1182813**
1.按用途分			
住宅	601565	520366	669976
#别墅、高档公寓	1472	2717	710
#经济适用房屋	75681	71539	88949
办公楼	32674	16145	43574
商业营业用房	67242	101344	95441
其他	222791	352921	373822
2.资金状况			
本年资金来源合计	1204083	1450214	2017606
#上年末节余资金	247978	221275	371629
#本年资金来源小计	956105	1228939	1645977
本年各项应付款合计	226324	238920	372219
3.资金来源及构成			
本年资金来源小计	956105	1228939	1645977
国内贷款	207392	214959	358622
利用外资	1042		
#外商直接投资			
自筹资金	382388	453708	662964
其他资金来源	365283	560272	624391
二、房地产开发企业(单位)情况			
1.企业个数合计(个)	**462**	**488**	**527**
#一级企业	1	2	2
#二级企业	47	47	47
#三级企业	211	211	209
2.从业人数合计(人)	**11100**	**10732**	**11075**
#一级企业	118	170	188
#二级企业	2059	1746	1845
#三级企业	5913	5947	5239
3.资产合计(万元)		**3811077**	**5480089**
4.负债合计(万元)		**2786943**	**4192905**
5.资产负债率(%)		**73**	**77**
三、土地开发及购置			
本年完成土地开发投资(万元)	34775	20919	

9-27 续表

指　　标	2008年	2009年	2010年
四、商品房屋开发面积(平方米)			
1.施工房屋面积	**10885712**	**12591920**	**14672124**
住宅	8658434	9879780	11194368
#别墅、高档公寓	34338	34338	53000
#经济适用房屋	1268656	1252759	1859505
办公楼	321875	408198	402471
商业营业用房	1137263	1284925	1571667
其他	768140	1019017	1503618
2.新开工房屋面积	**3369080**	**3832412**	**4061859**
住宅	2894289	3062633	3183786
#别墅、高档公寓		1307	20000
#经济适用房屋	462451	469318	282484
办公楼	13930	68364	56101
商业营业用房	204124	337517	488749
其他	256737	363898	333223
3.竣工房屋面积	**1301710**	**2095820**	**2069675**
住宅	1102532	1648932	1558991
#别墅、高档公寓		1307	
#经济适用房屋	195338	137432	154313
办公楼	70356	112138	40691
商业营业用房	80426	230787	313684
其他	48396	103963	156309
4.待售房屋面积	**627205**	**1131371**	**775667**
住宅	296198	690426	441321
#别墅、高档公寓	3967	3967	
#经济适用房屋	433	433	433
办公楼	44522	66045	52186
商业营业用房	255779	298310	223301
其他	30706	76590	58859
五、商品房屋销售			
1.销售面积(平方米)	**1401716**	**2440303**	**2282139**
住宅	1340506	2246797	2068056
#别墅、高档公寓	974	2126	4193
#经济适用房屋	131373	89830	72541
办公楼	15692	50861	37122
商业营业用房	44004	132237	167219
其他	1514	10408	9742
2.销售额(万元)	**440781**	**884400**	**965917**
住宅	410474	786193	840760
#别墅、高档公寓	300	1034	1529
#经济适用房屋	21081	19696	19965
办公楼	5585	27056	16740
商业营业用房	24192	68459	106108
其他	530	2692	2309
3.平均销售价格(元/平方米)	**3145**	**3624**	**4233**
住宅	3062	3499	4065
办公楼	3559	5320	4509
商业营业用房	5498	5177	6345
4.出租面积(平方米)	**349532**	**170381**	**189179**
住宅	2580	2580	205
#别墅、高档公寓			
#经济适用房屋			
办公楼	64391	59713	52907
商业营业用房	282308	108048	136027
其他	253	40	40

9-28　西宁市房地产开发投资综合统计

指　　标	2008年	2009年	2010年
一、本年完成投资额(万元)	**453923**	**638393**	**954048**
1.按用途分			
住宅	377589	466005	641092
#别墅、高档公寓	33340	1162	1460
#经济适用房屋	22854	5144	19340
办公楼	4736	6121	21472
商业营业用房	32469	32002	147569
其他	39129	134265	143915
2.资金状况			
本年资金来源合计	557487	906021	1239088
#上年末节余资金	15812	110591	151771
#本年资金来源小计	541675	795430	1087317
本年各项应付款合计	29773	36050	25402
3.资金来源及构成			
本年资金来源小计	541675	795430	1087317
国内贷款	101972	129306	268136
利用外资			23248
#外商直接投资			23248
自筹资金	364774	406461	432093
其他资金来源	74929	259663	363840
二、房地产开发企业(单位)情况			
1.企业个数合计(个)	**289**	**295**	**305**
#一级企业	5	5	5
#二级企业	68	69	71
#三级企业	92	91	96
2.从业人数合计(人)	**7062**	**5567**	**2880**
#一级企业	255	294	132
#二级企业	2080	2035	1161
#三级企业	1500	1573	878
3.资产合计(万元)		**2667975**	**3252946**
4.负债合计(万元)		**1844854**	**2733754**
5.资产负债率(%)		**69**	**84**
三、土地开发及购置			
本年完成土地开发投资(万元)	69812	19043	

9-28 续表

指　　标	2008年	2009年	2010年
四、商品房屋开发面积(平方米)			
1.施工房屋面积	**5879631**	**7236422**	**11460015**
住宅	5189322	6051612	9340107
#别墅、高档公寓	365904	113032	81403
#经济适用房屋	316456	79935	223811
办公楼	77413	79282	236071
商业营业用房	498677	775276	1127037
其他	114219	330252	756800
2.新开工房屋面积	**2269239**	**4059797**	**5520569**
住宅	2073530	3320236	4412625
#别墅、高档公寓	45608	4200	
#经济适用房屋	189806		135937
办公楼	14010	33829	172221
商业营业用房	151502	498624	491278
其他	30197	207108	444445
3.竣工房屋面积	**2103916**	**1462275**	**1957475**
住宅	1916213	1280578	1729917
#别墅、高档公寓	230977		1600
#经济适用房屋	114166	22103	193648
办公楼		15432	38633
商业营业用房	148989	143979	153223
其他	38714	22286	35702
4.待售房屋面积	**259040**	**618952**	**662582**
住宅	125803	408502	434476
#别墅、高档公寓	17143	5956	2010
#经济适用房屋	5831		
办公楼	10895	15230	16476
商业营业用房	102923	146899	157741
其他	19419	48321	53889
五、商品房屋销售			
1.销售面积(平方米)	**1083123**	**1546842**	**2171039**
住宅	1036376	1480810	2067794
#别墅、高档公寓	78683	50153	3012
#经济适用房屋	148	58000	2871
办公楼	9226	13820	9954
商业营业用房	35761	47137	89211
其他	1760	5075	4080
2.销售额(万元)	**314137**	**448513**	**722465**
住宅	291996	416222	660954
#别墅、高档公寓	21783	12729	1736
#经济适用房屋	18	6800	300
办公楼	3043	4949	2183
商业营业用房	18636	26483	58058
其他	462	859	1270
3.平均销售价格(元/平方米)	**2900**	**2900**	**3328**
住宅	2817	2811	3196
办公楼	3298	3581	2193
商业营业用房	5211	5618	6508
4.出租面积(平方米)	**102449**	**67312**	**56648**
住宅	457		
#别墅、高档公寓			
#经济适用房屋			
办公楼	11945	10470	10470
商业营业用房	88962	56842	46178
其他	1085		

9-29　银川市房地产开发投资综合统计

指　　标	2008年	2009年	2010年
一、本年完成投资额(万元)	**786159**	**999584**	**1721281**
1.按用途分			
住宅	569614	745877	1227212
#别墅、高档公寓	12427	24303	29288
#经济适用房屋	25581	31370	11283
办公楼	38523	37819	74473
商业营业用房	135693	138642	244980
其他	42329	77246	174616
2.资金状况			
本年资金来源合计	886615	1395517	2861724
#上年末节余资金	53721	65560	235809
#本年资金来源小计	832894	1329957	2625915
本年各项应付款合计	86100	129917	276844
3.资金来源及构成			
本年资金来源小计	832894	1329957	2625915
国内贷款	118840	203210	450597
利用外资			
#外商直接投资			
自筹资金	280132	327876	651797
其他资金来源	433922	798871	1523521
二、房地产开发企业(单位)情况			
1.企业个数合计(个)	**209**	**192**	**206**
#一级企业	11	11	9
#二级企业	43	42	45
#三级企业	57	52	53
2.从业人数合计(人)	**6047**	**7235**	**6933**
#一级企业	815	870	924
#二级企业	2054	1886	2172
#三级企业	1299	2487	1454
3.资产合计(万元)		**4648594**	**6479594**
4.负债合计(万元)		**3716627**	**5393304**
5.资产负债率(%)		**80**	**83**
三、土地开发及购置			
本年完成土地开发投资(万元)	7030	2326	

9-29 续表

指　　标	2008年	2009年	2010年
四、商品房屋开发面积(平方米)			
1.施工房屋面积	**10340184**	**12838984**	**18867776**
住宅	7381805	9472318	14182457
#别墅、高档公寓	141776	234819	383029
#经济适用房屋	370821	453543	187247
办公楼	489187	651230	653648
商业营业用房	2012364	1762092	2325502
其他	456828	953344	1706169
2.新开工房屋面积	**5123266**	**6831208**	**11275757**
住宅	4150536	5127755	8787622
#别墅、高档公寓	62416	169086	76910
#经济适用房屋	294308	88658	105107
办公楼	174376	338227	169941
商业营业用房	617508	767600	1334135
其他	180846	597626	984059
3.竣工房屋面积	**4028334**	**5257133**	**5948184**
住宅	3024013	4194356	4427886
#别墅、高档公寓	69765	15661	68627
#经济适用房屋	36503	371403	146525
办公楼	165076	116314	157882
商业营业用房	731850	771729	910520
其他	107395	174734	451896
4.待售房屋面积	**2934434**	**2410023**	**2325481**
住宅	1484966	1159148	1171075
#别墅、高档公寓	68037	32131	41544
#经济适用房屋	30632	122248	70773
办公楼	129558	95216	51773
商业营业用房	1232962	1050078	975095
其他	86948	105581	127538
五、商品房屋销售			
1.销售面积(平方米)	**3077312**	**5114308**	**5900424**
住宅	2693860	4429737	4979774
#别墅、高档公寓	76229	133392	168082
#经济适用房屋	57825	142058	99880
办公楼	61804	104726	146047
商业营业用房	310353	550096	657626
其他	11295	29749	116977
2.销售额(万元)	**870211**	**1801537**	**2237168**
住宅	698243	1426133	1797734
#别墅、高档公寓	42345	48918	90197
#经济适用房屋	9394	28776	22140
办公楼	23378	56599	79329
商业营业用房	146110	308434	329478
其他	2480	10371	30627
3.平均销售价格(元/平方米)	**2828**	**3523**	**3792**
住宅	2592	3219	3610
办公楼	3783	5404	5432
商业营业用房	4708	5607	5010
4.出租面积(平方米)	**305085**	**186319**	**335254**
住宅	14909	14909	14909
#别墅、高档公寓			
#经济适用房屋			
办公楼	21918	24089	32912
商业营业用房	260195	136886	274490
其他	8063	10435	12943

9-30　乌鲁木齐市房地产开发投资综合统计

指　　标	2008年	2009年	2010年
一、本年完成投资额(万元)	**999631**	**1132955**	**1430280**
1.按用途分			
住宅	828447	884269	1140086
#别墅、高档公寓	38835	67260	62000
#经济适用房屋	46458	40748	18304
办公楼	38712	58330	77641
商业营业用房	77036	124891	114694
其他	55436	65465	97859
2.资金状况			
本年资金来源合计	1428178	2357836	3338278
#上年末节余资金	309628	219086	546548
#本年资金来源小计	1118550	2138750	2791730
本年各项应付款合计	84762	118528	149017
3.资金来源及构成			
本年资金来源小计	1118550	2138750	2791730
国内贷款	125389	328352	415623
利用外资			
#外商直接投资			
自筹资金	357445	343575	559843
其他资金来源	635716	1466823	1816264
二、房地产开发企业(单位)情况			
1.企业个数合计(个)	**348**	**351**	**347**
#一级企业	7	6	6
#二级企业	29	35	36
#三级企业	83	88	87
2.从业人数合计(人)	**9608**	**9377**	**8969**
#一级企业	696	632	585
#二级企业	1386	1574	1676
#三级企业	2827	2483	2558
3.资产合计(万元)		**4928061**	**6624559**
4.负债合计(万元)		**3485133**	**4653350**
5.资产负债率(%)		**71**	**70**
三、土地开发及购置			
本年完成土地开发投资(万元)	38886	13031	

9-30 续表

指　　标	2008年	2009年	2010年
四、商品房屋开发面积(平方米)			
1.施工房屋面积	**10439960**	**12886596**	**15093595**
住宅	8680366	10362574	12326516
#别墅、高档公寓	413510	660485	558827
#经济适用房屋	776612	554260	298866
办公楼	577924	572785	546541
商业营业用房	761283	1126092	1204236
其他	420387	825145	1016302
2.新开工房屋面积	**5595113**	**6045405**	**7294529**
住宅	4718008	5303828	6200741
#别墅、高档公寓	127175	427522	88313
#经济适用房屋	337855	214089	123103
办公楼	313353	162226	100386
商业营业用房	355476	313069	534350
其他	208276	266282	459052
3.竣工房屋面积	**3957085**	**3988767**	**2620812**
住宅	3503793	3447266	2033596
#别墅、高档公寓	15599	142848	45667
#经济适用房屋	241856	262748	79639
办公楼	129095	126781	117425
商业营业用房	186273	185798	280128
其他	137924	228922	189663
4.待售房屋面积	**1542462**	**1612022**	**1379200**
住宅	894852	812313	576033
#别墅、高档公寓	26429	70962	56051
#经济适用房屋	63795	81881	94561
办公楼	71379	152220	167036
商业营业用房	448970	425339	409415
其他	127261	222150	226716
五、商品房屋销售			
1.销售面积(平方米)	**2960976**	**5372697**	**4446081**
住宅	2650589	5055666	4053012
#别墅、高档公寓	158735	136294	183472
#经济适用房屋	178559	149226	53886
办公楼	57340	65255	113061
商业营业用房	191929	198371	227505
其他	61118	53405	52503
2.销售额(万元)	**960498**	**1851551**	**2011338**
住宅	803308	1660783	1728732
#别墅、高档公寓	72028	84963	172595
#经济适用房屋	33196	31004	12216
办公楼	37639	48110	106871
商业营业用房	103263	123416	155690
其他	16288	19242	20045
3.平均销售价格(元/平方米)	**3244**	**3446**	**4524**
住宅	3031	3285	4265
办公楼	6564	7373	9453
商业营业用房	5380	6221	6843
4.出租面积(平方米)	**676803**	**463008**	**393274**
住宅	81370	7431	6041
#别墅、高档公寓	30285		
#经济适用房屋	28738	1460	
办公楼	103784	56440	50370
商业营业用房	466671	383364	311053
其他	24978	15773	25810

9-31　大连市房地产开发投资综合统计

指　　标	2008年	2009年	2010年
一、本年完成投资额(万元)	**4958160**	**5789421**	**7680202**
1.按用途分			
住宅	4020829	4772414	5756548
#别墅、高档公寓	417637	657173	665519
#经济适用房屋	116613	201753	94446
办公楼	147741	139648	184125
商业营业用房	516975	456772	943475
其他	272615	420587	796054
2.资金状况			
本年资金来源合计	6936007	10146675	15333805
#上年末节余资金	1516072	1417972	2501943
#本年资金来源小计	5419935	8728703	12831862
本年各项应付款合计	454825	959781	2245364
3.资金来源及构成			
本年资金来源小计	5419935	8728703	12831862
国内贷款	1308947	1686998	2100344
利用外资	294995	103390	324559
#外商直接投资	269185	81800	285471
自筹资金	1961457	2588555	5052181
其他资金来源	1854536	4349760	5354778
二、房地产开发企业(单位)情况			
1.企业个数合计(个)	**1444**	**952**	**981**
#一级企业	28	21	19
#二级企业	74	59	59
#三级企业	415	385	361
2.从业人数合计(人)	**21556**	**19717**	**22404**
#一级企业	2131	1640	1870
#二级企业	2255	2414	2172
#三级企业	7589	7685	8784
3.资产合计(万元)		**26722110**	**35891829**
4.负债合计(万元)		**20670563**	**28036775**
5.资产负债率(%)		**77**	**78**
三、土地开发及购置			
本年完成土地开发投资(万元)	453523	647368	

9-31 续表

指　　标	2008年	2009年	2010年
四、商品房屋开发面积(平方米)			
1.施工房屋面积	**33349414**	**34890571**	**50605434**
住宅	26437824	28129811	40102392
#别墅、高档公寓	1780196	1703452	1940045
#经济适用房屋	981288	1911673	1566999
办公楼	589237	900222	1065245
商业营业用房	3972811	3589628	5258167
其他	2349542	2270910	4179630
2.新开工房屋面积	**11120739**	**11319145**	**18373030**
住宅	9573071	9209327	14164619
#别墅、高档公寓	151533	390023	296786
#经济适用房屋	177504	554206	
办公楼	149712	117319	319128
商业营业用房	708961	1176728	2049918
其他	688995	815771	1839365
3.竣工房屋面积	**7555621**	**5496520**	**5709735**
住宅	6364135	4721457	4612895
#别墅、高档公寓	350975	250142	266992
#经济适用房屋	192770	358597	381320
办公楼	80816	78356	232500
商业营业用房	555488	422610	553104
其他	555182	274097	311236
4.待售房屋面积	**2597188**	**2050738**	**2354037**
住宅	1769331	1212570	1324968
#别墅、高档公寓	57525	35857	53851
#经济适用房屋	12746	11968	129875
办公楼	70543	82991	49821
商业营业用房	530488	523489	598878
其他	226826	231688	380370
五、商品房屋销售			
1.销售面积(平方米)	**8227065**	**11526834**	**12153259**
住宅	7708394	10934071	11266844
#别墅、高档公寓	459033	359048	244596
#经济适用房屋	445029	421986	259646
办公楼	42423	79396	199638
商业营业用房	355357	419828	506494
其他	120891	93539	180283
2.销售额(万元)	**4750524**	**7203162**	**8560369**
住宅	4329806	6751324	7615516
#别墅、高档公寓	521789	589003	434055
#经济适用房屋	109288	104711	109688
办公楼	22592	41373	284213
商业营业用房	336165	357986	504471
其他	61961	52479	156169
3.平均销售价格(元/平方米)	**5774**	**6249**	**7044**
住宅	5617	6175	6759
办公楼	5325	5211	14236
商业营业用房	9460	8527	9960
4.出租面积(平方米)	**614074**	**352311**	**412435**
住宅	11005	2806	96152
#别墅、高档公寓		214	26712
#经济适用房屋			
办公楼	227854	13562	17332
商业营业用房	288393	333572	298951
其他	86822	2371	

9-32　青岛市房地产开发投资综合统计

指　　标	2008年	2009年	2010年
一、本年完成投资额(万元)	**3805652**	**4594829**	**6024387**
1.按用途分			
住宅	2828495	3137527	4509890
#别墅、高档公寓	178344	253663	255882
#经济适用房屋	166444	172897	143162
办公楼	206823	246412	203426
商业营业用房	439998	716101	734368
其他	330336	494789	576703
2.资金状况			
本年资金来源合计	6774498	10504583	14415871
#上年末节余资金	1319125	2038444	3293563
#本年资金来源小计	5455373	8466139	11122308
本年各项应付款合计	1329345	1547828	1802551
3.资金来源及构成			
本年资金来源小计	5455373	8466139	11122308
国内贷款	1715785	2311674	3207753
利用外资	63592	16465	76302
#外商直接投资	28592	16465	70302
自筹资金	1808294	1810285	2588307
其他资金来源	1867702	4327715	5249946
二、房地产开发企业(单位)情况			
1.企业个数合计(个)	**1170**	**1025**	**1074**
#一级企业	10	9	10
#二级企业	39	46	48
#三级企业	179	167	170
2.从业人数合计(人)	**22891**	**21727**	**24707**
#一级企业	899	916	2126
#二级企业	2255	2688	2494
#三级企业	5127	4644	4682
3.资产合计(万元)		**25817734**	**33307181**
4.负债合计(万元)		**20749983**	**26642349**
5.资产负债率(%)		**80**	**80**
三、土地开发及购置			
本年完成土地开发投资(万元)	214805	209352	

9-32 续表

指　　标	2008年	2009年	2010年
四、商品房屋开发面积(平方米)			
1.施工房屋面积	**37727418**	**43099376**	**50583992**
住宅	27930391	30579809	36027701
#别墅、高档公寓	2002006	1272601	1503767
#经济适用房屋	1762582	1941522	2205279
办公楼	1753524	1816767	1669254
商业营业用房	4165525	5841760	6616307
其他	3877978	4861040	6270730
2.新开工房屋面积	**12073165**	**13298770**	**17123905**
住宅	9355017	9514292	13190263
#别墅、高档公寓	281185	132202	355491
#经济适用房屋	806746	759378	517639
办公楼	367119	380280	194334
商业营业用房	1020678	1862660	1723136
其他	1330351	1541538	2016172
3.竣工房屋面积	**6714919**	**8142384**	**10205087**
住宅	5020792	6444221	7327218
#别墅、高档公寓	472311	150535	379504
#经济适用房屋	196147	85394	485585
办公楼	387675	323454	364120
商业营业用房	574830	761358	1544981
其他	731622	613351	968768
4.待售房屋面积	**1555733**	**2176213**	**1901544**
住宅	1073618	1429306	985221
#别墅、高档公寓	20636	50170	56251
#经济适用房屋	6451	15395	5025
办公楼	114059	201149	203530
商业营业用房	266724	409519	468586
其他	101332	136239	244207
五、商品房屋销售			
1.销售面积(平方米)	**7702999**	**12618574**	**13606919**
住宅	6862169	11511482	12098694
#别墅、高档公寓	323458	280928	476033
#经济适用房屋	166111	397754	658389
办公楼	197997	311694	277962
商业营业用房	441248	605470	895606
其他	201585	189928	334657
2.销售额(万元)	**3924175**	**7036744**	**8948417**
住宅	3285666	6196443	7768273
#别墅、高档公寓	378201	488027	695758
#经济适用房屋	53235	173551	312118
办公楼	155981	303195	230805
商业营业用房	383012	494150	823167
其他	99516	42956	126172
3.平均销售价格(元/平方米)	**5094**	**5576**	**6576**
住宅	4788	5383	6421
办公楼	7878	9727	8303
商业营业用房	8680	8161	9191
4.出租面积(平方米)	**307619**	**274725**	**257849**
住宅	37338	308	3908
#别墅、高档公寓			
#经济适用房屋			
办公楼	77018	73946	43885
商业营业用房	111072	151287	109348
其他	82191	49184	100708

9-33　宁波市房地产开发投资综合统计

指　　标	2008年	2009年	2010年
一、本年完成投资额(万元)	**3077538**	**3745119**	**5572683**
1.按用途分			
住宅	1939168	2376419	3231195
#别墅、高档公寓	61564	47162	154868
#经济适用房屋	41790	80355	50009
办公楼	271850	264476	513873
商业营业用房	342509	408990	678590
其他	524011	695234	1149025
2.资金状况			
本年资金来源合计	3194774	3971543	6460907
#上年末节余资金	133793	108492	1176613
#本年资金来源小计	3060981	3863051	5284294
本年各项应付款合计	355302	363453	662665
3.资金来源及构成			
本年资金来源小计	3060981	3863051	5284294
国内贷款	524207	923525	1571939
利用外资	98128	50009	38512
#外商直接投资	98128	50009	38512
自筹资金	1054095	1236259	1474158
其他资金来源	1384551	1653258	2199685
二、房地产开发企业(单位)情况			
1.企业个数合计(个)	**786**	**656**	**737**
#一级企业	15	15	20
#二级企业	56	58	66
#三级企业	253	258	261
2.从业人数合计(人)	**12152**	**12138**	**13685**
#一级企业	779	782	878
#二级企业	1737	1844	2186
#三级企业	4886	4783	5089
3.资产合计(万元)		**23568346**	**33072618**
4.负债合计(万元)		**17803296**	**25354323**
5.资产负债率(%)			**77**
三、土地开发及购置			
本年完成土地开发投资(万元)	35149	51128	

9-33 续表

指　标	2008年	2009年	2010年
四、商品房屋开发面积(平方米)			
1.施工房屋面积	**31053453**	**31043378**	**38207036**
住宅	20069943	19116402	22357830
#别墅、高档公寓	449828	419572	597896
#经济适用房屋	1348113	1242699	532029
办公楼	2144597	2196106	3343851
商业营业用房	3005088	3339661	4176380
其他	5833825	6391209	8328975
2.新开工房屋面积	**7640593**	**8120256**	**14060200**
住宅	4879923	5021010	7769943
#别墅、高档公寓	107048	62388	182828
#经济适用房屋	143652	292629	51303
办公楼	260144	454706	1652896
商业营业用房	857358	817517	1356570
其他	1643168	1827023	3280791
3.竣工房屋面积	**8336308**	**6659621**	**6490448**
住宅	5944757	4232164	3763076
#别墅、高档公寓	213400	36859	134803
#经济适用房屋	409416	612897	19705
办公楼	447594	453564	612781
商业营业用房	532052	590012	737382
其他	1411905	1383881	1377209
4.待售房屋面积	**1541871**	**1445603**	**1419873**
住宅	519856	362491	278575
#别墅、高档公寓			5415
#经济适用房屋		15704	15704
办公楼	147071	205906	224024
商业营业用房	345275	394127	475068
其他	529669	483079	442206
五、商品房屋销售			
1.销售面积(平方米)	**4483780**	**8151769**	**6935602**
住宅	3570779	6519721	4978089
#别墅、高档公寓	87591	157749	132680
#经济适用房屋	115286	130852	285926
办公楼	253712	570602	673875
商业营业用房	414324	594365	730693
其他	244965	467081	552945
2.销售额(万元)	**3239083**	**7329806**	**7784651**
住宅	2443518	5911842	5808984
#别墅、高档公寓	89474	153116	163100
#经济适用房屋	27720	44439	129788
办公楼	268814	535342	743797
商业营业用房	402738	647858	919273
其他	124013	234764	312597
3.平均销售价格(元/平方米)	**7224**	**8992**	**11224**
住宅	6843	9068	11669
办公楼	10595	9382	11038
商业营业用房	9720	10900	12581
4.出租面积(平方米)	**540912**	**470339**	**535465**
住宅	7024	3106	3106
#别墅、高档公寓			
#经济适用房屋			
办公楼	62760	57504	43721
商业营业用房	415795	367030	475723
其他	55333	42699	12915

9-34　厦门市房地产开发投资综合统计

指　　标	2008年	2009年	2010年
一、本年完成投资额(万元)	**3270160**	**2674171**	**3961254**
1.按用途分			
住宅	2106927	1820956	2074276
#别墅、高档公寓	97275	37740	57799
#经济适用房屋	57179	24544	13036
办公楼	180017	292694	168819
商业营业用房	265913	193571	362439
其他	717303	366950	1355720
2.资金状况			
本年资金来源合计	5980327	6202395	7878660
#上年末节余资金	2191601	1037278	1675704
#本年资金来源小计	3788726	5165117	6202956
本年各项应付款合计	248035	64284	15392
3.资金来源及构成			
本年资金来源小计	3788726	5165117	6202956
国内贷款	882299	1408649	1428025
利用外资	190540	7849	87865
#外商直接投资	185308	6309	87865
自筹资金	1134408	1170986	2714835
其他资金来源	1581479	2577633	1972231
二、房地产开发企业(单位)情况			
1.企业个数合计(个)	**589**	**613**	**629**
#一级企业	12	14	17
#二级企业	19	31	31
#三级企业	48	71	77
2.从业人数合计(人)	**11490**	**11818**	**11585**
#一级企业	529	318	1148
#二级企业	722	745	1082
#三级企业	1420	2507	2663
3.资产合计(万元)		**28312575**	**28109932**
4.负债合计(万元)		**19920086**	**19598399**
5.资产负债率(%)			**70**
三、土地开发及购置			
本年完成土地开发投资(万元)	2548		

9-34 续表

指　　标	2008年	2009年	2010年
四、商品房屋开发面积(平方米)			
1.施工房屋面积	**34478774**	**30949643**	**30891226**
住宅	21266895	19457049	18907871
#别墅、高档公寓	799959	776066	620315
#经济适用房屋	863612	913433	1081779
办公楼	2617389	2102936	2625953
商业营业用房	2155887	2068604	2091396
其他	8438603	7321054	7266006
2.新开工房屋面积	**4368914**	**2492704**	**7224454**
住宅	2892351	1353425	4215608
#别墅、高档公寓	155082	39599	109087
#经济适用房屋	139860	49522	
办公楼	233649	414716	945114
商业营业用房	128976	325200	449811
其他	1113938	399363	1613921
3.竣工房屋面积	**6250425**	**7110799**	**6804085**
住宅	3679807	4756227	4336252
#别墅、高档公寓	318376	208608	4200
#经济适用房屋		168750	217972
办公楼	795409	256962	251416
商业营业用房	556030	416287	318784
其他	1219179	1681323	1897633
4.待售房屋面积	**708788**	**1472713**	**1978188**
住宅	180102	390408	449259
#别墅、高档公寓	557	21955	21424
#经济适用房屋		8331	1562
办公楼	299032	355720	444379
商业营业用房	125334	200260	346625
其他	104320	526325	737925
五、商品房屋销售			
1.销售面积(平方米)	**3894664**	**5292878**	**4267681**
住宅	1502053	4013036	2386830
#别墅、高档公寓	61997	158251	111413
#经济适用房屋		997	4677
办公楼	562451	219980	547499
商业营业用房	92222	141624	189131
其他	1737938	918238	1144221
2.销售额(万元)	**2046956**	**4208206**	**3791176**
住宅	1342910	3585701	2766253
#别墅、高档公寓	103048	268411	212288
#经济适用房屋		708	1267
办公楼	320443	151579	380010
商业营业用房	133109	243908	330358
其他	250494	227018	314555
3.平均销售价格(元/平方米)	**5256**	**7951**	**8883**
住宅	8940	8935	11590
办公楼	5697	6891	6941
商业营业用房	14434	17222	17467
4.出租面积(平方米)	**1820985**	**301910**	**661920**
住宅	443508	4234	187588
#别墅、高档公寓	31468		
#经济适用房屋	119	1668	185022
办公楼	565023	1102	76855
商业营业用房	287256	155169	188475
其他	525198	141405	209002

9-35　深圳市房地产开发投资综合统计

指　　标	2008年	2009年	2010年
一、本年完成投资额(万元)	**4404897**	**4374590**	**4584693**
1.按用途分			
住宅	3126089	2897848	3048878
#别墅、高档公寓	60819	54915	88749
#经济适用房屋	13789	12375	27786
办公楼	261151	353388	378961
商业营业用房	520209	532194	593593
其他	497448	591160	563261
2.资金状况			
本年资金来源合计	9286081	10540761	10447242
#上年末节余资金	2406286	1723168	2716345
#本年资金来源小计	6879795	8817593	7730897
本年各项应付款合计	745555	581037	655834
3.资金来源及构成			
本年资金来源小计	6879795	8817593	7730897
国内贷款	2411473	2588321	1998853
利用外资	14877	13850	103348
#外商直接投资		10077	80795
自筹资金	1940724	1719541	2039742
其他资金来源	2512721	4495881	3588954
二、房地产开发企业(单位)情况			
1.企业个数合计(个)	**614**	**570**	**618**
#一级企业	40	43	55
#二级企业	49	45	41
#三级企业	51	54	56
2.从业人数合计(人)	**34481**	**43161**	**38598**
#一级企业	6730	16378	16164
#二级企业	4106	3680	3694
#三级企业	2013	1837	2058
3.资产合计(万元)		**55047204**	**65073409**
4.负债合计(万元)		**39384444**	**47600772**
5.资产负债率(%)		**72**	**73**
三、土地开发及购置			
本年完成土地开发投资(万元)	66673	73094	

9-35 续表

指　　标	2008年	2009年	2010年
四、商品房屋开发面积(平方米)			
1.施工房屋面积	**32721236**	**31123586**	**29399422**
住宅	22060792	20874653	20251362
#别墅、高档公寓	194315	129158	333986
#经济适用房屋	136583	98068	66411
办公楼	2015542	1890883	1823607
商业营业用房	3465518	3282707	2986246
其他	5203761	5075343	4338207
2.新开工房屋面积	**7526008**	**4924044**	**4709622**
住宅	4718006	3280378	3551680
#别墅、高档公寓	43224	73724	175668
#经济适用房屋	21836	39664	25664
办公楼	466131	317892	152555
商业营业用房	849046	610452	386925
其他	1492825	715322	618462
3.竣工房屋面积	**6297330**	**4020109**	**3444341**
住宅	4437717	2695448	2511058
#别墅、高档公寓	29296	7624	60428
#经济适用房屋			
办公楼	275484	250463	320502
商业营业用房	597882	322033	252697
其他	986247	752165	360084
4.待售房屋面积	**2315836**	**1419515**	**1343617**
住宅	1211636	636043	531511
#别墅、高档公寓	3439	10175	27325
#经济适用房屋			
办公楼	150236	154075	90041
商业营业用房	692237	495604	518259
其他	261727	133793	203806
五、商品房屋销售			
1.销售面积(平方米)	**4667068**	**7621518**	**4655909**
住宅	4136473	7173887	4138036
#别墅、高档公寓		45576	41548
#经济适用房屋			
办公楼	55863	196288	150014
商业营业用房	335793	180699	218876
其他	138939	70644	148983
2.销售额(万元)	**5910911**	**11138757**	**8925533**
住宅	5304125	10322849	7842987
#别墅、高档公寓		242262	182285
#经济适用房屋			
办公楼	106537	409948	342807
商业营业用房	385131	336151	550793
其他	115118	69809	188946
3.平均销售价格(元/平方米)	**12665**	**14615**	**19170**
住宅	12823	14389	18953
办公楼	19071	20885	22852
商业营业用房	11469	18603	25165
4.出租面积(平方米)	**2930558**	**1882242**	**2137636**
住宅	491004	166192	153579
#别墅、高档公寓	55109	46073	64812
#经济适用房屋			
办公楼	527465	542526	726824
商业营业用房	996796	961079	934401
其他	915293	212445	322832

第四部分

附　录

附录一 2011 中国房地产百强企业研究报告

主报告

1 研究背景与目的

由国务院发展研究中心企业研究所，清华大学房地产研究所和中国指数研究院三家单位共同主办的“中国房地产百强企业研究”，自 2004 年来已连续进行了八年，引起了社会各界的广泛关注，相关研究成果已经成为评判房地产企业经营实力及行业地位的重要标准。

中国房地产 TOP10 研究组以“新周期•新格局•新成长”为主题，启动“2011 中国房地产百强企业研究”，发掘行业中综合实力强，成长稳健的优秀房地产企业群体，鼓励企业在保持财务安全的基础上，顺应市场调整变化，促进企业内涵式成长，优化行业资源配置，引导行业的长期稳健发展。

中国房地产百强企业研究目的

（1）通过企业规模性、盈利性、成长性、稳健性、融资能力、运营效率和社会责任等指标的量化研究，发掘综合实力强、经营稳健以及具备较强社会责任感的优秀企业群体；

（2）通过系统研究，打造“中国房地产百强企业”品牌，提升企业知名度和影响力，发挥百强企业的行业示范效应，推动房地产企业做强做好做大；

（3）通过企业评价，鼓励企业为社会多做贡献，以营造行业重视社会责任的氛围，发挥房地产业作为国民经济重要支柱产业和重要民生行业的作用。

2 研究方法体系

2.1 标准和门槛值

中国房地产百强企业研究坚持以数据为依据，秉承客观、公正、准确、全面的研究原则。TOP10 研究组依照国际惯例，对中国房地产百强企业设立如下筛选标准和门槛值：

（1）依法设立并登记注册的房地产开发经营企业作为本次的研究对象；

（2）按照国际惯例，对进入研究的企业给予一个门槛指标，TOP10 研究组根据近 5 年百强企业实际状况，确定近三年每年的房地产销售额均须达到 3 亿元或销售面积 10 万平方米为入选门槛值；

（3）为了引导房地产开发企业做强做好做大，TOP10 研究组鼓励以集团的名义参与；

（4）符合上述 1～3 条，但是有严重拖欠工程款，或有重大偷漏税等违规行为问题的企业，取消评审资格。

2.2 评价指标体系

2.2.1 评价指标体系设立原则

2011 中国房地产百强企业研究以 2008-2010 年度为研究时间段，涵盖规模性、盈利性、成长性、稳健性、融资能力、运营效率、社会责任在内的七个二级指标，评价指标体系的设计主要把握以下几个基本原则：

（1）企业规模与运营效率相结合。规模与效率是企业向前发展的双驱动力，规模经济的获取离不开高效率的经营管理；在市场波动明显的情况下，较高周转率对于企业的稳健经营更是具有重要意义。TOP10 研究组采用净资产、房地产业务收入、总资产周转率等指标，并新增存量资产周转率，综合反映企业规模化发展与运营效率的情况。

（2）成长潜力与经营稳健相结合。此次研究仍将强调企业成长潜力的培育必须建立在稳健经营的前提下，鼓励企业更好地平衡稳健经营与快速成长之间的关系，以维护整个行业的平稳健康发展。

（3）盈利能力与社会责任相结合。企业必须稳步盈利才能实现永续经营，研究组对房地产企业盈利能力的评价，将从净利润、净资产收益率、营业利润率等角度来进行，更全面地衡量企业在不同市场形势下的盈利变化情况。同时从纳税、政策性住房竣工面积、慈善捐赠三个基本层面引导企业重视社会责任，积极构建和谐社会，并将其作为企业综合实力评价的重要内容。

（4）融资能力与综合实力相结合。融资能力对于房地产企业有着极其重要的意义，这一点在市场调整期作用尤其明显。研究组在本年的研究中将企业融资能力纳入综合实力评价范畴，主要通过筹资活动现金流入与本年新增银行授信额度两个指标来分析，表现突出的企业其综合实力指数相应提高。

2.2.2 评价指标体系

在 2011 中国房地产百强企业研究中，中国房地产 TOP10 研究组根据企业规模与运营效率相结合、成长潜力与经营稳健相结合、盈利能力与社会责任相结合、融资能力与综合实力相结合的原则，全面客观地评价企业的综合实力。

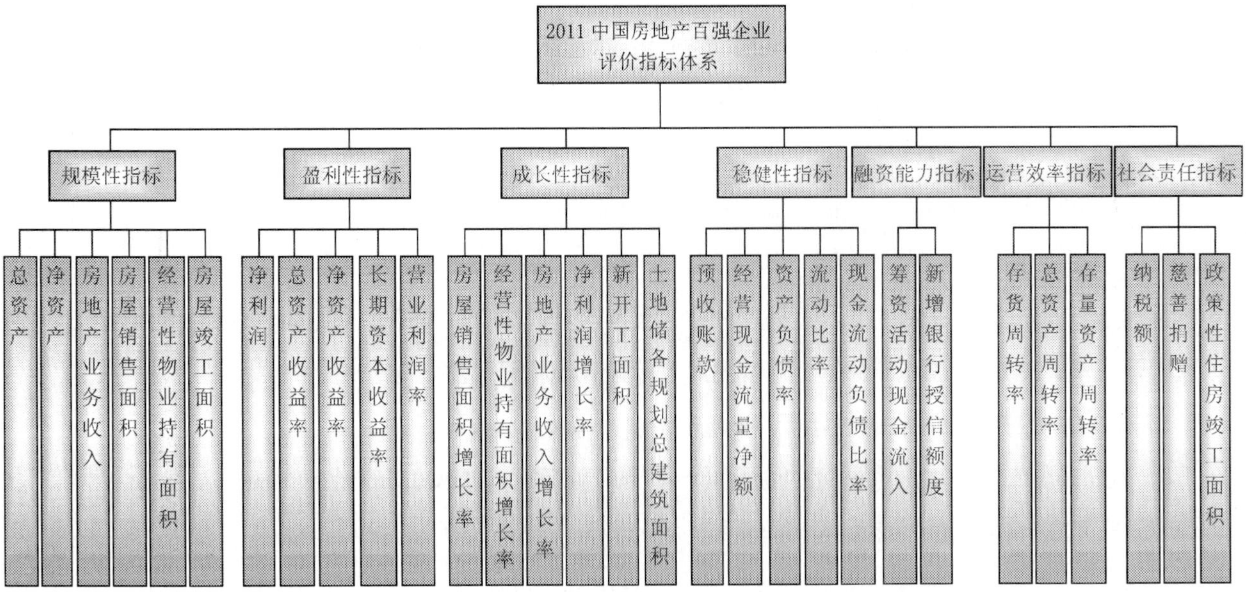

2.3 数据来源和复核

2.3.1 数据来源

（1）房地产开发企业的填报数据；

（2）中国房地产指数系统（CREIS）数据库；

（3）房地产企业对外公布的信息（包括公司年报、企业网站公布的信息和对外的宣传资料等）；

（4）有关政府部门（包括建委、房管局和统计局等）的公开数据；

（5）2008、2009、2010 中国房地产百强企业研究收集的企业数据资料；

（6）2008、2009、2010 中国房地产上市公司研究收集的企业数据资料；

（7）2008、2009、2010 中国房地产品牌价值研究收集的企业数据资料。

2.3.2 数据复核

企业填报的数据须如实客观，同时，TOP10 研究组将对企业填报数据进行复核。

（1）企业财务数据通过会计师事务所出具的报表进行复核；

（2）通过税单复核企业经营收入及利润；

（3）对收集的数据坚持交叉复核：通过各地房地产交易中心公开的项目交易情况复核企业提供的销售数据；通过统计局的企业直报数据进行交叉复核；对有疑问的数据研究组可要求进行现场复核。

2.4 计量评价方法

（1）在研究方法上，为增加研究的严谨性，采用因子分析（Factor Analysis）的方法进行。因子分析是一种从变量方差——协方差结构入手，在尽可能多地保留原始信息的基础上，用少数新变量解释原始变量方差的多元统计分析方法。它将原始变量分解为公共因子和特殊因子之和，并通过因子旋转，得到符合现实意义的公共因子，然后用这些公共因子去解释原始变量的方差。计算中国房地产百强综合实力时，主要是计算各构成要素的相关矩阵，通过相关矩阵得到特征值、累计特征值及因子载荷。根据最初几个特征值在全部特征值的累计百分率大于或等于某百分比的原则，确定公共因子的具体个数。然后再根据因子载荷矩阵确定各个因子的现实意义并进行重新命名，最后根据不同企业各个因子的得分及载荷矩阵，通过加权累加构成 2011 中国地产百强企业综合实力指数。

（2）企业按评价指标体系排序出现相同时，依照慈善捐赠数据确定排序；当上述累加计算又基本相同时，按西部、中部、东部排序确定。

3 主要研究成果

3.1 2011 中国房地产百强企业

在 2011 中国房地产百强企业研究中，中国房地产 TOP10 研究组根据近 5 年百强企业实际状况，以 2008~2010 年每年房地产销售额均须达到 3 亿元或销售面积 10 万平方米为入选门槛值，初选了 500 家符合要求的开发企业，依据规模与运营效率相结合、成长潜力与经营稳健相结合、盈利能力与社会责任相结合、融资能力与综合实力相结合的原则，运用因子分析法及相关数学模型，对全国 500 家房地产企业（集团）的规模性、盈利性、成长性、稳健性、融资能力、运营效率和社会责任等七个方面的 30 个指标和其他数据信息进行深入的分析研究，科学全面地计算出房地产企业的综合实力指数，研究产生了 2011 中国房地产综合实力百强企业。

“2011 中国房地产百强企业”名单

万科企业股份有限公司	福建正荣集团有限公司
中国海外发展有限公司	上海城开（集团）有限公司
保利房地产（集团）股份有限公司	武汉地产开发投资集团有限公司
绿地集团	花样年集团（中国）有限公司
绿城房地产集团有限公司	河南正商置业有限公司
恒大地产集团有限公司	重庆东原房地产开发有限公司
龙湖地产有限公司	浙江昆仑置业集团有限公司
合生创展集团有限公司	浙江佳源房地产集团有限公司
金地（集团）股份有限公司	联发集团有限公司
北京首都开发控股（集团）有限公司	上海中房置业股份有限公司
广州富力地产股份有限公司	百步亭集团有限公司
中信房地产股份有限公司	深圳香江控股股份有限公司
华润置地有限公司	深圳市富通房地产集团有限公司
远洋地产控股有限公司	广州颐和集团有限公司
SOHO 中国有限公司	海亮地产控股集团有限公司
首创置业股份有限公司	武汉三江航天房地产开发有限公司
广东珠江投资股份有限公司	龙光地产股份有限公司
金科地产	上海市上投房地产有限公司
新城控股集团有限公司	名流置业集团股份有限公司
江苏苏宁环球集团有限公司	云南俊发房地产有限责任公司
金融街控股股份有限公司	杭州开元房地产集团有限公司
招商局地产控股股份有限公司	上海证大房地产有限公司
复地 （集团） 股份有限公司	广西东方航洋实业集团有限公司
合景泰富地产控股有限公司	融信(福建)投资集团有限公司
恒盛地产控股有限公司	上海三湘股份有限公司
卓越置业集团有限公司	杭州宋都房地产集团有限公司
杭州滨江房产集团股份有限公司	福晟集团有限公司
农工商房地产（集团）股份有限公司	浙江金龙房地产投资集团有限公司
北京金隅嘉业房地产开发有限公司	天津津滨发展股份有限公司
佳兆业集团控股有限公司	广东利海集团有限公司
阳光 100 置业集团有限公司	中大房地产集团有限公司
深业集团有限公司	中骏置业控股有限公司
上置集团有限公司	重庆光华控股（集团）有限公司
建业地产股份有限公司	浙江广厦股份有限公司
四川蓝光和骏实业股份有限公司	莱蒙国际集团有限公司
青岛海尔地产集团有限公司	上海保集（集团）有限公司

续表

天津市房地产开发经营集团有限公司	深圳市光耀地产集团有限公司
宁波银亿集团有限公司	青岛伟东置业有限公司
金辉集团有限公司	重庆市兴茂产业发展（集团）有限公司
宝龙地产控股有限公司	宁波奥克斯置业有限公司
鑫苑（中国）置业有限公司	浙江祥生房地产开发有限公司
沿海绿色家园集团	奥宸地产（集团）有限公司
福星惠誉房地产有限公司	泽科集团
旭辉集团股份有限公司	深圳市合正房地产集团有限公司
方圆地产控股有限公司	力高（中国）地产有限公司
上海爱家豪庭房地产集团发展有限公司	重庆长安房地产开发有限公司
厦门禹洲集团股份有限公司	莱茵达置业股份有限公司
重庆协信控股（集团）有限公司	广州百嘉信集团有限公司
上海景瑞地产（集团）股份有限公司	保亿置业集团有限公司
建发房地产集团有限公司	新鸥鹏地产集团
上海三盛宏业投资（集团）有限责任公司	

3.2　百强企业整体发展特点分

3.2.1　销售业绩：行业领先优势持续扩大，销售业绩再创新高

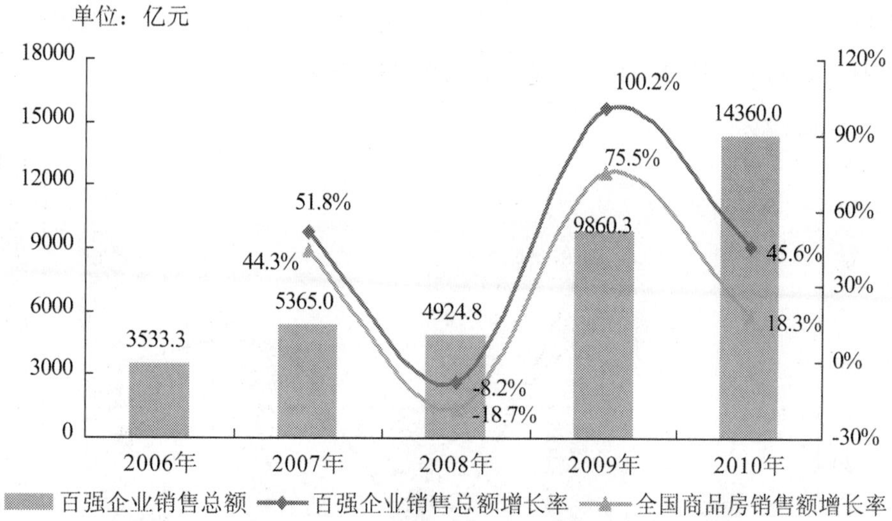

图 1　百强企业 2006～2010 年销售额及变化

百强企业 2010 年销售总额达 14360 亿元，销售面积 14488 万平方米，同比分别增长 45.6%、19.1%，分别领先全国商品房销售额与销售面积的增长率 27 与 9 个百分点。在市场环境的变化中，百强企业以更快的反应速度、更完善的业务布局、更灵活的资源整合能力，有效地分散了市场风险，从而取得引领行业发展的增长速度。

3.2.2 规模性：业务模式拓展促规模增加，总资产同比增长 52.1%

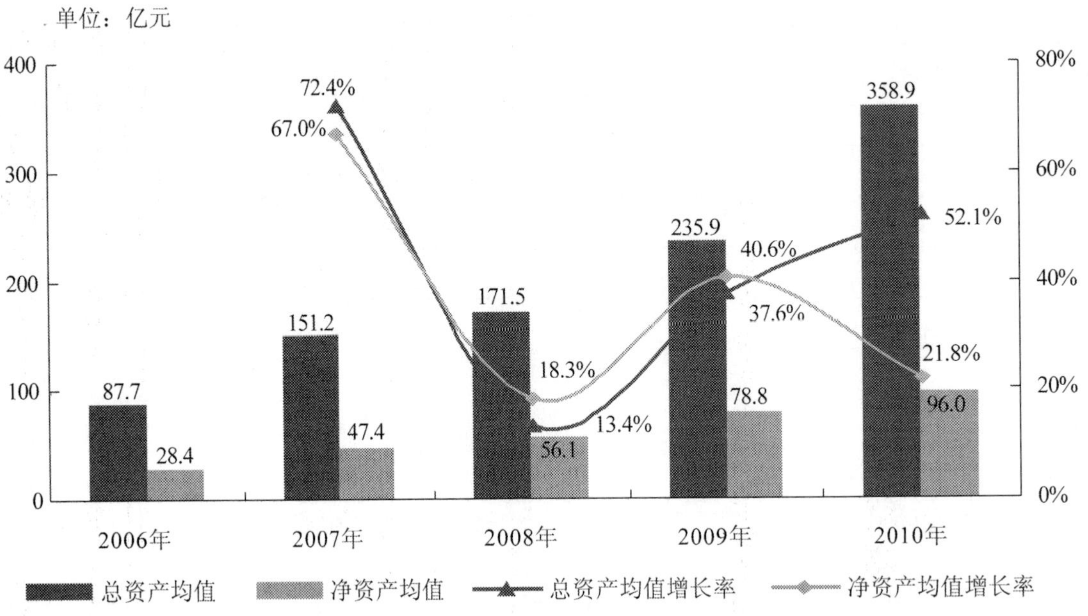

图 2 百强企业 2006～2010 年资产状况及变化

2010 年，百强企业总资产 52.1%的增长速度引人注目，总资产均值达到了 358.9 亿元，近五年的年度复合增长率达到 32.6%；净资产均值为 96.0 亿元，同比增长 21.8%，增速逊色于总资产，说明负债增长仍是推动百强企业资产规模扩大的重要因素。

与上年主要由融资活动活跃推动的规模扩张现象相比，2010 年百强企业的规模发展呈现出一些新的特点：（1）业务模式的转变促进企业规模扩大。（2）顺应政策变化，积极参与保障房建设促进企业规模扩大。

3.2.3 盈利性：盈利水平持续提升，净资产收益率接近 20%

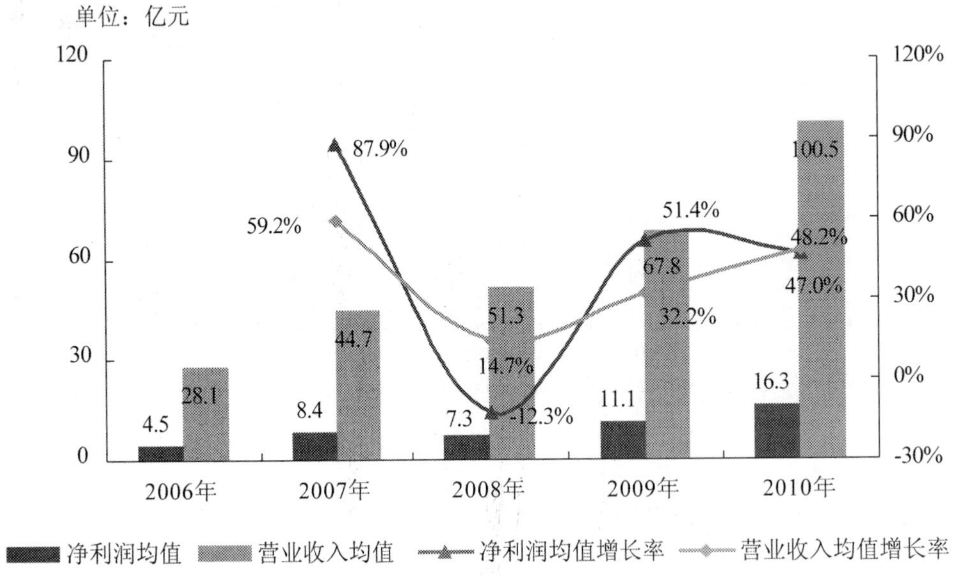

图 3 百强企业 2006～2010 年营业收入与净利润及变化

在上年销售业绩结转及 2010 年良好销售业绩的带动下，百强企业的盈利水平继续保持较快增长，2010 年营业收入均值同比增长 48.2%，达到 100.5 亿元；净利润均值 16.3 亿元，增长速度较上年虽然略有放缓，但仍高达 47.0%，维持近年来的高位。从数量分布来看，净利润超过 10 亿元的百强企业有 27 家，较上年增加 11 家；其中净利润超过 30 亿元的百强企业有 13 家。

3.2.4 成长性：市场布局向三、四线城市拓展，成长性指标表现良好

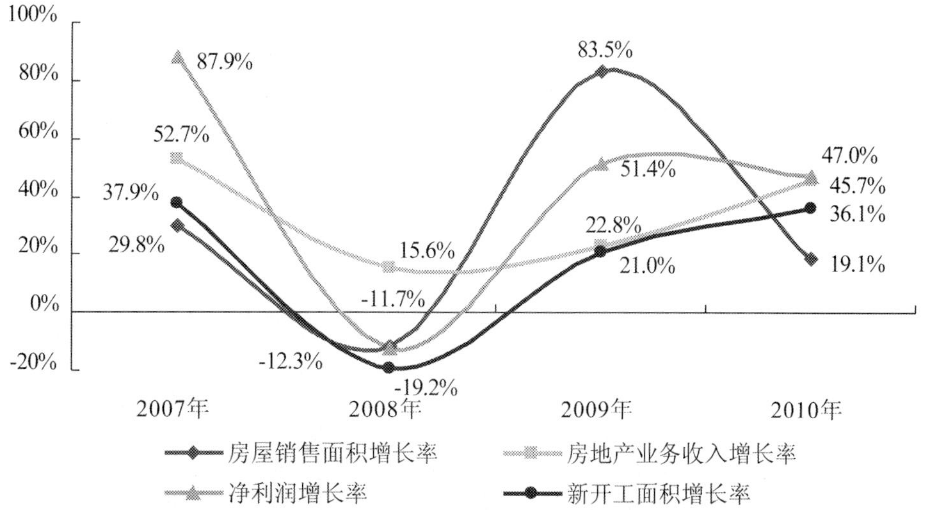

图 4 百强企业 2007～2010 年成长性指标

2010 年，百强企业房屋销售面积同比增长 19.1%，领先全国商品房销售面积增长率 9 个百分点；房地产业务收入同比增长 45.7%；净利润同比增长 47.0%；新开工面积总值为 18480 万平方米，占全国房地产企业全年新开工面积的比重为 11.3%；但从新开工面积的增长率来看，百强企业的这一指标为 36.1%，落后于全国房地产企业新开工面积 40.7%的增长，从侧面反映百强企业应对市场调控变化、主动调整开发节奏的反应速度快于行业平均水平。

3.2.5 稳健性：经营现金流净额由正转负，经营稳健性面临挑战

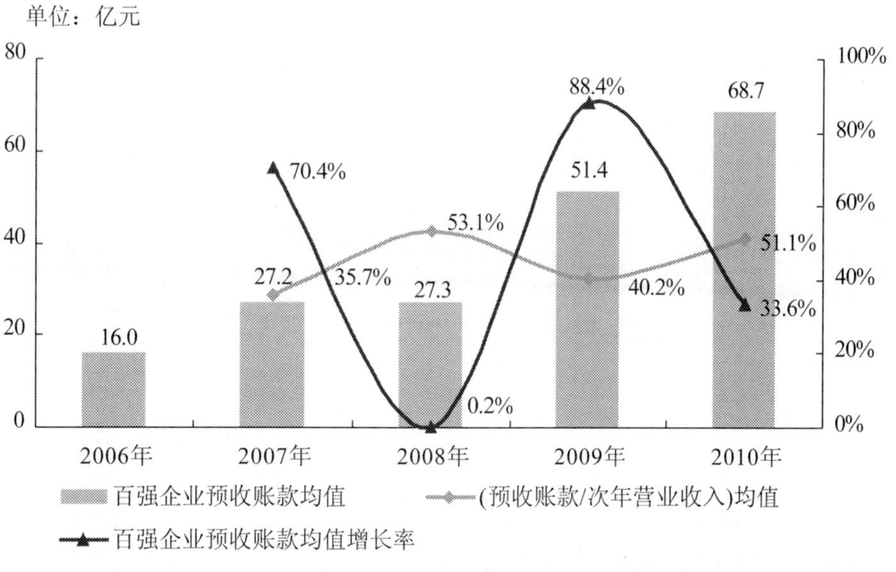

图 5 百强企业 2006～2010 年预收账款均值及变化

2010 年，百强企业预收账款均值达到 68.7 亿元，较上年同比增长 33.6%，为企业 2011 年的营业收入结转打下良好基础。百强企业预收账款的持续增长，在融资渠道收缩的情况下意义尤为重大，为企业的项目扩张提供了最强的资金保障。

与上年相比，百强企业资产负债率上升近 1 个百分点，首次提高到 70.4%，流动比率则略降为 1.94，变化幅度不大。从百强企业资产负债率的中值移动情况来看，该指标中值已由 70.3%提高到 72.6%；剔除预收账款对负债总额的影响之后，实际资产负债率的中值也已由 49.1%提高到 54.9%，处于近年来的高点，反映

目前百强企业仍处于较为激进的发展模式下。因此百强企业在快速发展中仍需密切关注中期财务风险，维持扩张速度的理性、销售策略的灵活性、以及资金面的充裕性。

3.2.6 融资能力：融资能力优势明显，筹资活动现金流入增长 58.6%

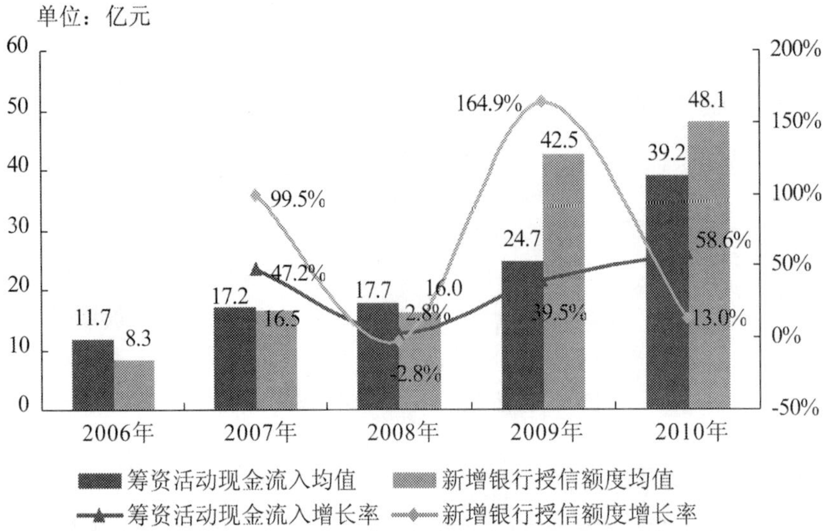

图 6 百强企业 2006～2010 年筹资活动现金流入和银行授信额度

融资能力对于房地产开发企业的生存与发展有着至关重要的作用。从百强企业 2010 年的融资情况来看，新增银行授信尽管规模总量仍在增长，但增速较上年明显放缓，已由上年的 164.9%下降到 13.0%，反映了银行信贷渠道的收紧。相形之下，百强企业的筹资活动现金流入达到了 39.2 亿元，增长高达 58.6%，显示 2010 年百强企业仍然获得了较为充足的融资支持。

3.2.7 运营效率：运营效率有所提升，存货周转率提高 7 个百分点

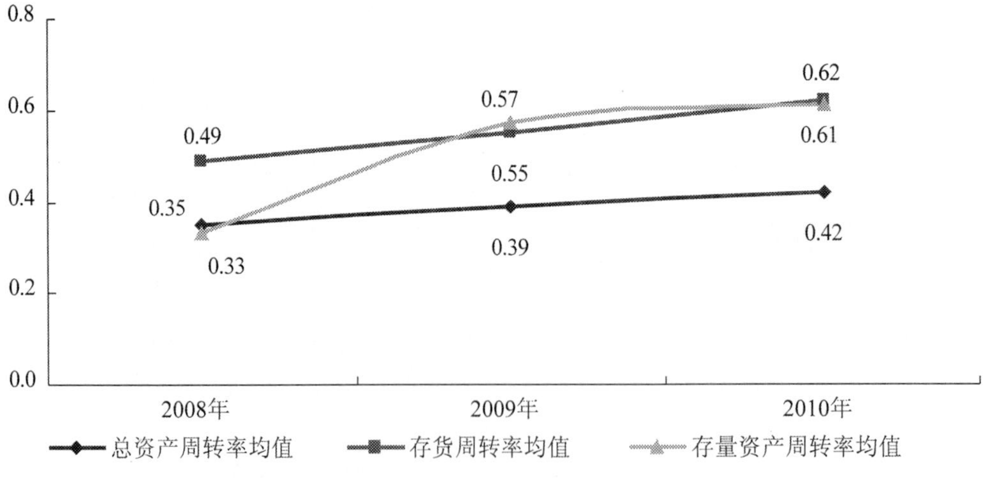

图 7 百强企业 2008～2010 年运营效率指标分析

2010 年，百强企业总资产周转率均值同比提高 3 个百分点，达到了 0.42.。总资产周转率的提高源于百强企业当年的销售速度加快，销售业绩普创新高，从而使资产利用率保持了较高水平；另外，百强企业的存货周转率均值达到 0.62，提高 7 个百分点，存货的消化速度提高，存货加快转化为现金或应收帐款，企业的短期偿债能力及获利能力进一步提升。总体来看，在国家出台一系列土地、金融调控政策引导房地产业健康发展的背景下，百强企业通过采取灵活的营销手段和科学的经营管理措施，保证自身运营效率有了

明显改善。

3.2.8 社会责任：持续关注社会与民生，展现“责任地产”风范

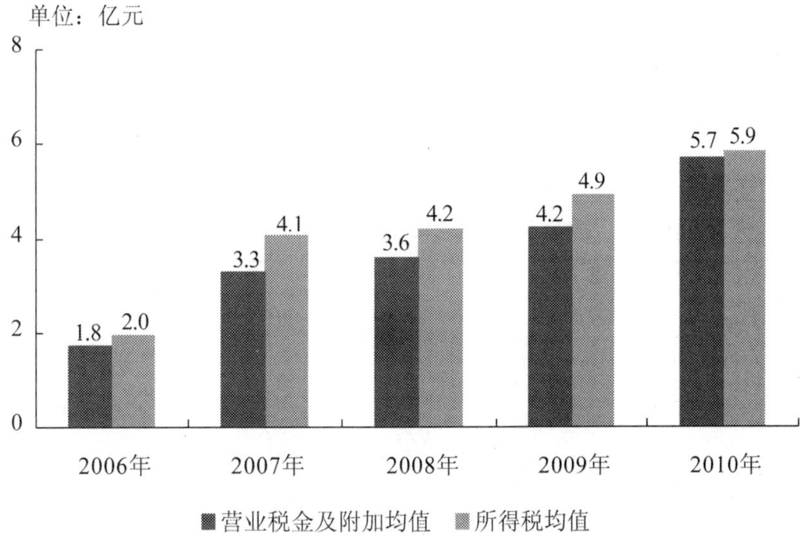

图 8 百强企业 2006～2010 年营业税及所得税

规模与业绩的持续快速发展，为百强企业主动承担更多的社会责任奠定了良好的基础。2010 年百强企业的纳税额度继续提升：全年百强企业营业税金及附加均值为 5.7 亿元，所得税均值为 5.9 亿元，合计达 11.6 亿元，较上年同比增长 26.7%；同时，百强企业在解决就业、带动上下游相关产业发展方面继续扮演着重要角色，成为地方经济发展的重要驱动力。众多百强企业还积极成为政策性住房的先行军，希冀通过社会贡献，为行业与企业的稳定成长创造健康的环境，并继续主动投身慈善事业，造福社会。百强企业在践行社会责任方面的积极探索，将为行业完善社会责任体系开启许多新的思路。

4 结语

伴随着宏观调控政策的密集出台，中国的房地产业步入了“十二五”规划的开局之年。TOP10 研究组连续八年的跟踪研究显示，中国房地产企业间的差距日益明显，百强企业以显著优势领先同行，行业集中度的加速提高成为重要趋势。中国房地产企业的发展既面临经济增长方式转型的挑战，又面临集中度提高、强者愈强的竞争格局。

回顾历史数据：2003 年，销售额超过 20 亿元的百强企业仅有 17 家，将近 70%的企业销售额在 10 亿元以下；而 2010 年，销售额在 100 亿元以上的百强企业已超过 1/3，百强企业占全国市场的份额由 2003 年的 8.4％提高到 2010 年的 27.4%，八年间市场份额增长 19 个百分点。综合实力 TOP10 企业的市场份额由 2003 年的 3.7％提高到了 2010 年的 9.4％，领头羊作用更加显著。

绩效的分化反映着行业竞争格局的变化，影响着资金、土地、人才、客户等资源的未来流向。新的周期，新的格局，必然孕育催生新的成长。在如同逆水行舟，不进则退的激烈竞争中，未雨绸缪，应时而变，仍是百强企业把握市场周期波动变化，保持卓越业绩持续成长的最佳战略。

副报告

1　2011 中国房地产百强企业 TOP10 研究

中国房地产 TOP10 研究组在百强企业研究的基础上，基于对企业规模性、盈利性、成长性等方面的深入研究，评价产生了 2011 中国房地产百强企业"综合实力 TOP10"、"规模性 TOP10"、"盈利性 TOP10"、"成长性 TOP10"、"稳健性 TOP10"、"融资能力 TOP10"、"运营效率 TOP10"和"年度社会责任感企业"。

1.1　2011 中国房地产百强企业 "综合实力 TOP10"

排名	公司名称
1	万科企业股份有限公司
2	中国海外发展有限公司
3	保利房地产（集团）股份有限公司
4	绿地集团
5	绿城房地产集团有限公司
6	恒大地产集团有限公司
7	龙湖地产有限公司
8	合生创展集团有限公司
9	金地（集团）股份有限公司
10	北京首都开发控股（集团）有限公司

综合实力 TOP10 企业保持了规模大，盈利强、成长稳定、稳健性好、融资能力突出、运营效率高等特点，领先优势更加明显。规模性方面，2010 年，综合实力 TOP10 企业总资产规模持续扩大，总资产均值高达 1133.6 亿元，是同期百强企业总资产均值的 3 倍多；盈利性方面，综合实力 TOP10 企业净利润均值达到 55.6 亿元，同比增加 67.3%；成长性方面，综合实力 TOP10 企业房地产业务收入均值增长率达到了 50.5%，比百强企业平均水平高出 4.8 个百分点；稳健性方面，综合实力 TOP10 企业资产负债率均值为 69.2%，低于同期百强企业平均水平；融资能力方面，综合实力 TOP10 企业筹资活动现金流入均值达到了 58.8 亿元，比同期百强企业平均值高出了 19.6 亿元；运营效率方面，综合实力 TOP10 企业总资产周转率均值达到 0.43，存货周转率 0.61，较高的运营效率帮助 TOP10 企业更好地应对市场波动。

1.2　2011 中国房地产百强企业　"规模性 TOP10"

排名	公司名称
1	万科企业股份有限公司
2	中国海外发展有限公司
3	绿地集团
4	保利房地产（集团）股份有限公司
5	恒大地产集团有限公司
6	绿城房地产集团有限公司
7	金地（集团）股份有限公司
8	龙湖地产有限公司
9	北京首都开发控股（集团）有限公司
10	中信房地产股份有限公司

规模性 TOP10 企业的资产规模实现稳定而持续的增长：2010 年，其总资产均值达到 1116.9 亿元，同比增长 15.5%，是同期百强企业总资产均值的 3.1 倍，规模领先优势进一步扩大；净资产均值为 258.2 亿，较上年增加了 38.6%，是同期百强企业的 2.6 倍；净资产增长速度超过总资产增长速度，企业资产结构得到进一步优化。此外，规模性 TOP10 企业的房地产业务收入均值也达到 280.0 亿，是同期百强企业的 3.1 倍，优势非常明显。

1.3　2011 中国房地产百强企业“盈利性 TOP10”

排名	公司名称
1	中国海外发展有限公司
2	万科企业股份有限公司
3	合生创展集团有限公司
4	保利房地产（集团）股份有限公司
5	卓越置业集团有限公司
6	上海三盛宏业投资（集团）有限责任公司
7	杭州滨江房产集团股份有限公司
8	新城控股集团有限公司
9	旭辉集团股份有限公司
10	阳光 100 置业集团有限公司

2010 年，盈利性 TOP10 企业净利润均值为 37.1 亿元，同比增长 49.7%，净利润总额占到百强企业利润总额的 22.8%；净资产收益率均值达到 21.8%，比同期百强企业高出 2 个百分点，盈利能力稳步提高。

1.4　2011 中国房地产百强企业“成长性 TOP10”

排名	公司名称
1	中信房地产股份有限公司
2	青岛海尔地产集团有限公司
3	保利房地产（集团）股份有限公司
4	新城控股集团有限公司
5	重庆协信控股(集团)有限公司
6	上海景瑞地产（集团）股份有限公司
7	上海证大房地产有限公司
8	江苏苏宁环球集团有限公司
9	重庆东原房地产开发有限公司
10	上海城开（集团）有限公司

成长性 TOP10 企业房地产业务收入增长率均值达到 92.5%；销售面积增长率为 72.2%，表现出良好的发展潜力；新开工面积较上一年同比增长了 70.7%，为 2011 年的销售业绩提供了保障。

1.5 2011 中国房地产百强企业“稳健性 TOP10”

排名	公司名称
1	中国海外发展有限公司
2	万科企业股份有限公司
3	金融街控股股份有限公司
4	上海爱家豪庭房地产集团发展有限公司
5	农工商房地产（集团）股份有限公司
6	建业地产股份有限公司
7	上海中房置业股份有限公司
8	福星惠誉房地产有限公司
9	上海市上投房地产有限公司
10	北京首都开发控股（集团）有限公司

稳健性 TOP10 企业 2010 年资产负债率均值为 67%，低于同期百强企业 3 个百分点，负债规模较百强企业更加合理；预收账款均值为 130.7 亿元，约为同期百强企业的 2 倍，为企业的近期发展提供了比较充足的资金，缓解了企业的财务压力，锁定了企业来年的业绩增长。

1.6 2011 中国房地产百强企业“融资能力 TOP10”

排名	公司名称
1	恒大地产集团有限公司
2	万科企业股份有限公司
3	中信房地产股份有限公司
4	保利房地产（集团）股份有限公司
5	金辉集团有限公司
6	龙光地产股份有限公司
7	金地（集团）股份有限公司
8	恒盛地产控股有限公司
9	天津市房地产开发经营集团有限公司
10	奥宸地产（集团）有限公司

融资能力 TOP10 企业在 2010 年积极开拓多元化融资渠道，利用银行贷款、海外融资、合作开发等多种方式拓宽资金来源，全年筹资活动现金流入金额总值为 244.8 亿，进一步优化了财务结构，为企业的长远发展奠定了坚实基础。

1.7 2011 中国房地产百强企业“运营效率 TOP10”

排名	公司名称
1	万科企业股份有限公司
2	绿地集团
3	金科地产
4	新城控股集团有限公司
5	SOHO 中国有限公司
6	鑫苑（中国）置业有限公司
7	恒盛地产控股有限公司
8	旭辉集团股份有限公司
9	联发集团有限公司
10	河南正商置业有限公司

运营效率 TOP10 企业 2010 年的总资产周转率均值为 0.50，较百强企业均值高 8 个百分点；存货周转率均值为 0.64，较百强企业均值高 2 个百分点，有力保障了企业盈利能力的提高。

1.8　2010-2011 中国房地产年度社会责任感企业

公司名称
绿地集团
万科企业股份有限公司
金科地产
天津市房地产开发经营集团有限公司
北京首都开发控股（集团）有限公司
恒盛地产控股有限公司
宝龙地产控股有限公司
福建正荣集团有限公司
武汉地产开发投资集团有限公司
百步亭集团有限公司

年度社会责任感企业主动承担了更多的社会责任，致力于实现企业与社会、环境的全面协调及可持续发展，2010 年纳税额占百强企业纳税总额的比例超过 27.1%，慈善捐赠金额均值超出同期百强企业平均水平 43.5%，还积极参与保障房建设。

2　2011 中国房地产百强之星

在 2011 中国房地产百强企业研究中，TOP10 研究组通过研究，挖掘出一批在区域布局、品牌形象、产品特色等方面表现突出的企业，评价产生“2011 中国房地产百强之星”。

公司名称	公司名称
广东珠江投资股份有限公司	上海三湘股份有限公司
深业集团有限公司	杭州宋都房地产集团有限公司
四川蓝光和骏实业股份有限公司	福晟集团有限公司
宁波银亿集团有限公司	浙江金龙房地产投资集团有限公司
方圆地产控股有限公司	天津津滨发展股份有限公司
厦门禹洲集团股份有限公司	中大房地产集团有限公司
建发房地产集团有限公司	中骏置业控股有限公司
浙江昆仑置业集团有限公司	浙江广厦股份有限公司
名流置业集团股份有限公司	莱蒙国际集团有限公司
浙江佳源房地产集团有限公司	上海保集（集团）有限公司
深圳香江控股股份有限公司	深圳市光耀地产集团有限公司
广州颐和集团有限公司	宁波奥克斯置业有限公司
海亮地产控股集团有限公司	浙江祥生房地产开发有限公司
武汉三江航天房地产开发有限公司	力高（中国）地产有限公司
杭州开元房地产集团有限公司	莱茵达置业股份有限公司
广西东方航洋实业集团有限公司	广州百嘉信集团有限公司
融信(福建)投资集团有限公司	保亿置业集团有限公司

百强之星企业积极应对房地产市场变化，广泛布局具有发展潜力的二三四线城市；专注产品创新，提升产品品质；通过规模效应和品牌传播，全面提升品牌影响力；不断发掘自身潜力，整合内外部资源，增强企业的核心竞争力。

特别声明：

2011 中国房地产策划代理百强企业研究报告

1　研究背景与目的

由国务院发展研究中心企业研究所、清华大学房地产研究所和中国指数研究院三家单位共同主办的“中国房地产策划代理百强企业研究”，自 2005 年来已连续进行了七年，引起了社会各界的广泛关注，相关研究成果已经成为评判房地产策划代理企业经营实力及行业地位的重要标准。

作为十二五规划的开局之年，2011 年中国将实施积极的财政政策和稳健的货币政策；在加快保障性住房建设的同时，政府将继续加强宏观调控的针对性、灵活性和有效性。中国的房地产行业已步入新的发展周期，策划代理企业也将面临更具挑战的市场格局；抓机遇、迎挑战、促发展成为企业在经济增长转型期的关注焦点。在此背景下，中国房地产 TOP10 研究组启动“2011 中国房地产策划代理百强企业研究”，以“新周期•新格局•新成长”为主题，发掘行业中综合实力强、成长稳健的优秀策划代理企业群体，鼓励企业顺应市场调整变化，促进企业内涵式成长，优化行业资源配置，引导行业的长期稳健发展。

2011 中国房地产策划代理百强企业研究目的：

通过企业规模性、盈利性、成长性、策划能力、一手物业代理能力等指标的量化研究，发掘综合实力强、成长质量高的优秀企业群体；

通过系统研究，分析企业自身的营运状况及优劣势，帮助企业了解当前形势下策划代理企业的最新发展状况，加强策划代理企业与房地产开发百强企业的深度合作；

通过百强企业研究成果发布，树立房地产策划代理标杆企业，全面提升房地产策划代理行业运作水平和服务质量，促进行业健康发展，实现房地产行业资源的优化组合。

2　研究方法体系

2.1　研究方法概述

✓　基本原则

坚持以数据为依据，坚持客观、公正、准确、全面的研究原则。

✓　门槛值

（1）依据《公司法》建立、经过省级（含副省级省辖市）以上有关部门批准并登记注册的房地产代理企业作为本次的研究对象；

（2）按照国际惯例，对进入研究的企业给予一个门槛指标，TOP10 研究组确定连续三年平均一手物业代理总建筑面积 10 万平方米为入选门槛值；

（3）为了引导房地产策划代理企业做强做大，TOP10 研究组鼓励以集团的名义参与。

✓ 计量评价方法

（1）在研究方法上，为增加研究的严谨性，采用因子分析（Factor Analysis）的方法进行。因子分析是一种从变量方差——协方差结构入手，在尽可能多地保留原始信息的基础上，用少数新变量解释原始变量方差的多元统计分析方法。它将原始变量分解为公共因子和特殊因子之和，并通过因子旋转，得到符合现实意义的公共因子，然后用这些公共因子去解释原始变量的方差。计算中国房地产策划代理百强综合实力时，主要是计算各构成要素的相关矩阵，通过相关矩阵得到特征值、累计特征值及因子载荷。根据最初几个特征值在全部特征值的累计百分率大于或等于某百分比的原则，确定公共因子的具体个数。然后再根据因子载荷矩阵确定各个因子的现实意义并进行重新命名，最后根据不同企业各个因子的得分及载荷矩阵，通过加权累加构成 2011 中国房地产策划代理百强综合实力指数。

（2）企业按评价指标体系排序出现相同时，依照慈善捐赠数据确定排序；当上述累加计算又基本相同时，按西部、中部、东部确定排序。

✓ 数据来源

（1）由房地产策划代理企业填报的数据；

（2）房地产策划代理企业对外公布的信息（包括公司年报、企业网站公布的信息和对外派发的宣传资料）；

（3）中国房地产指数系统（CREIS）数据库；

（4）有关政府部门（包括建委、房管局和统计局等）的公开数据；

（5）2008、2009、2010 中国房地产百强企业研究收集的企业数据资料；

（6）2008、2009、2010 中国房地产品牌价值研究收集的企业数据资料。

2.2 评价指标体系

✓ 评价指标体系设计原则

2011 中国房地产策划代理百强企业研究以 2008-2010 年度为研究时间段，涵盖规模性、盈利性、成长性、策划能力、一手物业代理能力五个二级指标，全面考量企业的综合实力。

评价指标体系的设计主要把握以下几个基本原则：

（1）业务规模与盈利能力相结合。业务规模反映了房地产策划代理企业的业务发展现状，而盈利能力是企业持续健康发展的重要基础，因此，TOP10 研究组采用营业收入、进入城市个数、分公司个数等指标来反映企业的规模性，采用净利润、毛利率、净资产收益率、人均绩效来反映企业的盈利能力，将企业业务规模与盈利能力相结合进行评价。

（2）企业现状与成长能力相结合。成长能力决定企业的未来发展，只有将业务能力、盈利能力与成长能力三者结合才能对房地产策划代理企业做出全面的评价。TOP10 研究组采用合同储备代理总建筑面积、营业收入增长速度、技术研发投入占营业收入比反映企业成长潜力；采用前五位客户收入占比和本科及以上员工人数占比反映企业的成长质量，全面衡量企业的未来发展能力。

（3）一手物业代理能力与策划能力相结合。成功的房地产营销取决于企业的策划和销售能力，二者密不可分。策划的好与坏直接关系到项目销售进程的顺利与否。代理规模以及代理销售速度全面体现了房地产策划代理企业的销售能力。TOP10 研究组采用一手物业代理收入、一手物业代理项目个数、一手物业代理总建筑面积、一手物业代理实现销售额及一手物业代理实现销售面积全面反映策划代理企业的一手物业代理能力；同时采用策划收入、策划项目个案数和策划项目总建筑面积来反映策划代理企业的策划能力。

✓　评价指标体系

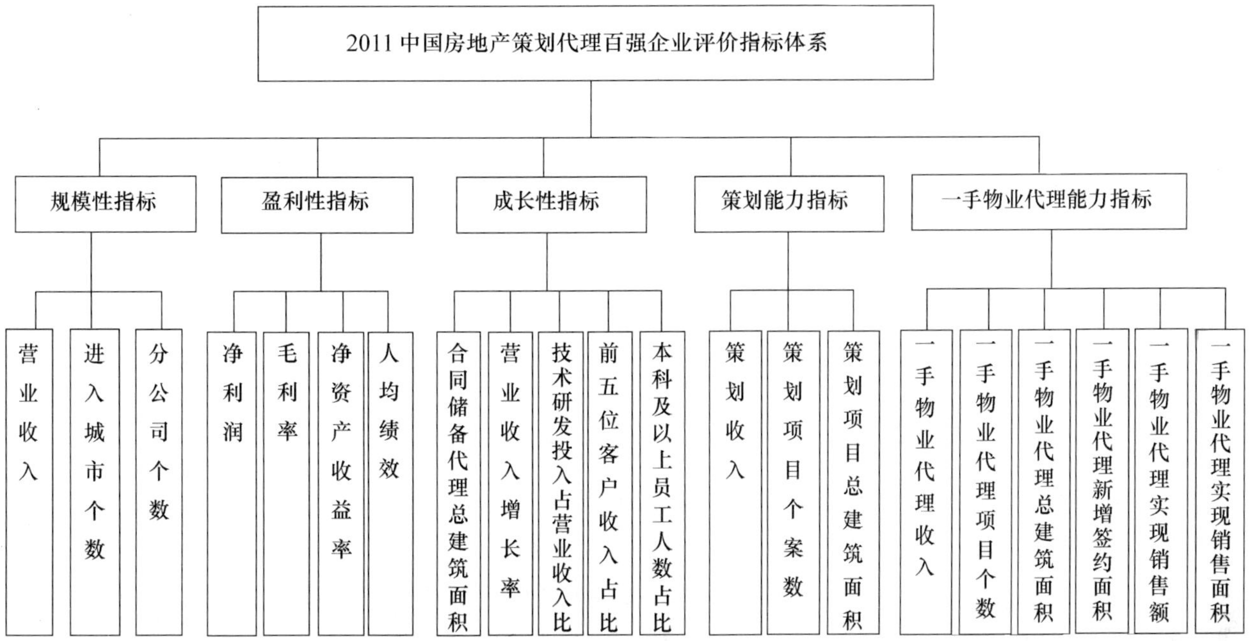

3　研究成果及分析

3.1　2011 中国房地产策划代理百强企业

"2011 中国房地产策划代理百强企业"前 50 强

易居（中国）控股有限公司	深圳市尊地地产咨询有限公司
深圳世联地产顾问股份有限公司	上海汉宇房地产策划营销有限公司
北京思源兴业房地产经纪有限公司	深圳黑马房地产顾问有限公司
上海同策房产咨询股份有限公司	上海天地行房地产营销有限公司
合富辉煌集团控股有限公司	北京华远房地产经纪有限公司
新联康（中国）有限公司	北京金融街房地产顾问有限公司
策源地产	上海锦和房地产经纪有限公司
新聚仁机构	深圳市同致行物业顾问有限公司
北京金网络房地产经纪有限公司	中广信地产服务机构
新景祥投资控股有限公司	经纬物业（中国）有限公司
上海华燕置业发展有限公司	广州凌峻房地产咨询有限公司
广州保利地产代理有限公司	优派克思房地产经纪公司
上海普润房地产顾问有限公司	上海杰星房地产经纪有限公司
中原地产代理（深圳）有限公司	北京华业行房地产经纪有限公司
北京远洋嘉业房地产经纪有限公司	深圳新峰地产顾问有限公司

续表

博思堂地产综合服务股份有限公司	湖南建安房屋联动营销有限公司
亚豪机构	珠海百脑会房地产策划有限公司
厦门同舟济置业顾问有限公司	成都正合地产顾问有限公司
上海开启房地产投资咨询有限公司	上海一联投资管理有限公司
广州中地行房产代理有限公司	精诚（中国）有限公司
置业国际（中国）有限公司	重庆尚峰企业营销策划有限公司
北京协成房地产经纪有限责任公司	江苏蓝风国际投资发展有限公司
深圳市德思勤投资咨询有限公司	大汉隆城企业机构
瑞尔特地产控股集团	深圳市众厦实业发展有限公司
宁波银策房地产销售代理服务有限公司	杭州汉嘉地产咨询有限公司

3.2 2011 中国房地产策划代理百强企业[1]发展状况分析

3.2.1 百强企业业绩稳定增长，盈利能力受到快速扩张挑战

2010 年，房地产市场在刚性需求的拉动下保持了较快增长速度，全国商品房销售面积突破 10 亿平方米，达到 10.43 亿平方米，同比增长 10.1%。作为房地产开发企业的重要服务伙伴，策划代理行业也保持了快速发展的步伐，百强企业作为行业领先企业，整体实力进一步增强。

（1）百强企业策划收入同比增长 27.13%，成为营业收入增长的新支撑

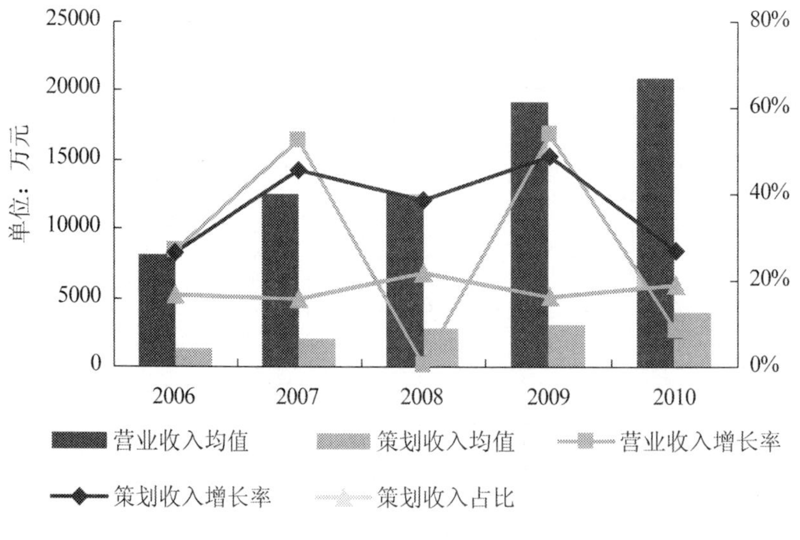

图 1　2006～2010 年百强企业收入规模及变化

2010 年，策划代理百强企业平均营业收入 20889.89 万元，同比增长 8.56%，增速与去年同期相比下降 45.35 个百分点。受房地产市场调控政策的影响，一手物业代理业务增长缓慢，成为百强企业营业收入增速放缓的主要原因；但策划业务获得较快发展，策划收入同比增长 27.13%，成为百强企业收入规模继续增长的重要推力。2010 年，百强企业的策划收入均值占其营业收入均值的比例达到 18.89%，比 2009 年提高了 3.75 个百分点，策划业务的重要性进一步突出。

[1] 除有特殊说明，本报告所出现“百强企业”均为“2011 中国房地产策划代理百强企业”。

（2）净利润均值增长 10.02%，但盈利能力在高速扩张下受到挑战

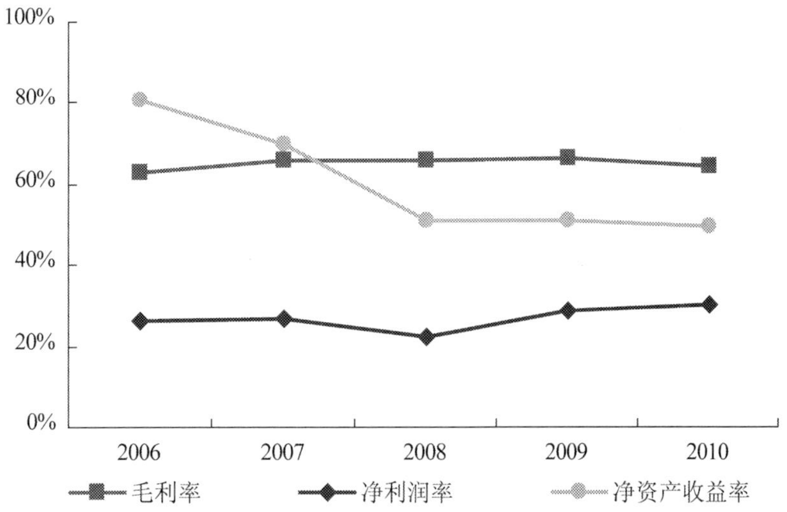

图 2　2006～2010 年百强企业盈利水平及变化

2009 年以来，百强企业积极把握房地产市场快速发展的机遇，业务布局城市和代理储备项目快速增长，导致企业经营成本与管理费用大幅提升。在新布局城市未能完全贡献利润的情况下，百强企业盈利能力指标略有下降，其中，净资产收益率继 2009 年再次下滑，2010 年仅为 49.68%，首次跌至 50%以下；毛利率小幅下滑 1.76 个百分点至 64.37%。

3.2.2　百强企业代理业务面临短期压力，策划业务迎来发展良机

2010 年，面对市场调控的复杂局面，百强企业展现出突出的项目定位与营销策划执行专业能力，引领行业服务迈向更高水平，也为其在房地产市场环境更为复杂的 2011 年取得良好业绩打下坚实基础。

（1）代理实现销售面积增长 13.94%，未来发展潜力仍很巨大

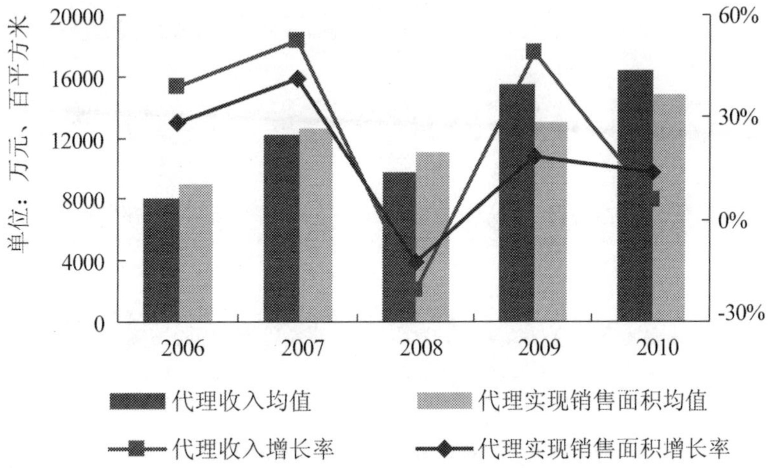

图 3　2006～2010 年百强企业代理业务指标及变化

一手物业代理业务是百强企业业绩的主要源泉。2010 年，百强企业一手物业代理实现销售面积同比增长 13.94%，低于 2009 年，主要是受国内房地产市场调控影响，但这一涨幅仍然高于 2010 年全国商品房销售面积 10.1%的涨幅，表明百强企业在房地产项目销售方面的专业能力更为突出。不过也应看到，随着 2011 年房地产市场调控的不断加强，百强企业的一手物业代理业务将迎来不小的挑战，短期发展压力较大。

（2）策划业务“涨势”明显，“智力服务”价值显著提升

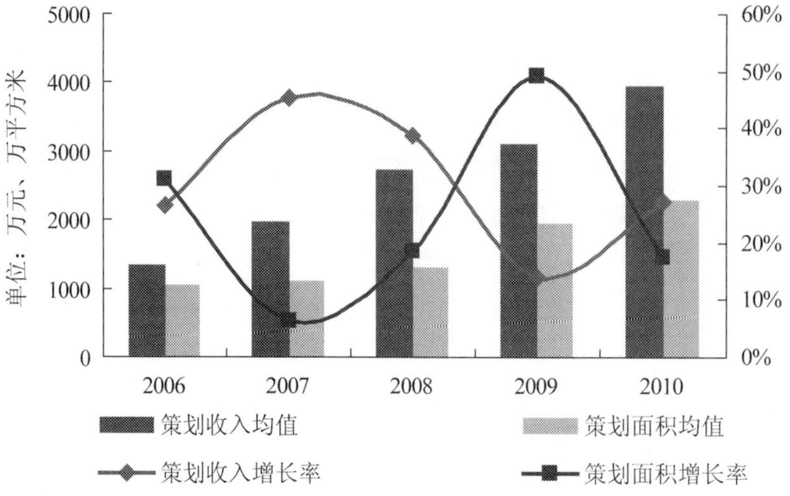

图4　2006～2010年百强企业策划能力指标变化

策划能力是策划代理企业专业能力的另一重要表现，也是策划代理企业作为智力密集型企业的重要标志，在房地产市场波动较大的背景下，策划代理企业的“智力服务”日益受到开发企业的重视。2010年，百强企业策划业务延续了快速发展的态势，收入和规模均迅速增加。其中，策划业务收入均值达到3946.45万元，同比增长27.13%；策划项目总建筑面积均值达到2288.46万平方米，同比增长17.39%。

3.2.3　项目结构与市场布局逐步优化，百强企业发展战略实现升级

2010年，房地产市场经历了快速发展与市场波动的双重考验。百强企业积极调整发展战略，从策划代理项目结构、市场布局和客户战略方面进行优化，推动发展战略升级。

（1）商业、写字楼项目策划面积占比超过22%，成为业务新热点

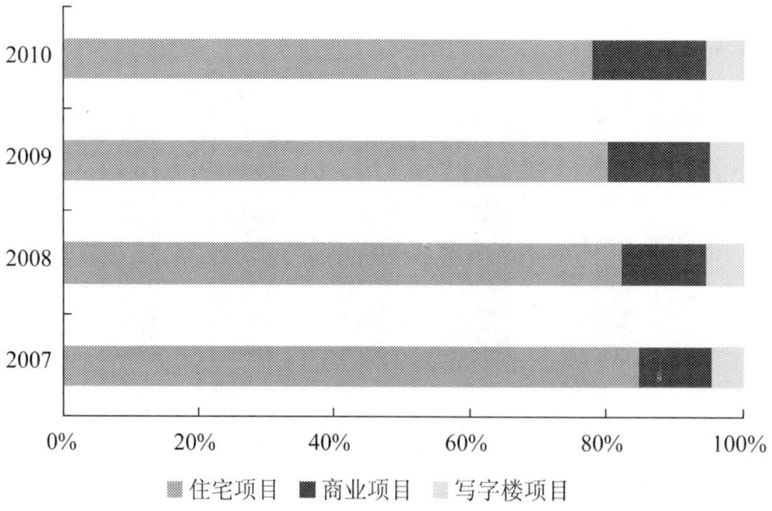

图5　2007～2010年百强企业各物业类型策划面积占比

2010年，百强企业策划项目中商业项目和写字楼项目总建筑面积占比快速上升，其中，策划商业项目总建筑面积占比达到16.56%，写字楼项目总建筑面积占比为5.48%，分别较2007年增长5.92和0.91个百分点，增长迅速；而同期策划项目中住宅项目总建筑面积占比下降至77.97%。在一手物业代理业务中，百强企业代理销售商业地产和写字楼项目总建筑面积的比例亦从2007年的10.87%升至2010年的13.81%，增长了近3个百分点。

（2）百强企业扩张速度加快，并购成为完善全国化布局的重要选择

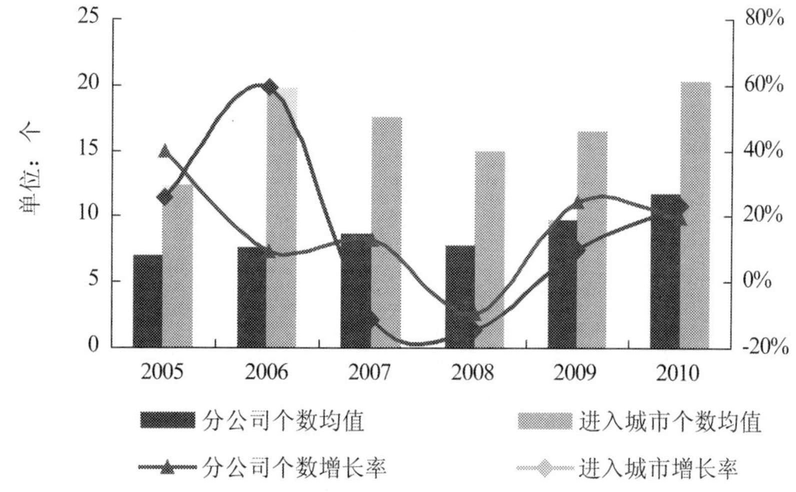

图 6　2005～2010 年百强企业进入城市及分公司变化

2010 年，百强企业扩张速度加快，市场布局进一步完善。其中，平均分公司数量为 11.67 个，同比增长 19.86%；平均进入城市个数为 20.35 个，同比增长 23.56%。值得注意的是，2010 年百强企业进入城市个数增长率超过分公司个数增长率，为 2007 年以来首次，这表明百强企业扩张明显加速，同时注重以已进入城市为区域核心向周围发展，既追求扩张速度又强调巩固深化已有市场。

3.2.4　项目储备促进百强企业“量”的增长，人才与创新保证“质”的提升

策划代理百强企业不仅注重未来“量”的增长，同时也重视“质”的提升：一方面，通过加大项目储备力度，为企业未来发展的可持续性奠定资源基础；另一方面，通过优化人才结构、加强人员培训、加大技术研发投入保证企业的发展质量。

（1）百强企业储备项目规模增长速度与销售能力相匹配，发展持续性良好

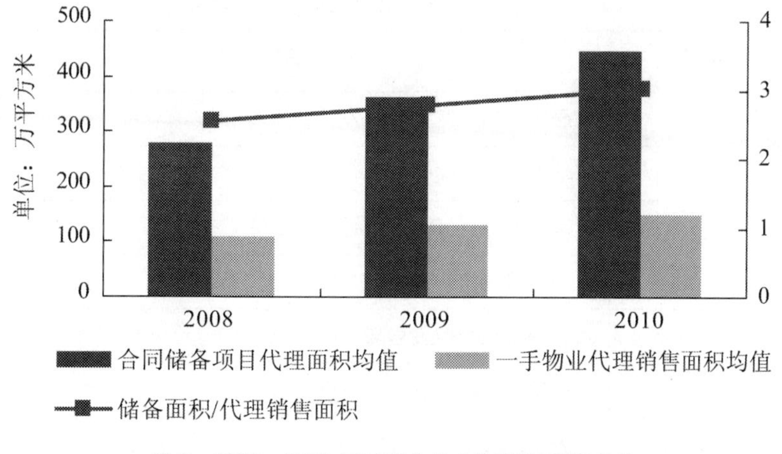

图 7　2008～2010 年百强企业合同储备项目变化

近年来，百强企业储备项目规模呈现快速增长态势。2008~2010 年，储备项目代理面积均值分别为 280、361.17 和 447.22 万平方米，年均增长率超过 25%。在宏观调控、市场波动的背景下，百强企业储备项目规模仍实现稳定快速增长，体现出百强企业不断增强的资源获取能力，同时也为百强企业未来的发展奠定了坚实的基础。

（2）规模扩张下保持人才结构稳定和研发投入增加，百强企业未来健康发展可期

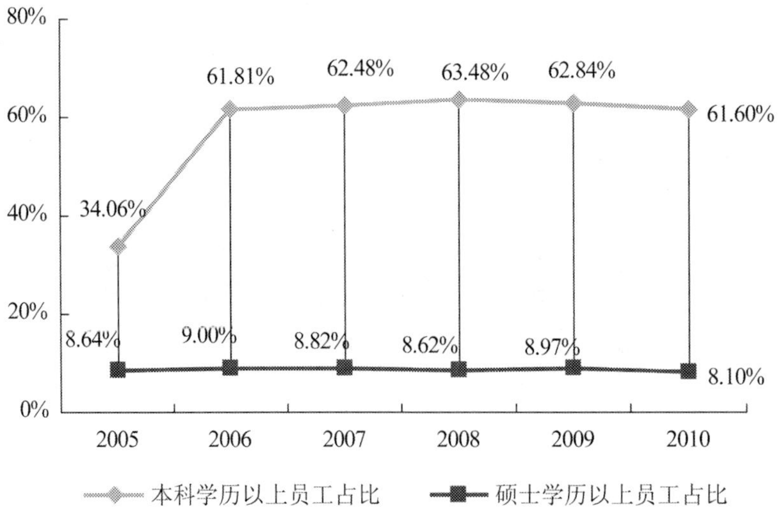

图 8　2005～2010 年百强企业员工比例变化

2009~2010 年是策划代理百强企业快速扩张的两年。受此影响，2010 年百强企业人才结构出现了一定变化，本科学历以上员工占比为 61.60%，较 2009 年下滑了 1.24 个百分点；硕士学历以上员工占比为 8.01%，较 2009 年下滑了 0.87 个百分点。尽管以上两项指标均出现下滑，但总体仍保持在较高水平，反映出百强企业在迅速扩张同时，仍然非常重视企业人才队伍建设。策划代理行业是智力密集型行业，人才是企业提供服务的核心竞争力，百强企业在规模扩张的同时仍然保持了良好的人才结构，保证了企业的服务品质和增长质量。

3.3　2011 中国房地产策划代理百强企业综合实力 TOP10 分析

面对政策调控下的复杂市场环境，综合实力 TOP10 企业通过整合企业资源，完善市场布局、优化业务模式，市场抗压能力较之行业其他企业明显更强，在 2010 年获得了快速发展，行业领先优势愈发明显。

2011 中国房地产策划代理综合实力 TOP10

排名	公司名称
1	易居（中国）控股有限公司
2	深圳世联地产顾问股份有限公司
3	北京思源兴业房地产经纪有限公司
3	上海同策房产咨询股份有限公司
5	合富辉煌集团控股有限公司
6	新联康（中国）有限公司
7	策源地产
8	新聚仁机构
9	北京金网络房地产经纪有限公司
10	新景祥投资控股有限公司

2011 中国房地产策划代理综合实力 TOP10 企业充分体现出强者恒强的发展态势。在宏观调控的市场背景下，规模性、盈利性、专业性和人才结构等方面均保持明显领先优势，行业地位进一步巩固。世联地产、同策、合富辉煌均连续七年蝉联综合实力 TOP10 企业；思源经纪在完成上市后综合实力迅速提升，继 2009

年后再次名列综合实力 TOP10；新聚仁专注于大规模高档物业营销代理，业绩快速发展，首次入围综合实力 TOP10；新联康、策源、金网络、新景祥也凭借稳健的发展再次跻身综合实力 TOP10。

2011 年，在调控政策频出的市场形势下，发掘企业自身优势形成独特的业务模式和特色，是百强企业保持增长活力的关键因素之一。中国房地产 TOP10 研究组对策划代理行业区域发展特点以及一些具有特色服务的企业进行了分析研究，希望能为更多的策划代理企业提供借鉴。

特色服务企业
上海同策房产咨询股份有限公司
北京金网络房地产经纪有限公司
上海华燕置业发展有限公司
上海普润房地产顾问有限公司
北京远洋嘉业房地产经纪有限公司
广州中地行房产代理有限公司
深圳市德思勤投资咨询有限公司
北京协成房地产经纪有限责任公司
上海汉宇房地产策划营销有限公司
湖南建安房屋联动营销有限公司

华南区域的策划代理企业普遍重视对房地产市场的研究和顾问咨询业务的发展，策划业务与代理业务比例较之其他区域企业更为平衡。

华东区域策划代理企业非常注重立足本地，在业务上求深入求细致，业务模式创新非常活跃。上海同策构筑了商业地产领域的资源整合平台，开展全案策划、项目销售、招商运营等全业务链服务，为商业地产开发企业、管理运营企业和投资方提供综合服务。华燕地产以金融服务为核心，将经纪、金融两大领域的服务结合，构建了房地产流通领域一站式服务。上海普润实行一手代理、二手中介和商业服务联动策略，强大的资源整合能力成为其核心竞争优势。上海汉宇公司内部管理及业务操作系统形成了前后台配合，一、二手联动的强效运作体系，从前期的市场调研、营销策划到中期物业代理、专案销售，直至后续管家式服务，为上游发展商和下游目标客户提供更专业、更全面的服务。

华北地区的策划代理企业注重区域市场深耕细作，涌现出一批区域领先优势明显的百强企业，全国影响力逐步增强。此外，华北地区的策划代理企业普遍拥有长期合作的大客户。

在中西部地区，随着房地产市场的活跃，当地优秀企业借助“地利”优势发展迅速，在各城市或区域市场影响力日益突出。湖南建安房屋联动营销公司依托长株潭市场主体逐步向中西部城市发展的整体经营战略，建立了一套庞大的客户网络系统和终端服务网络系统，培育出一批忠诚度很高的客户群，实现了企业跨越式发展。

4　结语

2010 年，房地产市场在调控政策影响下波动向上，策划代理百强企业积极调整经营策略，充分展现项目营销策划与执行方面的专业能力，在经营业绩、专业能力、战略布局等方面均有明显提升，综合实力进一步增强。进入 2011 年，房地产市场调控政策升级，限购措施更加明确严厉，市场环境更加复杂，一手物业代理业务面临较大压力，加之市场竞争日益激烈，代理费率持续走低，发展前景不容乐观。

面对市场变化，策划代理百强企业需积极采取应对措施，在完善市场布局、提升项目营销策划与执行方面的专业能力外，强化人才队伍建设，凭借高素质的人才资源加快业务模式创新，开展资产管理、房地产金融服务等高附加值业务，同时充分利用已有客户储备，开展二手房经纪等业务，延长客户服务周期，从而增强企业抵御市场波动风险的能力，争取实现持续健康的发展。但百强企业在进行业务模式创新的过程中，应把握好延伸产业链与主营业务之间的关系，避免因过度延伸产业链导致企业资源储备不足及主营业务核心竞争能力削弱。

附录二 2011 中国房地产上市公司 TOP10 研究报告

1 研究背景与目的

由国务院发展研究中心企业研究所、清华大学房地产研究所和中国指数研究院三家研究机构共同组成的“中国房地产 TOP10 研究组”，自 2003 年开展中国房地产上市公司 TOP10 研究以来，已连续进行了 9 年，其研究成果引起了社会各界特别是机构投资者的广泛关注，已成为投资者评判上市公司综合实力、发掘证券市场投资机会的重要标准。

伴随着宏观调控的逐步深化，中国的房地产市场步入了“十二五”规划的开局之年，战略转型和结构调整成为发展的主旋律。政策与市场环境的变化，孕育、催生新的行业发展格局，优秀的房地产上市公司凭借规模与融资优势，在行业调整背景下可以更好地整合市场资源，更快地提升市场份额，投资价值更为凸显。在 2011 中国房地产上市公司研究中，中国房地产 TOP10 研究组以“价值发现”为主旨，在总结历年研究经验的基础上，进一步完善了研究方法和评价指标体系；本着“客观、公正、准确、全面”的原则，发掘成长质量佳、投资价值潜力大的优秀房地产上市公司，探索不同市场环境下房地产上市公司的经济增长方式，为投资者提供科学、全面的投资参考依据。

2 研究结果及分析

2.1 整体发展状况分析

“2011 中国房地产上市公司 TOP10 研究”的研究对象主要包括 120 家沪深上市房地产公司和 36 家大陆在港上市房地产公司。研究结果显示：2010 年，房地产上市公司的运营表现出经营规模持续增长、存货周转率提升、财富创造能力整体表现良好、资金面趋紧的态势，同时上市公司在资本市场也处于相对低估值阶段。多轮调控的累积效应已开始显现，2011 年一季度部分城市房地产市场交易趋冷，对房地产上市公司的销售构成了一定压力，加上融资环境日趋紧张，使其出现现金流持续趋紧、负债率攀升的状况。如果调控影响进一步显现， 2011 年房地产上市公司将面临存货周转变慢、资本成本上升较快、财务风险明显提高的局面。

2.1.1 经营规模：经营规模持续增长，市场整合能力进一步加强

2010 年，沪深上市房地产公司的总资产均值同比增长 33.89%，达到 122.32 亿元，增速提高 4.21 个百分点；而大陆在港上市房地产公司的平均总资产为 436.48 亿元，同比增长 29.47%增速提高 4.05 个百分点。在大量 2009 年销售项目结转和 2010 年良好销售业绩的带动下，房地产上市公司的营业收入实现了持续增长，沪深上市房地产公司营业收入均值为 29.69 亿元，同比增长 27.43%，增速较上年提高 2.7 个百分点；大陆在港上市房地产公司的营业收入均值则高达 103.73 亿元，同比增长 51.33%。规模的扩大使房地产上市公

司的市场整合能力也随之提升，2010 年中国房地产市场并购案例发生近 90 起，其中万科一年内就收购了 24 家公司。

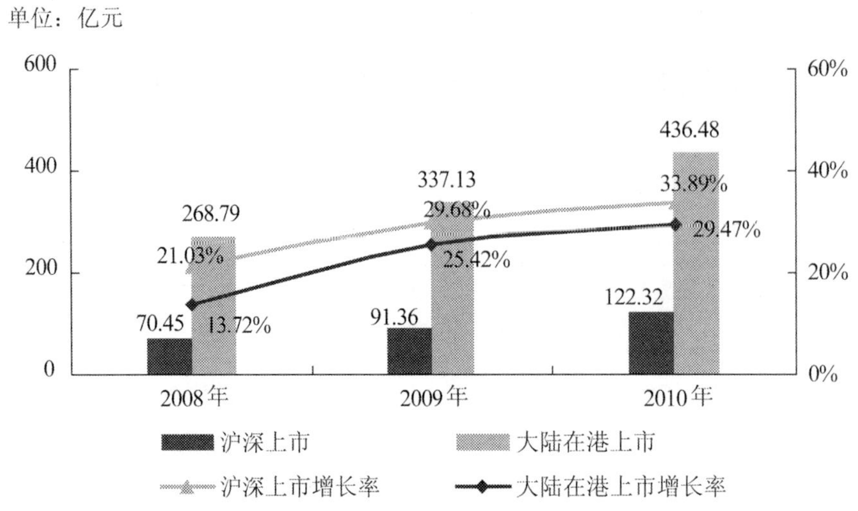

图 1　2008～2010 年沪深及大陆在港上市房地产公司总资产均值及其增长率

2.1.2　运营效率：快速周转策略见效，存货周转率显著提高

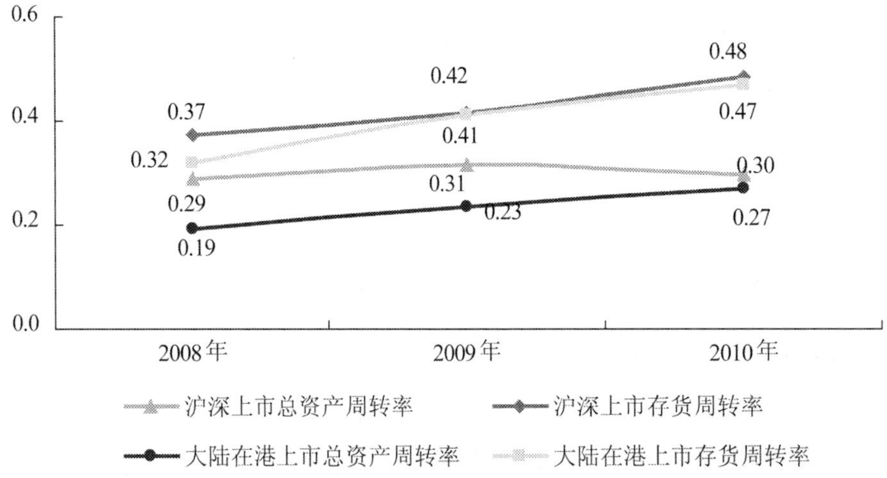

图 2　2008～2010 年沪深及大陆在港上市房地产公司运营效率指标

宏观调控背景下，沪深及大陆在港上市房地产公司注重存货的去化速度，多数公司纷纷采取“快速开发，快速销售”的应对策略。2010 年，大陆在港上市房地产公司的总资产周转率均值由上年的 0.23 提升至 0.27，存货周转率均值达到 0.47，较上年提高了 6 个百分点；而较多沪深上市房地产公司正处于资产规模快速扩张期，虽然营业收入稳步增长，但低于总资产的增长速度，总资产周转率略有下降。

2011 年以来，限购令遍及更多城市，部分城市的住宅市场开始趋冷，房地产上市公司的存货开始攀升。一季度，沪深上市房地产公司的存货均值由 2010 年末的 73.08 亿元增长到 80.06 亿元，存货周转压力加大。房地产上市公司在未来的发展中，需要处理好存货与资产的关系，制定合理的存货消化策略，保持良好的运营效率，以更好地应对宏观调控升级的压力。

2.1.3　财务稳健性：经营现金流趋紧，财务风险上升

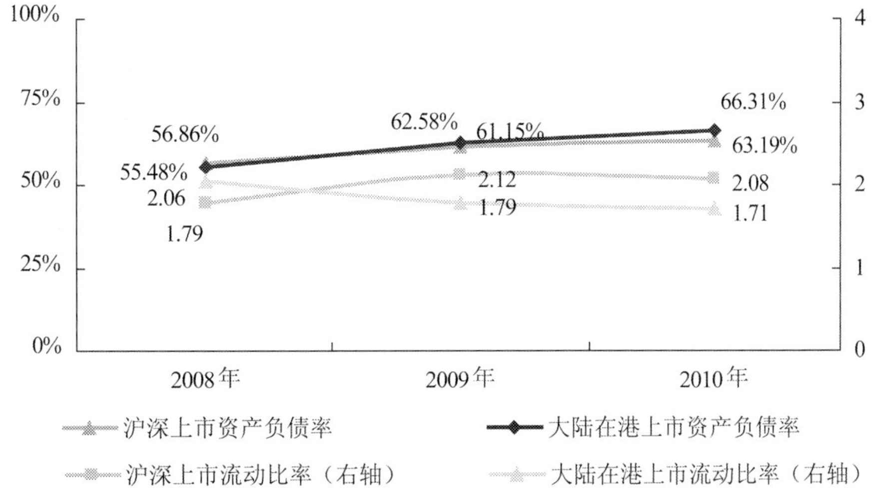

图 3　2008～2010 年沪深及大陆在港上市房地产公司资产负债率和流动比率

2010 年，沪深及大陆在港上市房地产公司加快了扩张步伐，加上政策与融资渠道收紧，使其现金流状况趋紧。每股经营现金流净额均值分别下降到-0.49 元和-0.30 元，财务风险陡升。2010 年末，沪深上市房地产公司的资产负债率为 63.19%，比 2009 年提高 2 个百分点；大陆在港上市房地产公司为 66.31%，比前一年提高近 4 个百分点。同期流动比率均有所下降，短期偿债能力有所减弱。

进入 2011 年一季度，沪深上市房地产公司资产负债率提高到 71.36%，比 2010 年年底又上升了 8 个百分点，负债水平再度攀升在当前形势下，适度控制扩张节奏，积极拓展稳定的资金来源渠道，是房地产上市公司抵御财务风险时需重点考虑的问题。

2.1.4　财富创造能力：经济增加值普遍提高，利率提升将压缩未来增长空间

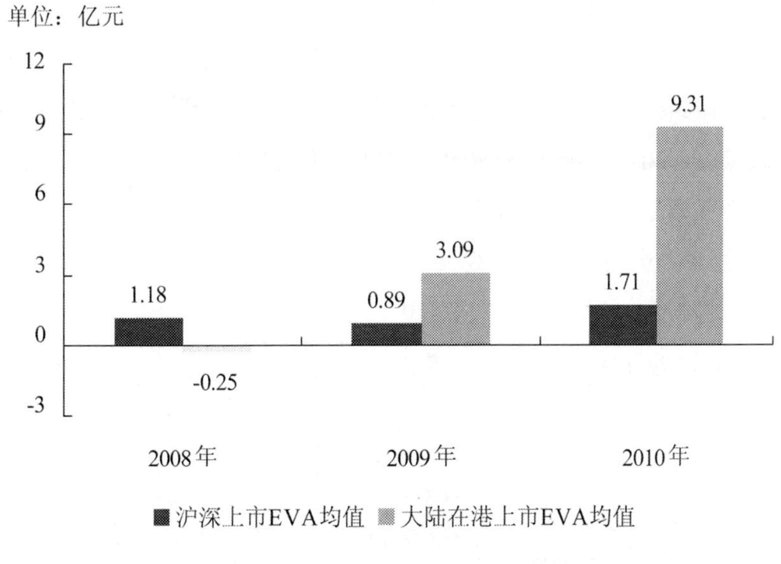

图 4　2008～2010 年沪深及大陆在港上市房地产公司 EVA

2010 年，沪深上市房地产公司的 EVA 均值由上年的 0.89 亿元提升到 1.71 亿元，而大陆在港上市房地产公司的 EVA 均值则增至 9.31 亿元，增幅高达 201.42%。从分布结构来看，沪深上市房地产公司中，65%的公司 2010 年 EVA 值为正，而大陆在港上市房地产公司中 EVA 值为正的企业占比近 78%。房地产上市公司 EVA 的快速增加主要是因为税后净营业利润（NOPAT）的增速明显高于资本成本的增速，为其财富创造

能力的提升奠定了良好基础。

进入2011年后央行又先后两次上调金融机构人民币存贷款基准利率，预计未来利率还会继续提高，这将进一步影响资本成本水平，不断压缩房地产上市公司的EVA增长空间。在加息背景下，如何寻找到债务资本与股权资本的均衡点，减缓资本成本的上升压力，也是房地产上市公司在提升自身财富创造能力时需重点思考的问题。

2.1.5 投资价值：估值水平明显偏低，部分公司投资价值渐显

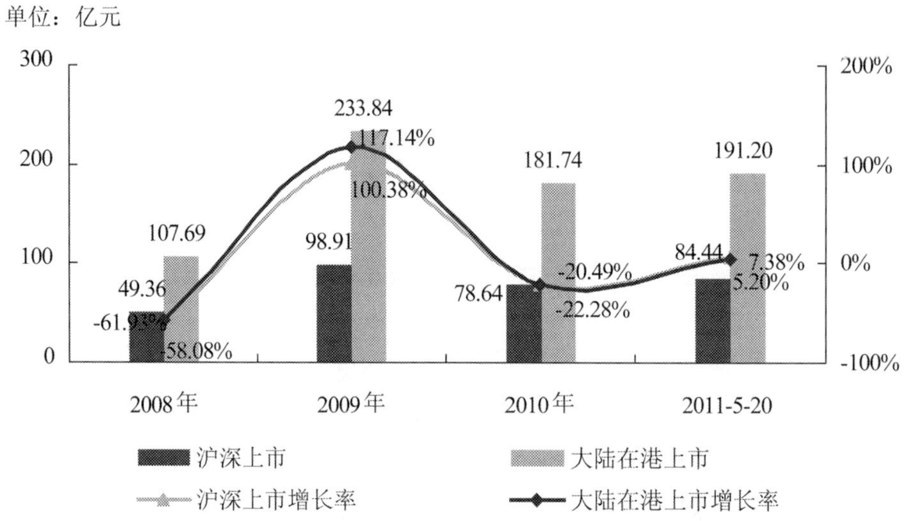

图5 2008～2011年5月沪深及在港上市房地产公司平均市值及其增长率

2010年，房地产上市公司在行业调控政策的影响下，股价大幅下降，沪深及大陆在港上市房地产公司的市盈率和市净率均大幅回调。沪深上市房地产公司的市盈率由上年的39.24下降到24.26，大陆在港上市房地产公司的市盈率也从上年的15.60降至7.62。截至2010年底，沪深上市房地产公司平均市值为78.64亿元，大陆在港上市房地产公司平均市值为181.74亿元，同比均下降二成左右。

受中国城市化进程和人口红利黄金期的推动，房地产行业仍然处在一个较快的发展时期，但随着政府调控的深入以及紧缩货币政策的影响，房地产上市公司未来三年的业绩增速会逐渐放缓，发展趋于理性。地产板块在经历政策调整后，2011年股指水平仍然偏低，随着业绩的稳步增长和政策调控逐渐明朗，房地产上市公司的投资价值会逐渐凸显，该板块短期内仍具备向上提升空间。

2.2 2011沪深上市房地产公司TOP10研究

（1）2011沪深上市房地产公司综合实力TOP10

2011排名	股票代码	股票简称
1	000002.SZ	万科A
2	600048.SH	保利地产
3	600383.SH	金地集团
4	000024.SZ	招商地产
5	000402.SZ	金融街
6	000069.SZ	华侨城A
7	600376.SH	首开股份
8	002244.SZ	滨江集团
9	000918.SZ	嘉凯城
10	600266.SH	北京城建

在政策调控日益深入、市场竞争激烈的情况下，沪深上市房地产公司综合实力 TOP10 的各项业绩指标均保持了较快增长，领先优势更加明显。截至 2010 年末，沪深综合实力 TOP10 的总资产均值达 714.51 亿元，营业收入均值为 173.22 亿元，利润总额均值则达到 41.19 亿元，各项规模性指标均值都高出同期沪深上市房地产公司整体水平数倍。万科坚持聚焦主流、快速周转、拓展战略纵深的发展策略，继续以绝对优势引领行业发展；保利地产积极扩大区域布局与开发规模，形成了商住兼备、多样产品并行开发的格局，综合实力实现持续增长。

（2）2011 沪深上市房地产公司财富创造能力 TOP10

2011 排名	股票代码	股票简称
1	000002.SZ	万科 A
2	600048.SH	保利地产
3	000069.SZ	华侨城 A
4	600383.SH	金地集团
5	000024.SZ	招商地产
6	600266.SH	北京城建
7	900950.SH	新城 B 股
8	002244.SZ	滨江集团
9	000616.SZ	亿城股份
10	000961.SZ	中南建设

2011 沪深上市房地产公司财富创造能力 TOP10 全年的 EVA（经济增加值）均值达到 14.45 亿元，同比增长了 39.88%，是同期沪深上市房地产公司 EVA 均值的 8.45 倍。在市场调控期，沪深上市房地产公司财富创造能力 TOP10 积极扩大经营规模，转变经营方式，控制开发经营成本，提高资金使用效率，从而有效提升了自身的财富创造能力。2010 年，万科继续实行快速周转的经营策略，依靠标准化生产、严格的工程进度管理使自身的盈利水平稳步提升；招商地产通过引入战略投资者等方式积极探索商业地产新模式，与房地产开发业务形成互补，进一步扩展了公司的财富创造空间。

（3）2011 沪深上市房地产公司投资价值 TOP10

2011 排名	股票代码	股票简称
1	000002.SZ	万科 A
2	600048.SH	保利地产
3	600383.SH	金地集团
4	000024.SZ	招商地产
5	000402.SZ	金融街
6	000069.SZ	华侨城 A
7	600266.SH	北京城建
8	600376.SH	首开股份
9	000031.SZ	中粮地产
10	000926.SZ	福星股份

2011 沪深上市房地产公司投资价值 TOP10 凭借良好的市场表现、出色的经营业绩及突出的盈利能力受到资本市场关注。投资价值 TOP10 每股收益均值达到 0.86 元，远高于同期沪深上市房地产公司的每股收益

水平；营业收入增长率为 37.29%，高出同期沪深上市房地产公司近 10 个百分点，发展势头良好。保利地产 2010 年的净利润突破 55 亿元，每股收益高达 1.08 元，盈利规模和质量提高显著；首开股份采用灵活的经营发展策略获得大量优质廉价土地，同时大力向北京以外拓展新项目，业绩持续稳定增长,获得了资本市场的较多关注。

（4）2011 园区开发上市公司竞争力 TOP10

2011 排名	股票代码	股票简称
1	600663.SH	陆家嘴
2	600639.SH	浦东金桥
3	600736.SH	苏州高新
4	600895.SH	张江高科
5	600064.SH	南京高科
6	600133.SH	东湖高新
7	600082.SH	海泰发展
8	600215.SH	长春经开
9	000628.SZ	高新发展
10	000573.SZ	粤宏远 A

2011 园区开发上市公司竞争力 TOP10 在经营能力、资本市场表现、园区的经营绩效方面均有不俗表现，其总资产均值达 92.61 亿元，同比增长 11.26%，营业收入均值为 16.97 亿元，同比增长了 13.72%。园区开发上市公司竞争力 TOP10 通过提升运营水平和园区经营绩效，自身的核心竞争力得到了进一步提高。陆家嘴 2010 年实现租金收入 7.89 亿元，较上年增长 42.86%；浦东金桥 2010 年实现营业收入 14.83 亿元，同比增长 76.7%，净利润 5.30 亿元，同比增长 47.1%，竞争优势明显。

2.3 2011 中国大陆在港上市房地产公司 TOP10 研究

（1） 2011 中国大陆在港上市房地产公司综合实力 TOP10

2011 排名	股票代码	股票简称
1	0688.HK	中国海外发展
2	3333.HK	恒大地产
3	1109.HK	华润置地
4	2777.HK	富力地产
5	0754.HK	合生创展集团
6	0960.HK	龙湖地产
7	2007.HK	碧桂园
8	3383.HK	雅居乐地产
9	0410.HK	SOHO 中国
10	3900.HK	绿城中国

2011大陆在港上市房地产公司综合实力TOP10的总资产均值达到901.37亿元，营业收入均值为233.12亿元，利润总额均值则达93.59亿元，分别是同期大陆在港上市房地产公司均值的2倍以上；盈利质量方面，大陆在港上市房地产公司综合实力TOP10的平均每股收益（EPS）均值为1.15元，是同期大陆在港上市房地产

公司每股收益均值的1.95倍；中国海外发展2010年实现净利润105.29亿元，同比增长65.72%，成为首个净利润突破百亿的内地房地产公司，综合实力持续稳定增长；恒大地产2010年的业绩与规模保持了快速发展，其营业收入同比增长700%，达到458.01亿元，综合实力再获提升。

（2）2011 中国大陆在港上市房地产公司财富创造能力 TOP10

2011 排名	股票代码	股票简称
1	0688.HK	中国海外发展
2	0960.HK	龙湖地产
3	0754.HK	合生创展集团
4	2777.HK	富力地产
5	2007.HK	碧桂园
6	1109.HK	华润置地
7	0410.HK	SOHO 中国
8	1638.HK	佳兆业集团
9	1238.HK	宝龙地产
10	0817.HK	方兴地产

大陆在港上市房地产公司整体财富创造能力明显提升，其中财富创造能力 TOP10 全年 EVA 均值为 23.88 亿元，同比增长 15.47%，是同期大陆在港上市房地产公司 EVA 均值的 2.58 倍，领先优势十分明显。湖地产在 2009 年成功上市后，借助资本市场的力量进一步扩大核心地产业务，完善业务布局，财富创造能力快速提升；碧桂园 2010 年实现净利润 42.91 亿元，同比增长 95.90%，财富创造表现突出；富力地产、SOHO 中国、佳兆业、宝龙地产等公司不断优化现有业务的运营模式和资金使用效率，财富创造能力均获新的突破。

（3）2011 中国大陆在港上市房地产公司投资价值 TOP10

2011 排名	股票代码	股票简称
1	0688.HK	中国海外发展
2	3333.HK	恒大地产
3	1109.HK	华润置地
4	3383.HK	雅居乐地产
5	0754.HK	合生创展集团
6	2777.HK	富力地产
7	0960.HK	龙湖地产
8	2007.HK	碧桂园
9	1813.HK	合景泰富
10	1638.HK	佳兆业集团

2011 大陆在港上市房地产公司投资价值 TOP10 在成长、盈利、稳健等各方面均有突出表现，在资本市场中脱颖而出，受到投资者青睐。2010 年，大陆在港上市房地产公司投资价值 TOP10 每股收益均值为 1.10 元，高于同期大陆在港上市房地产公司的均值近 1 倍；其总资产周转率为 0.32，也高于大陆在港上市房地产公司的水平，投资价值显现。雅居乐业务布局广泛，积极发展酒店及商用物业，投资价值明显提升；华

润置地针对市场变化调整经营策略，整合商业地产，推动专业化发展，核心竞争能力不断增强，投资价值受到市场关注。

2.4　2011 中国房地产上市公司社会价值研究

2011 中国房地产上市公司社会价值典范

股票代码	股票简称
000002.SZ	万科 A
0688.HK	中国海外发展
600048.SH	保利地产
000024.SZ	招商地产
600383.SH	金地集团
600322.SH	天房发展
3900.HK	绿城中国
2868.HK	首创置业
000926.SZ	福星股份
1628.HK	禹洲地产

2010年，房地产上市公司在经营业绩上升的同时，社会价值也得到了彰显。更多的房地产上市公司致力于和社会、环境、政府、合作伙伴及股东的协同发展，初步建立了比较完善的价值体系：对未来负责——发展绿色建筑，实施可持续发展；对股东、合作伙伴负责——保持稳定、良好的运营表现；对社会负责——大力投入保障房建设，其中2011中国房地产上市公司社会价值典范的表现更为突出。万科2010年完成了75万平方米的绿色三星节能住宅建设，占全国绿色三星节能住宅总量的54%，另外还参与了北京、深圳、南京三个保障房项目的开发，项目面积共计163万平方米；天房发展一直心系百姓安居，大力推进保障房建设，2010 年公司保障房施工面积90.94万平方米，销售面积46.13万平方米，为社会民生做出重要贡献。

3　结语

2010年，房地产上市公司在市场波动中依然取得了骄人的业绩，总资产过百亿公司新增了11家，行业并购整合增加，集中度进一步提高；经济增加值（EVA）明显提升，财富创造能力突出；投资价值随估值水平回调、市值下降开始显现。值得注意的是，经营现金流趋紧提高了房地产上市公司的财务风险，这一点还将随着2011年货币政策的继续趋紧而引人关注，房地产上市公司优异的业绩背后不无隐忧。

2011 年是十二五计划的开局之年，房地产行业将进入一个新的发展通道，市场经历了 2007 年的高歌猛进、2008 年的跌入谷底、2009 年的强势反弹以及 2010 年的震荡前行，今后将继续在调整中走向理性和平稳发展。房地产上市公司如能抓住机遇，紧跟市场热点和发展方向，利用区域差异和产品差异趋利避险，无疑会保持业绩更好的增长，凸显出自身的投资价值，带动行业获得持续健康的发展。

附录三 2011 中国房地产品牌价值研究报告

1 研究背景

2011 年中国房地产市场面临深度调整，品牌就是信心。面对消费者，品牌是提供优质产品、履行服务承诺的信心；面对政府，品牌是承担社会责任、提升城市价值的信心；面对投资者，品牌是具有良好经营业绩和获得较高投资回报的信心。因此品牌也是企业独特竞争力的综合体现，成为中国房地产企业在市场深度调整中获胜的关键。

2011 中国房地产品牌价值研究全面启动以来，国务院发展研究中心企业研究所、清华大学房地产研究所和中国指数研究院三家单位，在深入学习和把握国家政策的基础上，针对中国房地产企业的整体发展状况，进一步完善了 2011 中国房地产品牌价值研究的方法体系，为更加客观地评价房地产企业品牌实力提供了更加扎实的基础。2011 中国房地产品牌价值研究也是继 2004 年以来中国房地产 TOP10 研究组连续第八年对中国房地产企业的品牌价值开展研究。

2 2011 中国房地产品牌价值研究成果

2.1 2011 中国房地产公司品牌价值 TOP10

2010 年，中海地产、万科、保利地产不仅在市场占有率、资源掌控能力、品牌建设等方面遥遥领先，而且在价值创造、规模效益、成长速度方面树立了行业的标杆，引领行业发展，成为 2011 中国房地产行业领导公司品牌。

表 1 2011 中国房地产行业领导公司品牌

领导属性	品牌	企业名称	品牌价值（亿元）
价值创造	中海地产	中国海外发展有限公司	206.80
规模效益	万科	万科企业股份有限公司	205.89
成长速度	保利地产	保利房地产（集团）股份有限公司	184.59

中海地产精耕细作，稳健经营，打造出行业价值创造典范。企业贯彻盈利与可持续发展并举，持续将“低碳”、“绿色建筑”的环保和节能理念贯穿到发展战略中，并于 2010 年 7 月被纳入恒生可持续发展企业指数。

万科有序扩张，快速布局，是中国房地产企业规模化发展的典范。2010 年万科成为中国房地产行业首家销售额突破千亿企业，2011 年上半年万科实现销售面积 565.5 万平方米，销售金额 656.5 亿元，同比分别增长 76.7%和 78.6%,完美诠释了规模效益的含义。

保利地产和者筑善，坚持以“成长”为主题，成为 2011 中国房地产企业成长速度领导品牌。企业总资产由 2007 年的 503.89 亿元增长至 2010 年的 2261.16 亿元；销售额由 191.32 亿元增长至 775.68 亿元，复合增长率均达到 80%以上，品牌价值也同比大幅增长 34.85%。

表 2　2011 中国房地产品牌典范

典范属性	品牌	企业名称
品牌效益创造	绿城	绿城集团
可持续发展	招商地产	招商局地产控股股份有限公司

绿城持续探索"商业代建"模式，提供房地产项目开发建设的全过程管理和品牌输出服务，拓展项目遍布全国，其品牌效益创造力受到业内的推崇，开创品牌输出和管理输出的新纪元，成为品牌效益创造典范。

招商地产在业界首倡绿色地产，以倡导"社区综合开发模式"、"绿色地产开发理念"、"全程服务体系"拓展未来持续发展空间，在企业可持续发展方面值得学习借鉴。

表 3　2011 中国房地产公司品牌价值 TOP10（混合所有）

品牌	企业名称	品牌价值（亿元）
恒大地产	恒大地产集团有限公司	130.02
绿城	绿城集团	126.18
合生创展	合生创展集团有限公司	91.27
龙湖地产	龙湖地产有限公司	61.46
金地集团	金地（集团）股份有限公司	60.03
阳光 100	阳光 100 置业集团有限公司	58.76
碧桂园	碧桂园控股有限公司	45.78
金科股份	金科地产集团股份有限公司	43.15
星河湾	星河湾集团	42.47
沿海绿色家园	沿海绿色家园集团	42.07

混合所有品牌企业 2011 品牌价值均值为 70.12 亿元，同比大幅增长了 42.57%。恒大地产、合生创展、碧桂园采取以规模扩张带动品牌扩散的战略，凭借良好的品牌认知实现异地快速复制和扩张；龙湖地产、金地集团、阳光 100、金科股份、沿海绿色家园实施精品战略和差异化定位，致力于培育客户美誉度和忠诚度。

表 4　2011 中国房地产公司品牌价值 TOP10（国有）

品牌	企业名称	品牌价值（亿元）
绿地	绿地集团	90.97
华润置地	华润置地有限公司	73.87
远洋地产	远洋地产控股有限公司	72.77
中信地产	中信房地产股份有限公司	72.22
招商地产	招商局地产控股股份有限公司	68.86
首开	北京首都开发控股（集团）有限公司	49.34
金融街控股	金融街控股股份有限公司	47.26
北京城建地产	北京城建投资发展股份有限公司	45.68
首创置业	首创置业股份有限公司	43.36
中粮地产	中粮地产（集团）股份有限公司	42.12

国有品牌企业 2011 品牌价值均值为 60.65 亿元，同比增长了 37.66%。绿地、华润置地、招商地产、首开、金融街控股、中信地产以责任地产为企业核心理念，取得良好的社会效应和高度的品牌认同；远洋地产、首创置业通过做深做实区域市场获得良好的品牌认知，在区域扩张过程中不断提升品牌影响力。

2.2　2011 中国房地产专业领先品牌价值 TOP10

随着消费者对产品需求的个性化和多样化日益增多，品牌意识逐渐增强，而房地产开发企业受限于企业资源和规模，不可能满足所有类型消费者的需求，在此趋势下，越来越多的品牌企业聚焦某一利基市场，挖掘专业特色，打造专业优势，成为某一专业市场领域的先行者和佼佼者。

表 5　2011 中国房地产专业领先品牌价值 TOP10

品牌	企业名称	专业领域
北辰实业	北京北辰实业股份有限公司	复合地产
沿海绿色家园	沿海绿色家园集团	健康住宅
卓越集团	卓越置业集团有限公司	CBD 商务地产
颐景园	上海三盛宏业投资（集团）有限责任公司	园林地产
上实城开	上海实业城市开发集团有限公司	核心区域运营
福星惠誉	福星惠誉房地产有限公司	城中村旧城改造
开元房产	杭州开元房地产集团有限公司	酒店旅游地产
联发集团	联发集团有限公司	多元聚合
宝安地产	中国宝安集团股份有限公司	中式江南建筑
朗诗地产	朗诗地产股份有限公司	绿色科技地产

北辰实业、卓越集团、福星惠誉、开元房产通过业务模式创新，形成独特经营模式，构建专业的品牌优势；沿海绿色家园、颐景园、宝安地产、朗诗地产立足于打造差异化产品定位，以产品竞争力构建品牌竞争力。

2.3　2011 中国区域房地产公司品牌价值 TOP10

房地产行业的发展与区域经济发展紧密联系，表现出明显的地域差别和区域不平衡性。研究组根据中国房地产市场发展格局及企业区域布局情况，将 2011 中国区域房地产公司品牌价值研究细分至华东区域、华南区域、华北区域及中西部区域，并对重点省市的房地产企业品牌进行研究。

表 6　2011 中国华东房地产公司品牌价值 TOP10

品　牌	企业名称
新城	新城控股集团有限公司
滨江集团	杭州滨江房产集团股份有限公司
嘉凯城	嘉凯城集团股份有限公司
爱家	上海爱家集团
旭辉集团	旭辉集团股份有限公司
景瑞地产	上海景瑞地产（集团）股份有限公司
宋都	杭州宋都房地产集团有限公司
上投房产	上海市上投房地产有限公司
佳源集团	浙江佳源房地产集团有限公司
众安房产	众安房产有限公司

2011 华东企业品牌价值均值为 19.11 亿元，同比增长 38.90%，以产品品质与品牌理念并举为发展特点。新城、滨江集团、旭辉集团、景瑞地产、宋都、上投房产、佳源集团均致力于向客户提供高品质、高品位的现代生活。

表 7　2011 中国华南房地产公司品牌价值 TOP10

品牌	企业名称
富力地产	广州富力地产股份有限公司
融侨集团	融侨集团股份有限公司
佳兆业	佳兆业集团控股有限公司
卓越集团	卓越置业集团有限公司
深业	深业集团有限公司
建发	建发房地产集团有限公司
奥园	中国奥园地产集团股份有限公司
时代地产	广州市时代地产集团有限公司
正荣集团	福建正荣集团有限公司
龙光地产	龙光地产股份有限公司

2011 华南企业品牌价值均值达到 28.07 亿元，同比增长 33.27%，致力于以业务和产品的多元优势提升区域专业水平，以系列化产品线进行异地复制。佳兆业、卓越集团、深业、奥园、正荣集团等均凭借规模和速度快速积累品牌优势。

表 8　2011 中国华北房地产公司品牌价值 TOP10

品牌	企业名称
融创中国	融创中国控股有限公司
海尔地产	青岛海尔地产集团有限公司
天房集团	天津市房地产开发经营集团有限公司
金隅嘉业	北京金隅嘉业房地产开发有限公司
万通地产	北京万通地产股份有限公司
鑫苑（中国）置业	鑫苑（中国）置业有限公司
金辉集团	金辉集团有限公司
泰达建设	天津泰达建设集团有限公司
泛海建设	泛海建设集团股份有限公司
方兴地产	方兴地产（中国）股份有限公司

2011 华北企业品牌价值均值为 20.01 亿元，同比大幅提升 37.40%。融创中国、海尔地产、天房集团、金隅嘉业、鑫苑（中国）置业积极践行企业公民的情怀与理念。金辉集团则以精取胜，领跑高尚生活圈。

表 9　2011 中国中西部房地产公司品牌价值 TOP10

品牌	企业名称
建业地产	建业地产股份有限公司
福星惠誉	福星惠誉房地产有限公司
蓝光地产	四川蓝光和骏实业股份有限公司
武汉地产集团	武汉地产开发投资集团有限公司
俊发地产	云南俊发房地产有限责任公司
百步亭	百步亭集团有限公司
长房集团	长沙房产（集团）有限公司
东原地产	重庆东原房地产开发有限公司
三江航天地产	武汉三江航天房地产开发有限公司
奥宸地产	奥宸地产（集团）有限公司

2011 中西部企业品牌价值均值为 18.20 亿元，同比增长 27.11%。建业地产、蓝光地产、俊发地产、百步亭挖掘区域发展潜力，贴合区域市场需求，深耕区域市场。

表 10　2011 中国省市房地产公司品牌价值 TOP10

品牌	企业名称
华远地产	华远地产股份有限公司
京汉置业	京汉置业集团股份有限公司
方圆	方圆地产控股有限公司
光耀地产	深圳市光耀地产集团有限公司
金龙集团	浙江金龙房地产投资集团有限公司
福晟	福晟集团有限公司
融信	融信(福建)投资集团有限公司
高科置业	南京高科置业有限公司
新鸥鹏地产	重庆新鸥鹏地产（集团）有限公司
明宇集团	明宇实业集团有限公司

2011 省市品牌企业扎根区域市场深耕细作。京汉置业、福晟、融信、新欧鹏地产精打细算运用优势资源，全力开发出具有本土特色的项目，不仅为目标客户提供具有特色化产品，也提升了品牌的区域影响力。

2.4　2011 中国房地产项目品牌价值 TOP10

房地产项目品牌作为公司品牌的载体，也是房地产企业与客户建立更紧密联系的产品载体，体现企业对区域特色、人文环境的深刻理解。房地产企业通过不断打造市场高度认可的项目品牌逐渐建立公司品牌形象。中国房地产项目品牌价值 TOP10 更好的彰显了企业实力与特色，在产品定位、规划设计、营销推广等方面表现突出，引领行业市场风尚。

表 11　2011 中国房地产住宅项目品牌价值 TOP10

项目品牌	企业名称
万科金色家园	万科企业股份有限公司
中海·寰宇天下	中国海外发展有限公司
中信红树湾	中信房地产股份有限公司
保利天悦	保利房地产（集团）股份有限公司
金科王府	金科地产集团股份有限公司
颐景园	上海三盛宏业投资（集团）有限责任公司
孔雀城	华夏幸福基业股份有限公司
广物·滨江海岸	广东广物房地产开发有限公司
卓越蔚蓝系列	卓越置业集团有限公司
凯迪·赫菲庄园	上海凯迪企业（集团）有限公司

万科金色家园、中海·寰宇天下、中信红树湾以产品系列品牌生根全国；保利天悦、广物·滨江海岸、孔雀城融合“高端物业+特色景观”，彰显品牌魅力；金科王府、颐景园依靠“稀缺资源+人文关怀”提升项目品牌价值。

表 12　2011 中国房地产地方项目品牌价值 TOP10

项目品牌	企业名称
瑞仕系列	上海城建置业发展有限公司
大卫城	华夏幸福基业股份有限公司
福晟钱隆系列	福晟集团有限公司
同德·昆明广场	云南城投同德房地产开发有限公司
联发·瞰青	联发集团重庆房地产开发有限公司
爱家名邸	上海爱家集团
保集·蓝郡	上海保集（集团）有限公司
复地·温莎堡	天津申港置业发展有限公司
奥山世纪城	武汉奥山世纪房地产开发有限公司
长泰国际社区	长甲地产控股有限公司
中航城国际社区	中航地产股份有限公司

地方项目生动诠释地域特色：瑞仕系列、同德•昆明广场、联发·瞰青、复地·温莎堡等产品元素多元化，深刻诠释区域特色、人文环境。

2.5　2011 中国商业地产品牌价值 TOP10

2010 年是房地产行业的宏观调控年，商业地产由于经营收益稳定、保值增值的长远性特点，成为房地产企业业绩增长的新动力。

表 13 2011 中国商业地产公司品牌价值 TOP10

品牌	企业名称
万达	大连万达集团股份有限公司
宝龙	宝龙集团有限公司
陆家嘴	上海陆家嘴（集团）有限公司
华润置地	华润置地有限公司
SOHO 中国	SOHO 中国有限公司
上海证大	上海证大置业有限公司
圆融集团	苏州圆融发展集团有限公司
亿丰集团	上海亿丰企业（集团）有限公司
莱蒙国际	莱蒙国际集团有限公司
东方银座	东方银座集团有限公司

商业地产在 2011 年呈现蓬勃发展之势。万达、宝龙、华润置地等商业品牌企业专注于加大商业地产投资，继续通过成功快速标准化复制的模式扩大商业版图，不断扩大领先优势；陆家嘴、SOHO 中国、圆融集团等企业坚持精稳路线，结合区域特色商业打造城市高端地标。

表 14 2011 中国商业地产项目品牌价值 TOP10

项目品牌	企业名称
万达广场	大连万达商业地产股份有限公司
宝龙城市广场	宝龙集团有限公司
华润万象城	华润置地有限公司
大悦城	中粮置业投资有限公司
大拇指广场	上海证大置业有限公司
英利 IFC	重庆英利房地产开发有限公司
圆融(时代)广场	苏州圆融发展集团有限公司
世纪中心	卓越置业集团有限公司
绿地翡翠国际广场	绿地集团
信地城市广场	信地集团有限公司

商业地产项目以优秀的产品品质和强势品牌影响力，为提升城市形象加分加码。宝龙城市广场、圆融（时代）广场、大拇指广场、大悦城凭借领先的产品品质和优异的服务水平打造都市综合体；英利 IFC、世纪中心以先进的理念和高端的配套，打造区域商务地标建筑。

市场调整还在继续，品牌打造更需要持之以恒。随着中国房地产企业的规模化发展不断深入，品牌企业在增强品牌经营维护、提高品牌抵御风险能力的基础上，应注重品牌资产价值的有效利用和综合开发，致力于打造长青品牌，赢得竞争先机。

3　2011 中国房地产品牌价值研究成果分析

3.1　品牌企业业绩领衔增长，品牌价值逆市上扬

（1）市场调控期品牌企业跑赢大市，品牌价值增幅首次超过销售额增幅

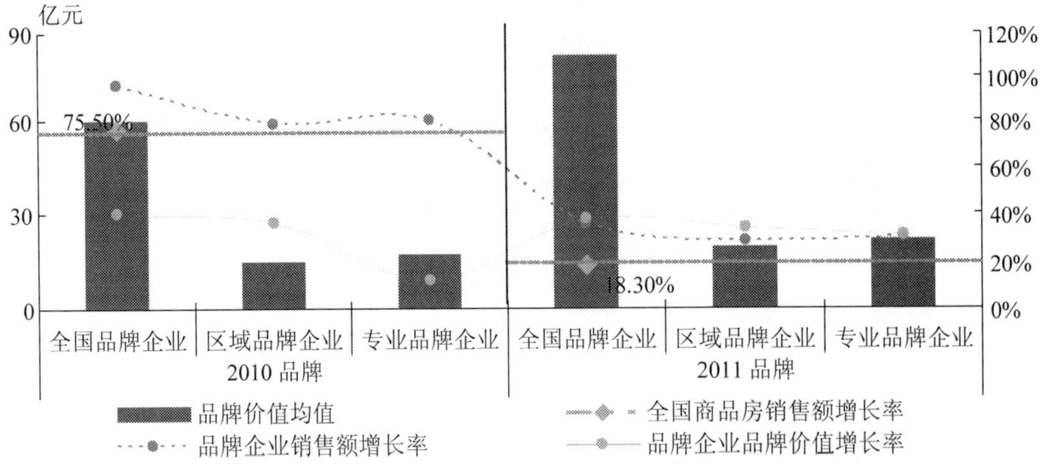

图 1　2010～2011 全国、区域、专业品牌企业品牌价值均值及其变化

2010 年中国房地产市场深度调控，面对消费者，品牌作为提供优质产品、履行服务承诺的信心效应更加突出，品牌价值的抗压性远超经营性指标，品牌价值逆市大幅上涨 35%左右，首次超过销售额增幅。2011 全国品牌企业品牌价值均值达到 82.82 亿元，同比增长 37.95%，领先优势再次扩大，锁定行业领先地位。行业领导公司品牌中海地产和万科的品牌价值分别高达 206.80 亿元和 205.89 亿元，保利地产品牌价值为 184.59 亿元，企业经营业绩与品牌价值均稳步“成长”。

2011 区域品牌企业品牌价值均值为 19.39 亿元，同比大幅增长 34.17%。2011 华东、华南、华北和中西部地区品牌价值均值分别为 19.11、28.07、20.01 和 18.20 亿元，华南品牌企业凭借累积优势品牌价值依然领先，华北品牌企业 2010 年业绩表现突出，品牌价值均值同比大幅上升 37.40%，增幅居各区域首位。区域品牌企业凭借对区域市场特性、人文特色的深度把握深耕区域市场，企业综合实力不断提升。

专业品牌企业品牌价值均值为 22.10 亿元，同比增长 30.42%。专业品牌企业虽然规模和综合实力相对较弱，但通过“术业专攻”，深入研究和挖掘特定市场需求，突出自身优势特色，往往成为某一领域的产品开发专家，并通过全国范围内快速复制，扩大了专业特色的影响，品牌价值也获得提升。

（2）品牌企业市场份额逐年扩大，促进品牌价值大幅攀升

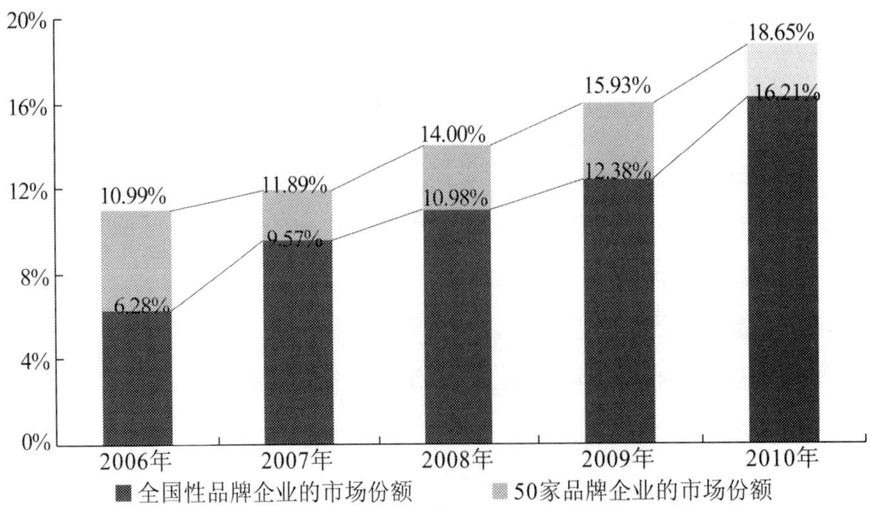

图 2　2006～2010 年品牌企业市场份额分析

2007 年以来，房地产市场调控加剧，加息、限购等政策频出，刚需自住需求和改善性需求成为市场的主导，消费者在产品的选择上更加注重品牌，品牌企业市场份额因此显著扩大。研究组对 2006-2010 年全国性品牌企业和全国 50 家品牌企业的市场份额进行分析，发现自 2006 年以来，品牌企业凭借良好的品牌认同度，市场份额稳健提升。全国性品牌企业的市场份额由 2006 年的 6.28%快速扩大至 16.21%，增幅显著超过全国 50 家品牌企业。2010 年进入深化调控年，全国性品牌企业市场份额大幅增长 30.94%，超过全国 50 家品牌企业 17.10%的增长率，行业领先优势明显扩大。品牌作为企业与消费者之间的契约保障，在市场调控期帮助企业快速提升市场优势地位。

(3)品牌成购房首要关注要素，品牌契约打造企业营销利器

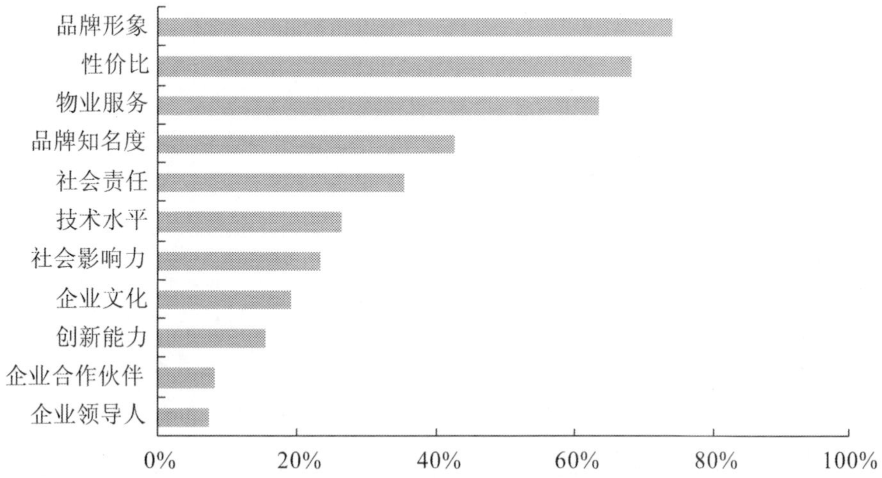

图 3　房地产企业品牌的选择要素分析

市场调控期，“品牌形象”成为消费者在购房过程中最为关注的选择要素，关注度达到 74.07%。对于消费者来说，品牌是提供优质产品、履行高品质服务承诺的综合保证，对于企业来说，品牌形象代表了其丰富的开发经验、良好的产品质量与服务口碑。品牌企业利用品牌建立、维系和强化与消费者的关系，传递品牌理念，深化消费者对企业品牌的认知，培养消费者的品牌忠诚，从而为企业带来长期稳定收益。

3.2　品牌企业强势整合资源，未来品牌价值增长可期

(1)品牌信誉效应凸显，拓宽企业多元融资渠道

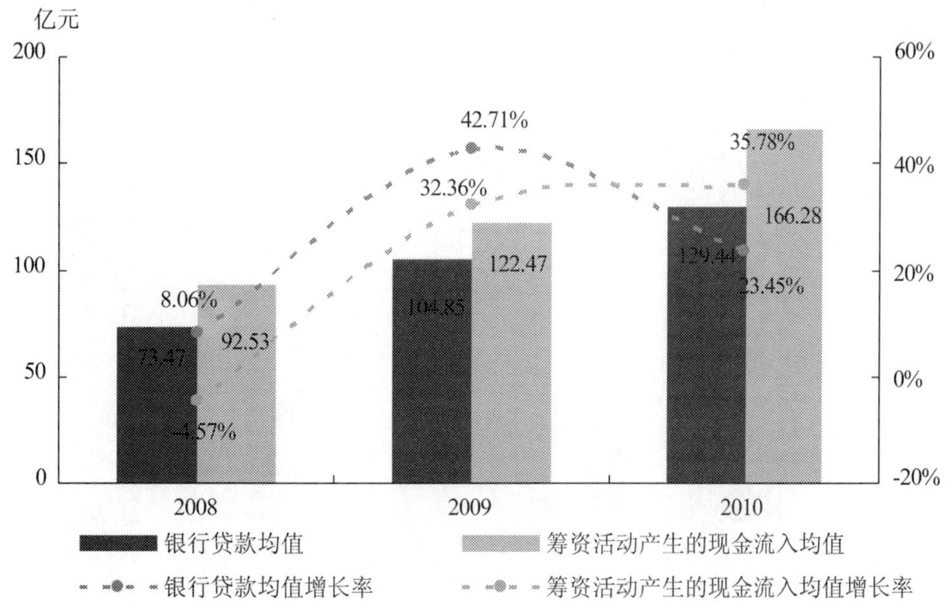

图 4　2008～2010 年全国品牌企业筹资活动产生现金流入状况

在银根收紧、融资艰难的大环境中，品牌房企依靠良好的品牌信誉在融资频度和融资成果方面均成赢家，顺利破解企业资金瓶颈，推动企业快速发展和扩张。2010 全年房地产开发企业资金来源 72494 亿元，同比增长 25.4%，增幅较上年降低 18.8 个百分点。其中，国内贷款 12540 亿元，增长 10.3%，增幅大幅降低 38.2 个百分点。同期，全国品牌企业筹资活动产生的现金流入均值为 166.28 亿元，同比大幅增长了 35.78%。银行贷款方面，全国品牌企业银行贷款合计 2977.12 亿元，占全年房地产开发企业国内贷款总额的 23.74%，其银行贷款均值达到 129.44 亿元，同比增长 23.45%，较行业平均水平高出 13.15 个百分点。品牌作为金融机构评级的重要参考依据，优良的品牌信誉助推企业在融资中胜出，实力提振股东信心，促进企业在资本市场的稳健发展。

(2)品牌驱动企业兼并收购，增强企业经营实力

表 15　2010-2011 年品牌企业典型收购案例

时间	品牌企业	收购方式	收购金额	收购对象
2010 年 2 月	中海地产	股权收购	4.35 亿港币	香港蚬壳工业（集团)有限公司
2010 年 11 月	合生创展	项目收购	68.75 亿	北京马驹桥镇、合生世界村项目
2011 年 1 月	金融街控股	项目收购	40 亿	北京·中信城
2011 年 1 月	恒大地产	股权收购	16.64 亿	深圳市建设(集团)有限公司
2011 年 1 月	佳兆业	股权收购	6.72 亿	浙江伍丰置业有限公司
2011 年 3 月	佳兆业	项目收购	10.5 亿	理想城房地产公司
2011 年 4 月	万科	项目收购	31 亿	广州市番禺向信房地产有限公司
2011 年 4 月	SOHO 中国	项目收购	24.7 亿	海伦路站地块
2011 年 5 月	SOHO 中国	项目收购	32 亿	上海新世界长宁商业中心

在本轮并购浪潮中，品牌企业利用品牌优势通过股权收购或项目收购的方式，迅速获得优良的项目储备和开发资源。并购不仅可以借助原企业对市场的熟识度、认知度等迅速获得市场认可，实现市场份额扩大和品牌影响力的提升；也可以完善企业的区域布局和产品细分，丰富品牌内涵，企业品牌的综合竞争力得到迅速提升。广州万科 2011 年通过股权并购方式收购了广州市番禺向信房地产有限公司 100%股权，获取了该公司名下的房地产项目—新光城市花园，扩充万科红郡系列，不仅完善了品牌产品组合，也促进了销售额的提升。

(3)品牌备受土地市场青睐，加速品牌全国化布局

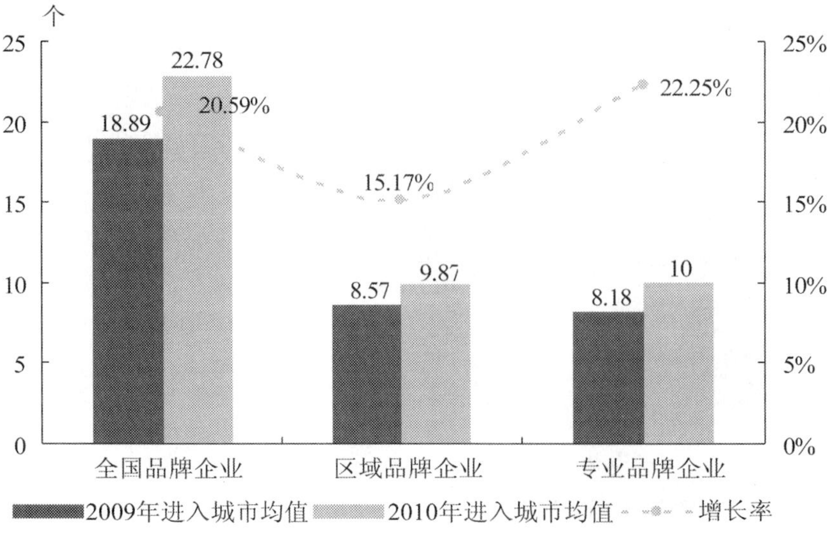

图 5　2009～2010 年全国、区域、专业品牌企业市场布局情况

2010 年严格的市场调控使房地产市场预期随之下调，而品牌企业借机在土地市场加速扩张，完善全国化品牌布局。品牌企业尤其是全国品牌企业，因其规模大、资金强、专业素质高、营销手段灵活多样，抗风险能力远胜于其他房企，产品品质也可以得到保证，地方政府更愿意与之合作，并且品牌企业更容易通过公开市场竞价获得价格合理、优质的土地，加快全国化布局，为企业未来价值增长创造良好条件。2010 年品牌企业凭借资金和实力优势发力拓展市场，快速完善企业市场布局。全国品牌企业进入城市数量均值达到 22.78 个，较去年同期增加 3.89 个，同比增长 20.59%；区域品牌企业进入城市数量均值达到 9.87 个，同比增长 1.3 个，增幅为 15.17%；专业品牌企业拓展城市速度明显提升，同比增长 22.25%，进入城市个数均值达到 10 个。

3.3 品牌拓展多元业务，品牌协同效应凸显

(1)转型期企业发挥品牌辐射作用，旅游养老地产成为业务拓展热点

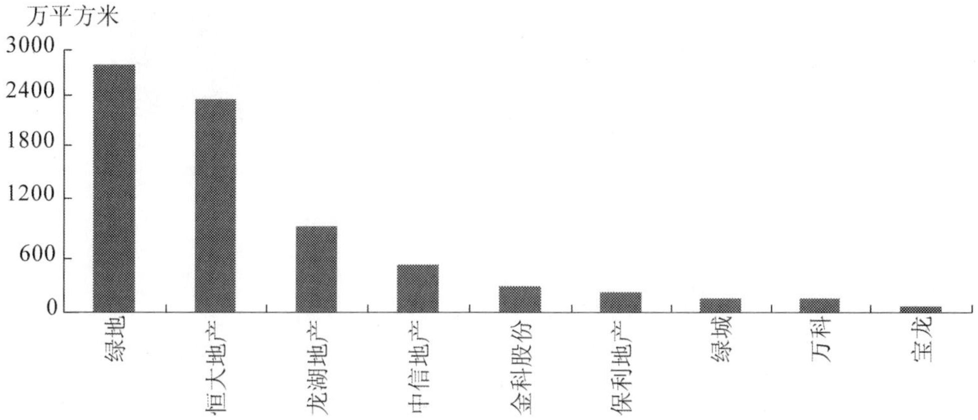

图 6 截至 2011 年 7 月品牌企业旅游地产项目储备用地面积[1]

伴随政府对房地产住宅业务市场采取的土地、财政、货币、税收等调控政策持续深入，房地产市场的分化趋势逐渐加剧。为了有效规避调控政策带来的市场风险，品牌企业在延续住宅开发主业的同时，利用已累积起来的良好品牌形象，积极拓展业务范围，相继进入旅游地产、养老地产等业务领域。对 2011 中国房地产品牌企业进行统计显示，2010 年 60.87%的品牌企业将业务延伸至旅游地产领域，21.74%的品牌企业进入养老地产领域。品牌企业由于具有更高的经营能力、物业服务水平及风险抵抗能力，对旅游养老地产等快速涉足。 2011 年上半年，大量品牌企业已将旅游地产纳入到清晰的业务发展规划中，推动中国房地产市场进入了一个崭新的行业细分发展阶段。

(2)差异化品牌发展模式延伸业务，充分发挥品牌协同效应

2011 中国房地产品牌价值研究表明，品牌企业在不同的房地产业务拓展过程中选择了差异化的品牌延伸策略。在住宅和商业地产业务领域，背书品牌发展模式占领主流地位。采用“公司品牌+项目品牌”背书方式的企业占比分别达到 70.18%和 68.00%。背书品牌发展模式充分借助公司品牌的知名度和影响力，加速项目品牌的异地扩张；同时项目品牌作为公司品牌的载体，不断拓展和丰富公司品牌内涵，公司品牌和项目品牌的有效互动和良性循环实现均衡发展。

品牌企业主要采用“独立品牌”、“背书品牌”模式进入旅游、养老地产领域。无论是旅游地产还是养老地产，仍处于业务发展的起步阶段，专业化、品牌化运作尚显不足，品牌延伸策略面临巨大的挑战和风险。“独立品牌”模式的选取可以在最大程度上降低项目对企业品牌风险的冲击。另外，相比于其他开发业务，旅游地产高度依附于区域特征，采用“独立品牌”模式更有利于凸显项目品牌优势。龙湖地产旗下三大“山·海·湖”

---

[1] 统计数据为建设用地规模在 500 亩(即 33.33 万平方米)以上的旅游地产项目。

旅游地产产品——成都小院青城、烟台葡醍海湾、玉溪仙湖锦绣，采用“独立品牌”模式聚焦区域特色，助推旅游产业品牌。当业务发展相对成熟时，采用“背书品牌”模式可以达到企业品牌和项目品牌协同发展，相得益彰的品牌效应。

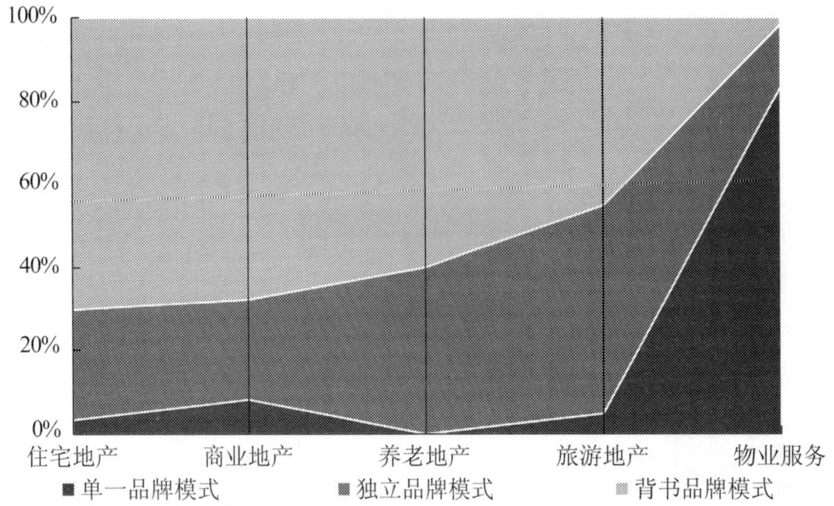

图 7　品牌企业不同业务类型的品牌发展模式

新业务延伸的品牌策略，需正确权衡品牌协同效益和品牌扩张风险。选取何种品牌发展模式主要考虑新业务与企业品牌内涵的一致性和兼容性。如果业务品牌与企业品牌内涵关联度高，且具有规模化、一致性的产品特性，多采用“单一品牌”或“背书”品牌模式；反之，如果内涵关联度低，且具有独特化和个性化的产品特性，多采用“独立品牌”模式。

3.4　品牌管理更趋专业系统，品牌效益高效转换

(1)规范化品牌管理提供组织保障，经营效益提速增长

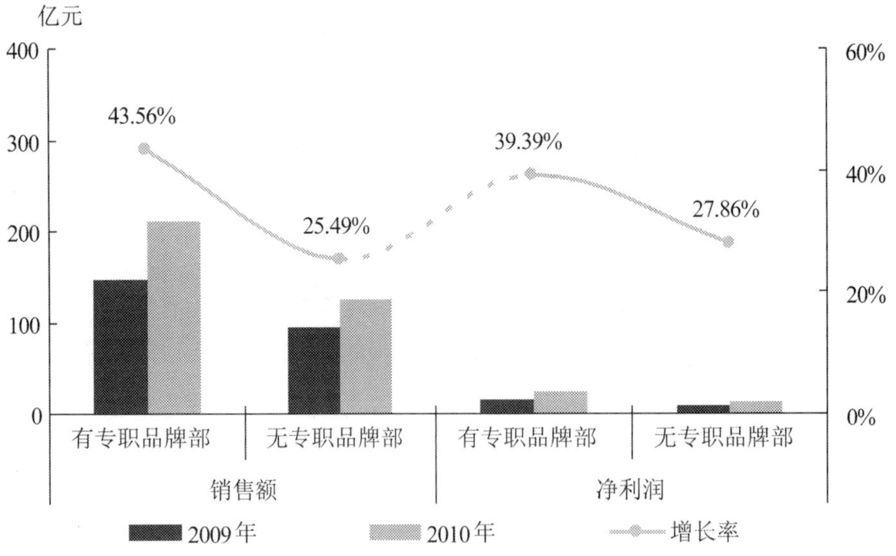

图 8　2009～2010 年有无专职品牌管理部的品牌企业经营业绩比较

在所有品牌企业中，已设立专职品牌管理部门的品牌企业 2010 年销售额均值达到 211.52 亿元，净利润均值达到 37.01 亿元，分别同比增长 43.56%和 39.39%。尚未设立品牌管理部门的品牌企业 2010 年销售额均值只有 125.83 亿元，净利润均值为 12.22 亿元，分别同比增长 25.49%和 27.86%。可见，有专职品牌管理部

门的企业业绩显著优于未设立品牌管理部门的企业，并且在业绩增幅方面，前者也高于后者，从以上数据可以看出，二者之间的差距将持续加大。

(2)品牌建设投入持续增加，品牌效益快速转换

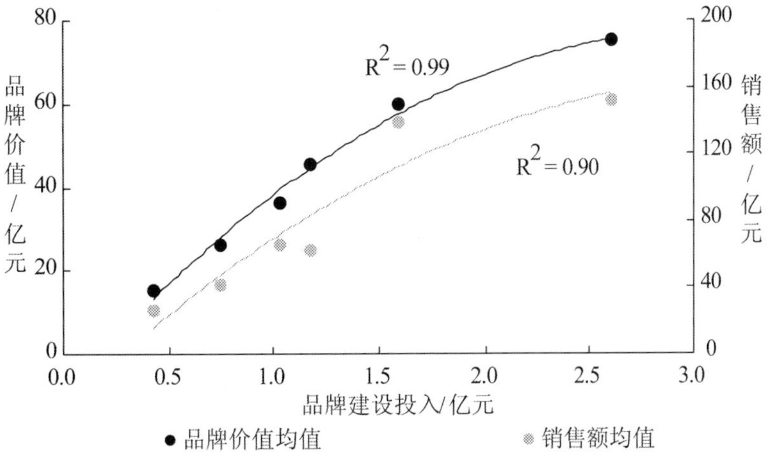

图 9 2005～2010 年企业品牌投入与品牌价值和销售额的拟合曲线

通过品牌建设，品牌投入沉淀为品牌资产，并高效转换为企业的经营业绩，进一步鼓励企业品牌建设投入的积极性。自 2005 年以来，随着品牌企业对品牌建设投入的持续增加，品牌价值快速增长，两者相关系数高达 0.99。品牌企业持续加大品牌建设投入对品牌资产的积淀起到显著的促进作用，而且从趋势来看，未来品牌价值的增长仍有长足的发展空间。品牌企业运用以品牌为核心的营销策略，将品牌持续投入形成的品牌资产转换成为经营效益，最直接的体现就是销售额随之持续增长，以上的相关分析也显示，品牌建设投入与销售额的相关性达到 0.90。由此可见，品牌资产的形成是一个典型的长期投入、长期受益的投资过程，企业通过持续不断的品牌投入，对品牌效益转换具有积极的促进作用。

(3)品牌传播策略更加精准，有效提升品牌强度

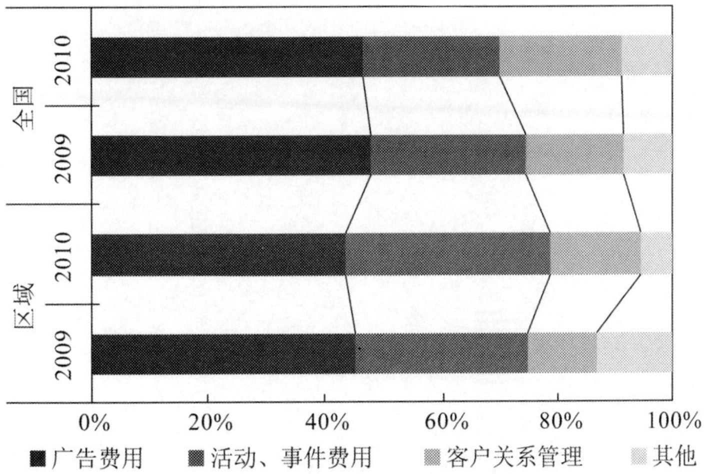

图 10 2009～2010 年全国、区域品牌企业的品牌建设方式比例及变化

研究发现，2010 年全国性品牌企业继续深化投资客户关系管理渠道，投入占比提高 4.23%，广告、活动和事件费用的投入比例均有所缩减。2010 年的区域性品牌企业主要拓宽了活动事件和客户关系管理的渠道，分别同比提高 5.48%和 3.64%。无论处于哪个阶段，品牌企业的传播策略都越来越重视从产品推广到服务意识的转变，尽管以项目为核心的广告费用仍占较大比例，但品牌企业的广告宣传方式在悄然改变，其特点在于：采用精准传播策略，针对目标客户群体选择最佳传播渠道，不断强化客户关系维护，有效提高

品牌美誉度和忠诚度水平，从而促进项目销售，实现品牌效益转换。

4 结语

2010 年，国家持续出台房地产调控政策，经济手段和行政措施并用，且力度不断加强，房地产市场逐渐步入分化加剧的阶段。进入 2011 年，国家在行政、税收、信贷等方面调控政策进一步深化的同时，积极出台配套政策加大保障性住房供给，中国房地产市场正面临着新的竞争格局。在新形势下，品牌作为产品分辨器与信誉保证书，将成为企业竞争制胜的重要法宝。

对于品牌价值遥遥领先的知名企业来说，如何维护并优化现有品牌体系，实现与客户关系的深度互动至关重要；对于处于高速成长期的品牌企业而言，加大品牌建设投入、提升品牌管理的效率则能更快速提升企业软实力，事半功倍地带动经营业绩的增长。可见，市场调整亦如大浪淘沙，处在不同品牌阵营的企业需紧跟市场步伐，持续打造有自身特色的品牌化经营之路。品牌就是信心，品牌铸就竞争力，强势品牌保障企业在市场竞争中脱颖而出、做大做强！

2011 中国房地产策划代理品牌价值研究报告

1 研究背景与目的

2011 年中国房地产市场进入深度调整期，受上游房地产市场形势的影响，策划代理企业的发展面临新的挑战。市场调整期是企业快速发展的良机，雄厚的品牌实力是企业提高市场占有率、聚集社会资源、赢取市场的有力保障，是策划代理企业为客户提供优质服务、履行专业承诺的信心。加强品牌建设、沉淀品牌资产成为策划代理企业赢得市场先机、提升竞争优势的关键，并已成为企业经营管理的常态与核心。

由国务院发展研究中心企业研究所、清华大学房地产研究所和中国指数研究院三家研究机构共同组成的"中国房地产 TOP10 研究组"，自 2005 年开展中国房地产策划代理品牌价值研究以来，已持续进行了七年，研究成果引起了社会各界的广泛关注，对品牌企业提升品牌形象、沉淀品牌资产、强化行业地位发挥了重要作用。2011 中国房地产策划代理品牌价值研究在深入理解国家政策的基础上，针对策划代理企业的整体发展状况，进一步完善了 2011 中国房地产策划代理品牌价值研究的方法体系，为客观评价企业品牌实力提供理论与实践的依据。

2 2011 中国房地产策划代理品牌价值研究结果

2.1 2011 中国房地产策划代理公司品牌价值 TOP10

自 2005 年始，中国房地产 TOP10 研究组已连续七年开展中国房地产策划代理品牌价值研究，挖掘行业内规模大、专业能力突出的优秀品牌企业，推动开发品牌企业与策划代理品牌企业强强联合。2011 中国房地产策划代理品牌价值研究中，研究组基于企业策划能力、代理能力、业务布局、品牌三度等多个方面深入研究，全面研究分析品牌企业的品牌影响力和竞争优势。

表 1 2011 中国房地产策划代理公司品牌价值 TOP10

品牌	公司名称
世联地产	深圳世联地产顾问股份有限公司
思源经纪	北京思源兴业房地产经纪有限公司
同策	上海同策房产咨询股份有限公司
合富辉煌	合富辉煌集团控股有限公司
策源地产	策源地产
新聚仁	新聚仁机构
华燕	上海华燕置业发展有限公司
深圳中原	深圳中原房地产经纪有限公司
新景祥	新景祥投资控股有限公司
博思堂	博思堂地产综合服务股份有限公司

2011 中国房地产策划代理公司品牌价值研究成果显示：借助于"企业并购"、"强化战略合作"和"扩张市场布局"等发展战略，2011 中国房地产策划代理公司品牌价值 TOP10 企业呈现出了快速扩张的态势，品牌价值显著增长；与此同时，营业收入和销售额快速增长，形成了品牌价值与经营业绩的联动提升。

（1）以品牌促融资，以并购谋拓展。世联地产成功登陆资本市场后，迅速加快企业扩张步伐，在 2010 年和 2011 年先后收购信立怡高、武汉经天纬地、重庆纬联、四川嘉联股权，通过对四家优秀区域企业的并购提升了山东、华中及西南区域的市场份额，品牌影响力大幅提升，品牌价值达到 28.55 亿元；思源经纪也挟成功登陆纽交所之势，收购星彦地产，进入华南区域市场，进一步完善了企业全国化布局，品牌价值首次超过 20 亿元，达到 21.08 亿元。

（2）与开发品牌企业同行，品牌联合效应叠加。同策为合作伙伴深度整合资金资源、土地资源、品牌资源和专业资源四大核心资源，与多家开发品牌企业签订战略合作协议，2011 品牌价值为 20.28 亿元；策源开展土地开发和评估、销售代理与策划、二手房经纪等业务，并取得了在高端公寓、别墅、配套商业、产业集群及办公领域的优势，与星河湾等高端产品开发企业展开深度合作，2011 品牌价值为 12.09 亿元；华燕业务链涵盖全程策划营销代理与地产金融衍生服务，并以"线上、线下服务相结合综合服务商"的核心服务理念，形成了与开发品牌企业良好的战略合作关系，品牌影响力也逐步扩大，品牌价值提升至 10.78 亿元。

（3）向二三四级市场扩张，寻找强势品牌的利润"蓝海"。新聚仁在巩固现有进入城市的前提下，先后进入成都、青岛、宁波、烟台等多个二三线城市，品牌影响力显著扩大，品牌价值达到 11.19 亿元；新景祥近年来不断加强品牌建设，强化在三四线城市的品牌渗透，形成强大的品牌覆盖网络，2011 品牌价值为 10.25 亿元；博思堂秉承"定义房地产服务新价值"的品牌愿景，凭借在项目全程营销代理方面的优异表现获得开发企业认同，品牌价值为 9.05 亿元。

2.2　2011 中国房地产策划代理区域公司品牌

表 2　2011 中国房地产策划代理区域公司品牌

区域	品牌	公司名称
华东	新联康	上海新联康投资顾问有限公司
	金丰易居·普润地产	上海普润房地产顾问有限公司
	中润解放地产营销	上海中润解放房地产营销策划有限公司
华北	金网络	北京金网络房地产经纪有限公司
	亚豪机构	亚豪机构
	远洋嘉业	北京远洋嘉业房地产经纪公司
华南	中地行	广州中地行房产代理有限公司
	百脑会	珠海百脑会房地产策划有限公司
中西部	正合地产	成都正合地产顾问有限公司
	至祥置业	昆明至祥房地产经纪有限公司

房地产行业具有较强的地域性，各区域市场和消费者需求均有较大差异，开发企业在进行异地扩张时，选择进入区域内具有较强品牌影响力的策划代理品牌企业进行合作，成为快速融入区域市场、了解消费者需求的有效手段。中润解放地产营销以传媒资源整合为依托，项目营销代理为载体，房地产金融服务为发展，专注于为高端房地产项目提供营销、策划、广告、投资顾问等服务。正合地产秉承"正行致远，合智为

道”的企业文化和经营理念，以“地产价值推动者”为自身定位，首次跻身中西部区域优秀品牌企业；至祥置业坚持“空降兵+本土军”相结合的原则，率先导入全程跟踪策划服务，为房地产开发企业提供高附加值的综合服务。

2.3 2011 中国房地产策划代理特色服务品牌

房地产市场产品个性化和多样化的高标准需求催生了策划代理服务特色品牌企业，这些企业在某个专业领域具有较强的业务能力，构建了企业核心竞争优势。

品牌	公司名称	专业领域
易居中国	易居（中国）控股有限公司	房地产现代服务

易居中国着力打造完整业务体系，产业链延伸至旅游地产、互联网等领域，成为房地产现代服务的特色服务企业。在实现业务延伸的过程中，易居中国策划代理企业的属性有所弱化，2010 年实现代理销售额同比增幅不足 5%。

品牌	公司名称	专业领域
华燕	上海华燕置业发展有限公司	地产金融
汉宇地产	上海汉宇房地产策划营销有限公司	二三级市场联动
昌盛投资	昌盛联行（北京）商业地产管理顾问有限公司	商业策划

华燕在“地产金融”领域进行“产业+金融”的实践和探索，以强大的金融服务团队将经纪、金融这两大领域的服务相结合，与全国 30 多家银行建立了合作关系，并成功开发出房地产金融信息化创新服务平台“房盟中国”；汉宇地产力求提供卓越服务，将二三级市场联动理念落地，逐渐形成一手项目营销代理、二手住宅居间中介、商铺写字楼经纪等三大领域协调发展的运营模式，为开发企业销售环节带来有力保证；昌盛投资始终致力于服务全国各类城市高端商业地产，成为集成商业产品定位、营销策划分析、商业顾问服务、商业区域规划、商业服务管理、商业经营、商铺销售、资本融合的专业商业地产服务机构。

3 中国房地产策划代理品牌价值研究结果分析

（1）品牌企业经营业绩领先同业，品牌价值持续上扬

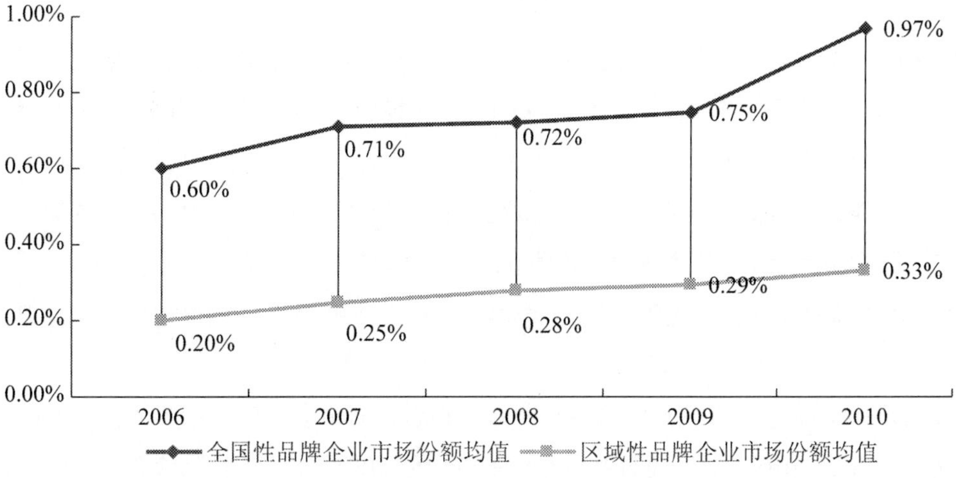

图 1 2006～2010 年策划代理全国性、区域性品牌企业市场份额均值

品牌是市场调整期的信心保证，也是市场回暖期的经营业绩加速器。2010 年，中国房地产市场波动显著，从年初的“高歌猛进”到年末的“分化加剧”，市场波动明显，全国商品房销售额虽然达到 5.3 万亿元，同比增长 18.3%，但增幅较 2009 年大幅回落。策划代理品牌企业在市场波动期采取了更为积极的发展策略，深入二三线市场，并凭借专业和可信赖的服务获得了更多的发展资源，市场份额快速增加，体现了房地产行业“大脑”的价值。全国性品牌企业 2010 年市场份额均值达到 0.97%，较上年增加了 0.22%，市场份额增速达到 29.33%，超过全国商品房销售额增速 11 个百分点；区域性品牌企业市场份额均值也从 0.29%增加至 0.33%，但增幅明显慢于全国性品牌企业。

2006~2010 年，策划代理品牌企业市场份额持续快速增长，表明策划代理在房地产产业链中的地位日趋重要，同时品牌增强了企业抵御市场波动风险能力，保障企业业绩稳定增长。纵观近年来品牌企业市场份额变化趋势，呈现出两个特征：第一，策划代理行业集中度较低，品牌企业市场份额偏小。虽然经历了五年的快速发展，但策划代理品牌企业市场份额仍较为分散，仅有世联地产和易居中国凭借 2010 年超过千亿的销售额市场份额超过 2%。目前，策划代理行业整合趋势日渐明显，行业集中度将得到提升。第二，全国性品牌企业发展提速。全国性品牌企业自 2009 年开始市场份额呈现出加速提升的态势，与区域性品牌企业间的“剪刀差”不断加大，2010 年已经扩大到 0.64%，这主要是因为全国性品牌企业有相对充足的资源用以支撑跨区域发展，通过跟随大客户扩张和开发新客户获取了更多的发展资源。品牌企业市场份额快速提升，表明规模化发展依然是现阶段策划代理企业发展的主旋律。

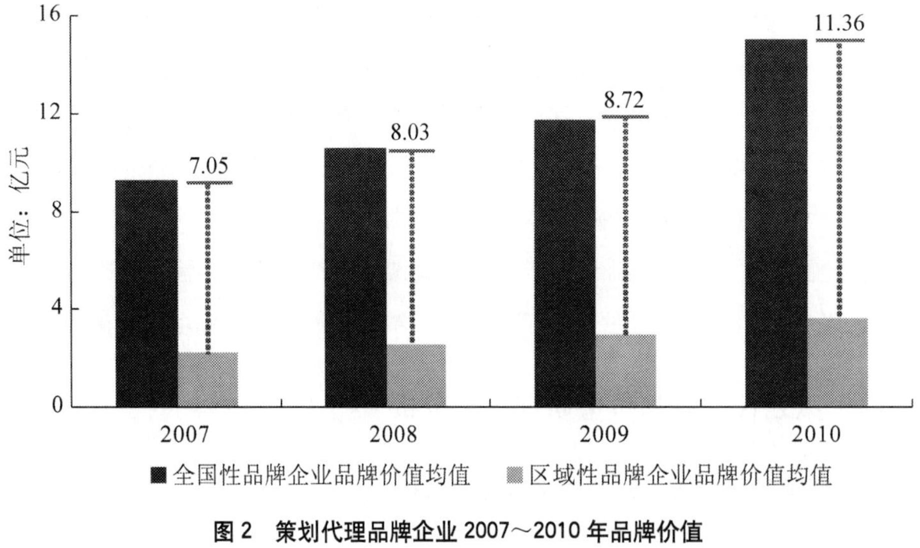

图 2　策划代理品牌企业 2007～2010 年品牌价值

2010 年到 2011 年上半年，政策调控逐步深入，一二线主要城市出台限购措施，客观上限制了市场需求入市，房地产项目销售难度日益增加。策划代理品牌企业在经历了 2008 年到 2010 年上半年的市场大幅波动后，专业能力与市场应对能力得到大幅提升，企业业绩均明显好于同期市场大势，市场影响力显著增强，品牌价值快速增长。策划代理品牌企业中全国性品牌企业平均市场份额达到 0.97%，推动其品牌价值均值达到 15.01 亿元，区域性品牌企业平均市场份额达到 0.33%，推动其品牌价值均值达到 3.65 亿元，分别同比增长 28.18%和 22.07%，增速明显高于去年，企业市场地位的提升和综合实力的增强促进了企业品牌价值快速提升。

从策划代理全国性品牌企业和区域性品牌企业对比来看，与市场份额分化类似，全国性品牌企业品牌价值领先优势愈发明显。2010 年，全国性品牌企业品牌价值均值超出区域性品牌企业 11.36 亿元，差距较之 2009 年的 8.72 亿元进一步扩大。全国性品牌企业目前普遍完成了全国化布局，从业经验丰富，拥有多业态营销代理的成功经验，获得众多开发企业的青睐，其销售额和面积增速明显领先于行业水平。通过跟随大客户发展或跨区域并购等方式，全国性品牌企业在快速完善市场布局的同时获得了稳定的客户资源，品牌影响力实现了突飞猛进，品牌价值提升速度进一步加快。

区域性品牌企业作为区域内发展的龙头企业，建立了区域内的强势地位，并且普遍和区域内的本土优秀开发企业形成了全面合作，对本地客户消费习惯的了解和丰富的客户资源，也使其成为外来企业项目销售的重要选择。2010 年，区域性品牌企业得到了稳定发展，品牌价值稳步提升，增速略有加快。但与全国性品牌企业相比，区域性品牌企业的开发企业客户以区域本地企业为主、市场布局限制性强、人才与资金资源较弱，限制了其品牌影响力的快速提升，导致区域性品牌企业的品牌价值均值连续四年低于全国性品牌企业。

（2）品牌助推企业全国化布局，加快二三线市场扩张步伐

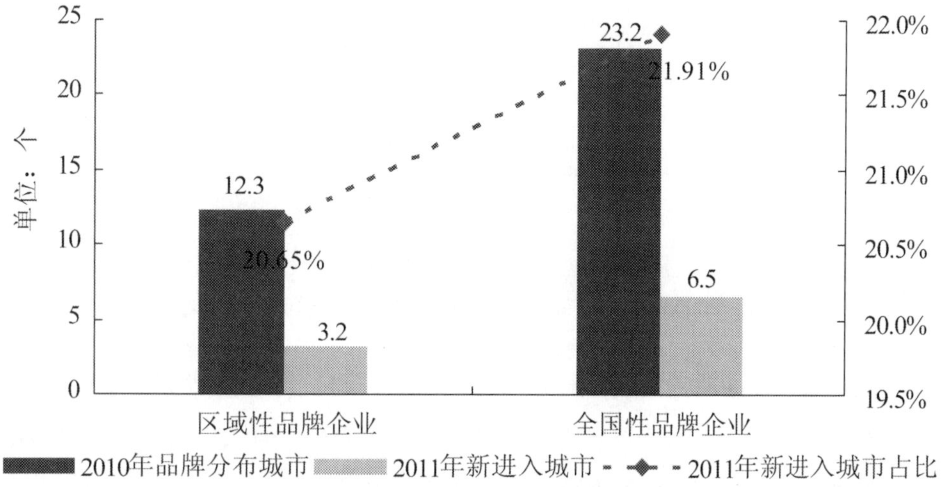

图 3 2010～2011 上半年品牌企业市场分布

2010 年以来，中国房地产市场受政策调控影响，市场环境更为复杂，波动幅度加大，房地产开发企业需要更多、更专业的服务支持，策划代理品牌企业凭借突出的专业能力和较强的品牌溢价能力获得了开发企业的青睐，获取了更多的项目资源，迎来了市场拓展的快速阶段。2010 年，全国性品牌企业和区域性品牌企业品牌分布城市均值分别达到 23.2 个和 12.3 个。

进入 2011 年，随着限购措施的出台和货币政策的从严，房地产市场调控政策进一步升级，市场不确定性大为增加，策划代理品牌企业的客户资源、项目推广和销售执行专业能力成为开发企业仰赖的资源，全国性品牌企业加速市场扩张，完善全国市场布局；同时区域性品牌企业也深化区域市场，巩固区域市场地位。全国性品牌企业和区域性品牌企业在 2011 年平均新进入城市数量分别达到 6.5 个和 3.2 个，分别占其品牌分布城市的 21.91%和 20.65%。

（3）品牌管控渐成体系，成效益转化组织保障

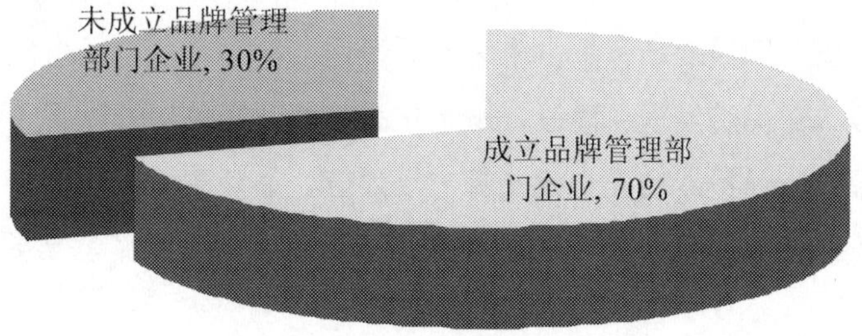

图 4 策划代理品牌企业设立品牌管理部门比例

品牌价值的提升需要企业不断强化品牌建设，完善组织管理体系。建立专业化、规范化的品牌管理体系，可以通过完善的业务流程和绩效管理，保障品牌战略持续、高效执行，为企业实现从品牌到效益的转化提供组织保障。策划代理企业普遍将品牌建设提升至战略的高度，品牌企业中成立品牌管理部门的比例不断提高，2010 年达到 70%，比上年提高 10 个百分点，即策划代理品牌企业中有七成建立了独立的品牌管理部门，专职执行企业品牌战略并处理品牌建设中的日常事务。

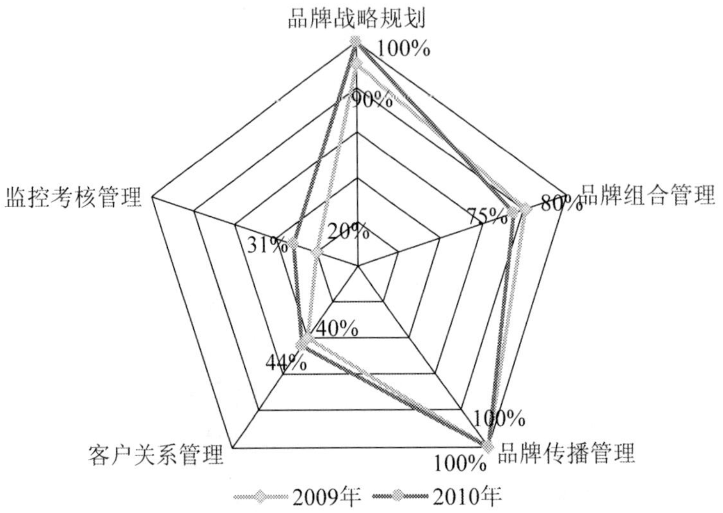

图 5　2009～2010 年策划代理品牌企业品牌管理部门职责对比

策划代理企业的品牌建设通常包括企业形象与能力的宣传推广、房地产开发企业等主要客户关系维护、监控企业品牌形象和进行危机公关等内容，专业品牌部门的设立可以有效地进行品牌整体建设，帮助策划代理企业建立强势品牌，为企业的快速发展提供体系保障。

随着策划代理行业进入品牌竞争新时代，品牌企业均把品牌建设提升到企业发展战略高度，以品牌塑造、提升企业核心竞争优势，所以品牌战略规划成为所有品牌企业赋予其品牌管理部门的一个重要职能；品牌传播是企业品牌建设的具体执行工作，也是品牌建设中关键内容，品牌企业的品牌管理部门都有这一职能。同时，相对于 2009 年，品牌企业品牌管理部门中拥有监控考核、客户关系职能的比例有所提升，表明企业对于品牌部门的重视程度进一步提高，对于品牌在企业客户关系维护与企业形象建立方面的作用认识加深，这与品牌企业将品牌建设提升至战略高度的发展现状相一致。

4　结语

品牌企业借助强势的品牌资产，成功抓住市场调整期蕴含的机遇，取得了突出的成绩。第一，策划代理品牌企业在市场波动期实现了良好的经营业绩，企业代理销售额显著提升，市场份额不断扩大，推动企业品牌价值大幅上扬，实现了市场份额与品牌价值的良性互动；第二，品牌实力引领企业迅速抢占行业并购整合良机，重点进驻全国三四线战场，抢占未来发展资源，助力企业市场份额和抗风险能力大幅提升；第三，品牌企业更加重视内部品牌管理、建设，规范化品牌管理有效提升品牌转化效益，进一步强化品牌优势；第四，持续性的品牌建设投入增强企业品牌市场效应，品牌建设强化大客户战略，与企业发展资源紧密接触；第五，品牌企业内外兼修，“品牌三度”持续上涨，成为消费者购房重要考虑因素，市场作用进一步突出。

附录四　2011 中国物业服务百强企业研究报告

1　研究背景与目的

中国房地产 TOP10 研究组自 2008 年以来已经连续四年开展了“中国物业服务百强企业研究”，引起了社会各界的广泛关注，同时也得到了行业内优秀企业的认可，对促进市场资源向物业服务百强企业聚集和房地产开发百强企业与物业服务百强企业的强强联合起到了重要作用。

经过 30 年的发展，物业服务行业获得了长足的进步，特别是随着消费者品质需求的不断提高，行业进入了以品质促发展的新阶段。在行业转型升级和市场格局转变的双重推动下，服务品质已成为行业发展的核心要素和企业核心竞争力的重要源泉。在此背景下，中国指数研究院、中国房地产 TOP10 研究组以“品质成长”为主题，启动“2011 中国物业服务百强企业研究”，发掘一批规模大、实力强、品牌优、拥有先进发展模式的物业服务企业，发挥示范带头作用，引领行业健康、快速发展。

在总结历年研究经验的基础上，研究组进一步完善了“2011 中国物业服务百强企业研究”方法体系，更加全面、客观地评价企业的综合实力。

2011 中国物业服务百强企业研究的目的是：

（1）以客观的数据和研究结果，反映行业发展最新状况和主流企业的发展态势，为政府部门研究制定行业政策、有关部门加强行业指导提供参考和依据；

（2）科学评价企业的真实实力，发掘一批综合实力强、服务水平高、业主满意度高的优秀物业服务企业；

（3）系统总结优秀企业的服务理念和经营模式，供广大物业服务企业学习借鉴，促进物业服务企业提升运作水平和服务质量。

2　研究方法体系

2.1　标准和门槛值

中国房地产 TOP10 研究组坚持以客观数据和社会评价为依据，坚持客观、公正、准确、全面、自愿的研究原则。研究组按照国际惯例和《物业服务企业资质管理办法》，确定现阶段纳入研究范围企业的门槛标准：

（1）依法设立、具有独立法人资格，从事物业服务活动的企业；

（2）具有房地产行政主管部门颁发的一级资质证书的物业服务企业及有特色的二级资质物业服务企业；

（3）凡符合入选门槛标准的物业服务企业，须按要求提供相应的数据报表，方可参与此次研究；

（4）为了引导物业服务企业做强做大，TOP10 研究组鼓励企业以集团的名义参与。

2.2 评价指标体系

2.2.1 评价指标体系设计原则

“2011 中国物业服务百强企业研究”以客观数据和社会评价为依据，坚持客观、公正、准确、全面、自愿的研究原则，遵循以下三个准则进行指标体系的设计：

（1）服务规模与服务质量相结合。经营规模是企业市场拓展和发展速度的重要体现，但企业经营规模的扩张离不开服务质量的同步提升，只有实现经营规模与服务质量的平衡，才能实现企业的健康发展。研究组采用物业管理项目总数、总建筑面积两项指标来评价企业的服务规模，采用业主满意度、物业服务费收缴率及物业管理项目续约率来评价企业的服务质量，并新增总资产这一指标，更加客观地反映企业规模化发展与服务水平的情况。

（2）发展潜力与经营绩效相结合。经营绩效是企业当期经营成果的体现，而是否具有丰富的储备项目和较为完善的人才结构则决定了企业未来的发展潜力。研究组采用营业收入、毛利率以及人均产值进行经营绩效评价，与发展潜力相结合，更准确地反映企业的经营现状和未来成长能力。

（3）社会责任与经营绩效相结合。作为与业主日常生活密切相关的行业，物业服务在维护社会稳定方面发挥了重要的作用，研究组新增年度纳税总额、就业岗位个数和政策性住房管理面积三个指标，引导企业重视社会责任，积极构建和谐社会，并将其作为企业综合实力评价的重要内容。

2.2.2 评价指标体系

2011 中国物业服务百强企业研究指标体系

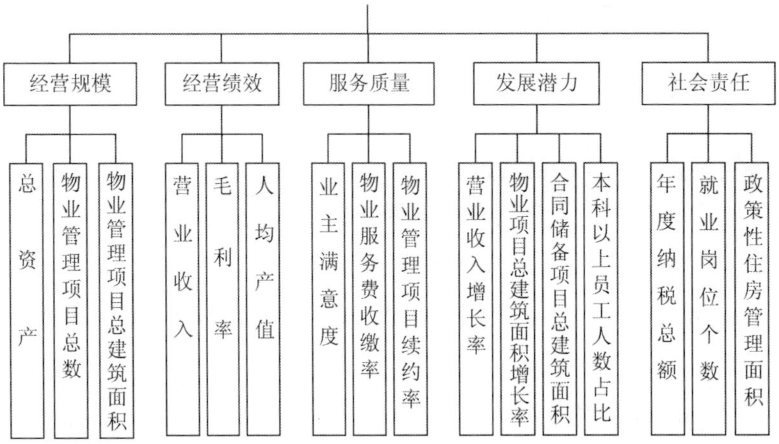

2.3 数据来源及复核

2.3.1 数据来源

（1）物业服务企业填报的数据；

（2）中国房地产 TOP10 研究组对业主进行的满意度调查（网上调查与网下调查相结合）数据；

（3）中国房地产指数系统（CREIS）数据库及中国房地产统计年鉴；

（4）物业服务企业对外公布的信息（包括企业网站公布的信息和对外派发的宣传资料）；

（5）有关政府部门（包括建委、房管局和统计局等）的公开数据。

2.3.2 数据复核

企业填报的数据须如实客观，同时研究组将对填报数据进行复核：

（1）企业财务数据通过会计师事务所出具的报表进行复核；

（2）通过各地物业管理协会的公开信息及统计局经济普查数据对企业填报数据交叉复核；

（3）对有疑问的数据研究组将进入社区进行业主一对一访谈现场复核。

2.4 计量评价方法

在研究方法上，为增加研究的严谨性，采用因子分析（Factor Analysis）的方法进行。因子分析（Factor Analysis）是一种从变量方差——协方差结构入手，在尽可能多地保留原始信息的基础上，用少数新变量解释原始变量方差的多元统计分析方法。它将原始变量分解为公共因子和特殊因子之和，并通过因子旋转，得到符合现实意义的公共因子，然后用这些公共因子去解释原始变量的方差。

计算中国物业服务百强企业综合实力时，主要是计算各构成要素的相关矩阵，通过相关矩阵得到特征值、累计特征值及因子载荷。根据最初几个特征值在全部特征值的累计百分率大于或等于某百分比的原则，确定公共因子的具体个数。然后再根据因子载荷矩阵确定各个因子的现实意义并进行重新命名，最后根据不同企业各个因子的得分及载荷矩阵，通过加权累加构成企业综合实力指数。

3 主要研究成果及分析

3.1 2011 中国物业服务百强企业

"2011 中国物业服务百强企业" 名单

1	深圳市万科物业发展有限公司	51	北京远洋基业物业管理有限公司
2	绿城物业服务集团有限公司	52	北京东光物业管理有限公司
3	长城物业集团股份有限公司	53	广州珠江物业酒店管理有限公司
3	中航物业管理有限公司	54	北京市北宇物业服务公司
5	深圳市金地物业管理有限公司	55	港联物业（中国）有限公司
6	保利物业管理有限公司	56	北京方庄物业管理有限责任公司
7	中海物业管理有限公司	57	杭州佰全物业管理有限公司
8	招商局物业管理有限公司	58	北京万通鼎安国际物业管理有限公司
9	重庆新龙湖物业服务有限公司	59	上海紫泰物业管理有限公司
10	北京市均豪物业管理股份有限公司	60	正荣物业管理有限公司
11	深圳市龙城物业管理有限公司	61	深圳天安物业管理有限公司
12	上海陆家嘴物业管理有限公司	62	浙江南都物业管理有限公司
13	北京凯莱物业管理有限公司	63	深圳熊谷物业管理有限公司
14	上海东湖物业管理公司	64	广州城建开发物业有限公司
15	广东康景物业服务有限公司	65	天津天孚物业管理有限公司
16	广东碧桂园物业管理有限公司	66	上海上实物业管理有限公司
17	深圳市卓越物业管理有限公司	67	深圳市科技工业园物业管理有限公司
18	广州广电物业管理有限公司	68	天津津滨联合物业服务有限公司
19	北京首欣物业管理有限责任公司	69	厦门市住总物业管理公司
20	广东中奥物业管理有限公司	70	北京金隅物业管理有限责任公司
21	北京天鸿宝地物业管理经营有限公司	71	深圳中旅联合物业管理有限公司
22	深业集团（深圳）物业管理有限公司	72	河北卓达物业服务有限公司
23	佳兆业物业管理（深圳）有限公司	73	北京市圣瑞物业服务有限公司
24	北京网信物业管理有限公司	74	云南俊发物业服务有限公司
25	重庆市金科物业服务有限公司	75	深圳市之平物业发展有限公司
26	北京亿方物业管理有限责任公司	76	北京亿城物业管理有限公司
27	成都嘉宝管理顾问有限公司	77	浙江耀江物业管理有限公司

续表

28	深圳市万厦居业有限公司	78	深圳市福田物业发展有限公司
29	上海上房物业管理有限公司	79	上海证大物业管理有限公司
30	江苏新城物业服务有限公司	80	重庆加州物业服务有限公司
31	深圳市开元国际物业管理有限公司	81	北京科住物业管理有限公司
32	国贸物业酒店管理有限公司	82	浙江金都物业管理有限公司
33	上海复瑞物业管理有限公司	83	吉林亚泰物业管理有限公司
34	深圳市花样年彩生活科技集团	84	美佳物业管理（深圳）有限公司
35	深圳市赛格物业管理有限公司	85	天津市天房物业管理有限公司
36	鑫苑物业服务有限公司	86	上海新世纪物业管理有限公司
37	中化金茂物业管理（北京）有限公司	87	融汇物业管理有限公司
38	深圳市明喆物业管理有限公司	88	苏州市会议中心物业管理有限公司
39	上海银湾物业连锁集团	89	上海景瑞物业管理有限公司
40	重庆隆鑫物业管理有限公司	90	杭州滨江物业管理有限公司
41	深圳市鹏基物业管理有限公司	91	重庆金辉锦江物业服务有限公司
42	上海科瑞物业管理发展有限公司	92	廊坊市幸福基业物业服务有限公司
43	新疆广汇物业管理有限公司	93	深圳市泰然物业管理服务有限公司
44	浙江嘉信物业服务有限公司	94	北京中天如日物业管理有限公司
45	长江三峡实业有限公司	95	杭州宋都物业经营管理有限公司
46	厦门联发（集团）物业服务有限公司	96	西安天地源物业服务管理有限责任公司
47	北京新世界物业管理有限公司	97	怡城（浙江）物业管理有限公司
48	浙江开元物业服务有限公司	98	重庆鸥鹏物业管理有限公司
49	上海明华物业公司	99	浙江纳德物业服务有限公司
50	深圳市莲花物业管理有限公司	100	黑龙江宝宇物业管理有限公司

3.2 2011 中国物业服务百强企业发展特点分析

3.2.1 运营模式：专业服务打造核心竞争力，平台运营提升经营效益

（1）百强企业构建专业化业务模式，强化市场竞争力

分析百强企业物业服务费收入的结构发现，2010 年，居住物业服务费收入占比超过 50%的企业有 41 家，其中有 7 家企业占比超过 90%，办公物业服务费收入占比超过 50%的企业有 8 家。部分百强企业经过长期的业务探索之后，逐渐寻找到符合企业资源优势的业务方向，并通过建立服务标准体系和专业人才队伍形成了企业的核心竞争优势，专业化业务模式优势尽显，特别是在准确定位、完善服务标准体系、针对性的业务拓展、培养专业人才队伍等方面表现突出。

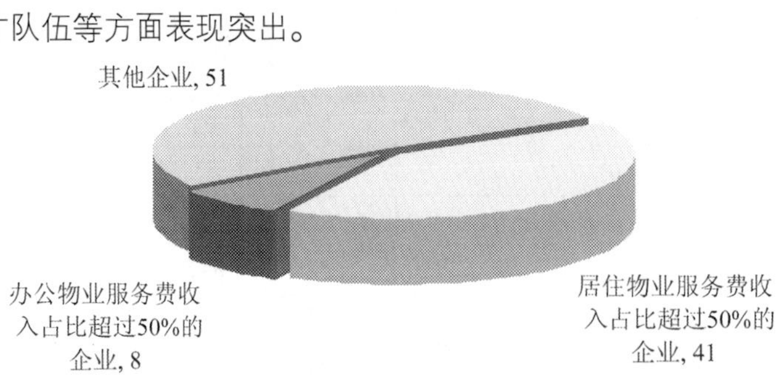

图 1 百强企业中单一物业类型服务费收入超过 50%的企业数量

（2）借助专业平台运营多种经营业务，提升服务质量和盈利能力

面对企业经营成本快速上涨，物业服务收费标准难以提升的情况，百强企业积极调整业务结构，根据

业主的需要，利用管理服务的项目资源，为业主提供多种经营服务，创造新的收入和利润增长点。2010 年，百强企业多种经营收入均值为 4812.5 万元，同比增长了 26.4%，占营业收入的比重达到 24.2%，已成为重要组成部分。

物业服务企业开展多种经营服务业务目前正从业务探索阶段走向业务发展阶段。在业务探索阶段，物业服务企业从被动应对业主需求逐步发展到主动挖掘业主需求、提供丰富物业服务，并初步形成了一些具有特色的服务内容。但企业在提供基本物业服务的同时兼顾分散的多种经营服务，出现了标准服务与有偿服务界定模糊、服务人员交叉、服务质量难以控制等问题，影响了服务专业水平的提升，业主满意度水平较低；而过于分散的运营方式也增加了管理成本，多种经营业务的高盈利能力未能充分发挥。

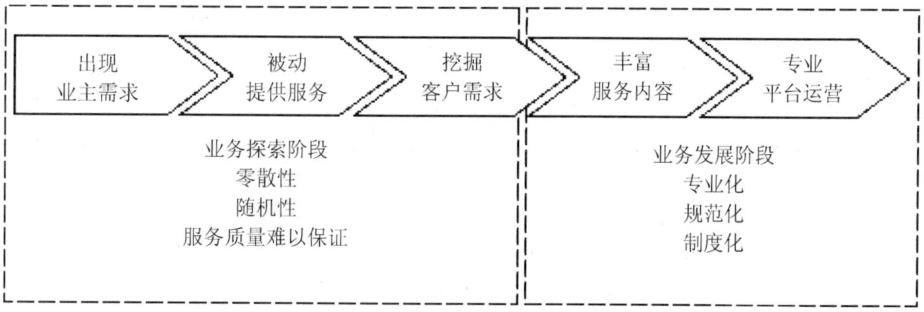

图 2 物业服务企业多种经营业务发展历程

3.2.2 服务规模：在管项目总建筑面积均值突破 900 万平方米，规模增长促进百强企业市场份额扩大

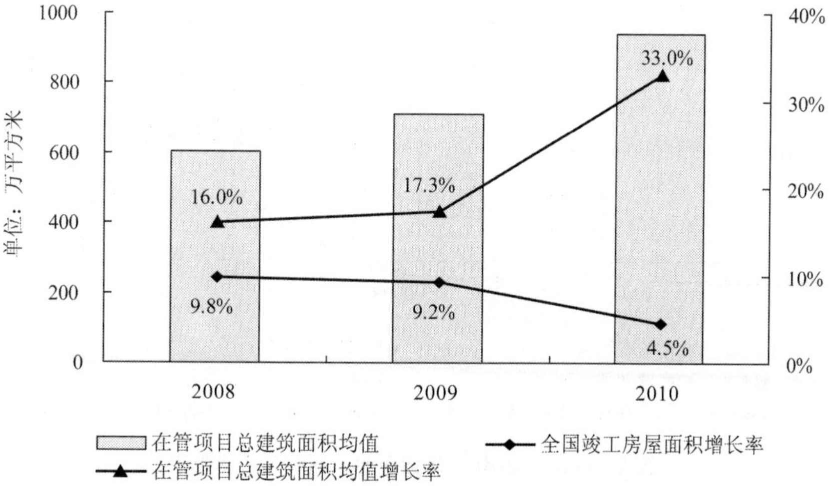

图 3 2008～2010 年百强企业服务规模变化趋势

近年来，物业服务行业市场化发展迅速，百强企业充分发挥资源优势和品牌效应，积极进行市场扩展，服务规模迅速扩张，2008~2010 年在管项目总建筑面积增长率均值是同期全国竣工房屋面积增长率均值的近 2.8 倍，市场份额快速提升。2010 年百强企业在管项目总建筑面积均值达 943.5 万平方米，同比增长了 33.0%，25 家百强企业服务面积超过了 1000 万平方米，其中万科物业、绿城物业、长城物业、金地物业、保利物业、中海物业等企业在管项目总建筑面积均已超过 2000 万平方米，百强企业规模化发展趋势明显。

2010 年百强企业在管项目数量和单位项目建筑面积规模均大幅增加，在管项目数量中值为 52 个，比去年增长了 26.8 %，实现连续四年持续增长。其中在管项目超过 200 个的百强企业有 6 家，在管项目 100-200 个的百强企业有 23 家，在管项目 50-100 个的百强企业有 26 家。

3.2.3 经营绩效：多种经营业务净利润占比连续三年超过 50%，成为企业经营业绩的主推力

（1）多种经营业务收入快速增长带动营业收入增速再次超过 25%，业务结构持续优化

百强企业服务规模持续扩大推动了营业收入的快速增长，2010 年百强企业营业收入均值达 19860.9 万元，继去年之后增速再次超过 25%；其中，物业服务费收入均值 15048.4 万元，同比增长 25.3%；多种经营收入均值为 4812.5 万元，同比增长 26.4%。百强企业积极利用服务的客户资源开发多种经营业务，服务费收入大幅增长，增速比 2009 年高出 17 个百分点，成为收入的新增长点。

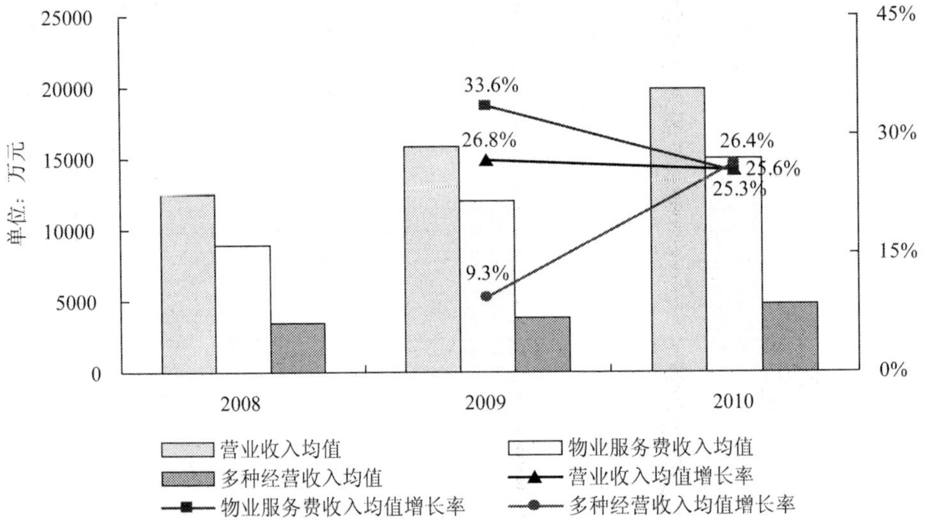

图 4　2008～2010 年百强企业收入构成及变化

（2）百强企业净利润增长 37.5%，多种经营业务净利润占比连续三年超过 50%

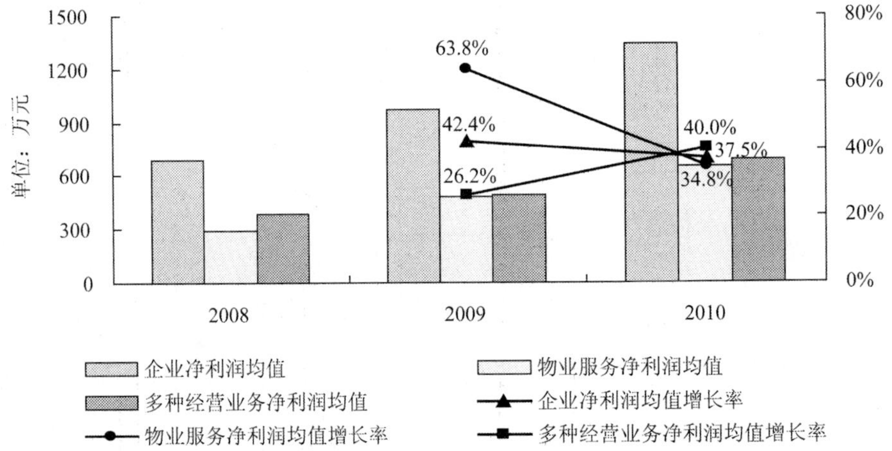

图 5　2008～2010 年百强企业净利润及变化趋势

2010 年百强企业净利润均值达到 1342.0 万元，同比增长了 37.5%；物业服务净利润均值达到 650.7 万元，同比增长了 34.8%；多种经营业务净利润增长较快，均值达到 691.3 万元，同比增长 40.0%，连续三年占百强企业净利润的比例超过 50%，成为重要的利润增长点。在经历了前些年的市场培育期后，多种经营业务逐渐为客户接受，为带动百强企业的净利润规模的增长做出了突出的贡献，也为企业健康持续发展提供了保障。但作为主要业务的物业服务业务，由于经营成本上升较快，收费水平受客观条件限制难以提升，净利润增速放缓，影响了百强企业净利润整体增速。

3.2.4　*发展潜力：百强企业进入城市数量均值达到 16 个，积极布局三四线城市提升企业发展潜力*

（1）百强企业扩张速度明显加快，三四线城市前景广阔

百强企业普遍实施区域化、规模化经营，或采取跟随开发企业战略，或主动进行市场拓展，扩张速度明显加快。2010 年百强企业进入城市数量均值达到 16 个，形成了良好的规模效应；同比增速达到 23.1%，较之 2009 年提高 4.9 个百分点，为未来的持续快速发展扩展了市场空间。百强企业深化完善区域市场，将

业务范围从一二线城市延伸至三四线城市，在三四线城市管理服务的项目总建筑面积占其管理服务项目总建筑面积的 21.5%，比去年增长 5 个百分点，百强企业积极布局三四线城市具有重要的战略意义。

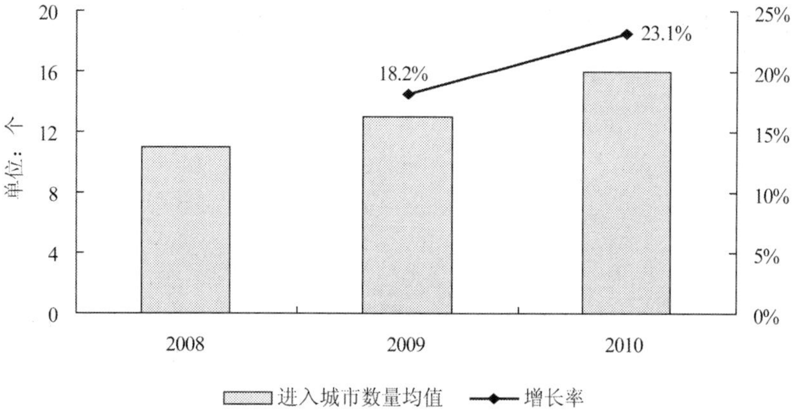

图 6 2008～2010 百强企业进入城市数量均值及增长率

（2）合同储备项目总建筑面积均值突破 300 万平方米，但增速明显放缓

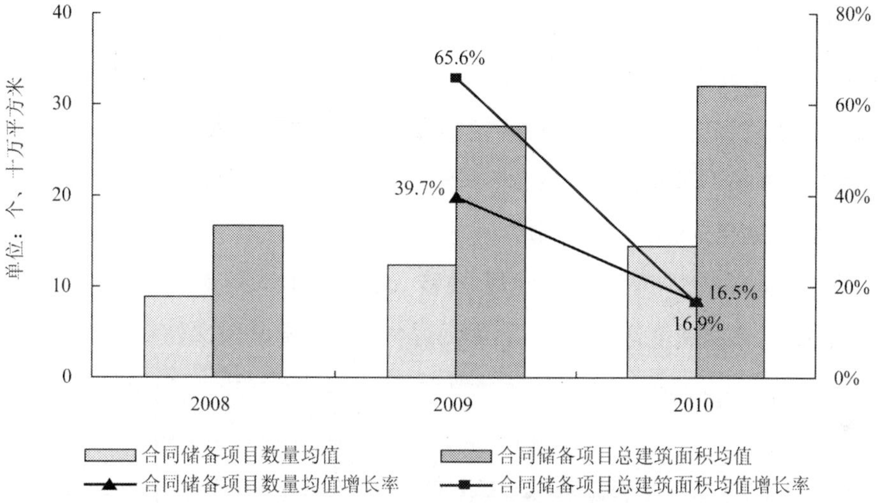

图 7 2008～2010 年百强企业合同储备项目数量及总建筑面积变化趋势

2008~2010 年，百强企业合同储备项目继续增长，2010 年合同储备项目数量均值达到 14 个，同比增长 16.9%；合同储备项目总建筑面积达到 320.9 万平方米，较去年增长 16.5%。百强企业合同储备项目数量与总建筑面积与去年相比增速均明显下降，特别是建筑面积增速降幅近 50 个百分点，值得企业重点关注。在一线城市土地资源匮乏、调控不断深入的时期，二线城市在人口数量、经济水平、城市规模上都具有良好的成长空间，目前房地产开发企业纷纷加快布局二线、三四线城市，2011 年上半年全国品牌房企新增二线城市土地占比均值为 43.0%，新增三四线城市土地比重为 38.7%，两者占比之和超过八成。物业服务企业应紧密跟随房地产开发企业市场拓展方向，加快城市布局，储备未来发展资源。

3.2.5 服务品质：专业分工与人才队伍建设提升服务质量，业主满意度达到 83.2%

（1） 行业规范标准日益完善，促进百强企业主动提升服务水平

自 2010 年 1 月至 2011 年 4 月，北京市、安徽省、福建省、山西省、宁夏回族自治区等 20 余个省、市及自治区先后颁布实施了物业管理条例或办法（部分为对原有物业管理条例或办法进行的修订），仅在今年 1 月 1 日开始施行物业管理条例（办法）的省、市就达到 6 个。

行业规范法规以及相应法律法规的出台，强化了业主权益，特别是确立业主大会的主体地位，加强了业主对物业服务企业的约束监督，客观上对物业服务企业提升服务品质起到了推动作用。同时，物业管理

法规的完善也有利于物业服务企业理顺与业主的关系，顺利开展各项业务，同时对企业服务质量、抗风险能力、专业管理和技术水平方面有了更高的要求。

（2）百强企业通过专业化人才培养和引进，以及将部分业务专业分包的方式提升服务质量

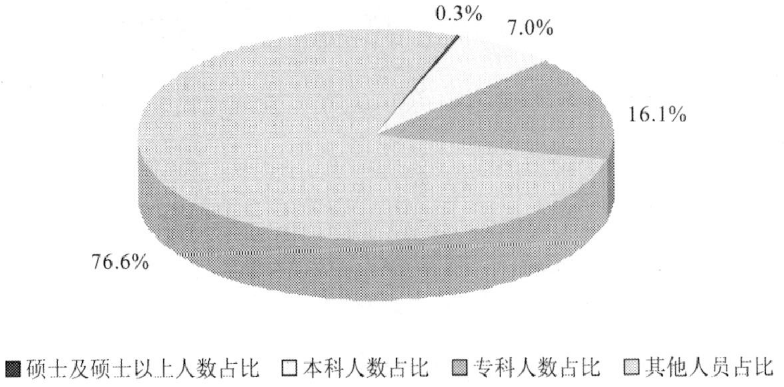

图 8　2010 年百强企业人员结构比例

2010 年，百强企业专科及以上学历的人员占员工总数 23.4%，本科学历员工占比达到 7.0%，其中物业管理师平均人数为 19 人，逐步形成了高素质、具有高度敬业精神和创造力的人才队伍，对于企业逐渐适应现代物业服务的要求，提高其物业管理服务的水平具有重要的积极作用。

越来越多的百强企业将保安、保洁、绿化、设备维修管理等服务项目进行专业分包，其中保洁服务分包比例为 59.2%，绿化业务分包比例为 49.8%。将部分服务进行专业分包，一方面可以降低企业管理运营成本，充分利用社会资源，提高企业的运营效率；一方面专业的保安、保洁、绿化、设备维修管理服务机构，业务相对单一，专业化优势突出，有利于提升服务质量，提高业主满意度。

（3）百强企业业主总体满意度达到 83.2%，物业服务费收缴率均值达到 95.4%

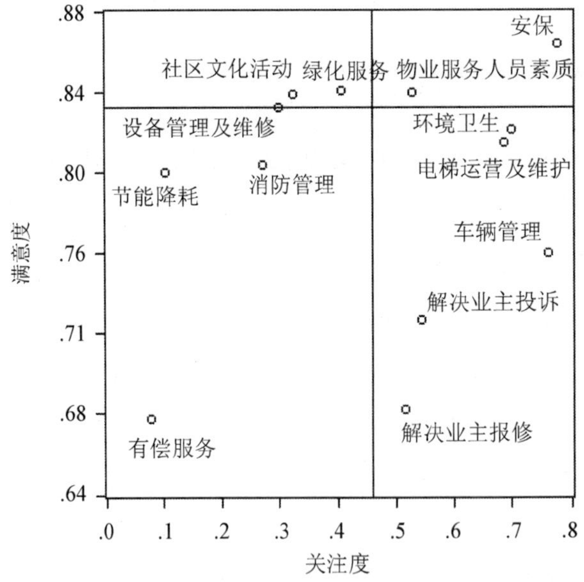

图 9　百强企业业主满意度散点图

TOP10 研究组进行的物业服务企业满意度调查结果显示，百强企业物业服务业主总体满意度达到 83.2%，比 2009 年高出 0.7 个百分点，服务品质进一步提升。

分别来看，在普遍关注的“安保”和“服务人员素质”两个方面，业主满意度均值分别达到 86.4%、83.9%，在各项指标中满意度最高，并且均高于总体满意度；“绿化服务”、“社区文化活动”、“设备管理及维修”等其他受到业主关注的业务服务满意度均值也较高，是百强企业总体满意度获得提升的重要因素。但“解决

业主投诉”、“解决业主报修”等方面虽然业主关注度较高，但是满意度得分较低，分别为 72.7%、68.2%，明显低于总体满意度。

3.2.6 社会贡献：百强企业平均服务客户近十万户，在创造就业与构建和谐社会方面贡献卓著

2010 年百强企业在管项目总建筑面积均值达到 943.5 万平方米，平均服务客户数量近十万户，超过 30 万人，社会贡献日益突出。

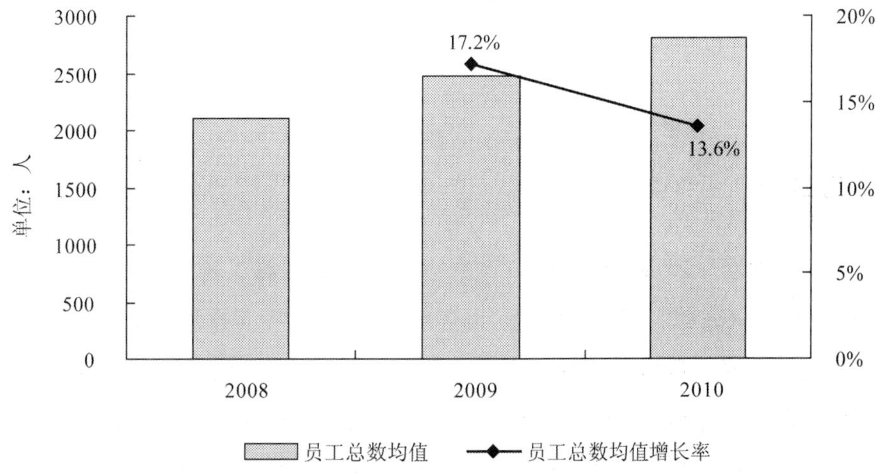

图 10 2008-2010 百强企业员工总数均值及变化趋势

2010 年百强企业员工总数均值达到 2805.5 人，比 2009 年增长了 13.6%，其中吸收了大量机关企事业单位分流人员、大中专毕业生、部队复转军人、下岗待业人员再就业以及农民工等技能水平相对较低的人员。

百强企业积极参与慈善捐助活动，2010 年平均慈善捐款达到 134.7 万元，较 2009 年大幅上升 41.2%。百强企业一方面积极捐款开展公益事业，另一方面积极组织服务项目客户参与公益事业，在社区组织形式多样、健康有益的社会公益活动，号召全社会奉献爱心，提倡环保，为宣传热心公益、保护环境、服务社会等理念，构建和谐社会做出了突出的贡献。除了积极创造就业机会、投身与组织公益事业外，百强企业积极响应国家保障性住房建设号召，参与到政策性保障住房的后期管理服务之中，2010 年百强企业中参与管理服务政策性住房项目的企业管理项目建筑面积均值达 121.9 万平方米，其中面积超过 100 万平方米企业占比 40%，高标准、高效率的完成保障性住房的管理任务，展现了企业突出的社会责任感。

4 结语

中国物业管理服务行业走过 30 年历程，物业服务行业获得了长足的进步，行业社会作用不断凸显，市场化竞争日益充分，与此同时法律法规日益完善，行业发展日益规范化，国内物业服务企业抓住机遇实现了飞速发展。作为行业领先企业，百强企业服务规模和经营能力领先优势明显，区域布局日益完善，资源汇聚能力进一步突出，未来持续高速发展可期。

但同时，随着《劳动法》以及各地物业管理条例等法律法规的出台，物业服务行业作为劳动密集型行业，人工成本快速上升，加之近年来原材料成本快速上涨，企业经营压力增大，过去粗放型的发展模式受到挑战。未来，百强企业应强化专业化发展模式，一方面选定主要物业类型作为企业专业发展方向，实现物业服务业务精深化，以专业能力打造核心竞争力；另一方面，在盈利水平较高的多种经营业务领域，打造专业平台独立运营，提升服务质量和专业化水平，实现业务规模的迅速扩大，同时也要积极布局有潜力的三四线城市，发掘未来成长空间，实现企业的可持续发展。

附录五　2011 中国家居产业百强企业研究报告

1　研究背景与目的

为了引导家居产业持续健康发展，鼓励企业做大做强，由中国建筑装饰协会、中国指数研究院共同组成的“中国家居产业 TOP10 研究组”，自 2008 年起已连续四年开展“中国家居产业百强企业”研究，致力于对中国家居产业规模大、效益好、具有品牌影响力的企业群体展开全面的研究。其成果已成为行业协会、政府监管机构及房地产开发企业等相关机构了解行业动态、选择合作伙伴的重要依据。

2011 年是“十二五”的开局之年，经济转型和结构调整成为发展的主旋律。家居企业既面临着重大挑战，也迎来新的发展机遇，“扩大内需”和“节能环保”或将成为家居企业发展的双动力。家居行业的集中度较低，在市场变革下如何扩张已成为企业关注的焦点。

在此背景下，中国家居产业 TOP10 研究组在总结历年研究经验的基础上，以“合作与成长”为主题，全面启动“2011 中国家居产业百强企业” 研究，通过对企业规模、盈利能力、创新能力、营销渠道、发展潜力以及社会责任的量化研究，发掘综合实力强、管理水平优、品牌影响力大的优秀企业群体，鼓励企业顺应市场变化，积极拓展渠道，在合作中稳健成长。

中国家居产业百强企业研究目的：

（1）以客观的数据和研究结果，反映行业发展现状和主流企业发展态势，为政府部门研究制定行业政策提供依据和参考；

（2）科学评价企业的综合实力，发掘规模大、效益好、具有品牌影响力的优秀家居企业群体；

（3）系统总结业内领先企业的经营模式，供广大家居企业学习借鉴，促进家居产业的良性发展。

2　研究方法体系

2.1　对象和门槛值

中国家居产业 TOP10 研究组坚持以客观数据和社会评价为依据，坚持客观、公正、准确、全面、自愿的研究原则，依照国际惯例，确定现阶段纳入研究范围企业的标准及门槛值如下：

（1）依法设立并登记注册的具有中国企业法人资格的家居流通企业、家居制造企业和家居装饰企业。

（2）按照国际惯例，对进入研究的企业给予一个门槛指标，“2011 中国家居产业百强企业”确定近三年平均营业收入为入选门槛值：家居流通企业营业收入不低于 5 亿元人民币；家居制造企业营业收入不低于 1 亿元人民币；家居装饰企业营业收入不低于 1 亿元人民币。

（3）为了引导家居企业做强做大，“中国家居产业百强企业”评价研究鼓励以集团的名义参与。

（4）符合上述 1~3 条，但是有严重拖欠款、有重大偷漏税、被国家工商、税务、质监、安全、环保等执法部门通报或处罚的企业，取消评审资格。

（5）“2011 中国家居产业百强企业”评价研究以 2008-2010 年度为研究时间段。

2.2　评价指标体系

1．家居流通业类指标体系

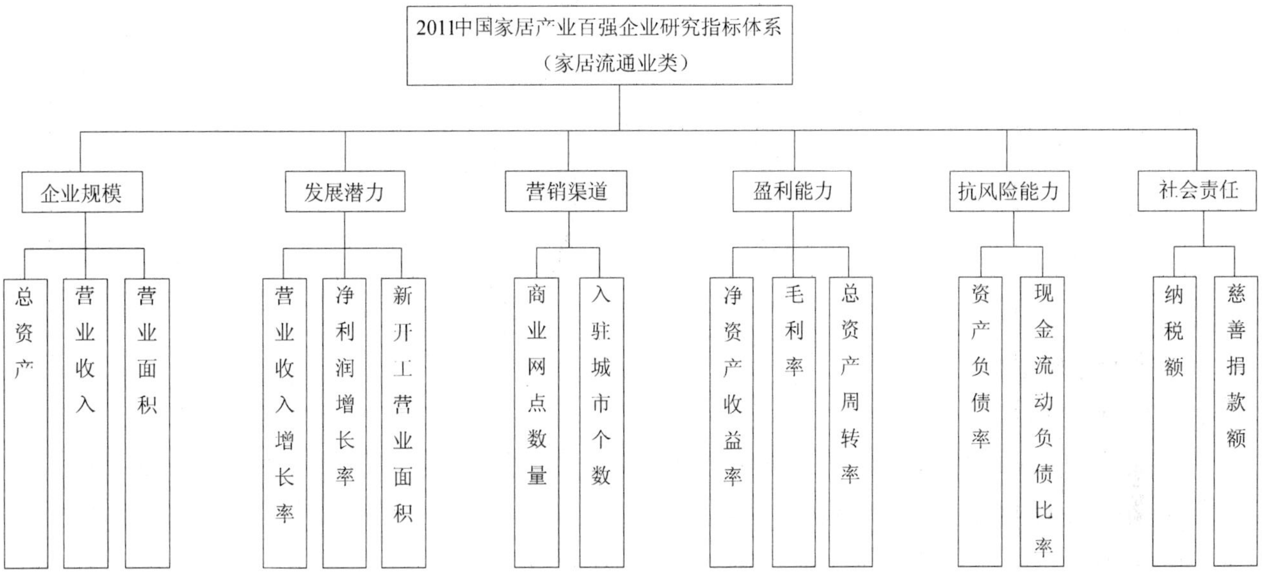

2．家居制造业类指标体系

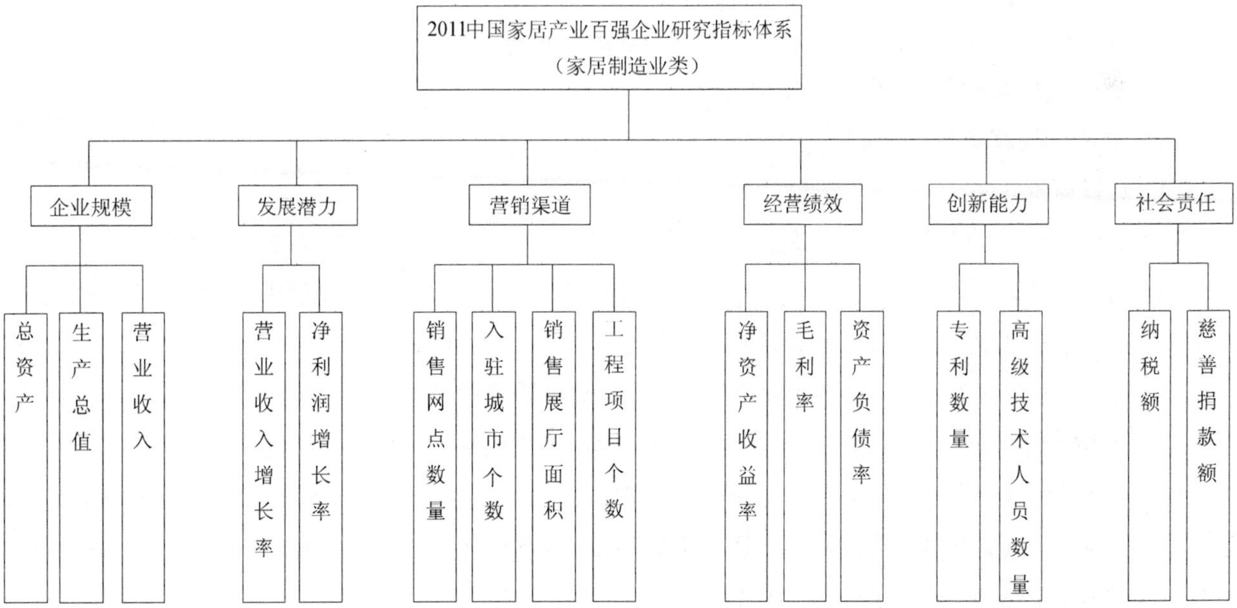

3. 家居装饰业类指标体系

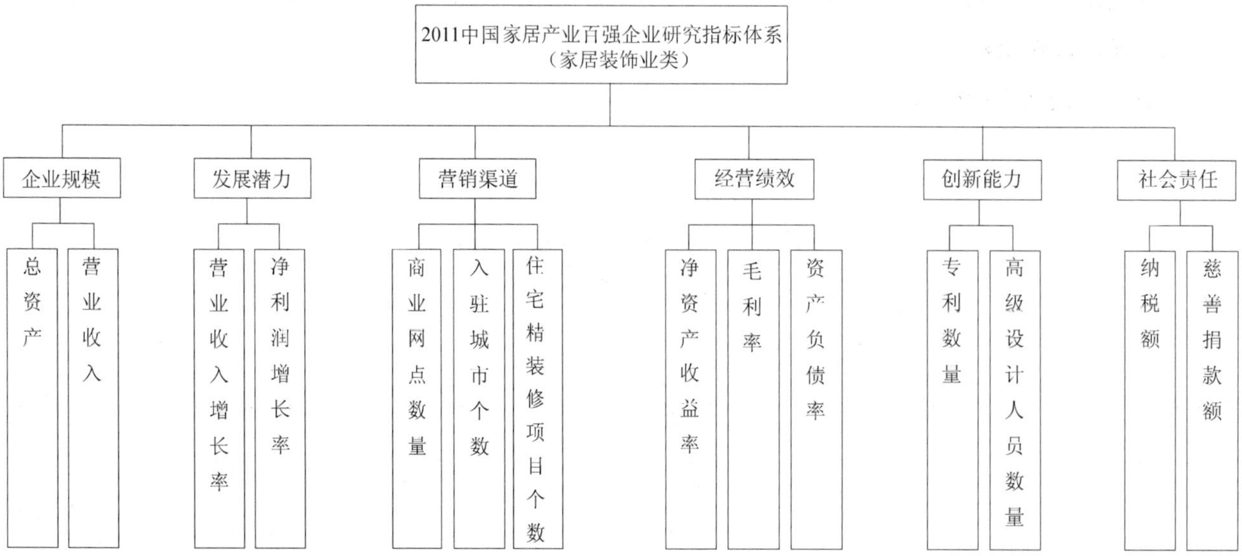

2.3 数据来源及复核

2.3.1 数据来源

（1）家居企业填报的有关数据；

（2）中国装饰装修及材料指数系统数据库；

（3）中国建筑装饰协会信息咨询委员会的统计数据；

（4）家居企业对外公布的信息（包括公司年报、企业网站公布的信息和对外派发的宣传资料）；

（5）有关政府部门的公开数据。

2.3.2 数据复核

（1）企业填报的数据须如实客观，同时评价研究办公室将对填报数据进行复核；

（2）企业财务数据通过会计师事务所出具的报表进行复核；

（3）通过税单复核企业经营收入及利润；

（4）对收集的数据坚持交叉复。

2.4 计量评价方法

在研究方法上，为增加研究的严谨性，采用因子分析（Factor Analysis）的方法。因子分析是一种从变量方差-协方差结构入手，在尽可能多地保留原始信息的基础上，用少数新变量解释原始变量方差的多元统计分析方法。它将原始变量分解为公共因子和特殊因子之和，并通过因子旋转，得到符合现实意义的公共因子，然后用这些公共因子去解释原始变量的方差。计算中国家居产业百强企业综合实力时，主要是计算各构成要素的相关矩阵，通过相关矩阵得到特征值、累计特征值及因子载荷。根据最初几个特征值在全部特征值的累计百分率大于或等于某百分比的原则，确定公共因子的具体个数。然后再根据因子载荷矩阵确定各个因子的现实意义并进行重新命名，最后根据不同企业各个因子的得分及载荷矩阵，通过加权累加构成 2011 中国家居产业百强企业综合实力值。

3 2011 中国家居产业百强企业发展特点分析

3.1 经营规模：百强企业规模加速扩张，市场份额明显扩大

（1）资产规模加速扩张，资产负债率小幅走低

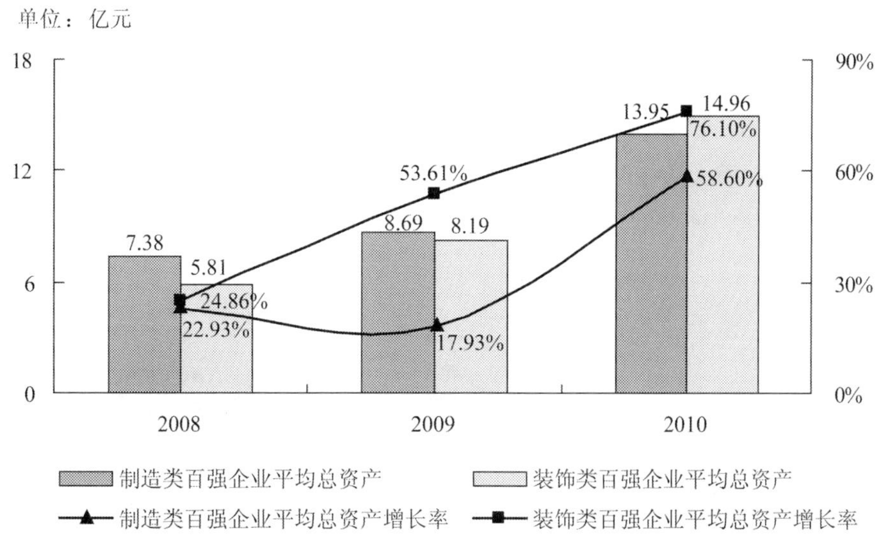

图 1 2008～2010 年家居产业百强企业总资产均值及其增长率

企业规模的扩张是企业加强竞争力、提高市场占有率、获取更多利润的主要手段。2010 年，家居产业百强企业规模实现快速扩张，总资产规模增速显著高于 2008 和 2009 年。其中家居制造类百强企业平均总资产达到 13.95 亿元，同比增长 58.60%，增速比上年高近 40 个百分点；家居装饰类百强企业平均总资产为 14.96 亿元，同比增长 76.10%，增速比 2009 年提高约 23 个百分点。百强企业资产规模的大幅提升，为企业经营业务的快速增长奠定了坚实的基础。

家居产业百强企业在资产规模快速扩张的同时很好的控制了企业的资本结构，资产负债率小幅走低。其中家居制造类百强企业资产负债率由上年的 47.59%降至 44.12%，同比下降约 3 个百分点；家居装饰类百强企业的资产负债率也由上年的 62.89%降至 56.86%，同比下降约 6 个百分点。资产负债率的降低表明企业长期抗风险能力有所增强，在资金成本日益提高以及由于房地产市场调控而使市场面临较大不确定性的 2011 年，资产负债率的降低有着积极的正面效应。

（2）营业收入增长超四成，市场份额明显扩大

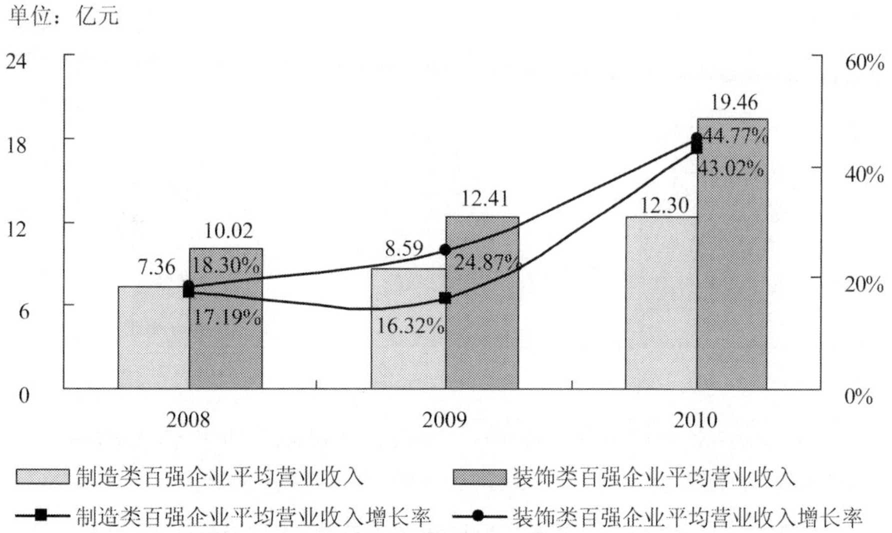

图 2 2008～2010 年家居产业百强企业营业收入均值及其增长率

受益于市场需求旺盛，百强企业营业收入快速增长，增速与往年相比大幅提升。其中家居制造类百强企业平均营业收入达到 12.30 亿元，同比增长 43.02%，增速比去年高约 27 个百分点；家居装饰类百强企业平均营业收入为 19.46 亿元，同比增长 44.77%，增速较 2009 年提高近 20 个百分点。2010 年，商品房销售

面积再创历史新高，达到 10.43 亿平方米，根据测算家居产业市场容量同比上升 16.86%，达到 2.29 万亿元。同期百强企业平均营业收入增长率较家居产业市场容量增长率高出近 27 个百分点，表明百强企业市场占有率不断提高，行业集中度明显提升。

3.2 经营绩效：盈利规模大幅提高，净资产收益率有所下降

（1）盈利规模持续扩张，净利润增速维持高位

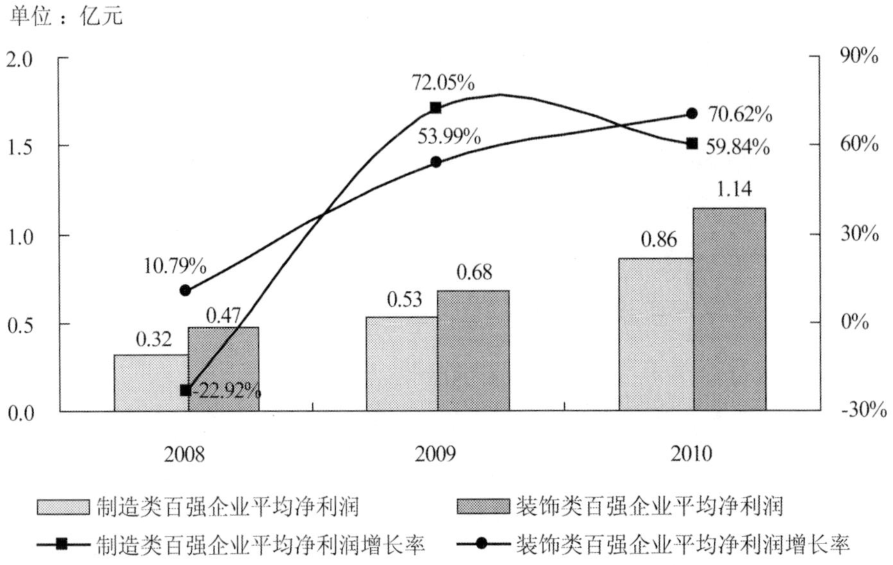

图 3　2008～2010 年家居产业百强企业净利润均值及其增长率

2010 年，百强企业的盈利规模继续保持高速增长态势，其中家居制造类百强企业平均净利润达 0.86 亿元，同比增加 59.84%，增速虽较上年有所下滑，但仍位于近年高位；家居装饰类百强企业平均净利润首次突破亿元大关，达到 1.14 亿元，同比增加 70.62%，增速较上年提升 17 个百分点。百强企业盈利规模的快速增长，为企业在未来继续扩大经营规模，提升技术水平，实现持续发展奠定了良好基础。

（2）运营效率普遍走低，净资产收益率有所下降

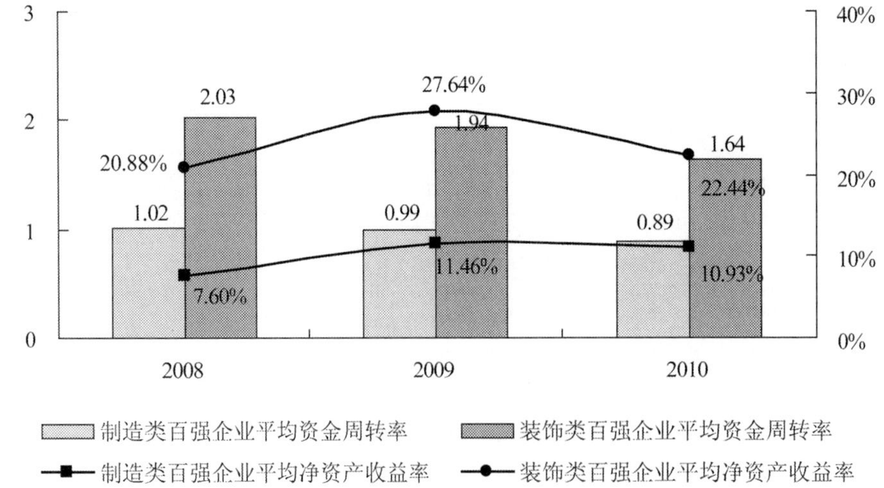

图 4　2008～2010 年家居产业百强企业净资产收益率和资产周转率均值

判断企业盈利能力的核心指标是净资产收益率。净资产收益率在净利润率的基础上，综合考量企业经营效率、资本结构的影响，更多地体现了公司的整体盈利能力。2010 年，家居百强企业平均净资产收益率有所下滑，其中家居制造类百强企业的净资产收益率由 2009 年的 11.46%降至 10.93%；家居装饰类百强企

业的平均净资产收益率由上年的27.64%降至22.44%，降幅近5个百分点。

净资产收益率这一综合指标与净利润率、资产周转率和权益乘数成正比。2010年，由于家居制造类百强企业资本规模的快速增长，平均资产周转率由2009年的0.99降至2010年的0.89，同时权益乘数由1.91降至1.79，平均净利润率的上升未能改变净资产收益率下降的趋势，净资产收益率同比下降0.53%；对于家居装饰类百强企业而言，平均资产周转率由2009年的1.94降至1.64，权益乘数由2.69降至2.32，同时净利润率也小幅下降，从而导致净资产收益率同比大幅下降5.2个百分点。

3.3 营销渠道：营业网点继续拓展，渠道多元化和渠道下沉成为渠道建设新方向

（1）营业网点继续拓展，渠道下沉挖掘新的经济增长点

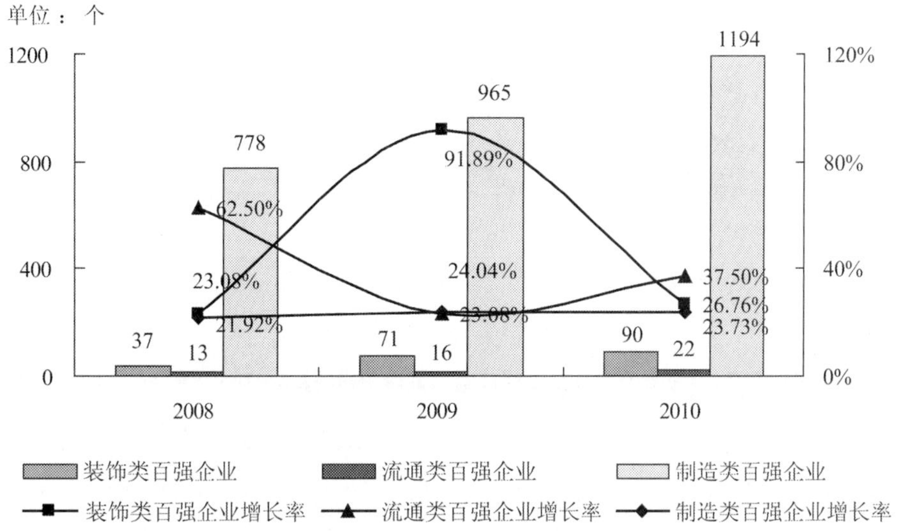

图5 2008～2010年家居产业百强企业营业网点数量均值及其增长率

2010年百强企业平均营业网点数量继续保持增长态势。其中家居流通类百强企业平均营业网点数量同比增速为37.50%，较2009年提升14个百分点，明显高于其他两类企业的增速。家居制造类百强企业平均营业网点扩张速度稳步提升，2010年增速约为23.73%，而家居装饰类百强企业平均营业网点数量增速较上年大幅下降65个百分点，降至26.76%，表明企业在营业网点的拓展方面更加谨慎。不同类型企业的扩张战略有着明显的差异，家居制造类百强企业和家居流通类百强企业的平均单个城市营业网点数量均低于2009年的水平，表明企业在拓展营销渠道时强调开拓新市场；而家居装饰类百强企业，则注重已进入市场的精耕细作。

随着一、二线城市房地产市场受调控政策影响加大，三、四线城市房地产市场蓬勃兴起，百强企业营销渠道逐步下沉，寻找新的经济增长点。家居流通市场在一线城市已基本趋于饱和，百强企业纷纷抢夺二三线市场；家居制造类百强企业营销渠道基本早已覆盖主要一、二线城市，渠道下沉主要是配合“建材下乡”走进三、四线城市，甚至是农村市场；家居装饰企业在一线城市竞争比较激烈，而二、三线城市则有着巨大的市场空间。

（2）渠道多元化：企业积极搭建工程渠道，网络营销开始挑战传统营销模式

随着国家住宅产业化政策的大力推动以及“低碳环保”成为经济发展热点，代表行业发展趋势的精装修住宅占比不断提升，从而带动百强企业平均住宅精装修工程项目成交额的持续增长。2010年，家居装饰类百强企业平均住宅精装修工程项目成交额达到2.87亿元，同比增长65.94%，占总收入比例由上年的13.94%提升至14.75%。对家居制造类百强企业来说，针对住宅精装修进行的工程渠道销售收入所占总收入比例仍

然很低，近三年平均占比仅为2.73%。2010年平均住宅精装修工程项目成交额为0.35亿元，同比增长34.62%，占总收入的比例由2009年的3.03%降至2.85%，这主要源于2010年家居零售市场火爆，企业更倾向于选择回款方式快捷以及利润更高的零售客户。精装修住宅是住宅产业化发展的必然趋势，企业应加强技术投入，积极搭建工程渠道，实现在精装修住宅领域的快速增长，促进企业的持续发展。

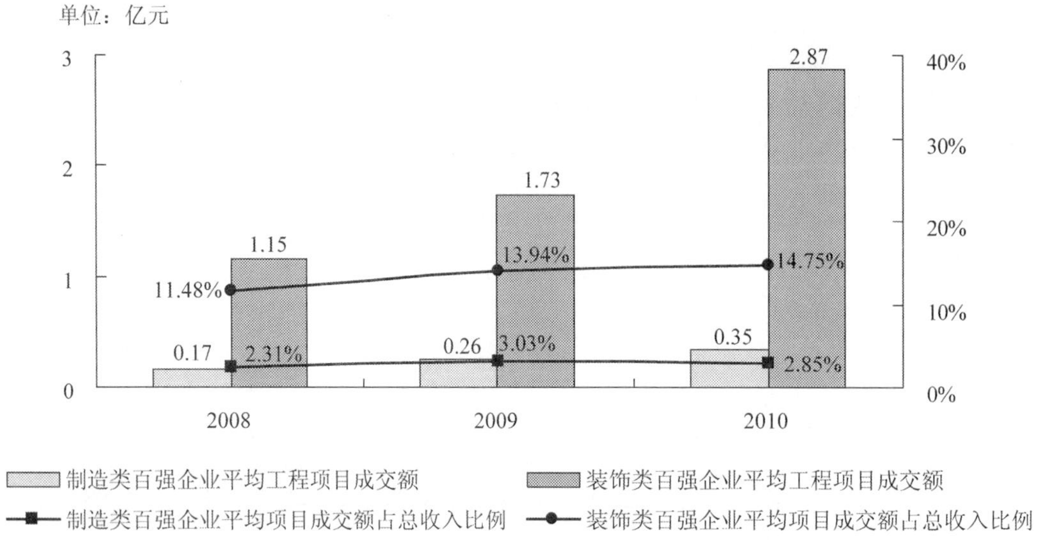

图6　2008～2010年家居产业百强企业住宅精装修工程项目成交额均值及占总收入比例

与此同时，网络营销也日渐兴盛。网络不仅为家居企业的品牌传播提供了新的手段，也开启了全新的销售模式。网络销售能够缩短营销渠道流程，避免传统渠道中间环节所产生的场地租赁费、库存费等费用，可以给消费者提供更具竞争力的价格，从而提高市场占有率。目前，家居企业网络销售主要有自建网上商城和利用其他电子商务平台两种模式。自建网上商城可以实现企业利润最大化，但如何保证网上商城的流量、平衡网上商城与经销商的价格、建立完善的物流体系成为企业需要解决的难点。

（3）加盟店所占比例不断提升，出口销售额占比明显下滑

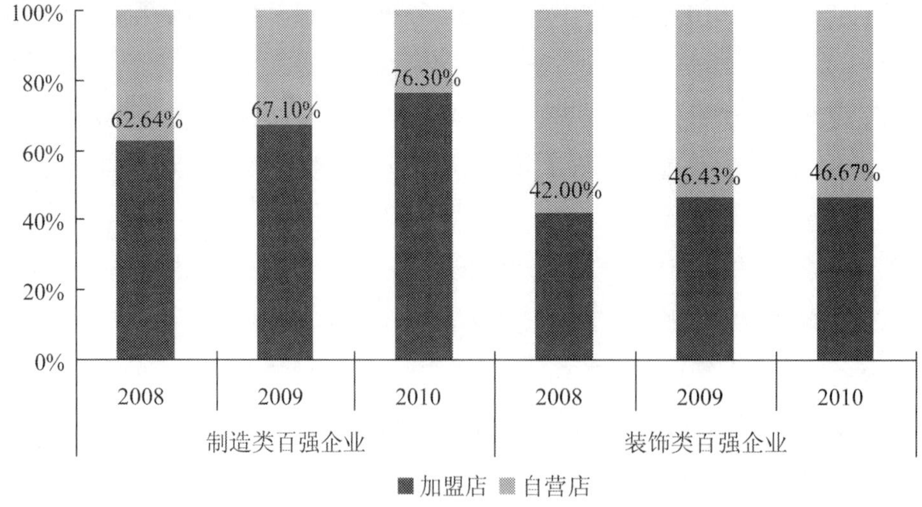

图7　2008～2010年家居产业百强企业加盟店和自营店数量占比

家居企业的营业网点可以分为两类：加盟店和自营店。2010年，百强企业加盟店占营业网点总数的比例有所提高。其中家居制造类百强企业增长幅度较大，同比增长9个百分点，占比达到76.30%，这主要是因为企业在2010年的营业网点增长主要集中于三、四线城市，选用加盟店的扩张方式能够降低成本并深入当地市场。对于家居装饰类百强企业而言，加盟店占比较上年微幅上涨至46.67%，自营店仍是营业网点的

主要形式。不同于家居制造企业集中设计、制造的生产方式，家居装饰企业要依靠每个营业网点自身的设计施工能力为客户提供产品和服务，因此企业在以加盟店形式进行扩张时比较谨慎，以保证在扩大规模的同时能够更好的维护企业的产品品质和品牌形象。

2010 年，家居制造类百强企业国内市场销售额占总销售收入的比重不断提高，由 2009 年的 91.17%升至 2010 年的 92.96%。经销商渠道与自有渠道销售收入占比均有所提高，经销商渠道销售收入占比由上年的 72.78%小幅增至 74.11%，同比增长近 1.5 个百分点，略大于自有渠道销售收入占比的增幅。出口渠道销售收入的增长明显疲软。由于人民币连续升值，以及欧美等国频繁出台的技术壁垒和关税壁垒对家居企业的限制作用日益增强，出口销售压力激增，尽管 2010 年全球经济逐渐复苏，但出口渠道销售收入增长率还是由去年的 47.81%大幅降至 14.47%，占总销售额的比例也降至 7.04%。

3.4 发展潜力：装饰类百强企业专业能力明显提升，制造类百强企业人才储备和专利数量稳步增长

（1）装饰类百强企业高级人才占比不断提高，制造类百强企业高级人才比例趋于稳定

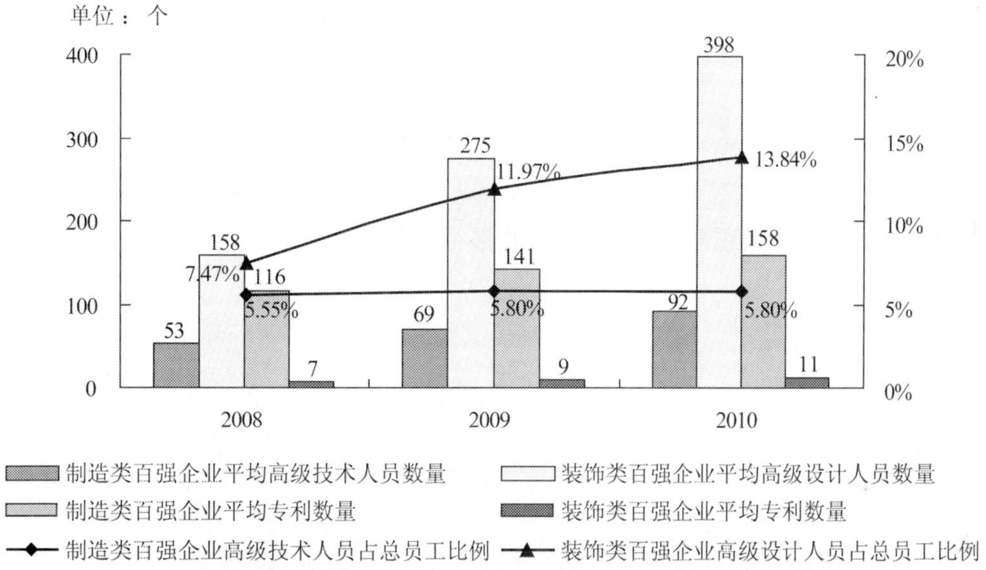

图 8 2008～2010 年家居产业百强企业高级技术人员数量和专利数量均值

技术创新已成为企业生存的条件、发展的基础和提高核心竞争力的源泉与手段，企业只有在技术上占领制高点，才能在激烈的市场竞争中快速、稳健地发展壮大。对于百强企业而言，企业要注重自我创新，而人才储备正是企业创新的基石。2010 年，家居装饰类百强企业加大了对高端领域人才的培养和投入力度，平均高级设计师数量由 2009 年的 275 人大幅提升至 398 人，占总员工的比例也持续攀升至 13.84%，平均专利数量由上年的 9 个增长至 11 个。2010 年，家居制造类百强企业平均高级技术人员占总员工人数比例保持在 5.80%，平均高级技术人员数量由 2009 年的 69 人增长至 92 人，平均专利数量也由 2009 年的 141 个提升至 2010 年的 158 个，这表明家居制造类企业在扩张的同时，保持了对技术研发的关注。

（2）家居装饰类百强企业普遍拥有高等级行业资质，但施工资质和设计资质的分配并不均衡

建筑装饰工程设计专项资质和建筑装修装饰工程专业承包施工资质可以客观地反映企业在家居装饰行业的综合能力，是评价家居装饰类企业的重要标准。2011 中国家居产业百强企业中的家居装饰企业，普遍拥有高等级行业资质。93%的企业拥有设计乙级以上建筑装饰工程设计专项资质，其中具有甲级资质的企业占到 57%；100%的企业拥有二级以上建筑装修装饰工程专业承包资质，其中拥有一级资质的占 73%。

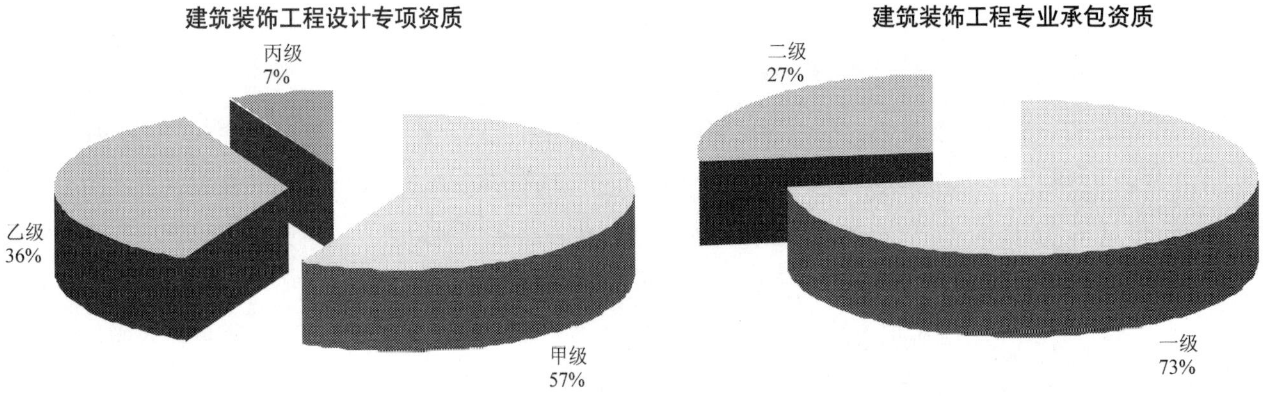

图 9　2010 年家居装饰类百强企业资质等级占比

家居装饰类百强企业普遍拥有高等级专业资质，但是，可以发现在施工资质和设计资质的分配方面并不均衡，存在一定差异。73%的家居装饰类百强企业具有有一级施工资质，但只有 57% 的企业具有甲级设计资质，工程施工能力表现优异，而装饰设计能力仍有很大提升空间。目前，装饰装修业正处于从粗放型向集约型转变，向精细化发展的重要时期，加之住宅装饰装修需求的日趋多样化和个性化，在装修中对设计的要求越来越高，因此提升企业装饰设计能力已成为家居装饰类百强企业所面临的重要挑战。

3.5　社会责任：百强企业纳税额增长显著，积极践行公益事业

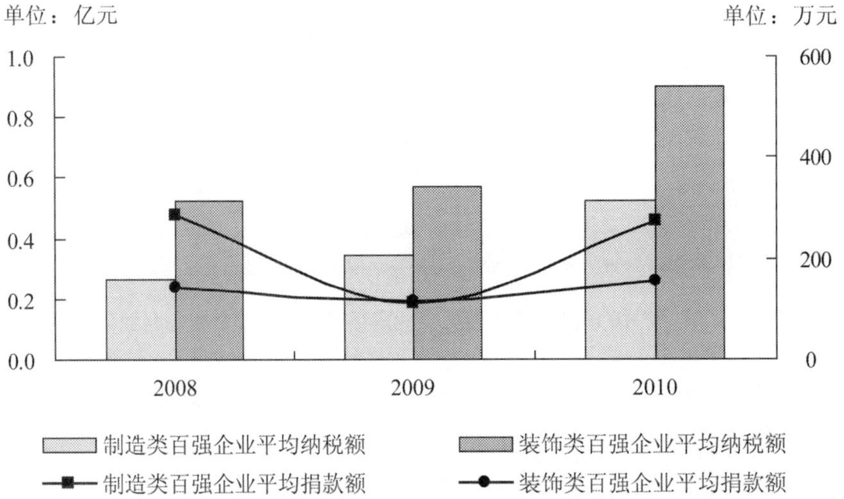

图 10　2008～2010 年家居产业百强企业纳税额和慈善捐款额均值

近年来，百强企业的社会责任意识不断加强，在企业经营业绩上升的同时，也主动承担了更多的社会责任，越来越强调企业对社会与环境的贡献。2010 年，家居制造类百强企业和家居装饰类百强企业的平均纳税额均保持增长态势。其中家居制造类百强企业的平均纳税额达到 0.52 亿元，比上年增长 52.22%，增速较上年提升 21 个百分点。家居装饰类百强企业的平均纳税额从 2009 年的 0.57 亿元增加至 2010 年的 0.90 亿元，同比增长 59.17%，增速较上年大幅提升近 50 个百分点。在慈善捐款方面，百强企业积极贡献自己的力量回馈社会。家居制造类百强企业的平均捐款额由 2009 年的 111.74 万元增至 2010 年的 273.53 万元，而家居装饰类百强企业的平均捐款额由 2009 年的 116.45 万元增至 2010 年 156.69 万元。

4　结语

2010 年，房地产市场尽管面临调控压力，商品房销售面积仍创历史新高，家居产业也迎来了一轮快速的发展。为了满足规模不断扩大的市场需求，家居百强企业加快市场布局，积极进军二三线城市，多层面拓展营销网络，实现了经营规模的快速扩张，营业收入同比增长超四成，盈利规模也显著提高。与此同时，百强企业市场份额明显扩大，行业集中度有所提升。

随着调控政策在 2011 年的持续深入，房地产市场面临的风险不断提高，家居市场也面临着较大的不确定性。家居百强企业要积极应对市场变化，加强人才储备，进行产品创新和渠道创新，挖掘新的经济增长点。市场调整期往往是优秀企业提高市场份额的良机，家居百强企业凭借资本、品牌、规模等方面的优势积累，有望继续保持业绩领先，推动行业持续发展。

2011 中国家居产业百强企业

家居装饰企业-家装	家居卖场
东易日盛家居装饰集团股份有限公司（东易日盛）	红星美凯龙集团（红星美凯龙）
广东星艺装饰有限公司（星艺）	北京居然之家投资控股集团有限公司（居然之家）
北京龙发装饰集团（龙发）	金海马集团（金海马）
聆海建筑装饰工程有限公司（聆海）	北京集美家居市场集团有限公司（集美家居）
北京业之峰诺华装饰股份有限公司（业之峰）	欧亚达集团（欧亚达）
武汉嘉禾装饰集团有限公司（嘉禾）	东方家园家居建材商业有限公司（东方家园）
深圳市居众装饰设计工程有限公司（居众）	爱家投资管理集团（爱家家居）
浙江九鼎建筑装饰工程有限公司（九鼎）	深圳市好百年家居连锁股份有限公司（好百年）
深圳市海大装饰有限公司（海大）	宜家集团（宜家家居）
元洲装饰有限责任公司（元洲）	百安居（B&Q）
家居装饰企业-公装	地板
深圳广田装饰集团股份有限公司（广田）	圣象集团有限公司（圣象）
浙江亚厦装饰股份有限公司（亚厦）	广东盈然木业有限公司（大自然）
深圳市中天装饰工程有限公司（中天）	安信伟光（上海）木材有限公司（安信）
全筑建设企业集团（全筑）	久盛地板有限公司（久盛）
苏州金螳螂建筑装饰股份有限公司（金螳螂）	德尔国际地板有限公司（德尔）
卫浴洁具	瓷砖
科勒（中国）投资有限公司（科勒）	东莞市唯美陶瓷工业园有限公司（马可波罗）
东陶机器（中国）有限公司（TOTO）	广东蒙娜丽莎陶瓷有限公司（蒙娜丽莎）
乐家（中国）有限公司（乐家）	广东东鹏陶瓷股份有限公司（东鹏）
唐山惠达陶瓷（集团）股份有限公司（惠达）	上海斯米克建材有限公司（斯米克）
和成（中国）有限公司（和成）	杭州诺贝尔集团有限公司（诺贝尔）
佛山市顺德区乐华陶瓷洁具有限公司（箭牌）	信益陶瓷（中国）有限公司（冠军）
佛山市法恩洁具有限公司（法恩莎）	佛山市嘉俊陶瓷有限公司（嘉俊）
澳斯曼洁具有限公司（澳斯曼）	广东新中源陶瓷有限公司（新中源）
美国标准公司（美标）	广东博德精工建材有限公司（博德）
广东恒洁卫浴有限公司（恒洁）	广东新明珠陶瓷集团有限公司（冠珠）

续表

墙纸	涂料
北京特普丽装饰装帧材料有限公司（特普丽）	立邦涂料中国公司（立邦）
广东玉兰装饰材料有限公司（玉兰）	阿克苏诺贝尔太古漆油（上海）有限公司（多乐士）
尚美世家（北京）贸易有限公司（ROEN 柔然）	广东华润涂料有限公司（华润）
瑞宝（北京）装饰设计有限公司（瑞宝）	梅菲特（北京）涂料有限公司（德国都芳漆）
北京东方格莱美墙纸有限公司（格莱美）	广东嘉宝莉化工集团有限公司（嘉宝莉漆）
厨卫电器	电气照明
博西家用电器（中国）有限公司（博西）	雷士照明控股有限公司（雷士）
广东万家乐燃气具有限公司（万家乐）	施耐德电气（中国）投资有限公司（施耐德）
宁波方太厨具有限公司（方太）	广东钜豪照明电器有限公司（钜豪照明）
帅康集团有限公司（帅康）	天基电气集团（天基）
中山华帝燃具股份有限公司（华帝）	橱柜
杭州老板电器股份有限公司（老板）	广东欧派家居集团有限公司（欧派）
德意控股集团有限公司（德意）	厦门市建潘卫厨有限公司（金牌）
空调	东莞市佳居乐橱柜材料有限公司（佳居乐）
珠海格力电器股份有限公司（格力）	深圳市中意厨房设备有限公司（中意）
广东美的电器股份有限公司（美的）	中山市新山川实业有限公司（皮阿诺）
大金（中国）投资有限公司（大金）	宁波欧琳厨具有限公司（欧琳）
青岛海尔空调电子有限公司（海尔）	家具
五金	香港皇朝傢俬集团有限公司（皇朝傢俬）
高仪（上海）卫生洁具有限公司（高仪）	全友家私有限公司（全友家居）
摩恩（中国）公司（摩恩）	美克美家家具连锁有限公司（美克美家）
中宇建材集团有限公司（中宇卫浴）	北京天坛股份有限公司（天坛）
中山市顶固金属制品有限公司（顶固）	北京曲美家具有限公司（曲美）
综合集成	门
北新集团建材股份有限公司（龙牌）	吉林森林工业股份有限公司（霍尔茨）
博洛尼家居用品（北京）有限公司（科宝·博洛尼）	TATA 木门（TATA）
北京金隅集团有限责任公司（金隅家居）	浙江梦天木业有限公司（梦天）
其他	
北京东方雨虹防水技术股份有限公司（东方雨虹）	杭州奥普电器有限公司（奥普）
霍尼韦尔（中国）有限公司（霍尼韦尔）	森德（中国）暖通设备有限公司（森德）

附录六　2011 中国重要城市部分典型地产指数系统样本楼盘

城市	典型楼盘	LOGO	项目简介
北京	中海九号公馆	中海九號公館 RESIDENCE NINE 西四环 城市别墅 领袖人生	项目总建筑面积近 40 万平米，依循 16 世纪英国伊利莎伯皇家规制营造建筑，从富丽堂皇的立面细节中彰显尊贵魄力，以恢弘大气为基调缔造纯正英式皇家园林，由外而内打造饱含隆重而沉厚的绅贵气息，全力铸成北京仅有的终极城市豪宅。项目紧邻西四环，三大公园、高尔夫环抱，毗邻地铁九号线、万寿路南延线，让中海九号公馆既能隐逸山水间，亦能顷刻回归红尘。
	旭辉・御府	PRIVATE MANSION 旭辉·御府	旭辉・御府——美国风，城市别墅。曾有人说，赖特的“流水别墅”给了世界一声回响，一响便是百年。那么作为与赖特“美国式”建筑一脉相承的旭辉•御府，更是旭辉人十一年践行“用心构筑美好生活”的愿景，将南派文化的儒雅、内敛，与北派进取、诚信精神相互融合的大成之作，秉世界城市高端生活标尺之名，给当代中国一记传承百年的回响！
	西山壹号院	西山壹號院 WEST CHATEAU	西山壹号院充分尊重独有的“大院文化”和“历史文化”。借鉴“钓鱼台”国院式布局，传承美国建筑大师 Frank Lloyd Wright 的建筑构思，创造了稀有、高贵、自然的低密度“当代大院”住宅生活方式。园内保留 10 万平米原生态山境私园，形成公园拱卫的格局。外立面甄选亿年德国原生莱姆石，兼具花岗石硬度与大理石天然纹路的石材，其硬度与质地经得起百年风雨的考验，尊贵、大气。
	远洋・傲北	远洋·傲北 Bramasolo	项目地处北京昌平亚北别墅区，总建筑面积 215,000 平米，居北京中轴龙脉，京昌高速、京承高速、机场高速等多条城市快速线路环绕周边，交通极为顺畅。项目规划为低密联排别墅，高品质园林景观实现了建筑风格和自然环境的和谐统一，采用园林与功能空间相结合的手法，步移景异，给客户充分营造遐想空间，展现高档别墅生活区的品味与品质，营造出一幅极具特色、又充满温馨浪漫情调的醉人生活。
	孔雀城	孔雀城 京郊生态小镇连锁品牌	孔雀城，一个培育亲情的地方。无论你住在北京的东南西北，都有适合自己的孔雀城，可以“让你提前 10 年享受低密宜居生活”。孔雀城专注于京郊小镇的开发，以百万的价格，铸就千万的品质，让您享受低密宜居生活，不离都市繁华。孔雀城连续三年位居京郊市场开发量和销量的前列，成就了“京郊生态小镇连锁品牌”的美名。永定河、大运河、潮白河、八达岭，四个孔雀城以京城主体水系和龙脉山岭为依托，成就京城极具稀缺价值的精品。
	孔雀・大卫城	孔雀·大卫城 京郊轻轨新城连锁品牌	孔雀・大卫城——京郊轻轨新城连锁品牌。延续孔雀城的连锁开发理念，结合北京市轻轨交通规划，2010 年孔雀・大卫城开展“大北京轻轨新城计划”。社区班车同步接驳轻轨始发站，轻轨生活广场配套演绎缤纷都市生活，完善社区配套全面照顾家庭成员，自然生态环境尽享宜居生活，孔雀・大卫城以高性价比的大规模居住“轻轨新城”成为中国城市化的居住解决方案范本。2010 年 7 月孔雀・大卫城荣获联合国人居署颁发的“轻轨新城全球示范社区”。

续表 1

上海	证大·大拇指广场		项目占地近 5.2 万平米，建筑面积逾 11 万平米，设有大型超市、主题商场、精品购物、休闲娱乐、艺术中心以及五星级大酒店多项业态设施，融购物、休闲、娱乐、美食、酒店、艺术六大功能于一体，突出特色餐饮、注重品牌效应、彰显文化品味，传达了“一站购物、一家休闲、一天逛街”的现代消费理念。项目要打造的是浦东的时尚消费新天地，给居住和工作在浦东的中外市民提供一个休闲新去处。
	大宁瑞仕花园		项目位于上海市区大宁板块，东傍彭越浦天然景观河道，南临延长中路。总建筑面积约 14 万平米，由 13 栋高层和多层住宅组成，主力户型为豪华型三房两厅。社区实现完全人车分流，配置 2000 平米业力山大会所及幼儿园，周边购物、休闲、教育、医疗、交通等配套设施齐全。项目为全装修精品社区，大量选用世界知名品牌建材，2010 年被列为上海市第二批节能示范项目，并通过住建部 A 级住宅性能预审。
	银亿领墅		在风格上，领墅选择了充满欧洲宫廷气质法式风格。整个小区的建筑立面，都利用了刚挂石材，典雅大气且不失质感；布局上突显轴线对称的概念；从整体外观看，不会设计过多突出式的阳台，而是以嵌入式的露台为主，避免影响建筑的整体美观；另外，在细节处理上运用了法式建筑的典型元素：孟莎式的屋顶、老虎窗、廊柱以及精美的雕花等等。
	绿地新都会		绿地新都会位于崇明岛高新区紫阳大道以北，创新一路两侧，创新二路以西。项目总建筑面积 70 万平米，拥有 268 米南昌东部第一高楼，产品形态有五星级酒店、主题商业、地铁购物街、准甲写字楼、高档住宅等集商务、娱乐、购物、居住为一体的现代城市综合体项目。
	绿地翡翠国际广场		翡翠国际金融中心由四栋楼组成，两栋为 15 层的酒店式公寓，一栋两层楼的商业建筑及一栋 31 层的超高商务办公楼。项目地处奉贤南桥镇，南抵解放东路、西连新横泾天然河道，毗邻奉贤区区政府。奉贤区南桥新城中心位置的南桥总部商务区,总规划面积 1.47 平方公里,由总部办公、商务配套区、商业休闲区、生活居住区四大组成部分。力图打造一个上海南部的微型 CBD。
	建发·江湾萃		项目地处新江湾城核心，是建发房产品质 30 年礼献上海的代表作。总建面积约 40 万平米，包括精装国际公寓、类别墅豪宅等类型，零距离直面上海市区罕见的原生态湿地——江湾湿地。周边交通便利，配套丰盛，20 余所名校环伺，共同筑就起钻石品质的大美之城。
深圳	NEO		项目位于深南大道沿线，由 TOWER A/B/C 三栋塔楼组成，集甲级写字楼、高端商务公寓、商业、星级酒店于一体，配备国际化智能设备与高端的商务服务项目。总建筑面积逾 25 万平米。NEO-TOWER A 以 273 米的崭新高度、360 度开阔视野创立片区全新焦点。全球顶级物业管理服务商世邦魏理仕为 NEO 量身打造国际标准的专属“翡翠服务”体系，提供全面资产管理服务，全方位提升 NEO 的物业价值。
	大南山·紫园		项目位处深圳市南山区前海湾青青世界旁，毗邻月亮湾公园，占地逾 2.6 万平米，计容积率建筑面积约 2.6 万平米，包含独栋、联排、双拼、空中别墅、错层等物业类型，是一个高端生态别墅群。项目周边被 28 万平米百年荔林环绕，富氧离子含量极高，青青世界、大南山郊野公园、荔林公园、月亮湾公园四大生态公园近在咫尺，生态资源优越。

续表 2

杭州	中国铁建・国际城		项目栖居城北，位于蔡马河、康桥河、皋亭河三河交汇之地，总建筑体量约 40 万平米，规划由高层住宅、酒店式公寓、商业建筑座落其间，现代简约的建筑风格流露出不动声色的尊贵气息；独树一帜的维多利亚皇家园林风格，与高贵、典雅的建筑相互辉映，周边云集浙江大学城市学院、杭州新天地、银泰、城北体育公园等城市醇熟生活配套，为城市新贵营造一个国际化、诗意化的城市综合体。
武汉	天下峰景		项目位于蔡甸咽喉要道，交通便利，东临蔡甸广场、南望汉蔡高速、北靠汉阳大道。项目比邻汉江，坐落于美丽的莲花湖畔，8 栋高耸框剪结构高层，江水湖景尽收眼底，为天下置业打造国际级水岸地标社区，也是区域内唯一拥有私家自然湖景的纯高层社区。项目建筑简约时尚，用材考究，附近拥有蔡甸第一幼儿园、超市、银行等成熟配套，引进英式物业管理，保证让每一个住户享受尊贵的高品质生活。
	宝安•中国院子		项目以原生山水为依托，构筑苏州园林式景观规划的五大景区和中式院落布局。3500 亩山水、五大景区和庭院空间构成交相呼应的三重园林系统，使建筑最大限度的融入自然，让建筑空间与生态资源完美地结合一体。半山墅秉承“传承中国文化、缔造诗意人居”的开发理念，在自然天成的山水大境中构筑饱含民族神韵的院落生活，户均 2 亩的豪门院落，尽显苏州园林之神韵，具有很高的投资收藏价值。
	美加橘郡		项目位于中国光谷中心腹地——AAA 级风景区汤逊湖畔，以美国南加州尔湾顶级社区为规划蓝本，首创国际级新豪宅，300 席别墅单独管理，耗资五千万重金打造社区景观，园林绿化面积达 3.8 万平米，拥有 500 米超级迎宾林荫、西班牙庄园门楼、果岭坡地、总统级湖湾公园。内享 1200 亩大社区的完善配套，外享奥特莱斯等高端配套，拥有武汉外国语学校美加分校优质教育资源和六星级铂晶管家。
天津	复地・温莎堡		项目位于天津空港经济区内核心位置，规划总用地 26 万平米，总建筑面积约 40 万平米，其中地上总建筑面积约 26 万平米，容积率仅为 0.92。是复地集团在津首个高端住宅项目，社区景观采用英式园林设计，建筑立面秉承新英伦的建筑风格，会所配置四季恒温泳池、高尔夫练习室、瑜伽房等，并通过采用全地下停车的方式实现地上人车分流，为业主营造宁静、便捷、舒适的国际化生活品质。
	境界・梅江		项目位于友谊南路天津国际会展中心西侧，毗邻梅江生态公园，占地面积 53.5 万平米，建筑面积 57 万平米，容积率仅为 1.06，是低密高绿楼盘的典范代表；项目根据生态地理条件，因地制宜，设计规划高层与小高层顺势而建，依地势形成南低北高的建筑错落布置，充分形成通风采光的良好格局；户型设计方正简洁，功能清晰。
	天津大都会		项目坐落于天津和平区核心地段，位于荣业大街与福安大街的交口，占地约 9 万平米，总建筑面积 86 万平米，地上建筑面积约 66 万平米，包括 21 万平米超甲级写字楼，其中摩天双塔写字楼 15 万平米，3 栋金融总部基地共计 6 万平米，以及 6.8 万平米的国际顶级购物中心，33 万平米高端住宅，5 万平米酒店式公寓以及会所、公园、学校等多种配套于一体的城市综合体。
	天津津南新城		项目地处天津市区与滨海新区无缝连接的黄金区位，紧邻天津大道，由富力、合景泰富、雅居乐、世茂四大港交所上市企业联合开发，总建筑面积达到 301 万平米，汇集居住、商业、办公、酒店、教育、休闲等诸多功能于一体。项目三面由已建成的海河故道城市河岸公园环绕，自然生态景观资源丰富；北侧天津海河教育园区为项目注入较为深厚的科学人文气息。未来项目将建成天津南部，甚至中国北方罕有的地标性国际精装新都会。

续表 3

天津	天津龙湾城		项目占地 12000 亩，其中一期 500 亩，分为“澜府”和“礼域”两个组团，建筑面积 40 余万平米，产品形式丰富，包括联排别墅、花园洋房、电梯洋房、高层、小高层等。龙湾地产将天津龙湾城社区建设成一个终生的居所，满足居民从幼儿到暮年、从生活到成长、从学习到工作、从休闲娱乐到享受人生，涵盖人生不同阶段的多样性需求，创造一个将真正满足人们终生追求的“一生之城”。
	海尔•家国天下		项目位于八里台镇天嘉湖板块区域内，周边自然环境资源优越，7.54 平方公里天嘉湖素称“北方西湖”，是天津市规划的八大休闲风景区之一，也是天津市政府重点规划建设的五大湿地生态旅游区之一 ；项目占地 885 亩，建筑面积 85 万平米，一期 14 万平米，分为英式洋房和宽景国墅两类产品，低密度生态宜居社区，高绿植覆盖率，创意商业街区，洋房产品为精装成品房，联排产品为菜单式精装选配；均采用高端建材，配有电梯。
	爱尚公寓		项目位于滨海新区塘沽新城，地理位置优越，东西联通天津市区与滨海新区，南北贯穿北塘与金街-外滩商圈；交通便捷，紧邻津滨轻轨，距离塘沽火车站 10 分钟路程；爱尚公寓项目 Harold 采用围合抬地理念、布局小而精，四栋采用由南到北逐渐递增的弧度设计；同时台地形式，人车分流，充分尊重人性，体现社区的安全性与闲适性。
大连	小平岛		项目地处大连西南海岸，紧邻大连市大学城、软件园区，是大连市政府规划信息产业带的龙头地段。项目一期总规划面积 126 万平米，总建筑面积 137 万平米，拥享 2.7 公里绵长海岸线，是大连市内四区中唯一一个百万平米海洋城。项目集合了居住、旅游、餐饮、商业、休闲度假等城市功能的高尚生活形态，以无限宽广的海洋情怀构建凝聚世界目光的滨海新坐标。
成都	建发 • 浅水湾		作为成都罕有的将自然资源和城市化配套融合得最完美的一个项目，浅水湾紧邻 3000 米锦江江岸、坐拥 3 大公园环抱，占地面积 1500 亩的体育公园则是建筑用地面积的 5 倍，户均享受 5 余亩绿地空间，同时，浅水湾也是成都市场上唯一一个由国宾级的物业公司服务的社区。浅水湾每一点核心价值都不可多得，堪称中央别墅区的典范，也是建发走过 30 多年房产历程的心血力作。
青岛	海尔 • 山海湾		项目位于青岛西海岸经济技术开发区凤凰岛旅游度假区的核心位置，作为海尔地产里程碑式作品，首倡“远山 近海 湾生活”的新型居住模式。项目占地 326 亩，总建筑面积 53 万平米，分六期开发，其中一、二期采用托斯卡纳的建筑风格，三至六期全部为瞰海高层。项目集合海尔最先进技术，在青岛率先植入 U-home 家居智能化管理系统：智能家居、数字社区、中网服务，为您提供一个数字化的新型居住社区。
海南	广物•滨江海岸		项目坐拥海口市海甸岛东南板块龙头地段，周边综合配套极其优越，是市中心绝版江海汇集的全球顶级湾区物业，总占地约 17.6 万平米，总建筑面积达 60 万平米，是一个集五星级酒店、甲级写字楼、豪宅社区、700 米南洋风情商业街、200 席游艇泊位于一体的滨水生态城市综合体。项目以顶级的配套设施满足人们高品质生活需求，以绝佳的地理位置、优美的景观、便捷的交通赢取客户的青睐，而独具特色的南洋风情商业街和 1.3 公里滨江公园已然使项目成为海口城市新名片。

续表 4

苏州	华润置地昆玉九里	The Bound Of Kunyu 昆玉九里	项目位于昆山市冠军东路与虹桥路的交界处，一环以内唯一的稀缺地块，占据玉峰山，张家港河、叶荷河、庙泾河自然资源。项目总占地 26 万平米，总建筑面积 28 万平米，为纯别墅产品，分为独栋别墅（双拼形态的类独栋）、平层别墅。双拼形态的类独栋近 200 套，一期类独栋面积段 470-680 平米，坡地别墅，100%阳光地下室，独立花园；平层别墅近 800 套，一期平层别墅面积段 190-370 平米，私家电梯入户，大面宽、短进深。
金华	保集・蓝郡	BOILI BLUE COUNTY 保集·蓝郡	保集・蓝郡是目前金华市区在建的以商住功能为主最大的房地产项目。作为江南版块最具代表性的高档楼盘，项目融合西班牙庄园大宅建筑的风雅，所展现的唯美、浪漫的园林景观和高尚生活氛围是最受市场认可的。社区物业形态以联排别墅、类别墅（情景艺墅）、花园洋房、超高层城市豪宅、服务式公寓为主，辅之高品位的商业与景观配套组成。
东莞	花样年•君山	君 花样年 MONT CONQUERANT 山	项目位于东莞东城区，五环路与石井支路交汇处，紧邻玉兰中学，西侧和南侧为东莞城区唯一的高尔夫球场——峰景高尔夫。项目充分利用原有地势高差以及景观资源，建筑随地形的高差变化跌落布置。中心园林及水系围绕景观轴线展开，烘托山水居住区的氛围。建筑立面采用“新古典主义”，在色彩上以温馨的暖色调为主，独有的局部八角造型和坡屋顶设计，丰富建筑风格空间。
孝感	孝感铜锣湾广场	铜锣湾广场	湖北铜锣湾公司首轮将在孝感投资 18 亿元人民币打造总面积 58 方的城市综合体——孝感铜锣湾国际广场和铜锣湾家居广场。其中一期工程——铜锣湾家居广场，位于孝感东城区北京路和槐荫大道的交汇处，二期项目位于槐荫大道与玉泉路交汇处，湖北职业技术学院北区地块内，孝感项目集商业、住宅、酒店、娱乐、休闲为一体，建成后将满足 500 多万孝感人民的中高端生活消费需求。
沧州	龙屿墅	PRESTIGE STRATUM CANGZHOU CHINA 龙屿墅	龙屿墅，中国十大特色典型别墅——家族文化。项目地处沧州向西千年文脉的黑龙岗河畔，临近京沪高速出口，总占地 36 万平米。建筑容积率 1.18，创区域新低，绿化覆盖率 40%以上，大面积龙形水系布局并为业主量身定制 20000 平米 GOLF 果岭。项目作为中国家族地产嫡派原著，将独家提供全方位定制家族化生活，从规划、建筑、园林、物业、会所五大层面上呈现中国华北罕见的多业态、复合型，高端家族地产别墅社区。
唐山	中骏・南湖香郡	SAPPHIRE VILLA 中骏·南湖香郡	中骏・南湖香郡，中国十大特色别墅—高端湖居。项目位于南湖生态城，由中国地产百强中骏集团开发建设，占地面积约 21.7 万平米，建筑面积约 17.4 万平米，容积率 0.49。项目采用封闭式物业管理，人车分流，双会所规划，服务功能分区。作为南湖板块唯一的“双湾水景”景观项目，项目将亲水园林景观和建筑等各种元素融合进了每个家庭的日常生活，在人居环境自然生态与人文景观之间搭起了人性桥梁。

附录七　主要统计指标解释

一、房地产开发企业财务指标

1.资产总计：指企业拥有或控制的能以货币计量的经济资源，包括各种财产、债权和其他权利。资产按其流动性(即资产的变现能力和支付能力)划分为：流动资产、长期投资、固定资产、无形资产、递延资产和其他资产。

2.负债合计：指企业所承担的能以货币计量，将以资产或劳务偿付的债务，偿还形式包括货币、资产或提供劳务。负债一般按偿还期长短分为流动负债和长期负债。

3.所有者权益合计：指企业投资人对企业净资产的所有权。企业净资产为企业全部资产与企业全部负债的差额，包括实收资本、资本公积、盈余公积、未分配利润等。

4.主营业务收入：是企业对外转让、销售、结算和出租开发产品取得的经营收入。具体包括：

（1）土地转让收入：指房地产开发企业(单位)按国家规定转让经开发的土地和未经开发的土地所得到的收入。

（2）商品房屋销售收入：指房地产开发企业(单位)在报告期售出商品房屋的收入，一次收清的，一次全部计入销售收入，按合同规定分期收款的，可按合同规定的时间分次计入收入。

（3）房屋出租收入：指房地产开发企业(单位)在报告期内，在不改变现有财产所有权关系的条件下，将企业的全部或部分房屋出租给其他单位或个人使用所得到的租金收入。

（4）其他收入：指房地产开发企业(单位)在报告期内从事除以上收入外的收入，包括配套设施销售收入、代建工程结算收入、出租产品租金收入等。

5.主营业务成本：指企业从事主要业务活动而发生的成本。房地产企业成本包括：土地转让成本、商品房销售成本、配套设施销售成本、代建工程结算成本、出租产品经营成本等。根据会计“利润表”中对应指标计算填列。未执行 2001 年《企业会计制度》的企业，用“产品销售成本”年末数代替。

6.销售费用：指企业在从事主要经营业务过程中所发生的各项销售费用，包括转让、销售、结算和出租开发产品等。根据会计“利润表”中对应指标年末数填列。未执行 2001 年《企业会计制度》的企业，用“产品销售费用”年末数代替。

7.主营业务税金及附加：指企业因从事生产经营活动按税法规定交纳的应从经营收入中抵扣的税金和附加，包括营业税、城市维护建设税和教育附加等。未执行 2001 年《企业会计制度》的企业，用“产品销售税金及附加”年末数代替。

8.主营业务利润：房地产企业主营业务利润主要是指主营业务收入扣除主营业务成本、费用、税金后的净收入。

9.其他业务收入：是指企业主营业务以外的收入。

10.其他业务利润：指企业除主营业务以外的其他业务收入扣除其他业务成本、费用、税金后的净收入。

11.管理费用：指企业行政管理部门为组织和管理生产经营活动而发生的各项费用。

12.财务费用：指企业为筹集生产经营所需资金等而发生的费用，包括利息支出、汇兑损失以及相关的金融机构手续费等。

13.营业利润：指企业从事生产经营活动所产生的利润，即主营业务利润加其他业务利润扣除管理费用、财务费用后的净额。

14.营业外收入：指企业经营业务外的收入。

15.营业外支出：指企业经营业务外的支出。

16.利润总额：指企业在生产经营过程中各种收入扣除各种耗费后的盈余，反映企业在报告期内实现的亏盈总额，包括营业利润、补贴收入、投资净收益和营业外收支净额。

17.应交所得税：指企业按税法规定，应从生产经营等活动的所得中交纳的税金。

18.劳动、失业保险费：指企业向保险公司投保所支付的劳动保险、待业保险的费用。

19.住房公积金和住房补贴：根据会计“营业费用”、“管理费用”科目中的相关项目归纳计算填列。

20.本年应付工资总额：指企业在报告期内实际支付给职工的全部劳动报酬，它反映企业本期累计提取的应付工资总额，而不是会计“应付工资”科目的余额。

21.本年应付福利费总额：指企业在报告期内累计提取的职工福利费总额，它反映本期应付福利费的全部发生额，而不是会计“应付福利费”科目的余额。

二、房地产开发投资指标

1.计划总投资：指房地产开发企业(单位)在建的房屋建设工程或正在开发的土地开发工程，按照总体设计规定的内容全部建成计划(或按设计概算或预算)需要的总投资。

没有总体设计的房地产开发企业(单位)，按报告期施工工程的计划总投资合计数填报。

2.自开始建设累计完成投资：指房地产开发企业(单位)在建的房屋建设工程或正在开发的土地开发工程从开始建设到本期止累计完成的全部投资。其计算范围原则上应与“计划总投资”指标包括的工程内容相一致。

报告期以前已建成投产或停、缓建工程完成的投资以及拆除、报废工程的投资，仍应包括在内。但转出的“在建工程”累计投资应予以扣除，转入的“在建工程”以前年度完成的投资应当包括。

3.本年完成投资：指从本年 1 月 1 日起至本年最后一天止完成的全部用于房屋建设工程、土地开发工程的投资额以及公益性建筑和土地购置费等的投资。

4.土地开发投资额：指房地产开发企业完成的前期工程投资，即路通、水通、电通、场地平整等(也称七通一平)所完成的投资。一般指生地开发成熟地的投资。在旧城区(老区拆迁)的开发中，如果有统一的规划，如政府有关部门批准的小区建设的前期工程中，有场地平整，原有建筑物、构筑物拆除，供水供电工程等工作量也可计算。未进行开发工程、只进行单纯的土地交易活动不作为土地开发投资统计。土地开发投资额在房屋用途分组中能分摊的部分就分摊，不能分摊的全部计入其他。

5.建筑工程：指各种房屋、建筑物的建造工程，又称建筑工作量。这部分投资额必须兴工动料，通过施工活动才能实现。

6.安装工程：指各种设备、装置的安装工程，又称安装工作量。

7.设备、工器具购置：指工业企业生产的产品转化为固定资产的购置活动，包括建设单位或企、事业单位购置或自制的，达到固定资产标准的设备、工具、器具的价值。

8.其他费用：指在固定资产建造和购置过程中发生的，除建筑安装工程和设备、工器具购置投资完成额以外的费用，不指经营中财务上的其他费用。包括土地出让金、大市政费、四源费（煤、热、自来水、污水）、不可预见费、旧房屋购置，基本畜禽支出，林木支出，退耕退牧还林还草、土壤改良、城市绿化，办公生活用家具、器具购置，建设单位管理费，土地征用、购置及迁移补偿费，政府收费，勘察设计费，研究实验费，可行性研究费，临时设施费，施工机械转移费，设备检验费，负荷联合试车费，土地占用、使用费，建设期应付利息，包干结余，企业债券发行费，合同公证费及工程质量监测费，国外借款手续费及承诺费，汇兑损益，调整器材调拨价格折价，坏帐损失，固定资产亏损及损失等。

9.土地购置费：指房地产开发企业通过各种方式取得土地使用权而支付的费用。土地购置费包括：（1）通过划拨方式取得的土地使用权所支付的土地补偿费、附着物和青苗补偿费、安置补偿费及土地征收管理费等；（2）通过出让方式取得土地使用权所支付的出让金；（3）通过“招、拍、挂”方式取得土地使用权所支付的资金。以划拨和“招拍挂”方式取得土地所支付的资金在房地产项目竣工后计入新增固定资产，以出让方式取得土地所有权所支付的出让金不计入新增固定资产。土地购置费按当期实际发生额计入投资。土地购置费为分期付款的，应分期计入房地产开发投资。

10.投资额按工程用途分组：

（1）住宅：指专供居住的房屋，包括别墅、公寓、职工家属宿舍和集体宿舍(包括职工单身宿舍和学生宿舍)等。但不包括住宅楼中作为人防用、不住人的地下室等。住宅按照用途可以划分为普通商品住房、经济适用住房和别墅、高档公寓等。按照户型结构可以划分为 90 平方米以下住房，140 平方米以上住房等。

①经济适用房：指根据地方经济适用房计划安排建设的政策性住宅。经济是指房屋建筑造价和销售价格低于一般商品住宅；适用是指适合中低收入家庭购买使用。经济适用房主要是由地方政府统一下达投资计划，房地产公司开发，对外销售；用地一般采用行政划拨或招标投标方式，免收土地出让金；对各种经批准的收费减半征收，开发利润不超过 3%；销售价格实行政府指导价。该指标可以分析房地产投资结构，反映中低收入家庭商品住宅的供求平衡情况。

②别墅、高档公寓：指建筑造价和销售价格明显高于一般商品住宅的商品住宅。别墅一般指地处郊区，独立成栋的商品住宅；高档公寓一般指地处市内高尚社区，高层或多层的商品住宅。别墅、高档公寓的确定标准：一是经有房地产投资计划审批权的主管部门审批建设的别墅、高档公寓开发项目；二是销售价格高于当地同等地段商品住宅平均销售价格一倍以上的别墅、公寓开发项目。该指标可以分析房地产投资结构，反映高收入家庭商品住宅的供求平衡情况。

③90 平方米以下住房：是指在房地产开发企业（单位）投资建设的商品住宅中，套型建筑面积不超过 90 平方米（包括 90 平方米）的住房。套型建筑面积是指单套住房的建筑面积，由套内建筑面积和分摊的共有建筑面积组成。现房应以商品房销售合同中实际测绘的建筑面积为统计标准，期房根据商品房预售合同中规划设计面积进行统计，待住宅竣工交付使用后，应根据实际测绘面积进行相应调整。

（2）办公楼：指企业、事业、机关、团体、学校、医院等单位使用的各类办公用房(又称写字楼)。

（3）商业营业用房：指商业、粮食、供销、饮食服务业等部门对外营业的用房，如度假村、饭店、商店、门市部、粮店、书店、供销店、饮食店、菜店、加油站、日杂等房屋。

（4）其他：凡不属于上述各项用途的房屋建筑物，如中小学教学用房、托儿所、幼儿园、图书馆、体育馆等。

11.**本年新增固定资产**：指在报告期已经完成建造和开发过程并交付使用的房屋和土地开发面积的价值。指房地产开发公司进行开发经营活动的最终成果，即为社会提供的固定资产，而且是在报告期内新增加的。不是反映房地产开发企业本身固定资产的增加。

12.**本年完成开发土地面积**：指报告期内对土地进行开发并已完成“七通一平”等前期开发工程，具备进行房屋建筑物施工或出让条件的土地面积。

13.**待开发土地面积**：指经有关部门批准，通过各种方式获得土地使用权，但尚未进行开发的土地面积。

14.**本年购置土地面积**：指在本年内通过各种方式（划拨方式除外）获得土地使用权的土地面积。

15.**本年土地成交价款**：指进行土地使用权交易活动的最终金额。在土地一级市场，是指土地最后的“招拍挂”价格和出让价；在土地二级市场是指土地转让、出租、抵押等最后确定的合同价格。土地成交价款与土地购置面积同口径，可以计算土地的平均购置价格。

16.**资金来源**

（1）**本年资金来源合计**：指房地产开发企业(单位)在本年内收到的可用于房地产开发和经营的各种资金来源数之和，包括上年末结余资金、本年度内拨入、借入或以各种方式筹集的资金。

（2）**上年末结余资金**：指上年资金来源中没有形成投资额而结余的资金。包括尚未用到工程上去的材料价值、未开始安装的需要安装设备价值及结存的现金和银行存款等。可根据有关财务数字填报。上年末结余资金不能出现负数，即不能把上年应付工程、材料款作为上年末结余资金的负数来处理。

（3）**本年资金来源小计**：指房地产开发企业(单位)实际拨入的，用于房地产开发的各种货币资金。包括国内贷款、利用外资、自筹资金和其他资金。

①**国内贷款**：指报告期房地产开发企业(单位)向银行及非银行金融机构借入的用于房地产开发与经营的各种国内借款，包括银行利用自有资金及吸收的存款发放的贷款、上级主管部门拨入的国内贷款、国家专项贷款(包括煤代油贷款、劳改煤矿专项贷款等)，地方财政专项资金安排的贷款、国内储备贷款、周转贷款等。

银行贷款：指向各商业银行、政策性银行借入的用于房地产开发与经营的各项贷款。

非银行金融机构贷款：指向除上述银行之外从事金融业务的机构借入的用于房地产开发与经营的各项贷款。非银行金融机构包括城市信用社、农村信用社、保险公司、金融信托投资公司、证券公司、财务公司、金融租赁公司、融资公司(中心)等。

②**利用外资**：指报告期收到的用于房地产开发与经营的境外资金(包括外国及港澳台地区)，包括外商直接投资、对外借款(外国政府贷款、国际金融组织贷款、出口信贷、外国银行商业贷款、对外发行债券和股票)及外商其他投资(包括补偿贸易和加工装配由外商提供的设备价款、国际租赁)。不包括我国自有外汇资金(包括国家外汇、地方外汇、留成外汇、调剂外汇和中国银行自有资金发行的外汇贷款等)。各类外资按报告期的外汇牌价(中间价)折成人民币“万元”计算。

外商直接投资：指外国投资商在与中国企业(政府)合资、合作或独资中以外汇现金、设备(或实物)、技术、专利或其他方式投入的资金总量。

③**自筹资金**：指各地区、各部门及企事业单位筹集用于房地产开发与经营的预算外资金。

自有资金：指凡属于房地产企业(单位)所有者权益范围内所包括的资金，是按财务制度规定归企业支配的各种自有资金。包括企业折旧资金、资本金、资本公积金、企业盈余公积金及其他自有资金，也包括通过发行股票筹集的资金。

④其他资金来源：指在报告期收到的除以上各种资金之外其他用于房地产开发与经营的资金。包括国家预算内资金、债券、社会集资、个人资金、无偿捐赠的资金及用征地迁移补偿费、移民费等进行房地产开发的资金。

定金及预收款：指房地产开发企业(单位)预收的购买者用于买房的定金及预收款。定金是为了使签订合同的甲乙双方履行经济合同，根据有关规定由购房者或单位在报告期交纳的押金。预收款是甲乙双方签订购销房屋合同后，由于经营活动的需要，在报告期由购房者或单位提前交付的购房款(包括预收购房款中的外汇)。

个人按揭贷款：又称"个人住房商业性贷款"。是指按照中国人民银行（《个人住房贷款管理办法》，银发[1998]190 号）中规定，贷款人（商业银行）向借款人发放的采用分期偿还方式用于购买自用普通住房的贷款。它是银行用其信贷资金所发放的自营性贷款。具体指具有完全民事行为能力的自然人，购买商品房时以其购买的产权住房（或银行认可的其他担保方式）为抵押，作为偿还贷款的保证而向银行申请的住房商业性贷款。从 1999 年 2 月开始，个人住房贷款可扩大到借款人自用的各类型住房贷款（《关于开展个人消费信贷的指导意见》，银发[1999]73 号）。

17.本年各项应付款合计：指在房地产开发过程中应付未付的投资款。包括应付工程款、应付器材款、应付工资、应付有偿调入器材及工程款、其他应付款、应交税金、应交基建收入、应交投资包干结余、应交能源交通建设基金、应交预算调节基金及其他应交款。各项应付款填报本报告期实际增加数(或发生数)，不是填报开始建设以来的累计数。

三、房地产开发企业施工、销售和空置面积指标

1.房屋施工面积：指报告期内施工的全部房屋（包括地下室、半地下室以及配套房屋）建筑面积。包括本期新开工的面积和上年开工跨入本期继续施工的房屋面积，以及上期已停建在本期恢复施工的房屋面积。本期竣工和本期施工后又停建缓建的房屋面积仍包括在施工面积中，多层建筑应填各层建筑面积之和。

2.房屋新开工面积：指在报告期内新开工建设的房屋面积。不包括上期跨入报告期继续施工的房屋面积和上期停缓建而在本期恢复施工的房屋面积。房屋的开工应以房屋正式开始破土刨槽(地基处理或打永久桩)的日期为准。

3.房屋竣工面积：指报告期内房屋建筑按照设计要求已全部完工，达到住人和使用条件，经验收鉴定合格或达到竣工验收标准，可正式移交使用的各栋房屋建筑面积的总和。

4.不可销售面积：指报告期房地产公司竣工的用于拆迁还建的房屋面积；接受委托、定向开发建设，并收取一定的管理费所建设的统建代建房屋竣工面积；竣工的学校、幼儿园、派出所、居委会、商店等公益设施建筑面积。

5.商品住宅竣工套数：指报告期内按照设计要求已全部完工，经验收合格，达到住人或使用条件的正式交给开发公司的成套住宅数量(以设计图纸为准)。

6.竣工房屋价值：指在报告期内竣工房屋本身的建造价值。竣工房屋的价值一般按房屋设计和预算规定的内容计算。包括竣工房屋本身的基础、结构、屋面、装修以及水、电、卫等附属工程的建筑价值，也包括作为房屋建筑组成部分而列入房屋建筑工程预算内的设备(如电梯、通风设备等)的购置和安装费用；不包括厂房内的工艺设备、工艺管线的购置和安装，工艺设备基础的建造；办公和生活用家具的购置等费用；购置土地的费用；迁移补偿费和场地平整的费用及城市建设配套投资。竣工房屋价值一般按结算价格计算。

7.**出租房屋面积**：指在报告期期末房屋开发单位出租的商品房屋的全部面积。

8.**商品房销售面积**：指报告期内出售商品房屋的合同总面积(即双方签署的正式买卖合同中所确定的建筑面积)。由现房销售建筑面积和期房销售建筑面积两部分组成。

（1）**现房销售面积**： 是指在报告期内正式签订买卖合同、已经竣工达到入住条件的商品房屋建筑面积。包括以一次性付款方式和分期付款方式销售的现房建筑面积。

（2）**期房销售面积**： 是指在报告期内正式签订买卖合同、正在建设尚未竣工交付使用的商品房屋建筑面积。包括以一次性付款方式和分期付款方式销售的商品房屋建筑面积。期房销售建筑面积竣工后不再结转为现房销售建筑面积。

9.**商品房销售额**：指报告期内出售商品房屋的合同总价款(即双方签署的正式买卖合同中所确定的合同总价)。该指标与商品房销售面积同口径，由现房销售额和期房销售额两部分组成。

（1）**现房销售额**：指报告期内销售的已竣工商品房屋的合同总价款。包括现房销售前期预收的定金、预收款、首付款及全部按揭贷款的本金等款项。该指标与现房销售面积同口径。

（2）**期房销售额**：指报告期内销售的正在建设尚未竣工的商品房屋的合同总价款。包括预售房屋前期预收的定金、预收款、首付款及全部按揭贷款的本金等项。该指标与期房销售面积同口径。

10.**商品住宅销售套数**：指报告期内出售商品房屋合同中总的成套住宅数量(即双方签署的正式买卖合同中所确定的成套住宅数量)。由现房销售套数和期房销售套数两部分组成。

（1）**现房销售套数**：指报告期内销售的已竣工商品房屋合同中总的成套住宅数量。

（2）**期房销售套数**：指报告期内销售的正在建设尚未竣工的商品房屋合同中总的成套住宅数量。

11.**待售面积**：指报告期末已竣工的可供销售或出租的商品房屋建筑面积中，尚未销售或出租的商品房屋建筑面积，包括以前年度竣工和本期竣工的房屋面积，但不包括报告期已竣工的拆迁还建、统建代建、公共配套建筑、房地产公司自用及周转房等不可销售或出租的房屋面积。按照商品房待售时间的长短可以划分为待售一年以下、待售一到三年（含一年）和待售三年以上（含三年）。

四、主要分组指标

1.**登记注册类型**：企业或生产经营性活动单位的登记注册类型，按其在工商行政管理机关登记注册的类型填写。工商行政管理部门对企业(单位)登记注册的类型分为以下各种：

（1）**国有企业**：指企业全部资产归国家所有，并按《中华人民共和国企业法人登记管理条例》规定登记注册的非公司制的经济组织。不包括有限责任公司中的国有独资公司。

（2）**集体企业**：指企业资产归集体所有，并按《中华人民共和国企业法人登记管理条例》规定登记注册的经济组织。

（3）**股份合作企业**：指以合作制为基础，由企业职工共同出资入股，吸收一定比例的社会资产投资组建，实行自主经营，自负盈亏，共同劳动，民主管理，按劳分配与按股分红相结合的一种集体经济组织。

两个及两个以上相同或不同所有制性质的企业法人或事业单位法人，按自愿、平等、互利的原则，共同投资组成的经济组织称为联营企业。联营企业包括国有联营企业、集体联营企业、国有与集体联营企业和其他联营企业。

（4）**国有联营企业**：指所有联营单位均为国有。

（5）**集体联营企业**：指所有联营单位均为集体。

（6）国有与集体联营企业：指联营单位既有国有也有集体。

（7）其他联营企业：指上述三种联营企业之外的其他联营形式的企业。

根据《中华人民共和国公司登记管理条例》规定登记注册，由两个以上，五十个以下的股东共同出资，每个股东以其所认缴的出资额对公司承担有限责任，公司以其全部资产对其债务承担责任的经济组织称为有限责任公司。有限责任公司分为国有独资公司以及其他有限责任公司。

（8）国有独资公司：指国家授权的投资机构或者国家授权的部门单独投资设立的有限责任公司。

（9）其他有限责任公司：是国有独资公司以外的其他有限责任公司。

（10）股份有限公司：指根据《中华人民共和国公司登记管理条例》规定登记注册，其全部注册资本由等额股份构成并通过发行股票筹集资本，股东以其认购的股份对公司承担有限责任，公司以其全部资产对其债务承担责任的经济组织。

由自然人投资设立或由自然人控股，以雇佣劳动为基础的营利性经济组织称为私营企业。包括按照《公司法》、《合伙企业法》、《私营企业暂行条例》以及《个人独资企业法》规定登记注册的私营独资企业、私营有限责任公司、私营股份有限公司、私营合伙企业和个人独资企业。

（11）私营独资企业：指按《私营企业暂行条例》的规定，由一名自然人投资经营，以雇佣劳动为基础，投资者对企业债务承担无限责任的企业。

个人独资企业指按《个人独资企业法》、《个人独资企业登记管理办法》的规定，由一个自然人投资，财产为投资人个人所有，投资人以其个人财产对企业债务承担无限责任的经营实体。个人独资企业填表时归入私营独资企业。

（12）私营合伙企业：指按《合伙企业法》或《私营企业暂行条例》的规定，由两个以上自然人按照协议共同投资、共同经营、共负盈亏，以雇佣劳动为基础，对债务承担无限责任的企业。

（13）私营有限责任公司：指按《公司法》、《私营企业暂行条例》的规定，由两个以上自然人投资或由单个自然人控股的有限责任公司。

（14）私营股份有限公司：指按《公司法》的规定，由五个以上自然人投资，或由单个自然人控股的股份有限公司。

（15）其他内资企业：指上述第(1)条至第(14)条之外的其他内资经济组织。

（16）与港澳台商合资经营企业：指港澳台地区投资者与内地的企业依照《中华人民共和国中外合资经营企业法》及有关法律的规定，按合同规定的比例投资设立，分享利润和分担风险的企业。

（17）与港澳台商合作经营企业：指港澳台地区投资者与内地企业依照《中华人民共和国中外合作经营企业法》及有关法律的规定，依照合作合同的约定进行投资或提供条件设立，分配利润、分担风险和亏损的企业。

（18）港澳台商独资经营企业：指依照《中华人民共和国外资企业法》及有关法律的规定，在内地设立的由港澳台地区投资者在内地全额投资设立的企业。

（19）港澳台商投资股份有限公司：指根据国家有关规定，经商务部（原外经贸部）批准设立，并且其中港、澳、台商的股本占公司注册资本的比例达25%以上的股份有限公司。凡其中港、澳、台商的股本占公司注册资本的比例小于25%的，属于内资中的股份有限公司。

（20）中外合资经营企业：指外国企业或外国人与中国内地企业依照《中华人民共和国中外合资经营企业法》及有关法律的规定，按合同规定的比例投资设立，分享利润和分担风险的企业。

（21）中外合作经营企业：指外国企业或外国人与中国内地企业依照《中华人民共和国中外合作经营

企业法》及有关法律的规定，依照合作合同的约定进行投资或提供条件设立，分配利润、分担风险和亏损的企业。

（22）外资企业：指依照《中华人民共和国外资企业法》及有关法律的规定，在中国内地设立的由外国投资者全额投资设立的企业。

（23）外商投资股份有限公司：指根据国家有关规定，经商务部（原外经贸部）批准设立，并且其中外资的股本占公司注册资本的比例达 25%以上的股份有限公司。凡其中外资股本占公司注册资本的比例小于25%的，属于内资中的股份有限公司。

2. **控股情况**：控股情况以企业法人为分类对象，根据企业实收资本中某种经济成分的出资人的实际投资情况，或出资人对企业资产的实际控制、支配程度进行分类。具体分为国有控股、集体控股、私人控股、港澳台商控股、外商控股五类。

（1）国有控股

是指在企业的全部实收资本中，国有经济成分的出资人拥有的实收资本(股本)所占企业全部实收资本(股本)的比例大于 50%的国有绝对控股。

在企业的全部实收资本中，国有经济成分的出资人拥有的实收资本(股本)所占比例虽未大于 50%，但相对大于其他任何一方经济成分的出资人所占比例的国有相对控股；或者虽不大于其他经济成分，但根据协议规定拥有企业实际控制权的国有协议控股。

投资双方各占 50%，且未明确由谁绝对控股的企业，若其中一方为国有经济成分的，一律按国有控股处理。

（2）集体控股

是指在企业的全部实收资本中，集体经济成分的出资人拥有的实收资本(股本)所占企业全部实收资本(股本)的比例大于 50%的集体绝对控股。

在企业的全部实收资本中，集体经济成分的出资人拥有的实收资本(股本)所占比例虽未大于 50%，但相对大于其他任何一方经济成分的出资人所占比例的集体相对控股；或者虽不大于其他经济成分，但根据协议规定拥有企业实际控制权的集体协议控股。

（3）私人控股

是指在企业的全部实收资本中，私人经济成分的出资人拥有的实收资本(股本)所占企业全部实收资本(股本)的比例大于 50%的私人绝对控股。

在企业的全部实收资本中，私人经济成分的出资人拥有的实收资本(股本)所占比例虽未大于 50%，但相对大于其他任何一方经济成分的出资人所占比例的私人相对控股；或者虽不大于其他经济成分，但根据协议规定拥有企业实际控制权的私人协议控股。

（4）港澳台商控股

是指在企业的全部实收资本中，港澳台商经济成分的出资人拥有的实收资本(股本)所占企业全部实收资本(股本)的比例大于 50%的港澳台商绝对控股。

在企业的全部实收资本中，港澳台商经济成分的出资人拥有的实收资本(股本)所占比例虽未大于 50%，但相对大于其他任何一方经济成分的出资人所占比例的港澳台商相对控股；或者虽不大于其他经济成分，但根据协议规定拥有企业实际控制权的港澳台商协议控股。

（5）外商控股

是指在企业的全部实收资本中，外商经济成分的出资人拥有的实收资本(股本)所占企业全部实收资本(股本)的比例大于 50%的外商绝对控股。

在企业的全部实收资本中，外商经济成分的出资人拥有的实收资本(股本)所占比例虽未大于 50%，但相对大于其他任何一方经济成分的出资人所占比例的外商相对控股；或者虽不大于其他经济成分，但根据协议规定拥有企业实际控制权的外商协议控股。

3.隶属关系：指本单位隶属于哪一级行政管理单位，按照国家标准《单位隶属关系代码》(GB/T12404-1997)分为：中央、省、市(地区)、县、街道、镇、乡、社区(居委会)、村民委员会和其他。

（1）中央与地方双重领导的单位，以领导为主的一方来划分中央属或地方属。

（2）各级政府(中央、省、地、县、乡、镇)、党委、人大、政协等机关的隶属关系填写本级。如：省政府的隶属关系填“省”。

（3）隶属于“中央”的单位兴办的集体企业，隶属关系填“其他”；省属以下的企业(单位)办的企业(单位)，其隶属关系与企业(单位)本身的隶属关系一致。

（4）无主管部门的单位、本省(自治区、直辖市)在外省(自治区、直辖市)的办事机构所开办的第三产业等单位填“其他”。